A. CHAMBARD
NOTAIRE HONORAIRE
SAINT-AMOUR (Jura)

L'ARMÉE
ET
LA GARDE NATIONALE

Corbeil, typographie et stéréotypie de Crété.

L'ARMÉE

ET

LA GARDE NATIONALE

PAR

Le Baron C. POISSON

ANCIEN OFFICIER D'ARTILLERIE.

1789 — 1792

PARIS

A. DURAND, LIBRAIRE-ÉDITEUR,

RUE DES GRÈS, 7.

—

1858

Droits d'auteur réservés.

L'ARMÉE

ET

LA GARDE NATIONALE

La voie funeste dans laquelle a été entraînée la Révolution de 1789, a rapidement conduit à la désorganisation complète de l'Armée, et cependant la France a pu résister aux efforts de l'Europe coalisée.

Il a semblé intéressant de relier deux faits d'une apparence aussi contradictoire, en réunissant les causes qui ont concouru à briser les ressorts de la Force Militaire, en recherchant les moyens par lesquels on est parvenu à remédier momentanément à son insuffisance, et en étudiant les mesures prises pour la reconstituer au moment où sévissaient l'Anarchie et la Guerre.

Dans le cours de ce travail, l'auteur a sans cesse mis à profit les bons conseils que lui a prodigués monsieur le Général ARCELIN.

L'ARMÉE
ET
LA GARDE NATIONALE
1789—1792.

CHAPITRE PRÉLIMINAIRE.

COUP D'ŒIL SUR LA COMPOSITION DE L'ARMÉE EN 1789.

Sommaire.

Effectif de l'Armée.
Maison militaire du Roi. — Gardes du Corps du Roi et des Princes. — Gardes de la Prévôté de l'Hôtel du Roi. — Gardes Françaises. — Gardes Suisses.
Infanterie de ligne. — Régiments français. — Régiments étrangers. — Troupes Provinciales. — Corps royal de l'Artillerie.
Génie.
Infanterie légère.
Troupes à cheval. — Cavalerie. — Dragons. — Hussards. — Chasseurs.
Maréchaussée. — Gardes des villes.
Recrutement de l'armée. — Avenir des soldats.
Conditions pour l'admission au grade d'Officier depuis la Régence jusqu'au règne de Louis XVI. — Restrictions apportées en 1781. — Multiplicité des grades élevés.

L'Armée Française, au commencement de l'année 1789, se composait de cent soixante mille hommes. La Maison Militaire du Roi, réunion de troupes d'élite à laquelle on avait dû, en 1745, la victoire de Fontenoy, y tenait le premier rang.

Le roi Louis XVI, dans le but d'alléger les charges nombreuses qui pesaient sur les finances, avait successivement supprimé une partie des corps privilégiés qui l'entouraient ; les Mousquetaires, les Grenadiers à cheval, les Gendarmes, les Chevau-légers et les Gardes de la Porte avaient été licenciés ; la Maison Militaire ne comptait plus guère que huit mille hommes.

Elle comprenait d'abord les quatre compagnies des Gardes du Corps du Roi, composées chacune de deux cent quarante-huit Gardes et de quarante-huit surnuméraires, qui tous avaient rang de lieutenant ou de sous-lieutenant ; on n'y admettait alors que des jeunes gens de seize à dix-huit ans, pouvant faire preuve de noblesse, ou fils d'anciens Gardes du Corps, chevaliers de Saint-Louis. Chacune avait pour capitaine un lieutenant général ou un maréchal de camp remplissant en outre quelque haute charge à la Cour.

Les quatre compagnies séjournaient habituellement à Beauvais, à Troyes, à Châlons et à Amiens ; elles venaient tour à tour à Versailles pour y faire le service par quartier et elles retournaient ensuite dans leur garnison respective ; mais un grand nombre de Gardes n'accompagnaient pas le dépôt ; ils allaient en congé dans leurs familles, ou bien ils restaient à Paris ainsi qu'à Versailles.

La compagnie des Cent-Suisses participait aussi à la garde du corps du Roi ; son service à la Cour était permanent.

Deux compagnies françaises et une compagnie suisse de Gardes du corps étaient affectées au service de chacun des frères du Roi, Monsieur et le Comte d'Artois.

Les fréquents voyages dont la Cour avait eu autrefois l'habitude, avaient fait créer à une époque reculée la Prévôté de l'hôtel du Roi, cour de justice dont la juridiction s'exerçait partout où se transportait le Souverain. Le Grand Prévôt de l'hôtel présidait un tribunal de magistrats civils ou criminels dont les arrêts étaient exécutés, sans appel pour un grand nombre de cas, par la compagnie des Gardes de la Prévôté de l'hôtel, qui se composait d'une centaine d'hommes.

Deux soldats de cette compagnie étaient affectés à la garde du sceau de l'État ; plusieurs étaient répartis dans les maisons royales placées, ainsi que le château de Versailles, sous la surveillance du Grand Prévôt de l'hôtel.

Deux corps d'infanterie, fameux dans les fastes

de l'armée, le régiment des Gardes françaises et le régiment des Gardes suisses, complétaient la Maison militaire; le premier avait Paris pour garnison; les casernes du second étaient à Rueil et à Courbevoie. Chacun d'eux détachait habituellement quatre compagnies pour le service de Versailles.

Les officiers de ces deux régiments étaient revêtus de hauts grades; le colonel des Gardes françaises était d'ordinaire un maréchal de France; celui des Gardes suisses était toujours un lieutenant général; les capitaines avaient rang de maréchal de camp ou de colonel.

La faveur dont jouissaient ces deux corps leur faisait obtenir des améliorations qui se propageaient ensuite dans le reste de l'armée; les premiers, ils avaient eu des casernes et des musiques militaires.

L'effectif de chacun d'eux était d'environ trois mille six cents hommes.

L'Infanterie de ligne comprenait cent quatre régiments dont soixante-dix-neuf français et vingt-trois étrangers; le Corps royal de l'Artillerie et l'ensemble des Troupes Provinciales comptaient chacun pour un régiment. Ces différents corps prenaient rang sur la liste générale d'après l'ancienneté de leur formation.

Les régiments français étaient désignés par des noms qui changeaient parfois avec le colonel et suivant la volonté du Roi; mais les soldats des plus anciens corps, tels que Picardie, Piémont, Champagne, etc., tenaient à honneur de conserver les dénominations sous lesquelles leurs devanciers avaient acquis une réputation dont ils étaient fiers à juste titre.

Les régiments français étaient composés de deux bataillons; chaque bataillon comprenait quatre compagnies de fusiliers, et une compagnie de grenadiers ou de chasseurs; son effectif ne dépassait pas six cents hommes, officiers compris. Par exception à la règle générale, le régiment du Roi, corps privilégié qui occupait Nancy depuis plusieurs années, se composait de quatre bataillons.

Quant aux vingt-trois régiments étrangers, on en comptait onze Suisses, huit Allemands, trois Irlandais et un Liégeois. Les régiments Suisses étaient liés à la France par des capitulations où leurs devoirs et leurs droits étaient minutieusement détaillés; les autres appartenaient à des princes ou à des villes, et chacun d'eux était l'objet d'un traité particulier qui réglait les conditions de son service. La composition et l'organisation de ces divers corps présentaient certaines différences; leur effectif était à peu de chose près celui des régiments français.

Les Troupes Provinciales avaient le numéro 97 sur la liste générale des régiments d'infanterie; les corps dont elles se composaient, se recrutaient par le tirage au sort dans les paroisses. En temps de guerre, elles remplaçaient les régiments dans les villes, et elles avaient souvent fourni des bataillons à l'armée affaiblie par quelque rude campagne; en 1761, lors de la guerre de Sept Ans, soixante-quinze mille hommes de troupes provinciales s'étaient montrés les dignes émules de leurs camarades plus aguerris. Dans l'état de paix, ces milices étaient réunies une fois l'an et congédiées au bout de quelques jours. Elles se composaient, en 1789, de treize régiments de Grenadiers Royaux, quatorze Régiments Provinciaux et soixante-dix-huit Bataillons de Garnison; depuis plusieurs années on ne les avait pas réunies et, à partir de cette époque, il ne fut plus question d'elles que pour les dissoudre.

Le Corps royal de l'Artillerie occupait par ancienneté le numéro 64 parmi les régiments d'infanterie; ce genre de classement, qui paraît aujourd'hui une anomalie, provenait de ce que, dans le principe, le manque de mobilité des canons rendant leur emploi peu fréquent, les soldats du régiment Royal-Artillerie étaient employés comme grenadiers d'infanterie toutes les fois que leur présence était inutile auprès des pièces. Les progrès continuels de l'arme avaient successivement apporté de nombreuses augmentations à ce corps, qui avait néanmoins conservé le numéro d'ordre donné à Royal-Artillerie lors de sa création.

A l'époque dont il s'agit, il se composait de sept régiments, de six compagnies de mineurs et de neuf compagnies d'ouvriers.

Les régiments portaient les noms des écoles d'artillerie, Strasbourg, Metz, Auxonne, etc., où ils avaient été successivement formés; chacun d'eux comprenait, indépendamment de quatre compagnies de Bombardiers, sept compagnies de Canonniers et une compagnie de Sapeurs réparties en deux bataillons; toutes étaient de soixante-quinze hommes, officiers compris. Au moment de la guerre, l'État passait des marchés avec des entrepreneurs qui fournissaient les chevaux et les charretiers pour la conduite des pièces et des caissons.

Indépendamment des bouches à feu de l'Artillerie, chaque bataillon d'infanterie entrant en campagne recevait deux pièces de canon que servaient ses propres soldats.

Le Corps royal du Génie était exclusivement composé d'officiers au nombre de trois cent vingt-neuf.

Douze bataillons portant les noms de Chasseurs royaux du Dauphiné, de Provence, Corses, Cantabres, etc., formaient l'Infanterie Légère; chacun était de quatre compagnies de cent huit hommes.

Les Troupes à Cheval comprenaient vingt-cinq régiments armés de cuirasses, qu'on désignait alors exclusivement sous le nom de Cavalerie, dix-huit régiments de Dragons, six de Hussards et douze de Chasseurs; chacun de ces corps avait, comme dans l'infanterie, son nom particulier.

Chaque régiment de Cavalerie et de Dragons comptait trois escadrons à deux compagnies; l'effectif, y compris l'état-major, était de cinq cent seize hommes.

Dans la Cavalerie, un seul numéro était affecté

au corps des Carabiniers de Monsieur, qui se composait de deux régiments.

Les corps de Hussards et de Chasseurs étaient à quatre escadrons; l'effectif s'élevait à six cent quatre-vingt-dix-neuf hommes.

Le service dévolu aujourd'hui à la Gendarmerie départementale était rempli par trente-trois compagnies de Maréchaussée, commandées chacune par un Grand Prévôt qui avait rang de lieutenant-colonel de cavalerie; ces compagnies étaient divisées en Lieutenances, qui occupaient une circonscription déterminée et dont les chefs, dénommés Lieutenants du prévôt, avaient le grade de capitaine.

En temps ordinaire, les devoirs de la Maréchaussée se bornaient à assurer la sécurité publique; si les troubles acquéraient de la gravité, le Grand Prévôt de chaque Province prenait l'initiative de la répression et cumulait alors les fonctions du militaire et du magistrat. Sur le théâtre même du désordre, il formait, avec des officiers civils qui lui servaient d'assesseurs, un tribunal dont les arrêts redoutés étaient, en cas de flagrant délit, immédiatement exécutés.

Les grandes villes avaient à leur solde des compagnies d'infanterie et de cavalerie qui portaient les noms de Guet, Gardes Urbaines, Gardes de la ville, etc.; mais ces divers corps ne faisaient pas partie de l'armée.

Le Recrutement des troupes s'opérait par enrôlements volontaires à prix d'argent; la plupart des régiments délivraient, à cet effet, des commissions à des bas-officiers ou à des soldats qui stationnaient dans une ville déterminée où ils étaient censés soumis à une surveillance qui ne s'exerçait nullement. Aussi les racoleurs, payés en raison des recrues qu'ils procuraient, employaient-ils la débauche, la fraude et quelquefois la violence pour arriver à leurs fins. Un homme destiné à l'infanterie coûtait cent livres ainsi réparties : trente à l'enrôlé au moment de l'engagement, trente-six en un billet qui lui était payé à son arrivée au régiment, vingt-quatre pour les frais de buvette et d'auberge; le recruteur touchait les dix dernières.

Un dragon, hussard ou chasseur était payé cent onze livres, et un cavalier, cent trente-deux.

Ce mode de recrutement ne suffisait pas pour maintenir l'armée au complet; d'ailleurs, parmi les soldats racolés, une partie n'aspirait qu'à échapper à l'état militaire, et, malgré les peines sévères infligées aux déserteurs, on évaluait à trois mille environ le nombre d'hommes qui abandonnaient annuellement les drapeaux. En raison de la difficulté de remplir les cadres, les capitaines, les lieutenants, les bas-officiers et les soldats n'obtenaient de congés de semestre que sous la condition de ramener au moins deux hommes de recrue avec eux. Les mêmes considérations justifiaient la nécessité des vingt-six mille hommes de troupes étrangères que soldait le Gouvernement.

Les engagements pour le service militaire étaient de huit années, après lesquelles le soldat pouvait contracter, de deux en deux ans, une obligation nouvelle qui lui était payée vingt-cinq livres; au delà de vingt-quatre ans passés sous les drapeaux, le réengagement était annuel, au prix de vingt livres.

Une barrière, à peu près infranchissable en temps de paix, séparait les bas-officiers du rang d'officier; il existait pourtant alors des colonels et même quelques généraux, qu'une bravoure et un mérite hors ligne avaient autrefois tirés des rangs de la troupe; mais en dehors de ces rares exceptions, le soldat et le bas-officier qui poursuivaient leur carrière n'avaient d'autre perspective que d'être admis à l'hôtel des Invalides, ou de faire partie de quelqu'une des compagnies d'Invalides détachées dans certaines villes, à moins qu'ils ne préférassent toucher une pension qui variait, suivant le grade, de quatre-vingts à trois cents livres.

Ces récompenses militaires, ainsi qu'on les appelait alors, étaient exclusivement données à ceux auxquels l'âge, l'épuisement ou les infirmités rendaient un plus long service impossible ; mais l'injustice, la cupidité et les embarras des finances concouraient à annuler fréquemment les dispositions bienveillantes prises en faveur de ces vétérans. Les pensions étaient irrégulièrement payées, et l'hôtel des Invalides contenait un grand nombre de vieillards que des gens puissants récompensaient ainsi de services particuliers, aux dépens de l'Etat et au détriment de ceux qui lui avaient consacré leur modeste existence.

Quant à la composition du cadre des officiers, une loi, aussi contraire que possible à la marche des idées de l'époque, humiliait et irritait depuis quelques années une partie nombreuse de la population éclairée, en lui retranchant la faculté, dont elle avait souvent joui, de concourir avec la Noblesse pour obtenir des grades dans l'armée.

Un siècle auparavant, les longues guerres de

Louis XIV avaient forcé d'admettre parmi les officiers un grand nombre de roturiers ; mais à la paix, de notables réformes dans les troupes ayant rendu les emplois militaires très-rares, on s'était cru obligé de les réserver à la Noblesse qui, ne pouvant se livrer au commerce ou à l'industrie, n'avait d'autre ressource que la carrière des armes. Il fallut dès lors, pour être reçu au rang des officiers, produire une attestation de noblesse signée au moins par trois gentilshommes.

On n'avait admis d'exception à cette règle qu'en faveur des fils d'officier. On y dérogea cependant lorsque les circonstances l'exigèrent ; et même dans certains cas où la caste privilégiée n'avait pu suffire à remplir les vides créés par la guerre, la haute Bourgeoisie avait été invitée à demander pour ses fils les emplois militaires qu'on était alors disposé à lui accorder; mais aussitôt que la situation le permettait, on rentrait dans la règle qui repoussait la Bourgeoisie des places d'officiers.

La partie la plus avancée de la population réclamait des dispositions plus libérales en sa faveur, lorsqu'une loi intempestive vint étendre les exclusions au lieu de les restreindre : il fut décidé, en 1781, que les sous-lieutenances de tous les corps ne seraient désormais données qu'aux jeunes gens pouvant faire preuve de quatre quartiers de noblesse ou fils de chevaliers de Saint-Louis. Cette décision, si opposée à la progression de l'esprit national, avait puissamment concouru à augmenter l'irritation qui se manifestait de plus en plus dans la Bourgeoisie.

La majorité de la Noblesse n'était pas non plus satisfaite; les officiers des régiments voyaient avec envie et déplaisir les habitués de Versailles franchir rapidement les grades intermédiaires pour occuper les postes élevés de la hiérarchie, et, parmi les privilégiés de la cour, chaque faveur accordée changeait en mécontents tous ceux qui l'avaient briguée sans pouvoir l'obtenir.

De nombreuses exigences avaient cependant conduit à augmenter d'une manière immodérée le nombre des grades élevés; les traitements des généraux et des officiers supérieurs sans emploi absorbaient inutilement des sommes considérables; en 1789, chaque régiment avait deux et quelquefois trois colonels; on ne comptait pas moins de sept cent soixante-dix Maréchaux de camp et de cent quatre-vingt-seize Lieutenants généraux.

CHAPITRE PREMIER.

— 1789 —

LICENCIEMENT DU RÉGIMENT DES GARDES FRANÇAISES.

Sommaire.

Composition et esprit du Régiment des Gardes Françaises.

Désordres dans les marchés réprimés par les troupes des environs de Paris. — Emploi des Gardes Françaises contre les brigands qui dévastent la maison Réveillon. — Arrivée à Paris de troupes à cheval. — Tentatives d'embauchage. — Délivrance par le peuple de neuf soldats aux Gardes détenus à l'Abbaye.

Armée de trente mille hommes réunie à Paris. — Proposition faite par Mirabeau de lui substituer une Garde Bourgeoise.

Journée du 12 juillet. — Emplacement occupé par les troupes. — Charge exécutée par le régiment Royal-allemand. — Les Gardes Françaises se rangent du côté du peuple. — Les troupes évacuent la Capitale.

Journée du 13 juillet. — Recherches d'armes et de munitions. — Distribution de poudre. — Les Gardes Françaises préservent leur colonel de la fureur populaire. — Création de la Milice Bourgeoise Parisienne. — Préparatifs de défense.

Journée du 14 juillet. — Pillage des armes de l'hôtel des Invalides. — Description du château de la Bastille. — Force de sa garnison. — Ses approvisionnements en armes, munitions et subsistances. — Attaque par le peuple. — Arrivée des Gardes Françaises. — Reddition du château. — Massacre des Officiers et d'une partie de la garnison. — Dévastation de la forteresse.

Licenciement du régiment des Gardes Françaises.

Le nom célèbre des Gardes françaises avait retenti sur la plupart des champs de bataille où l'honneur de la France avait été engagé depuis deux cents ans. Durant cette longue période, ce Corps d'élite, sans jamais cesser de faire partie de la Maison du Roi, avait souvent vu son organisation modifiée ; en 1789, il formait un Régiment composé de six Bataillons, qui comprenaient chacun une compagnie de Grenadiers et quatre compagnies de Fusiliers, dans lesquelles se trouvait réparti un certain nombre de Canonniers ; l'effectif total était de trois mille six cents hommes.

Au Maréchal duc de Biron (1), colonel du corps depuis la bataille de Fontenoy (1745), venait de succéder le Lieutenant Général duc du Châtelet : parmi les Capitaines, onze étaient Maréchaux de camp ; c'est assez dire quels étaient les Officiers aux Gardes. La majeure partie ne paraissait à la tête de la troupe que dans les circonstances importantes et pour le service de Versailles, fait alternativement par quatre compagnies ; les soins de détail étaient laissés aux bas-officiers sous la direction de quelques Officiers de l'État-Major du corps.

La réputation de cette Troupe magnifique, ses nombreuses prérogatives et la faculté exceptionnelle de se recruter dans tout le royaume, lui as-

---

(1) Mort en 1788.

suraient, en bas-officiers et en soldats, une composition bien supérieure à celle des autres régiments (1). Le séjour non interrompu qu'elle avait fait à Paris depuis la fin de la guerre de Sept ans (1763) et sa dissémination dans tous les quartiers de la capitale (2), avaient amené de nombreux rapports d'intérêts et d'amitié entre les soldats aux Gardes et le peuple parisien ; il en était résulté une communauté d'idées. Les bas-officiers jouissaient d'une grande considération aux yeux de la petite bourgeoisie dont ils partageaient les opinions ; ils étaient d'ailleurs naturellement partisans des nouveaux principes qui semblaient avoir surtout pour but de relever les positions intermédiaires.

Quelques pratiques minutieuses introduites par

---

(1) Au dépôt du corps, situé sur le boulevard près de la Chaussée-d'Antin, il y avait une école créée en 1764 par le maréchal de Biron, pour instruire les soldats et les fils de militaires, jugés capables de servir avec honneur dans les Gardes françaises. Indépendamment des exercices militaires, on y enseignait l'arithmétique, la géométrie, l'architecture, la musique, la danse, les armes et la langue allemande. L'instruction était donnée par les caporaux qui aspiraient à devenir sergents.

(2) Les premières casernes avaient été bâties pour les Gardes françaises (1745 et 1764). En 1789, ils en occupaient quinze, disséminées dans tous les quartiers de Paris. Plusieurs n'étaient que de simples maisons et ne contenaient qu'une compagnie.

Les Gardes françaises avaient en outre un hôpital spécial au Gros-Caillou.

le nouveau colonel avaient contrarié les habitudes du régiment ; néanmoins le service s'y faisait encore avec la parfaite exactitude et la discipline que le maréchal de Biron avait su organiser, et les Gardes françaises purent être employés à réprimer les désordres qui, à Paris, précédèrent la Révolution.

Les mouvements qui la préparaient s'étaient déjà fait sentir puissamment à la fin de l'année 1788 ; il avait été arrêté que, dans les États Généraux promis par le Roi, le nombre des députés du Tiers serait égal à celui du Clergé et de la Noblesse réunis, et ce premier avantage, remporté par la Nation sur les ordres privilégiés, avait excité un enthousiasme universel en faisant entrevoir des conquêtes bien plus considérables. L'impatience et l'agitation régnaient à Paris ; enfin, le 21 avril, les soixante Districts de la capitale nommèrent les cent vingt Électeurs chargés de désigner les représentants de la Commune aux États Généraux ; c'était un des préludes du combat ardemment désiré par la Nation.

A ces causes d'effervescence vint se joindre la disette. La crainte de la famine se manifesta d'abord par des désordres dans les campagnes ; des convois de blé, dirigés par les soins du gouvernement vers des localités nécessiteuses, furent mis au pillage. Pour rassurer les cultivateurs en maintenant la tranquillité dans les marchés, les troupes en garnison dans les villes voisines de Paris durent être morcelées en de nombreux détachements par le lieutenant général, baron de Besenval, qui, depuis huit ans, commandait les Provinces de l'Intérieur ; cette circonscription fort étendue comprenait le Soissonnais, le Berri, le Bourbonnais, l'Orléanais, la Touraine, le Maine et l'Ile-de-France, Paris excepté.

Le but de ces mesures fut atteint; mais la vigilance des troupes, en établissant la sécurité des environs, fit refluer sur Paris des bandes d'hommes à figures sinistres que la voix publique qualifia spontanément du nom de *brigands*. En temps ordinaire, la grande police de Paris était entre les mains du Parlement et les détails rentraient dans les attributions du ministre de la Maison du Roi; l'apparition de ces hôtes effrayants et la fermentation générale qui s'accroissait chaque jour, portèrent à recourir aux moyens usités dans de semblables circonstances; on employa au maintien de l'ordre le régiment des Gardes françaises et celui des Gardes suisses. En pareille occurrence, le commandement appartenait au colonel du premier corps, puisque d'habitude il était maréchal de France ; cette fois, le duc du Châtelet et le comte d'Affry, colonel des Gardes suisses, étant tous deux lieutenants généraux, chacun d'eux conserva la libre disposition de ses troupes et ils se partagèrent la surveillance des divers quartiers. Peu après, le comte d'Affry tomba gravement malade, et il dut être remplacé par le lieutenant-colonel du régiment des Gardes suisses ; c'était le baron de Besenval qui, étant aussi lieutenant général, joignit ce nouveau commandement à celui qu'il exerçait déjà dans les Provinces de l'Intérieur.

Le premier exploit des brigands fut la dévastation d'une maison du faubourg Saint-Antoine appartenant à un fabricant de papiers peints, nommé Réveillon. Cet industriel recommandable occupait trois cents ouvriers ; un procès, qu'il soutenait alors contre un fripon, avait attiré sur lui l'intérêt ; ce fut sans doute cette notoriété qui le désigna à l'attention des fauteurs d'anarchie. On insinua à ses ouvriers qu'il était question de réduire considérablement leur paye et des distributions d'argent les mirent à même de cesser leurs travaux avec menace de ne les reprendre que moyennant une augmentation de salaire exorbitante.

Le soir du 26 avril, il se forme des attroupements dans lesquels des brigands se mêlent aux ouvriers; une troupe paraît, portant un mannequin de paille qui représente Réveillon, et elle proclame sur la Place Royale un arrêt, terrible et ridicule, qui condamne à mort le fabricant. Le lendemain, après une nuit passée dans les cabarets, la bande criminelle envahit le faubourg Saint-Antoine emmenant de gré ou de force tous ceux qu'elle rencontre. Une garde insuffisante, envoyée par le duc du Châtelet, est dispersée; la maison est envahie, tout ce qu'elle contient est saccagé et jeté par les fenêtres; les caves ne sont pas épargnées, plusieurs bandits y meurent par l'excès du vin, d'autres s'empoisonnent en avalant des préparations destinées à la teinture des papiers.

Au plus fort de la dévastation, des compagnies de grenadiers aux Gardes apparaissent et sont assaillies d'une grêle d'ardoises et de tuiles que lancent les émeutiers réfugiés sur les toits; on y répond par des coups de feu. Les Gardes suisses arrivent à leur tour et l'acharnement est tel que les bandits, armés seulement de bâtons, continuent à résister et se font tuer sur place plutôt que de fuir. Dans la soirée, le baron de Besenval envoie un bataillon de Gardes suisses et deux pièces d'artillerie avec ordre absolu d'en finir. La vue des canons prêts à faire feu, disperse la majeure partie des émeutiers ; la maison est prise d'assaut et quatre ou cinq cents brigands qui s'y trouvent encore sont tués à coups de fusil ou de baïonnette.

Ce vigoureux acte de répression amena momentanément du refroidissement entre les soldats aux Gardes et cette portion du peuple qui prend instinctivement parti contre l'autorité, et qui est aussi disposée à faire justice elle-même des malfaiteurs qu'à les défendre contre les agents du Pouvoir ; mais l'arrivée à Paris des députés des provinces et l'importance des événements qui suivirent absorbèrent bientôt l'attention de toutes les classes de la population. L'ouverture des États Généraux eut lieu à Versailles le 5 mai. On connaît les divisions qui maintinrent les trois Ordres séparés dans l'origine ; on sait que le Tiers Etat, persistant avec fermeté dans la ligne de conduite qu'il s'était tracée, se déclara, le 17 juin, Assemblée Nationale, que deux jours après eut lieu le fameux serment du Jeu de Paume, et que la réunion des trois Ordres dans la même enceinte s'accomplit à la suite de la séance royale du 23 juin.

Ce succès avait fait faire un pas immense à la Révolution. En raison de la proximité, les débats de Versailles exerçaient sur la population parisienne une influence immédiate et journalière qui se traduisait par une exaltation toujours croissante dans l'opinion publique ; le nombre des faces patibulaires qui surgissent dans les moments de troubles, augmentait dans une proportion redoutable et leurs attroupements faisaient prévoir de sinistres événements. Comme il n'y avait dans la capitale d'autre cavalerie que la compagnie de la Garde de Paris (1) dont on ne pouvait espérer un secours suffisant, on fit venir le régiment Royal-Dragons, une centaine de cavaliers de Royal-Cravate et environ six cents hussards de Berchiny et d'Esthérazy ; ils furent répartis dans les faubourgs, ainsi qu'à Neuilly et à Vincennes.

Sur les routes, ces troupes avaient été l'objet de tentatives d'embauchage qui devinrent journalières à Paris où les mêmes manœuvres étaient, depuis quelque temps, employées avec succès pour détourner de leurs devoirs les soldats aux Gardes françaises. Le jardin du Palais-Royal était alors le principal foyer du désordre. Cette promenade où

---

(1) La Garde de Paris se composait d'une compagnie à cheval de cent trente-deux *maîtres*, comme on disait alors pour la cavalerie, et de huit cent quatre-vingt-dix hommes d'infanterie. Elle était commandée par M. de Rulhière, lieutenant-colonel de cavalerie.

l'opinion révolutionnaire régnait en souveraine, était le rendez-vous des étrangers, des gens oisifs et surtout des agitateurs; les tables et les chaises y servaient de tribunes à des orateurs improvisés ; on y attirait les militaires pour les fêter; on leur demandait en les faisant boire s'ils auraient le courage de tremper leurs mains dans le sang de leurs concitoyens, de leurs frères; les soldats gagnés criaient « Vive la Nation » et les jours suivants, d'après leurs récits, leurs camarades y allaient fraterniser à leur tour.

C'est dans ce jardin que prirent naissance les premiers désordres auxquels furent mêlés des Gardes françaises. Leur régiment et celui des Gardes suisses avaient été consignés dans les casernes à partir du 20 juin, pour que l'autorité supérieure pût les avoir immédiatement sous la main ; le 25 juin, des compagnies entières violent brusquement cette consigne ; des bandes nombreuses se portent dans les guinguettes des environs où elles font des dépenses bien au-dessus des moyens ordinaires des soldats. D'autres détachements se dirigent vers le jardin du Palais-Royal; ils y entrent aux applaudissements de la multitude ; on leur fournit à profusion du vin, des glaces et des rafraîchissements de toutes sortes ; ils reçoivent de l'argent et jusqu'à des billets de caisse. Après avoir mêlé leurs acclamations à celles de la foule qui crie : « Vive le Tiers ! » ils rentrent paisiblement dans leurs quartiers.

Cinq jours après, à sept heures du soir, une lettre apportée au Palais-Royal prévient les citoyens que plusieurs soldats aux Gardes, détenus à l'Abbaye en punition de leur patriotisme, vont être, pendant la nuit, transférés à Bicêtre, prison des scélérats. La lettre est lue à haute voix dans le jardin ; des cris : « A l'Abbaye ! » se font entendre, et une bande désordonnée prend la direction de la prison. En route, elle grossit de plus en plus; des serruriers et des forgerons apportent leurs outils ; à huit heures, cette troupe forte de six mille hommes enfonce les portes de l'Abbaye et délivre tous les détenus, parmi lesquels sont effectivement neuf soldats aux Gardes.

Au moment où s'achève cette expédition populaire, des dragons et des hussards arrivent le sabre à la main ; on les interpelle amicalement, des pourparlers s'engagent, les sabres rentrent dans le fourreau, du vin est apporté, et dragons, hussards et ouvriers boivent ensemble au Roi et à la Nation, à la lueur d'une illumination improvisée par les habitants du quartier. Pendant ce temps, les Gardes françaises libérés, sont portés en triomphe jusqu'au Palais-Royal; on leur donne à souper dans le jardin et on dresse pour eux, dans une salle de théâtre (1), des lits autour desquels veille, pendant toute la nuit, une partie de leurs libérateurs. Le lendemain, on les installe à l'hôtel de Genève où des paniers suspendus aux fenêtres par des rubans reçoivent à leur intention les offrandes des passants; des jeunes gens portent à Bailly une lettre dans laquelle on invoque en leur faveur l'intercession de l'Assemblée Nationale, et celle-ci envoie à son tour vers le Roi une députation à la tête de laquelle est l'Archevêque de Paris (2).

Le Roi ayant répondu que le pardon des soldats aux Gardes suivrait le rétablissement de l'ordre, on eut grand peine à décider les libérateurs à se dessaisir de leurs protégés; on y parvint néanmoins dans la nuit du 4 au 5 juillet, et, suivant la parole royale, les prisonniers réintégrés reçurent immédiatement leur grâce.

L'esprit de sédition de la capitale qui trouvait ainsi appui dans l'Assemblée Nationale et la juste appréhension d'événements plus regrettables qui pouvaient en devenir la conséquence, suffisaient,

---

(1) Le théâtre des Variétés qui était alors au Palais-Royal.
(2) Leclerc de Juigné, renommé par sa charité et son zèle contre les Jansénistes.

avec la présence de nombreux anarchistes, pour motiver le rapprochement de forces militaires; des troupes de toutes armes, dont le nombre s'éleva successivement jusqu'à près de trente mille hommes, vinrent camper au Champ de Mars et dans les environs de Paris. Le commandement en chef fut donné au maréchal de Broglie, célèbre par les victoires de Sondershausen, de Berghen et de Corbach (1758 à 1760) qui lui avaient attiré la confiance du Pouvoir et la vénération de l'Armée.

Cet appareil militaire imposant qui, à un moment donné, pouvait devenir l'instrument d'une contre-révolution, portait fortement ombrage à l'Assemblée Nationale et à la population parisienne; les craintes vraies ou prétendues, que chacun ressentait, étaient surtout exagérées par les divers partis qui, dans des vues différentes, tendaient pour le moment à un but commun, celui de désarmer la Royauté. On mit en jeu la calomnie; on sut faire croire à une partie du peuple que le Roi voulait disperser l'Assemblée Nationale, intercepter les communications entre la capitale et les provinces, saccager Paris, livrer au pillage le Palais-Royal ainsi que les maisons des patriotes; en même temps, cinquante bouches à feu placées sur les hauteurs de Montmartre auraient foudroyé la ville; les gibets, la Bastille et les proscriptions devaient faire le reste. Ce programme effrayant, si incompatible avec la mansuétude bien connue du Monarque, recevait toutes les amplifications que pouvaient suggérer la sottise, la haine et l'esprit de désordre.

Ceux mêmes qui n'ajoutaient pas foi aux atrocités dont l'intention était gratuitement attribuée au Souverain, désiraient vivement l'éloignement des forces militaires. Le comte de Mirabeau sut habilement profiter de cette disposition des esprits: dans la séance du 8 juillet, usant de toute l'autorité de sa parole, il rappelle combien les rassemblements de troupes à Paris et à Versailles contrarient l'ordre et la paix publique; il représente que cette foule de soldats oisifs, auxquels le pain du lendemain est assuré, porte à la sédition le peuple de Paris qui souffre de la rareté des subsistances, et il conclut que si une force armée est nécessaire pour calmer l'inquiétude et l'effroi qui sont dans tous les cœurs, il suffit de créer à Paris et à Versailles des Gardes Bourgeoises; ces milices, sous les ordres du roi, assureront suffisamment la tranquillité sans augmenter le nombre des consommateurs dans une ville déjà tourmentée par la disette.

Cette proposition étonna par sa nouveauté; elle

parut assez hardie pour qu'on la retranchât du discours de la députation qui fut chargée en vain de demander au Roi l'éloignement des troupes; mais elle eut un prodigieux retentissement au dehors et son effet fut immédiat; le lendemain même, une partie de la multitude était armée à Paris et à Versailles; le reste cherchait à se procurer des armes; l'occasion de s'en servir ne se fit pas longtemps attendre.

Le dimanche matin, 12 juillet, en raison de la fermentation causée par ce subit armement, des placards, affichés par ordre du Roi, engagent les habitants à ne pas former de rassemblements tumultueux; en même temps, par mesure de précaution contre l'émeute qui est presque annoncée, les Champs-Élysées sont occupés par les Gardes suisses avec quatre pièces de canon. Les hussards de Berchiny, le régiment Royal-Dragons, celui de Salis-Samade et d'autres encore s'y rendent aussi par ordre du baron de Besenval. Sur leur route, les troupes sont parfois en butte aux séductions accoutumées; ailleurs elles essuient des propos injurieux, elles sont assaillies de pierres et supportent même quelques coups de pistolet. L'ordre était arrivé de la part du Roi de ne pas répandre une seule goutte de sang; il fut religieusement accompli dans la première partie de la journée.

Vers midi, la nouvelle du départ de Necker commence à se répandre. Le renvoi de ce ministre populaire, envisagé comme une trahison de la Cour envers la Nation, fait affluer de tous côtés la foule au jardin du Palais-Royal; les esprits s'exaltent aux discours des plus violents orateurs ; Camille Desmoulins donne l'exemple, et plusieurs milliers d'hommes, portant à leurs coiffures des cocardes vertes empruntées au feuillage du jardin, se répandent dans diverses directions en appelant le peuple aux armes. Une bande d'émeutiers enlève d'un cabinet de figures en cire les bustes du duc d'Orléans (1) et du ministre disgracié, les couvre de crêpes noirs et les promène par la ville. Armée de bâtons ferrés, de haches et de pistolets, elle traversait la place Louis XV, lorsque tout à coup elle est chargée et dispersée par un détachement de dragons et de cavaliers de Royal-Allemand. La foule du dimanche revenant des barrières et des guinguettes encombrait les Champs-Élysées ; elle prend parti contre la troupe sur laquelle elle fait pleuvoir une grêle de pierres; le prince de Lambesc, colonel de Royal-

---

(1) On avait répandu le bruit que le duc d'Orléans, très-populaire alors, avait été exilé en même temps que le Ministre.

Allemand, poursuit alors les assaillants jusque dans le jardin des Tuileries. La multitude inoffensive, qui s'y croyait à l'abri, fuit dans toutes les directions en y portant la terreur. Des cris : « Aux armes! » sont suivis de quelques coups de fusil, le tocsin se fait entendre, les boutiques d'armuriers sont enfoncées et pillées. Quelques Gardes françaises, commençant à se joindre au peuple, impriment une sorte de régularité aux mouvements désordonnés des différents groupes ; bientôt réunis en force sur le boulevard, près du dépôt de leur corps, les soldats aux Gardes s'avancent en ordre et attaquent à coups de fusil un détachement de Royal-Allemand. Celui-ci, indécis devant cette agression inattendue de la part d'un corps militaire, se replie sur la place Louis XV pour se réunir au gros du régiment.

Vers six heures, quelques Électeurs des districts, accourus à la hâte à l'Hôtel de ville, prennent le commandement provisoire de Paris. Le peuple qui encombre la place de Grève, désarme les Gardes de la ville et menace de l'incendie, si on ne lui livre immédiatement les armes de la Maison commune; les Électeurs en ordonnent la distribution, mais déjà le magasin avait été découvert et mis au pillage. Dans la soirée, le nombre des Électeurs s'accroît à chaque instant et bientôt l'assemblée au complet arrête les premières mesures qui peuvent sauver la capitale des malheurs qui la menacent. Vers onze heures, plusieurs de ses membres sont envoyés dans les districts pour engager les citoyens à faire cesser l'agitation en rentrant dans leurs domiciles. A la même heure, douze cents Gardes françaises, suivis d'une foule immense, partaient du Palais-Royal, à la lueur des torches et des flambeaux, pour aller attaquer les régiments sur la place Louis XV et dans les Champs-Élysées ; mais toutes les troupes réglées venaient d'évacuer la capitale. L'impossibilité d'obéir autrement à l'ordre donné par le Roi d'éviter toute effusion de sang, avait motivé cette brusque retraite ; cependant la population, irritée par les démonstrations militaires de la journée, déniait la modération du Monarque.

La nuit fut terrible pour les deux partis, entre lesquels toute communication était interrompue. La route de Versailles était encombrée par les régiments qui se retiraient. Le bruit s'étant répandu que cent mille Parisiens marchaient contre la Cour, le pont de Sèvres fut garni de canons et l'ordre fut donné de le rompre au besoin ; de fausses alertes tinrent les troupes sur pied toute la nuit.

A Paris, où l'on ne pouvait croire à un triomphe aussi facile, on craignait un retour offensif de la part de l'armée. Des troupes de bourgeois armés, de soldats du Guet et de Gardes françaises sillonnaient les rues; partout se faisait entendre le bruit des enclumes sur lesquelles on forgeait des armes grossières; des inconnus à figures sinistres se montraient dans tous les quartiers; des coups de fusil retentissaient dans la nuit, et, du côté des barrières, la teinte rougeâtre du ciel dénonçait l'incendie.

Le lendemain, 13 juillet, des bandes armées de fusils, de piques, de sabres, de poignards et de bâtons parcouraient la ville dès le matin en menaçant de brûler les hôtels des princes et des aristocrates. Les efforts de quelques citoyens courageux et d'agents de police déguisés, qui se mirent à leur tête en portant comme eux des haches et des torches, parvinrent plusieurs fois à leur donner le change sous divers prétextes et à les éconduire successivement de différents quartiers; c'est ainsi que le palais Bourbon et l'hôtel Breteuil furent préservés. La prison de la Force avait été enfoncée, et son personnel avait augmenté le nombre des êtres à face patibulaire vis-à-vis desquels la ville restait sans défense organisée; des armes et des armures de prix furent enlevés au Garde-meuble ; le couvent des Lazaristes fut pillé et saccagé de fond en comble, une grange y fut incendiée et l'on retrouva plus tard dans les caves du couvent une trentaine de misérables, hommes et femmes, noyés dans des flots de vin.

Pendant ces scènes d'anarchie, la masse de la population, ne songeant qu'à sa défense, s'agitait pour trouver des armes et des munitions ; les Électeurs, chargés de pourvoir à la subsistance et à la défense de Paris, étaient assaillis des demandes incessantes des soixante Districts et ne pouvaient y satisfaire. Tous les achats et toutes les confections d'armes furent autorisés au compte de la ville ; l'ordre fut donné de fabriquer cinquante mille piques et des recherches furent dirigées de tous côtés pour rassembler des armes, des munitions et des vivres.

C'est ainsi qu'on découvrit au port Saint-Nicolas un bateau chargé de cinq milliers de poudre. Cette ressource, précieuse pour l'armée parisienne, manqua plusieurs fois de causer les plus grands malheurs ; le peuple avait d'abord voulu défoncer en pleine rue les barils qui contenaient la poudre, et l'on eut de la peine à obtenir qu'elle fût transportée jusque dans une salle basse de l'Hôtel de ville au-dessous de celle où les Électeurs étaient rassemblés. L'un d'eux, l'abbé Lefèvre, s'offrit pour en faire la distribution immédiate ; pendant qu'il y procédait, plusieurs coups de fusil furent tirés, par des brigands, sur lui et sur les tonneaux dans lesquels il puisait. Le soir vint et le courageux Electeur continua son office à la lueur de chandelles grossières qu'on s'avisa assez tard d'entourer de feuilles de papier ; pour vaincre la résistance d'un ivrogne qui s'obstinait à fumer au milieu des barils ouverts, l'abbé Lefèvre fut obligé de lui acheter sa pipe allumée et de la lancer dans la cour.

Dans cette journée, les Gardes françaises avaient enlevé leurs canons qui restaient habituellement au Gros-Caillou, et ils les avaient conduits au dépôt de leur corps, situé sur le boulevard, pour les mettre à l'abri de quelque retour offensif de la part de l'armée. Ils n'avaient eu aucun égard aux représentations faites par leur colonel, le duc du Châtelet, qui était venu tenter de s'opposer à cette brusque translation ; mais ils avaient sauvé cet officier général de la fureur populaire en l'escortant jusqu'au bac qui, en cet endroit, servait alors à traverser la Seine.

Pendant que ces faits se passaient à Paris, l'Assemblée Nationale siégeait à Versailles dans la consternation; une députation envoyée le matin au Roi pour demander le rappel de Necker, la formation d'une Milice Bourgeoise et l'éloignement des troupes, n'avait rapporté qu'une réponse évasive. L'Assemblée en avait ressenti une impression douloureuse et il avait été décidé qu'elle continuerait à insister sur ces concessions indispensables; mais à l'égard de la Milice Parisienne, la question fut brusquement tranchée dans la capitale.

En présence de l'imminence du danger où se trouve la ville, menacée par l'armée et infestée de brigands, l'assemblée des Électeurs arrête en principe l'établissement d'une Garde Bourgeoise. Elle décide que les citoyens de tout rang et de tout âge se feront inscrire dans leurs districts sur la liste des Soldats de la Patrie; chaque District organisera des patrouilles; on désarmera les brigands, et le Prévôt des Marchands avisera promptement aux moyens de fournir des armes et des munitions. Sur le refus du duc d'Aumont, le commandement en chef de la Milice Parisienne est donné au marquis de la Salle (1), un des premiers gentilshommes qui s'est déclaré pour la Révolution et qui compte d'ailleurs parmi les Électeurs. Enfin, en raison du peu de

---

(1) Le marquis de la Salle-d'Offémont, ancien Commandeur de l'ordre de Malte.

popularité du comte d'Artois dont la Maison porte la couleur verte, la cocarde inaugurée la veille est remplacée par une autre rouge et bleue, aux couleurs de la Ville (1).

A mesure que se répand dans les districts la connaissance de ces décisions, on s'y conforme avec rapidité. On se réunit sur les places et dans les jardins; des compagnies se forment et l'on nomme des officiers; les bas-officiers et les soldats aux Gardes françaises ainsi que de nombreux déserteurs de l'armée arrivés dans la journée, offrent le secours de leur expérience, qui est accepté avec enthousiasme. Les clercs du Palais et du Châtelet forment la compagnie des Volontaires de la Bazoche; les élèves en chirurgie s'organisent sous les ordres de Boyer, chirurgien principal de la Charité; la compagnie du Guet et celle des Chevaliers de l'Arquebuse viennent se mettre à la disposition des Électeurs; l'abbé Fauchet, Électeur, se place à

---

(1) Les différents auteurs varient dans leurs explications sur les motifs qui ont fait ajouter la couleur blanche aux deux premières; celle qui semblerait la plus plausible serait que Louis XVI, recevant, le 17 juillet, une cocarde arisienne des mains de Bailly, l'aurait placée par-dessus sa cocarde blanche, et aurait ainsi réalisé la réunion des trois couleurs qui, aux yeux de la population, symbolisa d'abord l'alliance du Roi et de la Nation. Ce sujet a été traité dans l'*Histoire de l'ancienne Infanterie française*, par Louis Susane, colonel d'artillerie, qui admet une autre hypothèse.

la tête des paroissiens de Saint-Étienne-du-Mont. De tous côtés des corps-de-garde s'établissent et des patrouilles commencent à circuler; les malfaiteurs, maîtres de la ville le matin, sont partout entourés et désarmés; ceux qui ont saccagé le couvent des Lazaristes sont jetés en prison.

En même temps, comme on redoute l'attaque des troupes, les drapeaux aux couleurs de la Ville sont déployés; le canon est tiré par intervalles pour tenir les citoyens en alerte, des barricades s'élèvent dans les faubourgs, des tranchées interceptent les rues, les pavés et les meubles sont entassés aux fenêtres; dans la soirée, Paris n'est plus qu'une ville de guerre prête à repousser un assaut.

La nuit se passe sans événements, dans la méfiance, l'agitation et l'incertitude. Le lendemain, 14 juillet, on continue les recherches de la veille; les Électeurs envoient, pour réclamer les armes des magasins de l'hôtel des Invalides, le Procureur de la Ville, qui est suivi de plus de trente mille hommes. Pendant les pourparlers avec le maréchal de camp marquis de Sombreuil, gouverneur de l'hôtel, la grille est forcée; les fossés, les jardins, les cours et les bâtiments sont envahis; les armes qui avaient été cachées sous le dôme et dans d'autres réduits sont découvertes; la précipitation à les saisir est telle que plusieurs individus périssent étouffés. 28,000 fusils et 20 pièces de canon tombent ainsi au pouvoir de l'armée parisienne ; les Invalides avaient aidé le peuple dans cette scène de pillage.

Des bandes armées inondent l'esplanade des Invalides, les boulevards ainsi que les rues voisines, et une troupe nombreuse porte au jardin du Palais-Royal la nouvelle de l'heureuse expédition. Depuis le matin, les orateurs les plus véhéments s'y faisaient entendre; les discours les plus incendiaires, les motions les plus violentes s'y succédaient avec une effrayante rapidité aux bruits du tocsin et de la générale que renvoyaient tous les quartiers; la vue de la troupe armée qui débouche par toutes les issues exalte les assistants; un cri unanime se fait entendre: « A la Bastille ! »

La population parisienne, en se précipitant vers la Bastille, obéissait à l'opinion générale qui, dans tout le royaume, faisait considérer la vieille forteresse comme le symbole du despotisme; le vœu de sa destruction avait été formulé dans les cahiers d'un certain nombre de Députés des provinces. Dès le 12 juillet, le cri de l'attaque s'était fait entendre dans plusieurs quartiers, et le marquis de

Launay, capitaine-gouverneur du Château royal de la Bastille, avait ajouté quelques dispositions nouvelles aux précautions qu'il prenait d'habitude depuis la dévastation de la maison Réveillon.

Huit grosses tours, reliées entre elles par des murs très-épais, dessinaient, perpendiculairement à la rue Saint-Antoine, un carré long entouré d'un large fossé; c'était le Château de la Bastille. La seule entrée, placée sur le petit côté du carré qui regardait l'Arsenal, était isolée par un grand et un petit pont-levis. Tous deux s'abattaient sur le pont dormant qui traversait le fossé et qui était bordé, d'un côté, de bâtiments en bois servant de cuisines.

Le pont dormant débouchait dans la cour du Gouvernement, où se trouvaient l'hôtel du Gouverneur et un grand corps-de-garde. Cette enceinte était fermée du côté de Paris par un fossé sur lequel s'abattait un pont-levis nommé pont de l'Avancé, qui établissait la communication entre la cour du Gouvernement et une cour très-longue parallèle au Château; c'est là que se trouvaient les casernes de la garnison et quelques boutiques dont le loyer était un des revenus du Gouverneur (1).

---

(1) La charge de Gouverneur de la Bastille rapportait environ 60,000 livres. Le gouvernement passait, pour la nourriture des pri-

Cette longue cour avait deux entrées opposées, fermées par de simples portes en bois; l'une débouchait dans des cours de passage qui conduisaient à l'Arsenal, l'autre dans la rue Saint-Antoine. Ainsi, pour entrer dans le Château de la Bastille, il fallait, au bout de la rue Saint-Antoine, tourner à droite, pénétrer dans la cour des casernes, franchir le pont de l'Avancé et traverser la cour du Gouvernement ainsi que le pont dormant à l'extrémité duquel était le pont-levis du Château.

La garnison de la Bastille, qui devait réglementairement être de cent hommes, n'était jamais exactement au complet. Au commencement de Juillet, elle se composait de l'État-major du Château et de quatre-vingt-deux Invalides commandés par le capitaine de Monsigni; en raison des circonstances, on lui avait adjoint, quelques jours avant l'attaque, trente-deux Suisses du régiment de Salis-Samade sous les ordres d'un lieutenant de grenadiers, Louis de Flüe.

Le Château renfermait une grande quantité

---

sonniers, des marchés qui variaient de trois à soixante livres par jour, suivant la qualité de la personne incarcérée, et un certain nombre de places, censées toujours occupées, constituait une partie des émoluments du Gouverneur. Cet officier avait, en outre, divers priviléges, tels que la location des boutiques de la cour extérieure, le fourrage des fossés, le droit d'introduire dans la ville une certaine quantité de vin exempté de tous droits, etc.

d'armes portatives et de munitions. Quinze canons de huit et de quatre, montés sur des affuts marins, étaient à demeure sur les tours pour les salves de réjouissance ; mais leur disposition ne permettait de les diriger que contre des points éloignés, et, bien que le Gouverneur eût fait récemment retailler leurs embrasures, ceux qui se trouvaient du côté de l'entrée ne pouvaient être braqués sur un but plus rapproché que le pont de l'Avancé.

Trois pièces d'artillerie de campagne avaient été placées en batterie à l'intérieur, en face de l'entrée du Château. Douze fusils de rempart, connus sous le nom d'Amusettes, avaient été mis en état pour la défense ; mais, quand on voulut les employer, ils se trouvèrent d'un diamètre trop fort pour les meurtrières auxquelles on les avait destinés. Des pavés et de vieux boulets avaient été empilés sur le haut des tours.

Les provisions de bouche consistaient en deux sacs de farine et un peu de riz ; l'eau potable venait d'un bassin extérieur par des conduits faciles à couper. Toute la garnison avait été consignée dans le Château.

Pendant la nuit du 13 au 14 juillet, des coups de fusil avaient été tirés sur les factionnaires des tours. Des députations de plusieurs Districts étaient venues, dans la matinée, demander des armes au Gouverneur, qui les avait refusées; d'autres l'avaient engagé à remettre la forteresse entre leurs mains. Un Électeur ayant fait observer que la vue des canons placés sur les tours inquiétait la population, on avait reculé les pièces en dedans du parapet, et il était parti emportant la promesse du Gouverneur, des officiers et des soldats que la garnison ne ferait aucun usage de ses armes si on ne l'attaquait pas.

Une demi-heure après, vers onze heures du matin, ceux qui, du haut des tours, observent les groupes formés autour de la forteresse, voient avec étonnement une multitude, composée de toutes les classes de la population et portant des armes de toute espèce, déboucher des rues voisines et remplir en un moment la cour des casernes en criant : « En bas la troupe ! » Malgré les avertissements et les menaces partant du haut des tours, deux anciens soldats, Tournay et Aubin-Bonnemère (1), qui courent en tête du flot populaire, montent sur le toit d'une boutique adossée au mur de la cour du Gouvernement, passent sur celui du corps-de-garde, descendent dans la cour et brisent les ferrures du

---

(1) Le premier avait servi dans le Régiment-Dauphin et le second dans Royal-Comtois.

pont de l'Avancé, qui s'abat en écrasant deux hommes. La cour du Gouvernement est envahie et la mousqueterie s'engage entre les deux partis.

Les Invalides font feu du haut des tours ; les Suisses tirent par les meurtrières du bas : ils ont percé le tablier du pont-levis, et servent par cette embrasure improvisée une amusette dont le feu rend le séjour dans la cour du Gouvernement impossible pour les assaillants. Les plus avancés de ces derniers s'embusquent derrière les murs et les portes qui peuvent leur servir d'abri ; d'autres pillent les casernes et les bâtiments extérieurs.

Pendant la fusillade, deux députations arrivent successivement de l'Hôtel de ville pour essayer d'arrêter le feu et d'obtenir la reddition pacifique de la place. Des deux côtés, des drapeaux blancs et des chapeaux agités en l'air interrompent partiellement les hostilités ; mais des coups de fusil rétablissent deux fois le combat.

Cette mousqueterie entre gens abrités menaçait de continuer longtemps sans résultats, lorsque trois charrettes de paille sont amenées dans la cour du Gouvernement ; on y met le feu et l'incendie se propage à l'hôtel du Gouverneur, au corps-de-garde de l'Avancé et aux cuisines sur le pont dormant. Ce fut alors que la garnison tira, du haut d'une tour, un coup de canon à mitraille, le seul qui soit parti de la forteresse dans cette journée.

Les assaillants s'aperçoivent rapidement que deux des charrettes de paille, malhabilement placées, paralysent l'attaque en formant un rempart devant le pont-levis du Château. Un officier porte-drapeau au régiment de la Reine (infanterie), Élie, qui est à la tête du parti populaire depuis le commencement du combat, parvient à en faire écarter une ; l'autre est précipitée dans le fossé par deux citoyens, Réole et Rossignol.

Un affreux épisode attire alors l'attention : des forcenés amènent une jeune et belle personne qu'ils ont saisie dans les cours extérieures et qu'ils croient être la fille du marquis de Launay ; ils la jettent inanimée sur un monceau de paille enflammée pour forcer le Gouverneur à rendre la Bastille ; Aubin-Bonnemère se précipite sur les scélérats, enlève la victime et l'emmène pour la remettre en mains sûres. C'était la fille du capitaine d'Invalides de Monsigni, qui venait de tomber sur une des plates-formes, frappé de deux coups de feu au moment où il oubliait le danger pour suivre, avec l'angoisse du désespoir, le drame horrible où figurait son enfant (1).

---

(1) Le capitaine de Monsigni ne fut que blessé ; il vivait encore le

Le combat dure depuis trois heures et demie et le succès des assaillants est plus que douteux, lorsqu'on voit apparaître du côté de l'Arsenal quatre cents Gardes françaises conduits par des bas-officiers et suivis d'un grand nombre d'Invalides et de citoyens ; ils amènent un mortier et trois pièces de canon. Ce renfort aguerri imprime à l'attaque une énergie nouvelle : la fusillade redouble ; l'hôtel de la Régie des poudres et salpêtres est forcé par le peuple, qui s'y approvisionne de munitions. Un feu nourri qui part des places, des jardins, des fenêtres et des toits, empêche les assiégés de se montrer sur les tours ; les canons, servis par les soldats aux Gardes, tonnent contre la Bastille ; d'autres, maniés par des mains moins exercées, manquent le but et envoient quelques boulets dans les faubourgs.

Dans l'intérieur du Château, le même esprit n'animait pas les défenseurs. Dès le commencement de l'attaque, les Invalides avaient paru si peu disposés à résister énergiquement que l'of-

---

20 février 1790, jour où la Commune récompensa Aubin-Bonnemère de sa conduite généreuse en lui décernant une couronne civique et en lui remettant un sabre. Ce fut Mlle de Monsigni qui posa la couronne sur la tête de celui qui l'avait sauvée. Le même jour, un sieur Binot reconnut à Aubin-Bonnemère une rente viagère reversible sur la tête de sa femme.

ficier Suisse avait cru devoir demander, en allemand, à ses soldats s'ils tireraient sur ceux qui désobéiraient au Gouverneur, et il en avait reçu une réponse affirmative. Les Invalides, sachant que le château était dépourvu de vivres, avaient vu avec regret le feu s'engager; les députations venues de l'Hôtel de ville leur avaient fait momentanément espérer une solution pacifique. A la vue des Gardes françaises, ils abandonnèrent toute idée de résistance.

Au moment où l'agression redouble d'efforts, le feu cesse du haut des tours, et les Invalides, leurs bas-officiers en tête, viennent sommer le Gouverneur de rendre la place. Le marquis de Launay, indigné de cette proposition, prend le parti désespéré de faire sauter la forteresse; il saisit une mèche à canon et se dirige vers la Sainte-Barbe; mais un bas-officier Invalide croise la baïonnette et l'empêche d'y pénétrer. Le Gouverneur court alors au cachot d'une des tours où il a fait déposer une certaine quantité de barils de poudre; un autre sous-officier Invalide le repousse de la même manière.

Une plus longue défense devient impossible; on arbore un drapeau blanc, et un tambour, battant la chamade, fait trois fois le tour d'une des plates-formes. Les assiégeants continuent leur feu sans se préoccuper du tambour ni du drapeau ; mais, au bout d'un quart d'heure, les plus rapprochés, s'apercevant que la garnison ne tire plus, s'avancent jusqu'au pont dormant en faisant de nouvelles décharges et en criant de baisser les ponts-levis.

L'officier Suisse demande par un créneau que la garnison puisse sortir avec les honneurs de la guerre ; on lui répond négativement. Un papier est alors tendu à travers le créneau ; Réole va le saisir en passant sur une planche que les assaillants maintiennent au-dessus du fossé ; on y lit que le Château contient vingt milliers de poudre et qu'on le fera sauter avec tout le quartier si la capitulation est refusée.

Ceux qui sont sur le pont dormant s'écrient que la garnison sera respectée ; Elie engage sa foi d'officier. Sa parole et son uniforme semblent des garants suffisants aux assiégés ; le petit pont-levis s'abaisse ; les assaillants le fixent immédiatement au sol par ses verrous, se précipitent dans le Château, baissent le grand pont-levis, et la cour intérieure est envahie. Le combat, commencé un peu avant midi, avait duré cinq heures.

Les Invalides s'étaient rangés à droite et les Suisses à gauche de l'entrée, après avoir déposé leurs armes contre les murs. Ils ôtent leurs chapeaux et accueillent par des bravos les premiers de leurs adversaires qui entrent dans la cour. Ceux-ci les embrassent en signe de réconciliation ; mais ils sont suivis de la populace exaspérée, qui ne respire que la vengeance. Les Invalides sont accablés de mauvais traitements ; un des bas-officiers qui ont empêché le Gouverneur de faire sauter le fort est percé de deux coups d'épée ; un sabre lui abat le poignet et sa main est portée en triomphe par la ville ; lui-même sanglant et mutilé est entraîné à la place de Grève et attaché à un gibet avec un autre de ses camarades.

Les Suisses furent d'abord épargnés ; ils étaient vêtus de sarraux gris qui les firent prendre pour des prisonniers délivrés ; d'ailleurs, en raison de la position qu'ils occupaient, on ne les avait pas vus pendant le combat.

La foule envahit toute la Bastille ; on pénètre dans les logements de l'État-major ; les portes, les croisées, les meubles sont brisés par les plus acharnés. Pendant ce temps, un canon placé dans le jardin de l'Arsenal continue à faire feu sur la forteresse ; les assaillants qui débouchent en foule dans la cour, croyant à un combat dans l'intérieur, tirent sur ceux qui parcourent les appartements ; de même, on fusille du dehors les vainqueurs qui commencent à paraître sur les tours et plusieurs y sont tués ou blessés (1). Il fallut, pour faire cesser entièrement la mousqueterie, qu'un grenadier aux Gardes, Arné, se présentât sur le bord du parapet en élevant son bonnet au bout de sa baïonnette ; la vue de l'uniforme aimé du peuple fit comprendre à tous que le combat était entièrement terminé.

Le marquis de Launay, saisi au moment où il allait se percer de son épée, fut conduit vers l'Hôtel de ville par Élie, Arné et quelques autres qui s'étaient signalés dans cette journée ; pendant la route, ils eurent la plus grande peine à le préserver de la fureur de la populace. Sur la place de Grève, l'infortuné Gouverneur fut arraché de leurs mains ; ses dernières paroles furent : « Tuez-moi sur-le-champ ; ne me faites pas languir. » Un moment après, sa tête était au bout d'une pique.

Le major de la Bastille, de Losme-Salbray, était aussi entraîné vers la place de Grève. Vis-à-vis de l'arcade Saint-Jean, on le saisissait pour lui faire éprouver le même sort qu'au Gouverneur, lorsqu'un ancien prisonnier, de Pelleport, dont il

---

(1) C'est là que fut blessé grièvement un brave homme, nommé Humbert, qui avait empêché qu'on ne mît le feu à l'hôtel de la Régie des poudres et salpêtres.

avait adouci la captivité, se jette entre lui et les assassins : « Retirez-vous, jeune homme, » lui dit le vieux soldat, « vous allez vous sacrifier sans me sauver. » Au même instant, un forcené qui s'apprête à décharger un coup de hache sur la tête de Pelleport, force celui-ci à songer à sa propre défense. Le major était déjà massacré; sa tête mise au bout d'une pique fut promenée dans tous les quartiers avec celle du Gouverneur.

L'aide-major de la Bastille, de Miray, un lieutenant d'Invalides, de Persan, et d'autres encore furent tués dans des circonstances analogues; quelques-uns furent portés à l'Hôtel-Dieu couverts de blessures reçues après le combat. Une partie de la garnison parvint à se sauver; vingt-deux Invalides et onze Suisses, entraînés à l'Hôtel de ville, furent arrachés à la mort par un détachement de Gardes françaises qui les escorta jusqu'à sa caserne. Ils furent libres le lendemain de rejoindre leurs corps respectifs; mais plusieurs Suisses restèrent avec leurs libérateurs.

Élie, le héros de la journée, concourut aussi à sauver les restes de la garnison de la Bastille en persuadant à la foule de faire jurer aux soldats d'être fidèles à la Nation. Le serment de chacun était salué d'acclamations nombreuses et suivi de démonstrations amicales qui firent perdre de vue la vengeance que l'on voulait tirer des pertes du parti populaire. La prise de la Bastille avait coûté aux assaillants quatre-vingt-trois tués et quatre-vingt-huit blessés dont quinze moururent plus tard; la garnison n'avait eu qu'un homme tué pendant le combat.

Le tumulte de cette journée donna lieu à de nombreux épisodes. Le prince de Montbarrey, ancien ministre de la guerre, fut saisi par le peuple, à l'Arsenal où il demeurait, et traîné jusqu'à l'Hôtel de ville avec la princesse de Montbarrey. Il ne dut son salut qu'à la vigueur et à l'audace du marquis de la Salle, nommé la veille Commandant Général de la Garde Nationale, qui parvint à l'arracher des mains d'une bande de forcenés prêts à le massacrer. Le soir du même jour, le Prévôt des Marchands, Flesselles, déjà suspect au parti populaire, fut convaincu de trahison; on avait trouvé sur le Gouverneur de la Bastille une lettre dans laquelle il engageait cet officier à tenir bon pendant que, de son côté, il amuserait les Parisiens avec des cocardes. Sommé de se retirer de l'Hôtel de ville, le Prévôt des Marchands fut tué d'un coup de pistolet auprès du quai Pelletier; sa tête fut jointe à celles des autres victimes de la journée.

La multitude qui remplissait la Bastille en parcourait les prisons et les cachots avec une curiosité inquiète ; on s'était empressé d'en enfoncer les doubles et les triples portes, car, dans l'ivresse de la victoire, on avait emporté les clefs à l'Hôtel de ville sans songer aux prisonniers. On en trouva sept qui furent conduits en triomphe au Jardin du Palais-Royal.

Quant aux cruautés dont on croyait acquérir les preuves dans la Bastille, l'attente générale fut complétement déçue. Les plus sombres recoins furent examinés, et l'on ne découvrit aucun squelette, aucun instrument de torture. Quelques pièces d'anatomie, appartenant au chirurgien du Château, furent un moment l'objet de l'attention; mais il fallut se rendre à l'évidence, et les contes forgés par l'imagination publique durent tomber devant la réalité.

Tout ce qui se trouva dans la vieille forteresse fut pillé, ravagé et dévasté; les meubles, les livres et les documents de toutes sortes furent précipités dans les fossés, dispersés et égarés. Quand il n'y eut plus rien à jeter par les fenêtres, on s'attaqua aux murailles, et l'on vit s'effectuer de tous côtés des essais impuissants de démolition. Le Château resta occupé par cent cinquante soldats aux Gardes.

Le lendemain du jour où les Gardes françaises, prêtant appui à l'insurrection, avaient déterminé la reddition de la Bastille, le duc du Châtelet, colonel du régiment, remit entre les mains du Roi la démission de sa charge, et son exemple fut imité par les officiers des bataillons casernés à Paris. Quelques jours après, le Roi autorisa les soldats aux Gardes et les déserteurs des autres Corps qui se trouvaient dans la capitale à concourir à la formation de la Milice Bourgeoise. Quant aux Gardes françaises qui étaient de service à Versailles, ils désertèrent avec armes et bagages dans la nuit du 31 juillet, et vinrent à Paris se joindre à leurs camarades qui étaient alors l'objet d'une ovation universelle. Enfin, le 31 août, le régiment fut officiellement rayé des contrôles de l'Armée.

Le 26 janvier de l'année suivante, tous les bas-officiers et les soldats qui en avaient fait partie, se réunirent pour aller à Notre-Dame suspendre aux voûtes de la nef les vieux drapeaux que les Gardes françaises avaient illustrés dans tant de combats (1). Cette pieuse cérémonie, qui consacrait le souvenir d'un glorieux passé, était encore une preuve

---

(1) Le nombre des drapeaux de chaque Corps était alors considérable. Le régiment des Gardes françaises en possédait trente, dont

de l'esprit militaire qui distingua ce régiment jusqu'au jour où des séductions de toutes sortes parvinrent à assurer sa coopération aux premiers événements de la Révolution.

Dans les faits qui suivront, on verra les anciens Gardes françaises perdre rapidement les espérances que leur avaient fait concevoir les ovations dont ils avaient été l'objet. Ils furent ballottés par toutes les phases de la Révolution jusqu'au jour où la Guerre, offrant un noble but à l'ambition de tous, les tira de la position fausse qu'ils s'étaient faite eux-mêmes. Beaucoup de ces soldats d'élite accomplirent une belle carrière militaire ; les plus marquants furent le général Hoche, le lieutenant général comte Friant, et le maréchal Lefebvre, duc de Dantzick.

---

un blanc et vingt-neuf bleu turquin. Une large croix blanche séparait le drapeau en quatre quartiers semés de fleurs de lys d'or. Une couronne en or était figurée à chaque extrémité des branches de la croix.

CHAPITRE II.

ORGANISATION DE LA GARDE NATIONALE PARISIENNE.

Juillet et août 1789.

Sommaire.

Le Roi donne l'ordre aux troupes de s'éloigner de Paris, et il autorise la formation de la Garde Bourgeoise. — Le marquis de Lafayette est nommé Commandant général, et le marquis de la Salle, Commandant en second de la Milice Parisienne. — Visite du Roi aux habitants de sa capitale.

Émigration forcée du maréchal duc de Broglie. — Massacre de Foulon et de Berthier de Sauvigny. — Lafayette est dissuadé de se démettre de ses fonctions.

Aspect militaire de la ville de Paris.

Necker demande la liberté du lieutenant général baron de Besenval. — Les Électeurs et les Représentants de la Commune l'accordent. — Troubles dans les Districts à cette occasion. — Le baron de Besenval est maintenu en prison à Brie-Comte-Robert.

Danger couru par le marquis de la Salle. — Faux bruits. — Agitations.

Organisation de la Garde Nationale d'après le projet proposé par Lafayette. — Mécontentement des Gardes françaises. — Moyens employés pour l'apaiser. — Formation des Compagnies soldées et des Compagnies non soldées. — Division de cavalerie. — Uniforme. — Armement. — Artillerie. — Bénédiction des drapeaux.

Le lendemain de la prise de la Bastille (15 juillet), l'Assemblée Nationale charge vingt-quatre de ses Membres de se rendre près du Roi pour demander de nouveau le renvoi des troupes dans leurs garnisons et l'autorisation d'établir des Gardes Bourgeoises. Au moment où cette députation va partir pour accomplir sa mission, le Roi paraît dans l'enceinte législative, accompagné seulement de ses deux frères, et il annonce lui-même que des ordres ont été donnés pour éloigner les troupes de Paris et de Versailles.

Cette communication inattendue fait éclater les applaudissements. Le Roi est reconduit au Château par toute l'Assemblée, au milieu d'un immense concours de population qui mêle ses transports de satisfaction à ceux des Députés. La Reine paraît avec ses enfants sur le balcon de la Cour de Marbre; elle est accueillie par des acclamations universelles.

Quatre-vingt-huit Députés sont chargés de faire connaître aux habitants de Paris l'heureuse décision prise par le Souverain. Les Gardes du Corps du Roi leur offrent une escorte d'honneur qui est refusée avec courtoisie, pour éviter tout appareil militaire en entrant dans la capitale. La députation se met en marche, précédée seulement d'un trompette, d'une brigade de la Maréchaussée et de quelques gardes de la Prévôté de l'Hôtel.

La nouvelle de la réconciliation du Roi avec l'Assemblée avait précédé l'arrivée des Députés à Paris. Une foule immense de bourgeois armés et de soldats les accompagnent jusqu'à l'Hôtel de ville aux cris de «Vive le Roi! Vive la Nation! Vive l'Assemblée Nationale!» On pénètre avec peine jusque dans la salle où sont réunis les Électeurs : un des Députés, le marquis de Lafayette, fait alors un récit touchant de la visite du Roi à l'Assemblée; un autre, le comte de Lally-Tollendal, parle à son tour avec l'éloquence la plus persuasive ; un troisième, le duc de Liancourt, ami particulier du Roi, fait connaître que la formation des Gardes Bourgeoises est autorisée. Des acclamations unanimes désignent le marquis de Lafayette pour les commander; il accepte à condition de conserver pour commandant en second le marquis de la Salle, placé deux jours auparavant par les Électeurs à la tête de la Milice spontanément improvisée. Bailly est en même temps proclamé Maire de Paris, nouvelle désignation qui remplace celle de Prévôt des Marchands, devenue odieuse par la *trahison* de Flesselles.

Le Président des Électeurs prononce ensuite un discours où il exhorte la population à oublier tout ressentiment ; ses paroles chaleureuses et patriotiques électrisent tous les cœurs et les ramènent à la concorde. Sur la proposition de l'Archevêque de Paris, qui fait partie de la députation envoyée par l'Assemblée Nationale, on se rend en pompe à la Cathédrale pour y chanter un *Te Deum* d'actions de grâces. Là, aux sons des tambours et de la musique auxquels répond le bruit du canon, le marquis de Lafayette fait le serment de remplir fidèlement ses fonctions de Commandant Général de la Milice Nationale.

La députation de l'Assemblée est ensuite reconduite par la bourgeoisie en armes; partout elle reçoit les honneurs militaires et elle est l'objet de tumultueuses acclamations. Entre autres vœux exprimés par la multitude enthousiaste, on distingue surtout celui de la rentrée de Necker au ministère et le désir de voir le Roi confirmer par sa présence les nouvelles apportées dans cet heureux jour.

Ces deux demandes sont exaucées; le lendemain on apprend que le ministre populaire est rappelé, et le surlendemain (17 juillet), le Roi part du château de Versailles, à neuf heures, pour aller se montrer aux habitants de sa bonne ville de Paris. La Milice Bourgeoise de Versailles, en armes, lui sert d'escorte; à Sèvres, on rencontre celle de Paris qui est venue pour la relever; mais toutes deux se réunissent et forment une troupe d'environ vingt mille hommes à la suite des deux voitures du Roi.

La visite du Monarque n'avait été officiellement

CHAPITRE II. — JUILLET 1789.

annoncée à l'Hôtel de ville qu'à deux heures du matin ; les Districts avaient été immédiatement prévenus et, dès sept heures, plus de cent cinquante mille citoyens sous les armes formaient, sur deux ou trois lignes de hauteur, une double haie qui s'étendait depuis l'Hôtel de ville jusqu'à Passy, en passant par la rue Saint-Honoré et la place Louis XV. Toutes les rues étaient pavoisées d'étendards et de banderolles aux couleurs patriotiques ; sur tous les balcons et à toutes les fenêtres étaient des femmes qui jetaient à la foule des cocardes parisiennes.

Le temps s'écoulait et le Monarque n'arrivait pas : les craintes et les suppositions fâcheuses prenaient leur essor. On murmurait déjà que le Roi était sans doute parti avec les troupes qui s'éloignaient de Paris et la fermentation croissait rapidement, lorsqu'un immense tourbillon de poussière annonça l'arrivée du cortége, qu'avait retardé l'encombrement des populations accourues sur son passage.

A la porte de la ville, en même temps qu'on présente au Roi les clefs de Paris, on refuse l'entrée à quatre cents Gardes du Corps, qui, pour justifier le titre qu'ils s'attribuent de simples spectateurs, n'ont pris d'autres armes que leurs épées. Le Roi continue sa route au milieu d'une escorte nationale qui s'accroît à chaque pas.

Trois mille jeunes gens, à cheval et armés, ouvrent la marche. Ils sont suivis des Gardes françaises, au milieu desquels sont les canons et le drapeau de la Bastille. On voit ensuite, s'avançant deux à deux et sur une double colonne, quatre cents Députés dans le costume de cérémonie des trois Ordres : le Clergé en soutane et en bonnet carré, la Noblesse en habit noir à parements de drap d'or avec chapeau à plumes à la Henri IV, le Tiers État en costume noir avec manteau de soie et cravate blanche. Parmi les Députés, se sont glissés un grand nombre d'officiers et de soldats de la nouvelle Milice ; les bourgeois et les artisans s'entretiennent avec les cardinaux, les ducs et les cordons bleus. Ensuite, un nombreux détachement de cavalerie volontaire précède le marquis de Lafayette, qui est suivi de la Garde de Paris. Puis arrivent les Dames de la Halle, vêtues de blanc, ornées de rubans aux couleurs nationales et portant des bouquets de fleurs ou des branches de laurier ; elles marchent en avant des deux voitures à huit chevaux dans lesquelles se trouvent le Roi et MM. de Cossé, d'Estaing, de Beauvau et de Villeroy.

A l'entrée des Champs-Élysées, on entend retentir deux ou trois coups de fusil, et une femme, placée près de la voiture royale, tombe frappée à mort ; mais cet événement, considéré comme un accident, n'interrompt pas la marche du cortége (1). Malgré l'affluence prodigieuse, les visages et les cœurs paraissent froids et glacés, ce qui donne à toute cette pompe une lugubre apparence : des deux côtés, les blessures sont profondes et récentes ; l'avenir semble à tous sombre et incertain ; quelques cris de : « Vive la Nation ! » se font seulement entendre.

Le Roi est pâle et son air mélancolique ajoute au sentiment de bonté répandu sur ses traits. Il considère d'un œil étonné cet appareil nouveau de citoyens armés qui s'offre à lui de tous côtés. Près du Pont-Neuf est rangée une formidable Artillerie ; mais les canons, ornés de bouquets, portent une inscription conciliante (2).

Le Roi arrive enfin à l'Hôtel de ville, sept heures et demie après son départ de Versailles. Il monte le perron sous une voûte d'épées et de lances croisées en signe d'honneur ; il entre dans

---

(1) Cette femme fut tuée par un tire-bourre, et non par une balle.
(2) Inscription : « Votre présence nous a désarmés ; à votre vue, les « fleurs naissent sur les foudres meurtrières dont vos ennemis et les « nôtres nous avaient forcés de nous armer. »

la grande salle aux acclamations des assistants, et, après avoir pris place sur un trône, il écoute les discours de plusieurs Électeurs. Son émotion l'empêche d'y répondre ; il confirme cependant pour la forme les nominations de Bailly et de Lafayette.

Le premier lui ayant offert la cocarde nationale, le Roi en orne son chapeau aux applaudissements prolongés des assistants, et il se présente au balcon de l'Hôtel de ville. Aussitôt les acclamations de la foule portent jusqu'aux extrémités de la cité le témoignage de la nouvelle alliance que le Monarque vient de contracter avec son peuple ; aux roulements des tambours et aux fanfares se mêle bientôt le bruit des détonations de l'artillerie parisienne. Dans ce moment d'enthousiasme, le Procureur du Roi de la Ville, Ethis de Corny, est chaudement approuvé lorsqu'il propose que, pour consacrer ce grand jour, un monument soit élevé à Louis XVI, régénérateur de la liberté publique, restaurateur de la prospérité nationale, le Père du peuple français.

Le retour du Roi fut un triomphe ; il souriait à la foule et paraissait aussi heureux qu'il avait semblé triste à son arrivée. Sa voiture était entourée de citoyens qui tenaient leurs armes renversées en signe de paix; on criait de toutes parts : «Vive la

Nation! Vive le Roi! Vive la Liberté! Vive Necker!»
Ces acclamations étaient répétées par des gens déguenillés qui, jusqu'à la barrière, restèrent sur les marchepieds et même sur le dessus du carosse royal; un soldat déserteur avait pris place à côté du cocher.

A la porte de la ville, le Roi retrouva ses fidèles Gardes du Corps, et l'annonce de son retour, portée rapidement à Versailles par quelques-uns de ceux qui l'avaient attendu avec anxiété, fit cesser la mortelle inquiétude de la Reine.

Les marques générales de sympathie données au Monarque dans cette occasion n'empêchaient pas la vindicte publique de poursuivre les chefs de l'opinion contraire aux principes de la Révolution, et des listes de proscription affichées au Palais-Royal attiraient sur eux le danger. Quelques-uns avaient déjà quitté la Cour pour passer à l'étranger; les principaux étaient le comte d'Artois, le prince de Condé, la famille de Polignac et les membres du Ministère impopulaire qui avait succédé à celui dont Necker faisait partie. La plupart de ces premiers Émigrants traversèrent la France sans difficulté; mais quelques-uns furent arrêtés au passage dans différentes villes. L'Assemblée Nationale, consultée de divers côtés sur la conduite à tenir envers ces prisonniers de nouvelle espèce, déclara leur arrestation illégale, puisqu'ils n'étaient accusés d'aucun délit juridique, et elle fit écrire aux différentes Municipalités pour qu'ils pussent continuer leur route en toute sécurité.

Les troupes s'éloignant de Paris suivant la promesse du Roi, quelques Émigrants voyagèrent sous la protection de régiments qui retournaient en Lorraine. Le maréchal duc de Broglie, auquel avait été dévolu le commandement de l'armée réunie à Paris et qui avait accepté le Portefeuille de la Guerre à la dissolution du ministère Necker, se mit à la tête de ces troupes pour regagner son gouvernement des Évêchés. A Verdun, le palais épiscopal, où il était descendu, fut entouré par une populace furieuse qui voulait y mettre le feu; le vieux maréchal fut obligé de se réfugier dans la citadelle, sous l'escorte de deux bataillons suisses et d'un détachement de hussards. Il gagna ensuite par un chemin détourné la ville de Metz, dont il était Gouverneur; là, des dispositions non moins hostiles le décidèrent à franchir la frontière et à gagner Luxembourg.

Parmi les hauts fonctionnaires que poursuivait l'opinion, était Foulon, vieillard de soixante-quatorze ans, qui, après avoir rempli diverses fonctions dans l'Administration Militaire, était devenu successivement Intendant des finances, Conseiller d'État et enfin Ministre le 12 juillet. Il passait pour avoir commis de nombreuses exactions dans la Hesse et la Westphalie, alors qu'il était Intendant Général de l'armée, et il était regardé par son propre parti comme un homme habile, mais peu estimable. Connaissant son impopularité, il avait voulu se faire passer pour mort; mais la haine avait suivi ses traces et sa perte avait été jurée. Saisi par des paysans ameutés contre lui et conduit à Paris au milieu des outrages incessants de la populace, il entendit pendant une journée entière la foule rassemblée sur la place de l'Hôtel de ville demander sa mort à grands cris. Le soir, il fut enlevé de force malgré les efforts de Bailly, de Lafayette et des Électeurs; entraîné sous une lanterne dont la corde cassa deux fois, son agonie dura plus d'un quart d'heure; sa tête, mise au bout d'une pique, fut ensuite promenée dans la ville (23 juillet).

Berthier de Sauvigny, gendre de Foulon, avait été également désigné comme victime. Ceux qui avaient résolu de le faire périr rappelaient que, comme Intendant de la Généralité de Paris, il avait approvisionné les troupes de munitions; on lui reprochait en outre des spéculations sur les grains. Arrêté à Compiègne et placé dans une carriole, Berthier entre à Paris au milieu d'un cortége formé de soldats déserteurs, de bourgeois armés et de Gardes françaises. En tête sont des tambours, autour desquels chantent et dansent des femmes qui portent des écriteaux rappelant les crimes reprochés à l'Intendant (1).

A l'Hôtel de ville, Berthier, interrogé par les Électeurs, se défend en alléguant les ordres qu'il a reçus. Livré à une Garde qui doit le conduire à l'Abbaye, il est saisi sur le perron de la Maison Commune par cent bras qui l'entraînent. A la vue de la lanterne, il arrache un fusil pour vendre chèrement sa vie, mais il tombe percé de coups. Ses restes sanglants devinrent l'objet de hideuses profanations (2).

---

(1) Inscriptions : « *Il a volé le Roi et la France. — Il a dérobé la substance des peuples. — Il a été l'esclave du riche et le tyran du pauvre. — Il a bu le sang de la veuve et de l'orphelin. — Il a trompé le Roi. — Il a trahi sa patrie.* »

(2) Divers journaux du temps ont rapporté que ce fut un dragon qui arracha le cœur de Berthier et le porta aux Électeurs réunis à l'Hôtel de ville; comme ce soldat ne put être retrouvé, ils ajoutèrent que ses camarades indignés s'étaient battus avec lui jusqu'à ce qu'il eût été tué. Le misérable, auteur de cet acte hideux, était un cuisinier qui fut arrêté six mois après dans les troubles auxquels donna lieu e procès du baron de Besenval; ce fut lui-même qui, pour se disculper en prouvant son patriotisme, raconta qu'il avait promené dans Paris la tête du marquis de Launay et le cœur de Berthier. Lors de l'assassinat de ce dernier, il portait un casque de dragon qu'il avait ramassé dans le jardin des Tuileries, le 12 juillet, après la charge

A la suite de ces massacres qu'il n'avait pu empêcher, Lafayette voulait abandonner le commandement de la Garde Bourgeoise. Bailly et les Électeurs parvinrent à l'en dissuader; il fut convenu qu'il donnerait sa démission pour marquer son mécontentement et qu'il se rendrait ensuite aux instances qu'on ne manquerait pas de lui faire. La scène se passa ainsi qu'il avait été prévu, et Lafayette put continuer à s'occuper des moyens d'introduire un peu d'ordre et de régularité dans la Milice Parisienne.

La ville présentait l'aspect le plus étrange. Des canons stationnaient à la porte des Églises et à l'entrée des marchés; des monastères étaient devenus des casernes. Les rues et les maisons retentissaient du bruit des exercices militaires et de celui de la fabrication des armes; le tambour résonnait sans cesse dans les Districts. Sur les carrefours, convertis en places d'armes, on voyait passer, escortés par des soldats et des bourgeois armés, des convois de grains cherchés au loin ou des canons enlevés aux châteaux des environs. Des processions de femmes et de filles vêtues de blanc, parées des

---

de cavalerie du prince de Lambesc; c'est cette coiffure qui avait motivé la version des journaux.

couleurs de la Nation et accompagnées de leurs maris ainsi que de leurs frères en armes, se rendaient au son de la musique militaire dans les Églises, pour remercier le Ciel de la conquête de la Liberté.

Le soir, les promenades et les spectacles étaient délaissés pour les corps-de-garde et pour les réunions orageuses des Districts, qui, avec l'assemblée des Électeurs, constituaient alors le seul gouvernement de la ville. L'ancienne Administration Municipale ayant entièrement disparu le jour de la prise de la Bastille, les soixante Districts avaient dû se charger de la police de leur circonscription respective au moment où ils avaient aussi à fournir leurs contingents à la Garde Bourgeoise ; chacun d'eux créa un Comité Permanent, un Comité Civil, un Comité Militaire, un Comité des Subsistances, et d'autres encore.

Chaque Comité eut un Président, un Vice-Président et des Secrétaires. Il en résulta une quantité considérable de fonctionnaires ignares, enflammés d'un zèle dangereux, et dont les attributions mal définies réunissaient le pouvoir exécutif au pouvoir législatif ; on vit se produire des abus intolérables et des sujétions absurdes différentes dans chaque quartier. Bientôt des intérêts opposés amenèrent la guerre entre les Districts ; chacun d'eux prenait des arrêtés et les publiait sans aucun contrôle. Au coin d'une même rue, limite commune de deux circonscriptions rivales, on voyait affichées, à côté l'une de l'autre, deux ordonnances établissant des dispositions absolument contraires pour des citoyens dont les maisons se joignaient. Chaque District plaçait aussi des factionnaires aux bornes de son territoire, et dans les premiers temps de la milice bourgeoise, ces sentinelles, pour vaquer à leurs affaires, se faisaient souvent remplacer à leur poste d'observation par leurs femmes ou par leurs servantes.

Les soixante Districts s'entendaient sur un seul point : ils reprochaient unanimement à l'Assemblée siégeant à l'Hôtel de ville le nom de Comité Permanent qu'elle s'était attribué; cette désignation semblait annoncer de la part des Électeurs l'intention de se perpétuer dans une position enviée. Après de nombreuses discussions, on s'accorda sur la nécessité de rédiger un plan de Municipalité; à cet effet, cent quatre-vingts Délégués des Communes, à raison de trois par District, vinrent occuper à l'Hôtel de ville une salle voisine de l'Assemblée des Électeurs, dont ils contrebalancèrent le pouvoir.

Tel était l'état de Paris lorsque Necker quitta Bâle, où il s'était retiré pendant son court exil. Son retour en France fut un triomphe; partout il conseilla la concorde et la tranquillité. A son passage à Nogent, ayant appris que le lieutenant général baron de Bésenval avait été arrêté à Villenaux, alors qu'avec l'agrément du Roi il retournait dans la Suisse, sa patrie, Necker écrivit aux Officiers Municipaux de cette Commune pour leur demander la liberté du prisonnier. Il agissait ainsi autant par humanité qu'en souvenir du zèle et de l'activité avec lesquels l'ancien Commandant des Provinces de l'Intérieur avait assuré le service des convois de grains dirigés sur la capitale. Les Officiers Municipaux de Villenaux ne purent se rendre aux désirs du Ministre populaire, parce qu'ils attendaient une réponse de l'Assemblée Nationale qu'ils avaient priée de statuer sur le sort de leur prisonnier.

Après avoir reçu à Versailles les applaudissements des Représentants du pays, Necker se rend à Paris (30 juillet). De nombreux détachements d'infanterie et de cavalerie bourgeoises vont au devant de lui, et le conduisent à l'Hôtel de ville au milieu des acclamations et des transports d'allégresse de toute la population. Il est reçu par Bailly et Lafayette; les Électeurs et les nouveaux Délégués de la Commune lui font le plus chaleureux accueil. Enivré de ces démonstrations répétées et se fiant à sa popularité, Necker prononce un discours de remercîment dans lequel il invoque la justice et l'humanité en faveur du baron de Bésenval. Il parvient à faire partager son émotion à ses auditeurs; les mots de grâce et de pardon circulent; les Électeurs votent une amnistie générale et les Représentants de la Commune envoient à Villenaux l'ordre de mettre en liberté celui dont la cause vient d'être plaidée avec tant de succès.

A peine ces arrêtés sont-ils connus dans les Districts qu'ils y excitent un mécontentement général. On rappelle qu'une lettre du baron de Bésenval, interceptée le jour de la prise de la Bastille, portait au Gouverneur de la forteresse l'ordre de tenir bon et l'assurait qu'il serait prochainement secouru. On conteste aux Electeurs le pouvoir de faire grâce et on les accuse de ne tenir aucun compte des arrêts de l'Assemblée Nationale, où il a été créé un Comité des Recherches chargé d'informer contre les coupables de lèse-nation. On s'attroupe dans tous les quartiers; les affiches annonçant l'amnistie sont déchirées, le tocsin se fait entendre, la générale lui répond, et la place de Grève est envahie par une multitude irritée qui accuse Necker d'avoir voulu faire sa paix avec la Cour. Cet effet est si rapide qu'au même moment on célèbre encore au Jardin du Palais-Royal le retour du Ministre par des illuminations et des concerts.

Pendant la nuit, chaque District s'assemble. Celui de l'Observatoire rend un arrêté violent qu'il envoie aux cinquante-neuf autres ainsi qu'aux Électeurs et aux Représentants de la Commune ; deux de ses membres sont dépêchés à Villenaux pour empêcher la mise en liberté du baron de Bésenval ; les autres Districts prennent des décisions analogues. Les Electeurs effrayés tentent de calmer l'irritation générale par une proclamation, et ils se séparent pour ne plus se réunir, laissant ainsi l'autorité entre les mains des Représentants de la Commune, qui expédient à Villenaux un ordre contraire à celui qu'ils ont envoyé la veille.

Quant à l'Assemblée Nationale, elle persiste dans les arrêtés récents qui ont établi la responsabilité des Ministres et des agents du Pouvoir Exécutif relativement aux complots de la Cour, dont la prise de la Bastille a, suivant elle, empêché l'explosion. Elle confirme le décret qui a institué un Comité des Recherches destiné à recueillir les faits qui s'y rapportent, et elle décide que, jusqu'à plus ample informé, le baron de Bésenval sera détenu en lieu sûr, mais que sa personne est sous la sauvegarde de la Loi.

CHAPITRE II. — AOUT 1789.

Pour calmer la Population Parisienne, on lui fait connaître que le prisonnier, cause de tant d'orages, a été conduit au château de Brie-Comte-Robert où il est gardé à vue. On envoie un fort détachement de Volontaires de la Bazoche pour en renforcer la garnison, et on placarde dans les rues de la capitale l'énumération des précautions minutieuses prises pour empêcher toute tentative d'évasion.

Il fut heureux pour le baron de Bésenval que le courrier de l'Assemblée Nationale, qui portait l'ordre de le garder prisonnier sans l'amener à Paris, eût fait grande diligence; car plusieurs milliers d'hommes attendirent longtemps son arrivée sur la place de Grève, et des soldats suisses déserteurs, aiguisant leurs sabres sur les pavés, annonçaient hautement qu'ils voulaient, en l'honneur des Treize Cantons, couper en treize morceaux le compatriote qui les avait si longtemps commandés.

Cette émotion est à peine calmée qu'une autre lui succède. Le 5 août, un bateau sortant de l'Arsenal excite les soupçons de quelques habitants du port Saint-Paul; on le visite et on le trouve rempli de poudre. Un attroupement se forme. Les bateliers interrogés montrent un ordre signé : « De la Salle, faisant pour M. de Lafayette. » Le bruit se répand alors dans la foule que le Commandant en second de la Milice Bourgeoise a contrefait la signature du Commandant Général.

Les Agents du Service des Poudres arrivent; ils expliquent le sens de l'ordre en faisant connaître que le bateau arrêté remporte à Essonne, pour l'échanger, de la poudre avariée qui ne peut plus être employée que sur la côte de Guinée comme poudre de *traite*. L'explication circule et bientôt le dernier mot défiguré la rend aussi incompréhensible qu'effrayante : le soir, dans tous les Districts, on se raconte avec horreur que le marquis de la Salle a contrefait la signature de Lafayette pour faire circuler dans Paris de la poudre de *traître*.

On se porte au domicile du marquis de la Salle, qui ne reparaît pas de toute la nuit; son absence est considérée comme le signe certain de sa culpabilité. Dès le matin, la place de Grève est encombrée par le peuple, qui y séjourne jusqu'au soir en demandant la mort du traître, et des forcenés, parcourant l'Hôtel de ville, la hache à la main, cherchent de la Salle jusque sous la table des Représentants de la Commune.

Au même instant, l'auteur involontaire de tout ce tumulte arrivait de la campagne. Il voit la place de Grève envahie par la foule; un homme à longue barbe, tenant d'une main une corde et de l'autre une torche, est à cheval sur le bras de la lanterne à laquelle les exécutions récentes ont fait décerner le nom de *fameux réverbère*. La Salle s'informe des causes de ce sinistre appareil, et, apprenant que c'est lui-même qui est ainsi attendu par le hideux exécuteur, il s'esquive sans être reconnu.

A l'intérieur de l'Hôtel de ville, Lafayette parlemente avec les plus acharnés des envahisseurs, en attendant l'arrivée de la force armée qu'il a fait secrètement prévenir. Lorsqu'il est assuré de sa présence, le Général annonce qu'il se sent fatigué et il engage ses *camarades* à imiter les bons citoyens qui sont tous rentrés dans leurs domiciles. Les bandits, étonnés de cette nouvelle et du ton ironique avec lequel elle leur est annoncée, se précipitent aux fenêtres et voient avec inquiétude la place de Grève remplie de Gardes françaises, de Suisses et de citoyens armés. Le Commandant de la Milice Parisienne les rassure alors par une courte allocution où il les traite encore de camarades ; les brigands désappointés défilent devant lui, la hache sur l'épaule, et se retirent en criant : « Vive Lafayette ! »

Le lendemain, le marquis de la Salle se constitua prisonnier, et son innocence fut bientôt proclamée par plusieurs arrêtés de l'Assemblée Nationale et de la Commune. Quant à la poudre, cause première de l'agitation, elle avait été pillée si rapidement que tous les Districts ne purent en avoir leur part.

L'agitation journalière était aussi entretenue au moyen de faux bruits propagés par les malintentionnés ainsi que par les esprits crédules. Un jour, on entendait répéter de tous côtés que des tentatives d'empoisonnement avaient été faites sur les Gardes françaises. Une autre fois, on disait que des mèches soufrées, trouvées dans les caves d'un grand nombre de maisons, accusaient un projet d'incendie général. Les désordres qui avaient lieu tous les matins à la porte de chaque boulanger, obligeaient d'y maintenir des factionnaires ; les intérêts particuliers de certaines professions et les jalousies de différents corps de métiers donnaient lieu à de véritables insurrections (1).

C'est au milieu de ces crises sans cesse renaissantes que fut organisée la Milice Bourgeoise, à laquelle on commençait à donner le nom de Garde Natio-

---

(1) En peu de jours le carreau des halles fut ensanglanté par une bataille entre les fruitières et les regratières ; la garde du Louvre fut forcée par trois mille domestiques qui délibérèrent dans la salle du Conseil sur l'opportunité de renvoyer de Paris les Savoyards qui leur faisaient concurrence ; tous les garçons perruquiers de Paris se rendirent en masse à l'Hôtel de ville, pour obtenir, par intimidation, l'abolition d'anciennes coutumes, etc., etc.

nale. Le premier enthousiasme avait fait d'abord admettre que chaque citoyen concourrait au service militaire tous les quatre jours; mais on reconnut bientôt l'impossibilité d'astreindre la population à délaisser aussi fréquemment ses occupations pour se soumettre à des fatigues inusitées; l'emploi d'une troupe soldée et casernée, disponible à tout moment, parut indispensable. D'un autre côté, il était urgent de pourvoir au sort des Gardes françaises. Le Roi les ayant autorisés, ainsi que les soldats déserteurs des autres corps, à entrer dans la Milice Parisienne, le marquis de Lafayette proposa un projet d'organisation qui conciliait ces divers intérêts et qui fut accepté avec empressement.

Chaque District dut fournir un bataillon d'infanterie portant son nom et composé de cinq compagnies, dont une soldée était destinée, sous la dénomination de Compagnie du Centre, à servir de point de ralliement aux quatre autres. On eut ainsi soixante Bataillons qui furent répartis en six Divisions. Les Compagnies étant de cent hommes, l'effectif total fut de trente et un mille hommes dont mille Officiers, six mille Gardes françaises, Suisses ou déserteurs soldés et vingt-quatre mille citoyens.

La nomination des officiers fut laissée aux Districts, dont les délégués se réunirent ensuite pour élire les six Commandants de Division. Le marquis de Lafayette eut la faculté de composer son état-major ; il choisit, pour major-général, de Gouvion, qui avait combattu avec lui en Amérique, et, pour aide-major-général, de Lajard, qui s'était distingué, en Hollande, au service de la cause patriotique.

Les Gardes françaises se montrèrent peu satisfaits d'être appelés à entrer dans les Compagnies Soldées. Depuis la prise de la Bastille, on leur avait prodigué le nom de Sauveurs de la Patrie ; on avait exalté en eux le sentiment de leur mérite, et l'organisation nouvelle était loin de réaliser les espérances qu'ils avaient dû concevoir.

Froissés par ce rude échec porté à leur amour-propre, les soldats aux Gardes projettent de se retirer. Le bruit s'en répand et excite les alarmes des Districts : on redoute de se voir privé de la seule force militaire puissamment organisée qui existe dans Paris. Le District Saint-Honoré envoie aux Gardes françaises une députation chargée de leur témoigner les sentiments de fraternité et de reconnaissance qu'éprouvent pour eux tous les citoyens, et la plupart des autres l'imitent; on fait au jardin du Palais-Royal la motion d'ouvrir en faveur des soldats mécontents une souscription nationale destinée à leur assurer une pension viagère reversible sur leurs veuves, et le district du Sépulcre propose de donner à chacun d'eux une médaille d'or de la valeur de cinquante livres.

De leur côté, les Gardes françaises demandent qu'on n'attache aucune valeur numéraire à une récompense dans laquelle ils ne veulent voir qu'une marque honorable de la bienveillance publique, et la Commune se conforme à ce vœu en décidant qu'il leur sera simplement donné une médaille dorée (1) ; mais le désintéressement des soldats aux Gardes fut de courte durée. Ils avaient institué, pour traiter de leurs intérêts, un comité de représentants qui trouva la Commune disposée à faciliter la réalisation de tout ce qui pouvait satisfaire ces soldats, qu'on était embarrassé de récompenser. D'abord on leur distribua la Masse, ainsi que les effets en magasin de leur régiment,

---

(1) Cette médaille dut d'abord porter d'un côté le portrait du Roi, et de l'autre les armes de la Ville, avec cette inscription : « Aux Gardes françaises, en 1789. »

Celle qui fut délivrée était en forme de losange ; sur une face était figuré un anneau portant une chaîne brisée et au-dessous un cadenas ouvert, ainsi que des bouts de chaîne et des boulets avec cette légende: « *La liberté conquise le 14 juillet* 1789. » Sur l'autre face, était une épée passée dans une couronne civique avec cette inscription : « *Ignorantne datos ne quisquam serviat enses ?* »

ce qui constituait déjà une donation considérable ; ensuite la Commune leur tint compte de la valeur de leurs casernes et de leur hôpital, comme si ces immeubles leur eussent appartenu. Le prix, avec celui de l'ameublement, en fut estimé à un million trente mille livres qui furent réparties entre eux. Cette rémunération, présentée comme la conséquence d'un droit, fut acceptée avec reconnaissance, et elle produisit l'effet qu'on en attendait : les Gardes françaises n'hésitèrent plus à entrer dans la Milice Bourgeoise.

Quant à la Garde Nationale non soldée, il y eut d'abord, pour former les compagnies, un enthousiasme général qui se refroidit sensiblement, dès que toutes les places d'officiers furent occupées ; ces nominations donnèrent même lieu à de vives altercations dans la plupart des Districts. Malgré le refus de Lafayette, son fils, âgé de dix ans, fut élu sous-lieutenant par le District de la Sorbonne.

L'organisation générale ne put d'ailleurs être immédiatement mise à exécution dans son intégrité ; quelques compagnies de volontaires obtinrent de rester momentanément telles qu'elles s'étaient constituées à l'origine ; la plus remarquable fut la compagnie de la Basoche, à laquelle son homogénéité et d'importants services rendus pour l'approvisionnement de Paris, avaient assuré une considération méritée.

La musique du dépôt des Gardes françaises fut aussi incorporée dans l'infanterie parisienne.

La cavalerie de la Garde Nationale forma une septième Division de huit compagnies toutes soldées. On y fit entrer la compagnie à cheval de la Garde de Paris, ainsi que des détachements de déserteurs des Troupes à cheval de l'armée; le commandement en fut donné au chevalier de Rulhière, ancien commandant de la Garde de Paris.

Vers le milieu du mois d'Août, on voyait déjà un grand nombre de citoyens portant l'uniforme, dont les couleurs étaient communes à l'infanterie et à la cavalerie parisiennes : habit bleu à collet rouge, revers et parements blancs, culotte et veste blanches.

Quant à l'armement, on répartit entre les bataillons les armes de toute espèce qui, depuis la prise de la Bastille, avaient été apportées à l'Hôtel de ville. On distribua aussi les pièces d'artillerie de l'Arsenal et celles qu'on avait enlevées dans les maisons royales et dans les châteaux; chaque District obtint quelques canons, qu'il plaça orgueilleusement aux limites de sa circonscription, la bouche tournée vers le District voisin, qui en fit autant de son côté.

Dans le mois qui suivit, les soixante bataillons reçurent leurs drapeaux (1), et chacun d'eux parcourut la ville, tambour battant, pour se rendre à la Cathédrale, où furent solennellement bénites ces nouvelles enseignes.

Du haut de la chaire apostolique, l'abbé Fauchet rappela que la Liberté devait être basée sur la régénération des mœurs et prendre la sagesse pour guide. L'explosion de mille fusils fit retentir les voûtes sacrées; l'artillerie parisienne tonna au dehors, et le cri unanime des citoyens armés fut le serment de vivre et de mourir libres, en demeurant fidèles à la Nation, à la Loi et au Roi.

---

(1) Le premier drapeau de la Garde nationale constitua simplement une modification de celui des Gardes françaises. Il était bleu d'azur, semé de fleurs de lis d'or et traversé par une large croix blanche. Au centre de la croix était représentée, d'un côté, la Bastille embrasée, surmontée de la devise : *Ex servitute libertas.* De l'autre côté, étaient une couronne civique et l'inscription : *Pro patriâ et lege.* Les quatre extrémités de la croix étaient ornées d'une broderie figurant le bonnet de la liberté. — *Histoire de l'ancienne Infanterie française,* par Susane.

CHAPITRE III.

CRÉATION DES MILICES BOURGEOISES DANS LES PROVINCES. — SERMENT CIVIQUE DE L'ARMÉE ET DES GARDES NATIONALES.

(Juillet et août 1789).

Sommaire.

Création spontanée de Milices Bourgeoises dans les villes des Provinces. — Elles s'établissent dans des conditions pacifiques à Bordeaux, à Rennes et dans d'autres villes.

Désordres, à Strasbourg, réprimés par la garnison et les bourgeois armés. — Troubles causés par l'ivresse des soldats. — Le régiment de Darmstadt arbore la cocarde nationale.

Formation de la Garde Bourgeoise à Caen. — Mort du major de Belsunce.

Institution de plusieurs Gardes Nationales dans une même ville ; Vernon, Rouen, Fontainebleau, Nevers, etc.

Les brigandages commis à Saint-Germain et à Saint-Denis y font créer des Milices bourgeoises. — Disette des grains ; conduite des Gardes Nationales de Rouen, d'Elbeuf et de Louviers.

Faux bruits. — Leurs effets dans les provinces et à Paris.

Événement de Quincey. — Abolition du droit de chasse, de colombier et de garenne. — Brigandages qui en résultent immédiatement. — Leur répression dans plusieurs Provinces. — Décision de l'Assemblée Nationale relativement à l'emploi de la force militaire pour réprimer les actes de violence qui désolent le territoire —Serment civique de l'Armée et des Gardes Nationales.

La nouvelle de la prise de la Bastille et du triomphe de la Population Parisienne fit courir aux armes dans toutes les villes des Provinces, et des Assemblées ou des Comités d'Electeurs y remplacèrent spontanément les pouvoirs réguliers. La plupart des cités constituèrent des Milices Bourgeoises et plusieurs parvinrent à ravir à l'autorité militaire la possession des Citadelles et des Châteaux-forts.

Quelques localités virent le mouvement révolutionnaire s'accomplir dans des conditions à peu près pacifiques. A Bordeaux, par exemple, les habitants et même la plus grande partie des Membres du Parlement se font inscrire comme soldats de la Milice Bourgeoise ; le Commandant du Château-Trompette en remet les clefs aux Électeurs des Communes, et les armes qui y sont déposées passent dans les mains des citoyens auxquels les soldats de la garnison servent d'instructeurs.

A Rennes, les habitants s'arment et prennent position en différents points de la ville. Le comte de Langeron, commandant en second du Gouvernement de Bretagne, veut faire marcher contre eux la garnison composée des régiments d'Artois et de Lorraine (infanterie) ainsi que des Dragons d'Orléans ; mais huit cents soldats, gagnés d'avance, passent du côté des bourgeois aux cris de : « Vive la Nation ! » et les autres retournent dans leurs casernes.

Des délégués partent alors de la Maison Commune pour encourager les autres villes de la Bretagne à suivre l'exemple de la capitale de la province ; mais la plupart n'avaient pas attendu cette communication pour agir. Saint-Malo, entre autres, avait exhumé de ses anciennes Chartes un édit oublié qui lui conférait le droit de se garder elle-même. Munis de ce titre, les habitants avaient réclamé la remise immédiate de la citadelle à la Commune, et, pendant les pourparlers entre les autorités, les jeunes gens de la ville, fraternisant avec la garnison, avaient été admis par elle à partager la garde du Château.

Le mouvement révolutionnaire occasionne, au contraire, de graves désordres dans les villes où subsistent déjà des germes de discorde : à Strasbourg, par exemple, où les Magistrats, qui gouvernent la Cité, ne jouissent pas des sympathies de la Bourgeoisie. La nouvelle des succès obtenus par la Population Parisienne est accueillie avec joie par la majorité des habitants; dans la nuit du dimanche, 20 juillet, la ville est illuminée, et on casse à coups de pierres les vitres des demeures aristocratiques dont l'obscurité contraste avec la clarté des maisons voisines. Le lendemain, le trouble s'accroît; le surlendemain, il change de caractère.

Une quantité de vagabonds accourus de l'autre côté du Rhin se mêle à la populace; à quatre heures du soir, l'Hôtel de ville est assailli; on en brise les portes et on en escalade les fenêtres. On cherche en vain les Magistrats; mais les archives sont saccagées, les caisses de la ville sont forcées, et les caves ne sont pas épargnées.

On commence ensuite à démolir les toits de la Maison Commune, en même temps que plusieurs demeures particulières sont livrées au pillage. A l'appel de la générale, la Garnison, principalement composée des régiments d'Alsace et de Hesse-Darmstadt (allemand), prend les armes; les dévastateurs sont vigoureusement pourchassés; plusieurs maisons où ils se retranchent sont enlevées à la baïonnette; quatre cents émeutiers sont incarcérés. Le lendemain, les bourgeois, armés de piques et de hallebardes, concourent au maintien de la tranquillité. Un bandit étranger est pendu, et les autres, dépouillés de leur butin, sont renvoyés au delà du Rhin, avec menace du même châtiment, s'ils reparaissent à Strasbourg. Les nationaux seuls sont conservés en prison.

Malgré l'avis du lieutenant général comte de Rochambeau, qui commande la province, les habitants de la ville témoignent alors leur reconnaissance à la Garnison par une gratification générale qui est dépensée dans les cabarets. Les têtes s'y échauffent ; l'ivresse pousse au désordre ; on parcourt les rues en tumulte. Bientôt les insurgés prisonniers sont délivrés par ceux qui les ont combattus la veille ; des filles publiques et des ouvriers se joignant aux soldats, changent d'habits avec eux, et les places de la ville se trouvent ainsi encombrées par une multitude ivre et bizarrement costumée, qui, munie de brocs de vin, force tous ceux qu'elle rencontre à boire à l'Égalité.

La Ville était plongée dans la consternation, lorsque le sommeil de l'ivresse, s'emparant de cette masse désordonnée, ramena la tranquillité et la sécurité. Le lendemain, les soldats, dociles aux injonctions de leurs chefs, rentrèrent dans les casernes. La voix publique accusant principalement le régiment de Darmstadt des excès de cette saturnale, le général de Rochambeau lui intima d'abord l'ordre d'aller camper à une demi-lieue de Strasbourg. De plus amples informations ayant fait bientôt reconnaître que ce Corps n'était pas plus coupable que le régiment d'Alsace, Darmstadt fut autorisé à revenir dans la ville ; mais il avait été froissé, et, en signe d'opposition au Pouvoir, il arbora la cocarde tricolore, ce qui lui attira les applaudissements de tous les habitants, lorsqu'il fit sa rentrée à Strasbourg.

Des événements déplorables signalent à Caen la création de la Garde Nationale. La population, en même temps qu'elle adopte la cocarde aux trois couleurs, s'introduit dans la Citadelle et force la prison ; les maisons et les archives du fisc sont menacées. Dans cette extrémité, l'Administration Municipale abaisse le prix du pain; une Garde Bourgeoise est organisée, et l'ordre se rétablit momentanément.

Peu de jours après, quelques soldats du régiment d'Artois arrivent porteurs d'une médaille patriotique que leur ont décernée les habitants de la ville de Rennes avec lesquels ils ont fraternisé. Cette récompense nationale attire sur eux la raillerie de quelques-uns de leurs camarades du régiment de Bourbon, en garnison à Caen; une rixe s'ensuit, les médailles sont arrachées, et la population prend fait et cause pour les soldats d'Artois.

Le bruit circule alors que le comte Henry de Belsunce, major qui commande pour le moment le régiment de Bourbon, est l'instigateur de la querelle. L'agitation s'en accroît, le peuple court aux armes et le régiment se renferme dans ses casernes qui, le soir même, sont entourées par vingt mille hommes accourus des campagnes au bruit du tocsin.

Afin d'éviter un conflit sanglant, les Autorités Municipales viennent parlementer avec les officiers de Bourbon, et le major de Belsunce offre de se rendre à l'Hôtel de ville pour se disculper des torts qui lui sont attribués. On accepte, plusieurs habitants restent avec le régiment qui a demandé des otages, et un détachement de Garde Bourgeoise accompagne Belsunce; mais la fureur populaire est telle que, pour l'en préserver, son escorte se voit forcée de le conduire à la Citadelle où elle s'enferme avec lui.

Dans l'espoir de pacifier la ville, le lieutenant général duc de Harcourt, Gouverneur de la Normandie, enjoint au régiment de sortir des murs. Les préparatifs du départ calment la population; la confiance renaît et le régiment franchit les portes au milieu des démonstrations amicales des habitants. Rassuré sur le sort de son Commandant, il rend alors la liberté aux bourgeois qui lui ont jusque-là servi d'otages; mais, à peine est-il hors de vue, qu'une bande séditieuse pénètre dans la Citadelle malgré la Milice citoyenne, s'empare de Belsunce, l'entraîne sur la place de l'Hôtel de ville et le tue à coups de fusil sous les yeux des

Officiers Municipaux terrifiés ; le cadavre est ensuite soumis aux mutilations les plus révoltantes. La cause réelle de la mort du Major était que Marat, dans le journal l'*Ami du Peuple*, l'avait dénoncé comme ennemi de la Liberté (1).

Dans plusieurs villes, des factions opposées, réunies pour renverser les pouvoirs réguliers, ne s'entendirent plus après le succès ; chacune prétendait saisir l'autorité et ne recruter la Garde Bourgeoise que parmi ses partisans. Ainsi, la ville de Vernon était gouvernée par un Maire et des Échevins qui disparurent dès les premiers troubles ; un seul de ces Officiers Municipaux resta à son poste, et il choisit plusieurs habitants pour former avec lui un Conseil qui organisa une Garde Bourgeoise. De son côté, la partie dissidente de la population établit un Comité Provisoire qui créa aussi une Garde Nationale, et la ville resta pendant plusieurs mois en proie aux querelles des deux administrations rivales. A Rouen, il se forma jusqu'à cinq corps distincts de Milices Bourgeoises ; Fontainebleau, Nevers et d'autres cités

---

(1) L'opinion d'après laquelle Charlotte Corday aurait été la maîtresse du major de Belsunce et aurait par suite conçu le projet d'assassiner Marat, ne repose sur aucun fondement.

donnèrent des exemples analogues d'anarchie.

Dans les campagnes, de nombreux actes de brigandage furent la conséquence immédiate du renversement de tous les pouvoirs; ils avaient commencé dans la banlieue de Paris, le lendemain même de la prise de la Bastille. Des bandits, apparus inopinément à Saint-Germain, avaient voulu pendre, en l'accusant d'accaparer les grains, un honnête homme qui ne fut sauvé que par la courageuse intervention de plusieurs Membres de l'Assemblée Nationale. Peu de jours après, à deux heures du matin, la maison du Lieutenant du Maire de Saint-Denis fut envahie sous un prétexte analogue par une bande de forcenés. Cet Officier municipal parvint à se réfugier dans le clocher de l'église; mais un enfant le fit découvrir et il fut égorgé avec tous les raffinements de la barbarie. Pour éviter le retour de semblables excès, des Milices Bourgeoises furent organisées à Saint-Germain et à Saint-Denis.

La conflagration générale avait suspendu les transactions du commerce et interrompu la circulation des grains; les scènes de pillage et de mort, qui se produisaient de tous côtés contre les prétendus accapareurs, concouraient à empêcher l'approvisionnement des marchés.

Le Comité des Subsistances de la Commune de Paris fit placer sur la route du Havre des Commissaires chargés de protéger l'arrivée des convois. Rouen envoyait, au-devant des navires qui remontaient la Seine, des corvettes armées pour les escorter jusqu'au port, où souvent les bateaux et les chariots chargés pour la capitale furent pillés par la populace. Ceux auxquels on parvenait à faire franchir cette première étape, étaient escortés jusqu'à Paris par des Volontaires qui ne purent toujours les soustraire aux attaques des bandes séditieuses, et quelquefois même des Communes. C'est ainsi que des bateaux de grains, conduits par la Milice Bourgeoise d'Elbeuf, furent arrêtés par la Garde-Nationale de Louviers qui s'en empara et jeta en prison l'officier qui commandait le convoi.

Les particuliers craignant la disette s'approvisionnaient bien au-delà de leurs besoins; les villes faisaient de même. Deux Électeurs de Paris, délégués par le Comité des Subsistances, pour acheter des blés accumulés à Provins sans nécessité, y furent arrêtés et retenus assez longtemps, malgré les réclamations de la Commune de Paris. On se décida enfin à envoyer, pour les chercher, huit cents Gardes Nationaux appuyés de plusieurs pièces de canon, avec ordre d'avoir raison au besoin de la Milice Bourgeoise de Provins. Heureusement, cette force armée n'eut pas occasion de déployer son zèle; les deux Électeurs furent volontairement relâchés.

De faux bruits concourent aussi à mettre sous les armes l'universalité des habitants du royaume. Sur les Côtes, on affirme que les Anglais, entrés dans la Manche, attendent une occasion favorable pour incendier les villes maritimes. Bourgeois et artisans, fermiers et paysans quittent leurs travaux et cherchent à s'armer; de Dunkerque à Bordeaux, tout le littoral présente l'image de la guerre, et des Milices, ainsi que des corps de Volontaires, s'organisent jusque dans les moindres hameaux.

A l'intérieur, par un stratagème imaginé pour développer l'agitation, des courriers parcourent, bride abattue, les diverses localités, annonçant l'arrivée immédiate de quatre mille brigands qui s'avancent, disent-ils, coupant les moissons en herbe, pillant les maisons et égorgeant tous ceux qui tentent de s'opposer à leurs dévastations. L'appréhension est générale, les occupations sont interrompues et partout on court aux armes pour s'opposer à ces quatre mille bandits qui ne parurent nulle part.

La menaçante nouvelle arrive à Paris le 27 Juillet. On annonce que les hordes dévastatrices s'avancent du côté de Montmorency et l'on voit des femmes épouvantées qui accourent, avec leurs enfants, chercher un refuge dans la ville. La Garde Nationale Parisienne se précipite avec ses canons dans la direction indiquée; après une marche forcée faite au son du tocsin qui retentit dans plus de soixante paroisses, elle trouve partout le calme et la tranquillité. A la stupéfaction succède une hilarité générale. Un lièvre qui passe est abattu d'un coup de fusil; immédiatement, la petite armée s'éparpille dans les champs et se livre tout entière au plaisir de la chasse. Le bruit de la mousqueterie fait croire au loin à un combat sanglant; le tocsin redouble de tous côtés; la cavalerie parisienne galope toute la nuit sur les routes, et c'est seulement au retour du jour que chacun peut se rendre compte des véritables circonstances de cette nuit agitée.

A ces causes de conflagration générale se joignaient les efforts faits par les paysans pour secouer le joug des pouvoirs féodaux et des anciennes traditions hiérarchiques. Dans la Franche-Comté, un événement malheureux imprima à cette tendance une vive impulsion. M. de Mesmay, conseiller au Parlement de Besançon et seigneur de

Quincey, près Vesoul, donnait une fête où il avait annoncé qu'il recevrait indistinctement tous ceux qui se présenteraient; beaucoup de bourgeois et de soldats s'y étaient rendus. Tout-à-coup un baril de poudre, destiné à des travaux de mine, éclate et cause des malheurs épouvantables au milieu des assistants. Ce fatal événement, dû à une cause fortuite, ainsi qu'on le reconnut plus tard, est immédiatement réputé trahison d'aristocrate; on cherche M. de Mesmay pour le massacrer; sa demeure est détruite, et de là on se porte aux propriétés voisines. Trois abbayes et onze châteaux sont immédiatement saccagés; les archives, les papiers-terriers, les chartriers et tous les titres qui rappellent la féodalité ou constituent la propriété, sont partout anéantis.

Ce mouvement destructif se propageait de la Franche-Comté dans les Provinces voisines, lorsque, le 4 Août, l'Assemblée Nationale abolit le Système Féodal et supprime les droits exclusifs de Chasse, de Colombier et de Garenne. Les campagnes se couvrent aussitôt de myriades de chasseurs qui ruinent les moissons sur pied; les propriétés closes ne sont pas respectées; du Château de Versailles, le Roi lui-même entend la fusillade qui dénonce l'envahissement de ses parcs réservés.

Pour un grand nombre d'individus, la poursuite du gibier et l'anéantissement des récoltes sont un acheminement à des destructions d'un autre ordre, surtout dans les Fiefs et dans les Domaines que le nom impopulaire des possesseurs signale à l'esprit révolutionnaire. A Chantilly et à l'Isle-Adam, les propriétés du prince de Condé et du prince de Conti sont tellement saccagées que la Milice Parisienne est envoyée pour arrêter les effets de la vengeance populaire. Mais dans toutes les Provinces, les paysans, sous le prétexte de la chasse, dévastent les forêts, et au lieu de franchir les murs des parcs, on les renverse. Les colombiers sont détruits et la disparition des girouettes, emblème de suzeraineté qui les surmontait d'ordinaire, conduit à vouloir la suppression totale de ce signe de la Féodalité; on y procède en saccageant et en incendiant les Châteaux.

La Flandre, le Dauphiné, le Lyonnais et la Lorraine sont parcourus en tous sens par des bandes dévastatrices. Dans le Mâconnais et dans le Beaujolais, six mille scélérats pillent indistinctement nobles, propriétaires, fermiers et curés. En Alsace, les bandits s'installent dans les demeures de ceux qu'ils ont massacrés; dans leurs expéditions, ils portent un édit traduit en français et en allemand,

CHAPITRE III. — JUILLET ET AOUT 1789.

qu'ils disent émané du Roi, et par lequel ils sont autorisés à concourir ainsi à la réussite de la Révolution.

Partout surgit la violence sans frein ni loi. Les laboureurs qui, de gré ou de force, ne font pas partie des bandes meurtrières, laissent, par crainte de l'incendie, les moissons pourrir dans les champs. De tous côtés, les propriétaires de fiefs sont saisis et forcés, la fourche au col et le pistolet sous la gorge, de livrer leurs titres féodaux à la première demande des forcenés; les récalcitrants sont jetés dans les étangs ou brûlés à petit feu sur des tas de fumier (1).

Dans les Provinces les moins agitées, malgré les

---

(1) Copie textuelle d'un passage du *Moniteur universel* (Août 1789) :

« M. de Montesson fut fusillé au Mans, après avoir vu égorger son « beau-père ; en Languedoc, M. de Barras fut coupé en morceaux « devant sa femme prête d'accoucher ; en Normandie, un seigneur « paralytique fut abandonné sur un bûcher dont on le retira les « mains brûlées ; en Franche-Comté, madame de Batteville fut for-« cée, la hache sur la tête, de faire l'abandon de ses titres ; la prin-« cesse de Listenay y fut également contrainte, ayant la fourche au « col, et ses deux filles évanouies à ses pieds. Madame de Tonnerre, « M. L'Allemand, eurent le même sort. Le chevalier d'Ambly, traîné « sur un fumier, vit danser autour de lui les furieux qui venaient de « lui arracher les cheveux et les sourcils ; M. d'Ormenan, M. et Ma-« dame de Montesu eurent pendant huit heures le pistolet sur la « gorge, demandant la mort comme une grâce, et, ne voulant pas « consentir à la cession de leurs droits, ils furent tirés de leurs voi-« tures pour être jetés dans un étang. »

décrets de l'Assemblée Nationale qui ont prescrit le maintien des anciennes coutumes jusqu'à l'établissement d'un nouveau système d'imposition, les redevances habituelles sont refusées à l'État, et ceux qui manifestent l'intention de les payer sont menacés de mort. Les Employés du Fisc et les Préposés de la Ferme Générale deviennent à leur tour l'objet de la haine et le but de la violence ; le Gouvernement ne recouvre plus aucun impôt, et les sources de la fortune publique sont taries subitement.

A l'Assemblée Nationale, les mesures proposées pour la répression du brigandage sont systématiquement repoussées par les Députés les plus révolutionnaires : « On n'a pas, » disent-ils, « de preuves
« légales des désordres contre lesquels on est ap-
« pelé à statuer, et l'on a tort de s'effrayer d'une
« fermentation nécessaire au triomphe de la Cause
« Nationale. Les troubles signalés de tous côtés
« sont l'œuvre de citoyens momentanément éga-
« rés par des insinuations perfides émanées de
« l'Aristocratie, qui cherche ainsi à déconsidérer
« la Révolution. N'est-il pas à craindre qu'en em-
« ployant les Maréchaussées et les Forces Militai-
« res contre les auteurs de quelques violences,
« résultats inévitables des premiers moments de
« liberté d'un peuple longtemps esclave, on ne

« jette dans les excès du désespoir ceux qu'au con-
« traire il serait facile de ramener par la persua-
« sion ? D'ailleurs, on ne peut admettre qu'on puisse
« songer à habituer ainsi les soldats à égorger leurs
« compatriotes. »

L'Assemblée se borne, en conséquence, à faire des proclamations où elle engage les citoyens à la concorde, et les campagnes restent abandonnées à leur malheureux sort (1). Les Forces Militaires, déclarées en suspicion dans tout le Royaume, ne reçoivent aucun ordre qui leur permette d'agir, et l'audace ainsi que le nombre des brigands s'en accroissent à tel point qu'ils en viennent jusqu'à menacer de petites villes.

L'excès de la violence amène enfin la résistance, et quelques provinces commencent à prendre le parti de suppléer par elles-mêmes à la paralysation du Pouvoir et des Lois. En Flandre, le Parlement de Douai punit de mort douze chefs de bandes séditieuses. Dans le Dauphiné, un corps de Volontaires, organisé à Lyon, pourchasse les dévastateurs, et le grand Prévôt, escorté de Mili-

---

(1) Il y avait eu quelques exemples isolés de résistance qui tranchaien-au milieu de l'inertie générale ; le plus remarquable était celui qu'at vait donné mademoiselle de Ségur, vicomtesse de Portelenz, en défendant militairement son château du Gâtinais contre les brigands.

ces bourgeoises, de soldats Suisses ainsi que des cavaliers de la Maréchaussée, parcourt la province, informant, jugeant et faisant immédiatement exécuter ses sentences. En Normandie, on procède aussi à des exécutions prévôtales.

En Bourgogne, un grand nombre d'habitants des villes et des campagnes se réunissent à Mâcon et livrent aux dévastateurs des combats en règle ; vingt bandits sont tués et soixante sont faits prisonniers près du château de Cormatin. Immédiatement après, dans la ville de Cluny qu'ils ont tenté de saccager, cent brigands perdent la vie, et cent soixante-dix restent entre les mains des vainqueurs. Le Comité Permanent de Mâcon constitue aussitôt un tribunal extraordinaire qui envoie successivement vingt de ces misérables au supplice.

Cette justice expéditive est dénoncée à l'Assemblée, comme illégale, par les Députés les plus révolutionnaires, qui parviennent à obtenir la dissolution du tribunal spécial institué à Mâcon. Cependant les réclamations qui émanent de tous les points du Royaume font comprendre que les autres Provinces vont avoir recours aux mêmes moyens énergiques de répression, et, pour conserver son autorité, l'Assemblée se voit obligée

CHAPITRE III. — AOUT 1789.

d'admettre l'action de l'élément militaire, qui lui inspire tant de confiance.

Elle décrète que les Troupes, lorsqu'elles en seront requises par les Autorités Municipales, devront venir en aide aux Milices Bourgeoises pour réprimer les violences qui infestent le territoire ; mais, afin d'éviter que l'Armée ne puisse être employée à seconder quelque projet contre-révolutionnaire, elle décide qu'un Serment Civique liera les Corps Militaires ainsi que les Gardes Nationales à la cause de la Révolution.

« Dans l'Armée, les officiers et les soldats jureront, en présence des Municipalités et du régiment assemblé, d'être fidèles à la Nation, au Roi, ainsi qu'à la Loi, et de se conformer aux règles de la discipline militaire. Les officiers s'engageront aussi à ne jamais employer leurs subordonnés contre leurs concitoyens, à moins d'une réquisition faite par les Autorités Municipales et lue en présence des troupes réunies.

« Les Milices bourgeoises seront seulement astreintes à prêter, entre les mains de leurs Commandants, le serment de maintenir la tranquillité publique. »

La prestation de ce Serment Civique donna lieu,

dans les grandes villes, à des cérémonies imposantes par la réunion des Corps Militaires et des Troupes Bourgeoises. Quant aux moyens de répression autorisés par l'Assemblée, la pusillanimité de la plupart des Pouvoirs Municipaux, qui croissait avec la violence des agitateurs, empêcha le plus souvent d'y recourir. Dans d'autres localités, l'énergie de l'Autorité fut absorbée par des désordres intérieurs qui ne permirent pas de secourir les campagnes. Aussi l'anarchie générale du Royaume surpassa-t-elle rapidement la mesure d'agitation que l'Assemblée Nationale avait jugée d'abord favorable au triomphe de la Révolution.

CHAPITRE IV.

DISPERSION DES GARDES DU CORPS DU ROI.

(Août, septembre, octobre 1789).

Sommaire.

Dissemblance des Milices Bourgeoises dans les différentes villes. — Garde Nationale de Versailles ; sa composition. — Elle est admise à concourir au service d'honneur fait auprès de l'Assemblée et elle prend spontanément possession d'une partie des corps-de-garde du Château.

Emploi de la Garde Nationale Parisienne contre les agitateurs.

Corps des Volontaires de la Bastille.

Projet des ex-Gardes françaises de reprendre de force leur service auprès du Roi. — Inquiétude de l'État-Major de la Garde Nationale de Versailles. — On mande le régiment de Flandre. — Moyens employés pour en débaucher les soldats.

Arrivée à Versailles d'une seconde compagnie de Gardes du Corps. — Repas du 1er octobre. — Agitation qu'il cause à Paris. — Irritation de la Garde Nationale contre ceux qui portent des cocardes noires ou blanches.

Journée du 5 octobre. — Envahissement de l'Hôtel de ville par des femmes. — Pillage du magasin d'armes. — Départ des femmes et des Volontaires de la Bastille pour Versailles. — Réunion de l'Armée Parisienne sur la place de Grève. — Son départ.

Arrivée des femmes à Versailles. — Prise d'armes des Troupes et de la Garde Nationale. — Attaque des émeutiers contre les Gardes du Corps. — Défection du régiment de Flandre et des Chasseurs des Évêchés. — Acharnement contre les Gardes du Corps.

Arrivée de l'Armée Parisienne à Versailles. — Négligences dans la garde des portes du Château.

Journée du 6 octobre. — Résistance passive des Gardes du Corps contre les brigands venus pour assassiner la Reine. — Dévouement sublime du chevalier Miomandre de Sainte-Marie. — Les assassins sont repoussés du Château par la Garde Nationale. — Assassinat de deux Gardes du Corps au Château. — Ceux qui sont prisonniers des bandits sont délivrés par les Gardes françaises.

Réconciliation des Gardes du Corps et de la Garde Nationale. — Départ du Roi pour la capitale. — Son cortége. — Revirement de l'opinion publique à l'égard des Gardes du Corps. — Leur service cesse auprès du Roi. — Leur dévouement pour la famille royale.

Les Milices Bourgeoises, en raison du mouvement spontané qui les avait fait surgir en même temps sur tous les points du Royaume, n'offraient aucune similitude dans leur organisation. Certaines villes s'étaient bornées à créer un grand nombre de Compagnies; d'autres les avaient réunies en Bataillons; quelques-unes avaient formé des Régiments ou des Légions. Dans certaines localités, on avait choisi une partie des officiers parmi la Noblesse; ailleurs, l'ancienneté du nom avait été, au contraire, considérée comme une cause d'exclusion.

A Versailles, la composition du corps d'officiers de la Garde Nationale se ressentait du mélange de la population dans laquelle se trouvaient comprises les sommités de la hiérarchie sociale. Le commandant en chef était le Prince de Poix, capitaine d'une compagnie de Gardes du Corps et gouverneur du château de Versailles. Il avait ainsi sous ses ordres, comme officiers, des habitants notables de la ville et des individus remplissant des fonctions subalternes au Château, dont presque tous les employés faisaient partie de la nouvelle Milice. Un jour, les musiciens de la Chapelle royale parurent à la messe en uniforme de Garde Bourgeoise et un Soprano d'Italie y chanta un motet en costume de capitaine de Grenadiers. Le Roi fit alors défendre à ses serviteurs de paraître en sa présence autrement que dans leur tenue habituelle.

A peine organisée (28 juillet), la Milice de Versailles est admise sur sa demande à partager le service d'honneur que la Compagnie de la Prévôté de l'Hôtel du Roi fait auprès de l'Assemblée Nationale depuis l'ouverture des États Généraux. Quelques jours après, elle remplace spontanément, dans les postes du Château, les Gardes françaises qui les ont abandonnés pendant la nuit pour rejoindre leurs caramades à Paris. Une compagnie d'Invalides, détachée à Versailles, revendique le privilége d'occuper les postes intérieurs ; le Roi approuve cette réclamation et fait assigner à la Milice Bourgeoise la garde de l'extérieur; mais, en dépit de cette injonction, la moitié seulement des corps-de-garde des grilles est remise aux Invalides.

Cet acte de désobéissance porte le Prince de Poix à se démettre du commandement en chef de la Garde citoyenne, et le vice-amiral comte d'Estaing est élu à sa place. La Milice de Versailles reste ainsi chargée d'un service immédiat auprès des deux grands Pouvoirs opposés : le Roi, dont l'autorité chancelle chaque jour davantage, et l'Assemblée Nationale, qui pose les premières bases de la Constitution.

De violentes discussions sur les attributions du Pouvoir Exécutif et du Pouvoir Législatif occasionnaient alors, dans l'enceinte parlementaire, de fréquents orages qui avaient un retentissement immédiat à Paris. L'irritation des révolutionnaires était extrême contre les Députés partisans de l'action du Roi dans le Gouvernement; elle se manifestait surtout dans le jardin du Palais-Royal, où l'on discutait chaque jour avec acharnement les moyens d'intimidation à employer contre ces ennemis de la Révolution.

Des députations se mettent en route pour Versailles dans le but d'effrayer par des menaces ceux qu'on appelle les *Aristocrates* de l'Assemblée. Elles doivent aussi supplier le Roi de se mettre à l'abri de toute influence pernicieuse en venant se fixer au milieu des fidèles habitants de sa capitale; mais la Garde Nationale de Paris les empêche d'exécuter leurs desseins en occupant la route de Versailles.

Les agitateurs se rendent alors à l'Hôtel de ville où ils se plaignent des entraves apportées au droit de pétition et à la liberté des *Patriotes*; mais les Représentants de la Commune leur dénient énergiquement tout caractère officiel, et les journées tumultueuses se succèdent au jardin du Palais-Royal où la Milice Bourgeoise entretient constamment des patrouilles et procède à des arrestations.

Quelques-uns des perturbateurs les plus acharnés ayant été conduits en prison, les *Patriotes* courroucés se demandent s'ils ont fait une Révolution pour remplacer l'ancien Despotisme par celui de trente mille hommes armés qui ont oublié si vite leurs devoirs de citoyens (1). Accusant les Représentants de la Commune de pactiser avec les *Aristocrates*, ils attendent avec impatience le moment de l'installation de la nouvelle Municipalité que ces Délégués sont chargés d'établir. Ils annoncent hautement

---

(1) *Le patrouillotisme chassant le patriotisme du Palais-Royal*, caricature du temps : Des Gardes nationaux, un bandeau sur les yeux et croisant la baïonnette, pourchassent à tâtons les *patriotes*; ils sont conduits par des monstres coiffés de mitres et chargés de cordons ainsi que de croix ; un de ces chefs menace de son épée un citoyen qui porte dans sa main un écrit intitulé : *Constitution, Liberté*.

que les Trois cents nouveaux fonctionnaires qui vont être placés à la tête de la Commune seront plus favorables aux actes révolutionnaires encore nécessaires pour que le triomphe de la liberté soit définitivement assuré : alors les citoyens ne seront plus gênés dans leur droit de parler et d'agir, les zélés *Patriotes* qui ont été mis en prison seront délivrés et les Volontaires de la Bastille, dont on s'obstine à méconnaître les glorieux services, recevront enfin les récompenses qui leur sont dues.

Les Vainqueurs de la Bastille, que l'on désignait aussi sous le nom d'Hommes du 14 juillet, se composaient des Gardes françaises et des autres citoyens qui avaient concouru à la prise de la forteresse. Les premiers faisaient partie de la Garde Nationale soldée et avaient reçu la médaille patriotique ainsi que leur part de la donation faite par la Commune. Les autres, sous la direction de Hulin, ex-employé de la buanderie de la Reine et l'un des plus braves parmi les assaillants (1), s'étaient constitués en Corps des Volontaires de la Bastille. Se croyant des droits à former une troupe d'élite, ils n'avaient pas voulu être compris dans l'organisation de la Garde Nationale Parisienne, et

---

(1) Il devint général de division et comte de l'Empire.

l'opinion populaire avait favorisé cette prétention qui, pour le moment, les laissait sans aucun caractère officiel.

Leur Corps reçut pourtant une espèce de consécration par une mission que leur confia la Commune (29 Août), qui cherchait alors à renvoyer de Paris les vagabonds accourus de tous les côtés. Entre autres agglomérations dangereuses, on avait à dissoudre un atelier national établi à Montmartre et composé de quatre mille prétendus ouvriers auxquels il fallait faire accepter des passe-ports. Les Volontaires de la Bastille pouvaient seuls, en raison de leur popularité, mener à bien une pareille entreprise; ils y procédèrent en se faisant appuyer de quelques canons et tout se passa avec le plus grand ordre. En reconnaissance de ce service, la Commune décerna à chacun d'eux un ruban tricolore aux armes de la Ville (1). Cette récompense, la seule qu'ils eussent encore reçue, était peu de chose en comparaison de ce qu'ils se croyaient en droit d'attendre.

La Commune n'était pas d'ailleurs sans défiance à l'égard des éléments dont se composait ce corps

---

(1) Ce ruban tricolore portait les armes de la ville et une tour renversée, avec cette inscription : *Volontaire de la Bastille.*

si estimé des *Patriotes*. Il constituait en effet un de ces assemblages qu'enfantent les révolutions et qui réunissent momentanément des hommes doués de sentiments généreux et d'autres animés des instincts les plus pervers : ainsi, parmi ces Volontaires figurait Aubin Bonnemère, l'ancien soldat de Royal-Comtois, qui avait sauvé mademoiselle de Monsigni lors de l'attaque de la Bastille, et son capitaine était Maillard, le futur chef des Septembriseurs.

Les nouveaux Représentants de la Commune, les Trois-Cents, comme on les appelle, prennent enfin possession de l'Hôtel de ville le 19 septembre; mais les espérances, fondées par les exaltés sur l'installation de ce nouveau pouvoir, ne se réalisent pas. La Garde Nationale continue à réprimer le désordre au jardin du Palais-Royal, où les motions les plus incendiaires ne cessent néanmoins de se produire et où l'on parle hautement de contraindre le Roi à venir habiter Paris. Quant aux Volontaires de la Bastille, ils ne voient arriver aucune des récompenses que réclame pour eux la voix populaire, et ils continuent à discourir dans leur club (1)

---

(1) Les Volontaires de la Bastille avaient fondé un club particulier dont les séances se tenaient chez un curé défroqué.

sur les moyens à employer pour obtenir une position régulière conforme à leurs espérances. Ils désirent surtout qu'on leur alloue une solde journalière et qu'on leur confie la garde de l'Hôtel de Ville ou celle de l'Assemblée Nationale (1).

Leurs compagnons d'armes au jour de la prise de la Bastille, les ex-Gardes Françaises ne sont pas non plus satisfaits; ils regrettent leurs anciens priviléges. Le 17 septembre, une circulaire, répandue dans toutes leurs casernes, indique le jour et l'heure d'un rendez-vous général sur la place Louis XV. Il s'agit d'aller à Versailles reprendre les postes du Château, en employant au besoin la force, si la Milice Citoyenne ose faire quelque résistance. Ce projet est unanimement approuvé, et une députation est chargée d'obtenir l'assentiment du Général en Chef pour le voyage à Versailles. Lafayette parvient, avec beaucoup de peine, à détourner les Gardes françaises de leur résolution, et, craignant que, dans un moment de fermentation, ils n'échappent à sa surveillance ou ne méconnaissent son autorité, il écrit au comte de Saint-Priest,

---

(1) Les Volontaires de la Bastille formaient aussi beaucoup de vœux moins sensés. Entre autres conceptions bizarres, ils avaient fondé l'*Ordre de la Régénération française*, dont le plan *patriotique* fut présenté par eux à la Commune.

ministre de la Maison du Roi, pour lui faire part du danger qu'il a pu prévenir.

Le comte d'Estaing, commandant en chef de la Milice de Versailles, est immédiatement averti, et il communique secrètement cette nouvelle aux officiers de la Garde Nationale qui émettent unanimement l'avis de repousser la force par la force. Mais comme il s'agit de résister à des soldats nombreux et aguerris, et que la garnison de la ville ne se compose guère que de la Milice Bourgeoise, d'une compagnie de Gardes-du-Corps, d'une compagnie d'Invalides et d'un détachement de deux cents Chasseurs du régiment des Évêchés, qui ont été mandés pour faire la police des marchés, on décide qu'il est urgent d'obtenir un renfort de mille hommes de troupes. En vertu du décret qui autorise les officiers municipaux à requérir au besoin le concours de la force armée, la Commune de Versailles adresse au Pouvoir Exécutif une demande à laquelle on fait droit immédiatement : le Régiment de Flandre, qui a montré peu d'enthousiasme pour la Révolution, reçoit l'ordre de quitter Douai et de se rendre rapidement à Versailles.

L'état-major de la Garde Nationale veut ensuite obtenir des compagnies un assentiment qui confirme la mesure dont il a provoqué l'exécution ; mais celles-ci, auxquelles on a caché le projet des ex-Gardes françaises, protestent contre la venue de nouvelles troupes. Elles allèguent que, sous prétexte d'assurer la tranquillité des marchés, on a déjà fait venir un détachement de Chasseurs, secours au moins inutile dans une ville où quatre mille hommes sont sous les armes ; elles croient entrevoir un piége caché dans cette nouvelle introduction de troupes destinées, dit-on, à ne pas écraser de service des citoyens qui ne se plaignent pas et qui ne demandent aucun soulagement. Sur quarante-deux compagnies, vingt-huit refusent obstinément leur adhésion.

D'un autre côté, la nouvelle de la prochaine arrivée du Régiment de Flandre occasionne, à Paris, une émotion d'autant plus vive qu'elle reçoit, en s'y propageant, toutes les amplifications de l'exagération populaire. On parle bientôt d'armées formidables dirigées sur la Capitale pour y étouffer la Liberté, et la Commune dépêche aux Ministres du Roi quatre de ses Membres chargés de s'enquérir du nombre et de la destination des troupes mises en mouvement. A la suite de ces informations, Bailly, Maire de Paris, écrit au Président de l'Assemblée Nationale pour demander que le Régiment de

Flandre regagne sa garnison ; mais les Représentants de la Nation, dans la sécurité que leur inspire le manque d'énergie du Monarque, s'inquiètent peu de l'arrivée de ce Corps qui a d'ailleurs pour colonel un de leurs collègues, le comte de Lusignem, Député de Paris (1).

Le Régiment de Flandre arrive ainsi sans opposition aux portes de Versailles (23 septembre). Il est reçu par la Municipalité et par les officiers de la Garde Nationale ; il dissipe ensuite les inquiétudes des Compagnies de la Milice bourgeoise en prêtant solennellement le Serment Civique et en consentant à remettre aux Officiers Municipaux les deux canons et les munitions qu'il a amenés.

Aussitôt après l'arrivée du régiment, les officiers de Flandre voient avec étonnement leurs soldats, l'argent à la main, courir les cabarets en compagnie de femmes dont le désintéressement inusité prouve que des mains inconnues subviennent largement aux frais de leurs désordres. Quelques jours se passent ainsi, et déjà les soldats, sans avoir donné lieu à aucune plainte sérieuse, ont perdu en partie les habitudes de discipline dont

---

(1) Quelques relations, celle du *Moniteur* entre autres, indiquent, par erreur, comme colonel du Régiment de Flandre, le marquis de Lusignan, député de Condom.

ils ont donné les preuves à Douai et pendant la route. A la même époque, la garnison de Versailles reçoit un renfort d'une autre espèce par l'arrivée d'une Compagnie de Gardes-du-Corps destinée à remplacer celle dont le trimestre de service est terminé, mais qui reçoit néanmoins l'ordre de ne pas s'éloigner.

Conformément aux usages militaires, les deux Compagnies veulent célébrer leur réunion et l'arrivée du Régiment de Flandre, par un repas auquel sont invités les Officiers des Cent-Suisses, des Chasseurs des Évêchés et de la Prévôté. Malgré quelques discussions assez vives qui ont eu lieu dans l'intérieur du Palais, entre des Gardes-du-Corps et des officiers de la Milice Bourgeoise, beaucoup de ces derniers sont aussi conviés.

Le banquet, magnifiquement préparé, a lieu, le 1er octobre, dans la salle de spectacle du Château, sous la présidence du duc de Guiche, Capitaine des Gardes-du-Corps. La musique des Gardes et celle du régiment de Flandre ajoutent à la splendeur de la fête; les loges sont pleines de spectateurs des deux sexes, venus pour jouir du coup d'œil de la réunion. Au milieu du repas, on introduit des soldats de la Milice et des Corps de la garnison; on porte ensuite les *santés* des Membres de la Famille Royale. Le Roi, revenant de la chasse, est amené par la Reine, accompagnée du Dauphin, jusque dans la salle ; ils font le tour des tables au bruit des applaudissements les plus vifs ; officiers et soldats, l'épée à la main, jurent de mourir pour eux.

Le Roi et la Reine sont ensuite reconduits jusqu'à l'entrée de leurs appartements par une partie des convives, tandis que, dans la salle, la musique exprime le sentiment général en jouant d'abord un air royaliste, puis une marche, et enfin en sonnant la charge dont la belliqueuse animation porte à son comble l'exaltation générale. Des officiers de la Garde Nationale retournent leurs cocardes tricolores qui présentent alors la couleur blanche de celles des Gardes-du-Corps ; ils sont applaudis avec frénésie. D'autres convives escaladent les galeries pour recevoir des cocardes et des rubans blancs de la main des spectatrices de la Cour, auxquelles l'enthousiasme pour la cause royale fait braver l'excès d'animation du banquet.

Pendant ce temps, la Cour de Marbre est devenue le théâtre de scènes excentriques auxquelles l'ivresse pousse les officiers et les soldats qui ont escorté la Famille Royale (1) ; l'orgie y continue

---

(1) Pour donner une idée exacte des suites du banquet, il suffit de citer deux épisodes qui se passèrent au même moment :

si bruyamment que la Ville s'en émeut, et les postes éloignés envoient des patrouilles jusqu'au Château pour s'informer des causes d'un tumulte aussi extraordinaire.

Ce repas fournit un prétexte qui est habilement exploité à Paris et des commentaires hostiles en amplifient les tendances contre-révolutionnaires. On signale qu'aucun toast n'a été porté à la Nation et que les Gardes-du-Corps sont les seules troupes qui n'aient pas prêté le Serment Civique. La cocarde blanche qu'ils conservent, bien que le Roi ait adopté les couleurs nationales, est représentée comme un défi jeté à la Révolution. On affirme qu'ils ont

---

Un aide de camp du comte d'Estaing escalade le mur, et un grenadier de Flandre le suit dans sa périlleuse ascension. Arrivés au balcon de l'appartement royal, ils reçoivent les applaudissements de tous les assistants et crient : « Vive le Roi ! » La foule les imite et le tapage approbateur redouble, lorsque l'aide de camp attache sa propre croix sur la poitrine du grenadier, en récompense de son courage. Pour compléter cette scène burlesque, on entend de bruyants sanglots au bas du mur ; c'est un soldat qui se prétend déshonoré, parce qu'il n'a pu effectuer le tour de force dont il vient d'être témoin, et qui repousse avec désespoir les consolations avinées que lui prodiguent ses camarades.

A quelques pas, un chasseur des Évêchés, dans l'exaltation de l'ivresse, s'invective lui-même et se reproche d'avoir reçu de l'argent pour ôter la vie au Roi. Dans son repentir, il veut se tuer, et, d'une main mal assurée, il se blesse grièvement. On le transporte dans un corps de garde, où, jusqu'à sa mort, ses camarades, ivres comme lui, l'accablent d'injures et de coups, en horreur de l'idée criminelle dont il s'est lui-même accusé.

foulé aux pieds les insignes tricolores ; on excite le peuple à les en punir.

Du jour où la Milice Bourgeoise avait paré sa coiffure d'une cocarde, cet ornement était devenu un objet de mode pour les deux sexes, et, suivant le goût de chacun, on en avait vu paraître de diverses formes et de différentes couleurs auxquelles on attribua rapidement une signification politique. La réunion des trois couleurs impliquant aux yeux de la plupart l'idée multiple de la Nation, du Roi et de la Loi, les cocardes d'une teinte uniforme offusquaient généralement l'opinion révolutionnaire. La cocarde verte avait été proscrite dès l'origine comme couleur de la maison du comte d'Artois; la cocarde noire était considérée comme un signe d'improbation, de deuil et de menaces contre la Liberté ; la cocarde blanche exprimait la volonté de restaurer la Tyrannie. Les Dames de la Cour en faisaient, disait-on, des distributions réitérées aux fonctionnaires civils et militaires de Versailles ; mais cette active propagande, exercée avec des sourires, n'était encore, assurait-on, qu'une des moindres manœuvres des conspirateurs qui tramaient la perte de la Liberté.

Le prétendu complot consistait à enlever le Roi pour le transférer dans une place de guerre d'où, après avoir levé l'étendard contre la Nation, on lancerait des manifestes contre les Représentants du pays, et dans laquelle on rallierait les Ministres, les Généraux, les Parlements et tous les anciens agents du Despotisme, afin de pouvoir investir ensuite la Capitale et disperser l'Assemblée Nationale. On prétendait qu'en raison de ses remparts, de sa position près des frontières et du courage chevaleresque du Marquis de Bouillé, qui commandait en Lorraine, Metz était choisi comme centre du complot liberticide, que de nombreux partis militaires stationnaient déjà sur les routes et qu'une souscription réunissait les fonds nécessaires. D'après les mêmes bruits, un Comité secret enrégimentait une milice mystérieuse composée d'un nombre indéfini de volontaires, considérés comme Surnuméraires des Gardes-du-Corps, dont ils revêtiraient subitement l'uniforme le jour où éclaterait la conspiration.

Le but de ces rumeurs, ardemment propagées par le parti exagéré, était d'amener un mouvement insurrectionnel qui forcerait le Roi à établir sa résidence à Paris. Pour y parvenir encore plus sûrement, on entretenait aussi l'agitation au moyen de bruits de famine qui, habilement renouvelés, ne manquaient jamais l'effet que leurs auteurs en attendaient. Bien que l'examen des registres des Halles donnât lieu de constater qu'à aucune époque il n'avait été réuni plus de farines dans la Capitale, l'apparence de la disette et les désordres qu'elle entraîne augmentaient tous les jours ; la violence et le tumulte duraient du matin au soir aux portes des boulangers gardées par la force armée. Les circonstances accidentelles étaient en outre habilement exploitées : aussi s'attacha-t-on à tirer un grand parti des scènes qui s'étaient passées au repas des Gardes-du-Corps.

Le fait sur lequel on insista le plus fut l'insulte à la cocarde patriotique, qui trouva créance ailleurs que dans la partie de la population concourant habituellement aux désordres : la Milice Bourgeoise se montra profondément irritée contre ceux qui avaient signalé leurs tendances antipatriotiques en outrageant l'insigne tricolore que, la première, elle avait arboré avec tant d'enthousiasme.

Le 4 Octobre, ce sentiment général se manifeste à la revue d'une division de la Milice Bourgeoise. Des Gardes Nationaux arrachent eux-mêmes les cocardes noires qui apparaissent dans la foule ; des faits analogues se passent au Luxembourg ; dans le jardin du Palais-Royal, on décide que tout individu porteur de ce signe sinistre sera pendu au premier réverbère. De leur côté, les Représentants de la Commune défendent de porter des cocardes autres que celle qui est devenue l'emblème de la fraternité depuis que le Roi l'a adoptée.

Cette décision donne une impulsion nouvelle à l'agitation générale; le peuple parle plus que jamais de marcher sur Versailles pour attaquer les cocardes blanches et pour obtenir du Roi qu'il fasse cesser la disette. La fermentation faisant craindre que, pendant la nuit, la populace ne tente de s'emparer des armes des corps de garde, les Districts doublent l'effectif de leurs postes et de leurs patrouilles. Des ordres sont donnés et des précautions sont prises pour atténuer la catastrophe qui paraît imminente; mais elle éclate le lendemain dans des conditions inusitées qui paralysent la force armée et qui prouvent l'astucieuse habileté de ceux qui en ont tracé le plan.

Le 5 Octobre, dès la pointe du jour, une jeune fille emprunte un tambour dans un corps de garde du quartier Saint-Eustache et parcourt les rues adjacentes en battant le rappel et en criant que le pain manque à Paris. Des femmes accourent et le groupe se dirige vers la Place de Grève; en même temps d'autres bandes de femmes y arrivent de divers côtés, toutes demandant du pain à grands cris. Peu auparavant, un détachement de Milice Bourgeoise avait amené à l'Hôtel de Ville un boulanger accusé d'avoir vendu un pain à faux poids ; les femmes se joignent à un groupe d'hommes qui réclament le coupable pour le pendre au réverbère ; mais un fort détachement de Garde Nationale, disposé en avant de la Maison Commune, croise la baïonnette et s'oppose à l'envahissement de l'Hôtel de Ville.

Les femmes font alors pleuvoir une grêle de pierres sur les Gardes Nationaux ; ceux-ci, n'osant se servir de leurs armes contre cet ennemi de nouvelle espèce, livrent le passage. Les plus jeunes et les plus jolies des assaillantes, qui se sont parées et poudrées pour la circonstance, pénètrent les premières dans les salles, où elles interpellent en riant les Commissaires de service ; quelques-unes s'entretiennent gaiement avec des Gardes Nationaux ; d'autres chantent et dansent dans les cours en appelant à grands cris Bailly et Lafayette.

Pendant qu'elles occupent ainsi l'attention de tous, des individus, habillés comme elles, s'introduisent de divers côtés et les imprécations remplacent déjà les cris joyeux, lorsque tout à coup une masse d'hommes, brandissant des marteaux et des leviers, fait irruption dans l'Hôtel de Ville, brise les portes intérieures et se précipite dans l'escalier du beffroi de l'horloge où est le magasin d'armes, qui est livré au pillage (1).

Les femmes, armées de fusils, de pistolets, de bâtons et de fourches, parlent d'aller à Versailles pour demander du pain au Roi, lorsqu'apparaît Maillard. Plusieurs le reconnaissent pour un Volontaire de la Bastille, et, malgré ses récriminations, toutes exigent qu'il se mette à leur tête pour les conduire à Versailles. Des chevaux de fiacre sont attelés aux pièces d'artillerie, qui stationnent d'ordinaire à la porte de l'Hôtel de Ville; des femmes grimpent à califourchon sur les canons et sur les chevaux; Maillard prend un tambour et se met en route avec une première bande qui suit les quais et traverse les Tuileries pour se rendre à la Place Louis XV, indiquée comme rendez-vous général.

---

(1) Pendant la scène de pillage, apparut l'abbé Lefèvre, Électeur, qui, le 13 juillet, avait si courageusement procédé à la distribution des poudres, et qui, depuis ce jour, était chargé de la surveillance des armes et des munitions de la Ville. Saisi par les brigands, il fut immédiatement pendu à une solive de la charpente; un homme, habillé en femme, coupa la corde, et crut devoir ajouter à cet acte d'humanité un énorme coup de pied qu'il appliqua à celui dont il venait de sauver la vie.

Rentré chez lui pour se remettre un peu de son émotion, l'abbé Lefèvre retourna vaillamment dans la journée à l'Hôtel de Ville.

Des recrues féminines s'y rendent encore de divers côtés. Les Volontaires de la Bastille, dont le chef a reçu secrètement, de l'État-Major de la Milice Bourgeoise, la mission de tenter de s'opposer à la manifestation projetée, arrivent à leur tour. Des Gardes Nationaux et des gens sans aveu se joignent aussi à la masse désordonnée, qui s'ébranle vers dix heures dans la direction de Versailles.

Au départ, les femmes exigent impérieusement que les hommes restent à l'arrière de la colonne. Hulin envoie un émissaire prévenir l'État-Major de la Garde Nationale qu'il lui est impossible de s'opposer à la marche de l'armée féminine. Cet envoyé est assailli par le peuple qui lui reproche de revenir sur ses pas et il est même blessé d'un coup de baïonnette ; néanmoins il s'acquitte de sa mission, et il rapporte à Lafayette que, si l'on veut prévenir les malheurs qui vont fondre sur Versailles, il est urgent de faire marcher les Forces Parisiennes.

Les Districts n'avaient attendu aucune convocation pour réunir leurs bataillons. Dans l'appréhension d'un mouvement insurrectionnel confirmée par les événements de la matinée, le tocsin et la générale avaient retenti de bonne heure dans tous les quartiers. De leur côté, les ex-Gardes françaises, espérant trouver l'occasion de reprendre leur service auprès du Roi, étaient déterminés à activer l'impulsion qui tendait à réunir à Versailles le Peuple et l'Armée Parisienne.

Leurs Compagnies se mettent en route sans hésitation pour la Place de Grève, engageant, sur leur passage, les citoyens à les suivre à Versailles pour venger, disent-ils, la Nation outragée par ceux qui ont foulé aux pieds la cocarde tricolore. De nombreuses acclamations répondent à leur appel. Ils prennent position devant l'Hôtel de Ville et ils sont bientôt imités par les contingents des Districts qui arrivent avec leurs canons.

De toutes parts on réclame, des Représentants de la Commune et du Général de la Garde Nationale, l'ordre de partir pour Versailles; mais les divers Pouvoirs réunis à l'Hôtel de Ville délibèrent et cherchent à gagner du temps. Une députation des Compagnies Soldées monte pour persuader Lafayette; un Grenadier porte la parole : « On ne « soupçonne pas la loyauté du Général, mais il « est trompé lui-même par le Gouvernement, qui « trahit la Nation en laissant le peuple manquer « de pain. La cause du mal est à Versailles et on y « remédiera en amenant le Roi à Paris et en ex- « terminant le Régiment de Flandre ainsi que les

« Gardes-du-Corps qui ont osé insulter la Nation.
« Si, comme on l'assure, le Roi est trop faible pour
« porter la couronne, qu'il la dépose; le Dauphin
« est là pour le remplacer. »

Le Général s'efforce en vain de modifier la volonté qui lui est si formellement exprimée. Il descend alors sur la place pour haranguer ses troupes; ses paroles sont étouffées par mille voix qui lui crient impérieusement : « A Versailles! » Il veut remonter à l'Hôtel de Ville ; mais les Grenadiers s'y opposent et le retiennent parmi eux.

Cependant le temps s'écoule et l'impatience s'accroît ; de nouvelles compagnies arrivent des Districts, en même temps que des bandes armées de piques, de broches et de haches descendent des faubourgs. Des émissaires qui reviennent des hauteurs de Passy, du Mont-Valérien et de Bellevue, affirment que la route est entièrement libre et que rien n'entravera la marche des Parisiens. On propose de se passer de l'assentiment de la Commune, et l'irritation se manifeste par des cris de colère ou de sinistres imprécations, lorsqu'une dépêche émanée de l'Hôtel de Ville est apportée à Lafayette et fixe tous les yeux : la Commune, reconnaissant l'impossibilité de temporiser davantage, envoie au Général l'ordre de se transporter à Versailles avec son armée. Lafayette pâlit, et donne l'ordre du départ, qui est accueilli par des hourras universels.

L'Armée Parisienne s'ébranle à cinq heures du soir. Son avant-garde, composée de trois compagnies de Grenadiers, d'une compagnie de Fusiliers et de trois canons de campagne, est précédée par un groupe désordonné de huit cents hommes armés de fusils, de haches et de piques. Le corps d'armée, avec vingt-deux canons, forme trois colonnes ; entre toutes les compagnies sont des hommes déguenillés et bizarrement armés, qui semblent plutôt des malfaiteurs que des auxiliaires.

Les acclamations de la multitude qui considère le défilé ne cessent que lorsque les tambours ne se font plus entendre et que les derniers drapeaux ont disparu dans l'éloignement. La tranquillité de la ville n'est plus troublée alors que par les invectives et les menaces proférées contre les citoyens en uniforme restés à Paris pour leur service ; quelques-uns sont même réduits à fuir devant la partie retardataire de la populace qui les pourchasse à coups de pierre, tout en continuant sa marche sur Versailles.

Cependant la troupe des femmes a poursuivi sa route, entraînant toutes celles qu'elle a trouvées sur son passage ; des dames élégantes ont été obligées de descendre de voiture pour marcher, sous un ciel pluvieux, au milieu de ces étranges compagnes. Sur le chemin, tous les courriers ont été arrêtés et démontés pour qu'ils ne puissent annoncer l'arrivée de la colonne qui débouche, à trois heures, dans l'avenue principale du Château où réside la Famille Royale.

La subite apparition de cette troupe désordonnée, dont on ignore la force et l'importance, répand l'effroi dans la ville de Versailles. La Municipalité s'assemble, la générale retentit, les Gardes-du-Corps, au nombre de trois cent vingt, montent à cheval et se rangent en bataille sur la Place d'Armes; les Chasseurs des Évêchés, les Gardes Suisses, le Régiment de Flandre, les Invalides et la Garde Nationale prennent les armes. Toutes ces troupes sont mises par le Roi sous les ordres du comte d'Estaing, commandant de la Milice Bourgeoise, avec l'injonction formelle de n'engager aucune hostilité.

Maillard, à la tête de sa bande, arrive à la porte de l'Assemblée Nationale. Introduit dans l'enceinte avec une quinzaine de femmes, il annonce que les Parisiennes viennent à Versailles pour forcer les Gardes-du-Corps à arborer la cocarde patriotique qu'ils ont insultée, et pour obtenir du Roi des mesures qui fassent cesser la disette. Conformément au vœu de l'Assemblée, Mounier, son Président, part avec plusieurs Députés suivis d'un grand nombre de femmes, pour aller représenter au Roi l'état affreux où se trouve la ville de Paris.

La masse de la troupe parisienne s'était rapprochée des grilles du Château, et de faibles détachements de Gardes-du-Corps circulaient dans la foule au milieu des cris et des huées. Des individus armés de piques s'étant joints à la Députation et lui imprimant l'apparence d'un rassemblement hostile, une patrouille accourt pour s'opposer à sa marche ; mais l'erreur est bientôt reconnue, et l'on facilite le passage des Représentants au milieu des troupes qui encombrent la place.

La Députation, introduite au Château avec plusieurs femmes, s'acquitte de sa mission. Le Roi adresse la parole avec bonté aux Déléguées parisiennes et leur promet que des ordres immédiats vont provoquer l'arrivée dans la Capitale de nombreux convois de grains. Elles reviennent persuadées et criant : « Vive le Roi ! » ; mais leurs compagnes, refusant de croire au récit de circonstances aussi simples, les accusent de s'être laissé gagner par de l'argent. Les plus acharnées veulent les pendre, et elles n'échappent au supplice que par la vigoureuse intervention de plusieurs de leurs camarades, secondées par des Gardes-du-Corps qui se détachent, à cet effet, de la ligne formée devant le Château par leurs Compagnies.

Cette barrière de fidèles serviteurs du Roi est assaillie de différents côtés par des femmes et des hommes habillés comme elles, qui essayent de la rompre. Leur hardiesse est encouragée par la résignation avec laquelle les Gardes-du-Corps se conforment à l'ordre qu'ils ont reçu de ne commettre aucun acte hostile. Le chef d'un des groupes d'insurgés, irrité de la résistance passive d'un brigadier des Gardes, lui porte un coup de sabre que celui-ci évite, mais qui blesse son cheval. Le marquis de Savonnières, lieutenant des Gardes, accourt vers son brigadier et repousse l'agresseur, qui s'enfuit en criant : « Au secours ! A l'assassin! » A cet appel, un coup de fusil, tiré par un Milicien de Versailles, casse l'épaule du marquis de Savonnières (1). Une décharge, qui part ensuite de l'ancienne caserne des Gardes Françaises, dont les insurgés se sont emparés, fait tomber deux autres Gardes-du-Corps. Des artisans du faubourg Saint-Antoine mettent alors en batterie trois

---

(1) Il en mourut quelques jours après.

pièces de canon; les *patriotes* de la Garde Bourgeoise de Versailles dirigent aussi deux bouches à feu contre les Gardes; heureusement la pluie avait détrempé les amorces et mouillé les munitions. Pour éviter une effusion de sang, contraire aux ordres du Roi, le comte d'Estaing enjoint aux Gardes-du-Corps de rentrer dans les cours du Château, dont les grilles se referment derrière eux (1).

D'un autre côté, le désordre s'était rapidement introduit dans les rangs des Chasseurs des Évêchés et du régiment de Flandre. Malgré les efforts des officiers, des femmes y avaient pénétré, flattant et embrassant les soldats, tandis que les chefs d'émeute leur distribuaient de l'argent. Les cavaliers avaient mis pied à terre et les fantassins faisaient sonner leurs baguettes dans leurs fusils vides pour montrer qu'ils n'en voulaient faire aucun usage. Plusieurs avaient livré leurs cartouches aux émeutiers et d'autres se montraient dociles aux exhortations des agitateurs qui les engageaient à soutenir la cause du peuple dont les seuls ennemis étaient les Gardes du Roi. Un soldat de Flandre, après avoir enveloppé sa main gauche d'un mou-

---

(1) Le prince de Luxembourg, capitaine d'une compagnie de Gardes-du-Corps, avait été demander de nouveaux ordres au Roi; il lui fut répondu qu'on ne pouvait songer à se battre contre des femmes.

choir, parcourait les rangs de son régiment en prétendant qu'il venait d'être blessé par deux Gardes-du-Corps. Le parti du désordre avait bien compris qu'on ne serait maître de la personne du Souverain que lorsque la troupe qui était particulièrement vouée à son service serait complétement anéantie..

Le peuple circule aussi sans difficulté dans les rangs de la Garde bourgeoise de Versailles, où il ne rencontre que des assurances de fraternité. A huit heures du soir, l'ordre arrive de faire retirer toutes les troupes ; une partie de la Garde Nationale s'y conforme avec empressement ; mais plusieurs Compagnies déclarent qu'elles n'abandonneront leurs positions que lorsque les Gardes-du-Corps auront quitté la cour du Château. On cède encore à cette nouvelle exigence et les Gardes se mettent en marche pour regagner leur Hôtel. Ils sont entourés par une multitude qui leur tire des coups de fusil et de pistolet ; sur les flancs et à l'arrière-garde leur colonne est assaillie de coups de pique ; ceux qui les portent sont protégés par les injonctions formelles du Roi bien plus que par l'obscurité de la nuit. De tous côtés, on n'entend qu'un seul cri : « Mort aux Gardes-du-Corps » ! Un immense attroupement les attend avec de l'artillerie chargée à mitraille, près d'une rampe où ils doivent nécessairement passer ; averti de cette disposition, ils rebroussent chemin et vont se ranger en bataille en arrière du Château, sur la terrasse de l'Orangerie.

Dans ces divers mouvements, un grand nombre de Gardes sont blessés. L'un d'eux, de Moncheton (1), dont le cheval a été atteint, tombe entre les mains de furieux qui l'entraînent dans un corps de garde où ils organisent un simulacre de Conseil de Guerre qui le condamne à mort. Pendant la délibération, deux Commandants de la Garde Nationale de Versailles, Raisin et Durup de Baleine, aidés de quelques-uns de leurs soldats, font évader l'accusé et s'esquivent à leur tour. Les forcenés, trompés dans leur attente, se jettent sur le cheval blessé qui, en peu d'instants, est tué, à moitié rôti et dévoré.

L'acharnement est partout le même contre les Gardes-du-Corps. Un de leurs détachements qui a été envoyé pour renforcer le poste de l'Assemblée Nationale est obligé de se retirer et plusieurs Gardes sont blessés (2) ; des scènes analogues se

---

(1) Il était malade et avait quitté son lit pour monter à cheval.
(2) Le lieutenant de la compagnie des Gardes de la Prévôté de l'Hôtel, Tergat, faillit plusieurs fois être assassiné à l'entrée de l'Assemblée Nationale, parce que, le soir, ses broderies d'or offraient l'apparence des broderies d'argent des Gardes-du-Corps.

passent à l'Hôtel Charost, où sont leurs écuries.

Vers minuit, le bruit des tambours et la vue de torches éloignées annoncent l'arrivée de l'Armée Parisienne. L'avant-garde, sous les ordres du duc d'Aumont, se range bientôt sur la Place d'Armes, et elle est suivie de près par le corps d'armée avec lequel marche Lafayette. Pendant la route, le général a exigé de ses soldats un nouveau serment d'obéissance et de fidélité. Après un court entretien avec le Président de l'Assemblée Nationale, il monte au Château. Il est décidé entre le Roi et le Général que les ex-Gardes Françaises reprendront les postes des grilles et que les Gardes-du-Corps de service conserveront ceux qu'ils occupent habituellement à l'intérieur du Palais.

La Garde Nationale Parisienne reçoit l'hospitalité des habitants de Versailles ou s'installe dans les églises et dans les édifices publics ; un nombreux détachement occupe l'hôtel des Gardes-du-Corps qui, à l'exception de ceux que leur service retient au Château, se trouvent encore tous sur la terrasse de l'Orangerie. Le Roi envoie à cette troupe dévouée l'ordre de gagner Rambouillet sous la conduite du duc de Guiche ; mais un grand nombre de ceux qui la composent, dans l'espérance de pouvoir encore être utiles à la cause royale, s'arrêtent à Trianon ou dans d'autres retraites cachées.

Ces dispositions et les assurances de Lafayette relativement au maintien du bon ordre et de la tranquillité, concourent à faire renaître la sécurité dans le Château. La ville, si agitée tout à l'heure, paraît plongée dans le calme. L'Assemblée Nationale lève sa séance à trois heures du matin, et Lafayette, épuisé par les fatigues physiques et morales de cette triste journée, peut enfin, vers cinq heures, songer à prendre un peu de repos.

La force armée qui remplissait Versailles, avait inspiré au général une entière sécurité. Il avait compté sur l'empressement des ex-Gardes françaises à occuper leurs anciens corps de garde ; cependant plusieurs postes des grilles étaient restés sans défenseurs et ce défaut de surveillance permit l'exécution d'une tentative d'assassinat contre la Reine.

Ce jour même, à propos des menaces atroces proférées contre elle par la partie la plus vile de la populace qui s'était ruée à Versailles, Marie-Antoinette avait pu faire apprécier, par tous ceux qui l'écoutaient, la grandeur de son caractère qui, à partir de cette époque, ne se démentit jamais. Après avoir entendu le général de la Milice Parisienne répondre de la sûreté des habitants du Château, elle s'était retirée dans ses appartements vers deux heures du matin.

A six heures, un drapeau bleu, parsemé de flammes rouges, s'élève sur la place d'Armes. Aussitôt le rappel d'un tambour réunit un nombreux rassemblement qui se divise en plusieurs bandes, dont plusieurs se dirigent vers le Château et forcent les grilles non surveillées. L'une d'elles, conduite par un milicien de Versailles, gagne sans hésitation le grand escalier qui conduit à l'appartement de la Reine.

Quatre Gardes-du-Corps se présentent sur le premier palier. L'ordre formel du Roi leur interdisant tout usage de leurs armes, l'un d'eux, le chevalier Miomandre de Sainte-Marie, descend quelques marches pour parler aux bandits; il est saisi par sa bandoulière et par les cheveux. Aidé de ses camarades, il parvient à se dégager et tous les quatre regagnent précipitamment la salle des Gardes dont ils maintiennent vigoureusement la porte fermée.

Les assaillants enfoncent le panneau inférieur et les blessent aux jambes à coups de piques et de baïonnettes, jusqu'à ce qu'un coffre à bois ait été enfin placé devant l'ouverture. Déroutés par cette résistance inattendue, les brigands s'éloignent et vont faire irruption dans une autre pièce qui conduit aussi à l'antichambre de la Reine. Les Gardes-du-Corps de service dans cette nouvelle salle, surpris par leur attaque subite, en sont immédiatement repoussés. L'un d'eux, Tardivet du Repaire, qui se précipite vers l'entrée des appartements royaux, est terrassé devant la porte; mais s'emparant d'une pique dont on veut le percer, il s'en sert pour écarter à la fois les assaillants et les baïonnettes qu'ils dirigent contre lui.

Tout à coup une autre issue livre passage à trois Gardes-du-Corps qui s'élancent au milieu des assassins; deux d'entre eux enlèvent par ses habits et emportent leur camarade blessé, tandis que le troisième, Miomandre de Sainte-Marie, franchissant la bande des brigands, entr'ouvre l'antichambre royale, crie à une femme de service de sauver la Reine et reste immobile devant la porte qu'il a refermée. Il est immédiatement renversé d'un coup de pique et le chef des meurtriers, faisant écarter ses complices, saisit un fusil par le canon, mesure froidement le coup et lui abat la crosse de son arme sur la tête (1).

---

(1) Laissé pour mort, le chevalier Miomandre de Sainte-Marie put

Le dévouement sublime de leur camarade a donné aux Gardes-du-Corps le temps de se rassembler dans la chambre qui précède immédiatement celle de la Reine; la porte en a été barricadée avec des meubles, mais les panneaux volent en éclats sous les coups répétés des assaillants. Il devient évident pour tous que la trop faible barrière va céder, lorsqu'au tumulte succèdent tout à coup des paroles amicales; on annonce qu'on vient aussi pour sauver la Famille Royale. Les Gardes-du-Corps ouvrent alors la porte au capitaine Gondran, qui apparaît à la tête des grenadiers du district de Saint-Philippe du Roule.

A la première nouvelle de l'attentat, la Garde Nationale Parisienne avait pris les armes précipitamment pour s'opposer aux brigands répandus dans le Château et dans la Ville; car d'autres bandes criminelles s'étaient portées partout où elles espéraient trouver quelques Gardes-du-Corps. A l'hôtel Charost, les furieux n'avaient rencontré qu'un jeune valet d'écurie qui, pour avoir voulu s'opposer à l'enlèvement des chevaux, avait failli être pendu au réverbère. A l'Infirmerie royale, la Sœur Supérieure, en parlementant avec les

---

se relever, bien que le chien de l'arme lui eût pénétré dans le crâne; il fut trépané à l'infirmerie de Versailles et survécut.

assassins, avait donné le temps de s'échapper à quatorze Gardes-du-Corps malades, dont plusieurs avaient été obligés de sauter par les fenêtres. Mais il n'en fut pas de même au Château : deux Gardes-du-Corps, Deshutte et Varicourt (1), saisis à l'improviste, avaient été décapités à coups de hache par un misérable, reconnaissable à sa longue barbe, et qu'on désignait sous le nom de *Coupe-Tête* (2). Leurs restes sanglants étaient déjà au bout de deux longues piques, lorsque le capitaine Gondran s'était précipité dans les appartements avec ses grenadiers.

Quinze autres Gardes-du-Corps, victimes de l'ordre de n'opposer aucune résistance, avaient été saisis dans le Château. Les bandits se consultaient pour décider s'il fallait les décapiter ou les mettre à la lanterne, lorsqu'à la parole de Lafayette, qui se multiplie en haranguant ses soldats,

---

(1) En recevant la consigne, donnée par le Roi, de ne riposter à aucun acte de violence, Varicourt avait dit la veille : « Nous obéirons, mais nous serons massacrés. »

(2) Une gravure du temps, bien faite d'ailleurs comme œuvre d'art, interprète ainsi la mort de ces deux Gardes-du-Corps : Au fond, les Gardes sont rangés en bataille le sabre à l'épaule et les femmes parisiennes les défient au combat ; sur le devant un Garde-du-Corps se bat académiquement en duel avec une femme qui le perce de son épée ; à gauche, le *Coupe-Tête*, à la figure duquel l'artiste a donné une étrange expression de douceur, tranche la tête d'un Garde qui vient d'être tué en duel par une autre femme.

les ex-Gardes Françaises délivrent les prisonniers. Il en résulte une scène de réconciliation analogue à celle qui a déjà eu lieu dans les appartements, et les libérateurs rappellent qu'à Fontenoy ce sont, au contraire, les Gardes-du-Corps qui ont sauvé le régiment des Gardes Françaises.

Au moment de ces épanchements, un grand bruit se fait entendre et une horde à cheval envahit la place d'Armes ; ce sont les bandits qui, repoussés du Château dont ils avaient commencé à jeter les meubles par les fenêtres, ont été piller les écuries royales. Leurs chutes fréquentes excitent le rire, et leurs courses désordonnées menacent tous ceux qui se trouvent sur la place. La Garde Nationale démonte cette cavalerie ; mis à pied, ceux qui la composaient font irruption dans l'hôtel des Gardes-du-Corps pour le livrer au pillage; on les en chasse encore en leur faisant restituer leur butin. Une partie se décide alors à reprendre la route de Paris, emportant sur des piques les têtes des deux Gardes assassinés. Il était environ huit heures du matin.

On voit alors arriver un convoi considérable de pains et de farines, destiné à la multitude armée qui encombre Versailles, et qui pour le moment est réunie sur la place d'Armes et dans la cour du Château. Gardes Nationaux et Volontaires de la Bastille, femmes et bandits parisiens, soldats de Flandre et chasseurs des Évêchés, tous se sont rapprochés autant que possible de la demeure royale. Tout à coup une voix s'élève : « Le Roi à Paris ! » et la foule entière répète immédiatement le même cri. Le Conseil des Ministres délibère, et l'attente excite l'impatience générale qui se manifeste par quelques coups de fusil tirés sur les murs du Château ; le danger devenant imminent, on jette par les croisées du Palais de nombreux billets qui font connaître à la foule que le désir des Parisiens sera exaucé.

Le peuple demandant à grands cris que le Roi confirme lui-même cette nouvelle, Louis XVI paraît au balcon et annonce qu'il ira séjourner dans sa bonne ville de Paris ; il ajoute qu'il ne veut se séparer ni de la Reine ni de ses enfants, et qu'il réclame pour ses Gardes-du-Corps protection et sécurité. La foule répond : « Vive le Roi ! » et « Vivent les Gardes-du-Corps ! » Quelques-uns de ces derniers paraissent alors aux fenêtres, portant les couleurs patriotiques et criant : « Vive la Nation ! » Lafayette s'avançant sur le balcon avec un maréchal de logis des Gardes-du-Corps, de Mondallot, lui fait prêter le Serment Civique en élevant son chapeau garni de la cocarde nationale ; les autres Gardes en font autant et l'Armée Parisienne y répond en mettant ses coiffures au bout de ses baïonnettes.

D'après le conseil de Lafayette, la Reine paraît alors sur le balcon avec le Dauphin et sa sœur. Un murmure improbateur parcourt instantanément toute la place; « Pas d'enfants ! » crient des voix menaçantes. La noble femme, ne craignant que pour son fils et sa fille, les éloigne précipitamment, et reste seule, le regard fier et les bras croisés sur la poitrine, en face de la multitude malveillante. Tant de courage excite une admiration générale qui se manifeste par un tonnerre d'applaudissements et d'acclamations.

Vers une heure, une décharge générale d'artillerie et de mousqueterie signale le départ. Toute la route est encombrée d'une innombrable multitude accourue pour contempler le cortége. On voit d'abord défiler la Garde Nationale avec ses canons ; chaque soldat porte, comme emblèmes d'abondance et de victoire, un pain enfilé à sa baïonnette, et des feuilles de chêne au bout de son fusil. Un groupe nombreux de femmes vient ensuite, à cheval, en charrettes et en fiacres; plusieurs sont à califourchon sur des canons; toutes portent un fusil, une pique ou des branches d'arbres ornées de rubans tricolores ; quelques-unes sont armées de cuirasses. Elles sont suivies des Volontaires de la Bastille qui escortent une vingtaine de chariots de blé, recouverts de feuillage. On voit ensuite paraître les Gardes du Corps désarmés ; plusieurs portent des traces sanglantes de leurs blessures ; les uns sont à cheval ayant en croupe un Garde National ; d'autres marchent avec des Grenadiers, qui, en signe de réconciliation, leur ont donné leurs bonnets à poil et ont pris leurs chapeaux. Enfin, viennent les voitures royales entourées d'une troupe qui marche pêle-mêle et qui se compose de Cent-Suisses, de soldats de Flandre, de Chasseurs des Évêchés, de femmes et d'hommes à piques.

Cette colonne de plus de vingt mille individus éprouve des embarras dans sa marche et s'arrête fréquemment ; on fait alors des salves de mousqueterie, et des femmes ivres ou furieuses viennent danser autour du carrosse du Roi, chantant, embrassant les soldats et insultant la Reine.

Arrivée à l'Hôtel de Ville, la Famille Royale entendit Bailly appeler un *beau jour* cette suite d'heures dont chacune avait été marquée par un outrage ou un danger pour elle et pour ses plus fidèles serviteurs. Elle s'installa ensuite aux Tuileries, et les Gardes-du-Corps veillèrent encore une fois, mais sans armes et conjointement avec la Garde Nationale, à la porte de leurs Souverains. Le lendemain, ils étaient rangés en haie sur le passage du Roi et de la Reine qui traversaient les appartements au sortir de la messe ; leurs figures pâles, leurs habits déchirés et les blessures de plusieurs d'entre eux attestaient leur dévouement ainsi que leurs souffrances et faisaient venir les larmes aux yeux de tous les assistants.

L'admiration pour leur noble conduite ne se manifesta pas seulement aux Tuileries. Le but des révolutionnaires étant atteint par le séjour du Roi à Paris, les excitations contre les Gardes-du-Corps cessèrent subitement, et, par un revirement inopiné, l'opinion publique se déclara en leur faveur. Dans les rues, et même dans le jardin du Palais-Royal, on les arrêtait pour leur serrer la main ; aux théâtres, ils reçurent plus d'une fois des applaudissements. Enfin, des feuilles révolutionnaires, attestant que la bonne foi du Peuple avait été surprise, déplorèrent le sort des Gardes-du-Corps, *bons citoyens*, qui avaient trouvé la mort

CHAPITRE IV. — OCTOBRE 1789.

dans les événements des 5 et 6 Octobre (1).

Ce changement d'idées dans la Capitale eut aussi pour effet de calmer l'irritation qui s'était propagée de Paris dans les Provinces contre les Gardes du Corps. Rambouillet, où un grand nombre s'était rendu par ordre du Roi, leur avait fermé ses portes ; dans d'autres localités, ils avaient été repoussés à coups de fusil.

A partir de cette époque jusqu'à celle du licenciement définitif qui n'eut lieu que deux ans plus tard, le service auprès du Roi ayant été principalement dévolu à la Garde Nationale, les quatre garnisons affectées aux Gardes-du-Corps continuèrent à être occupées par les Dépôts des quatre Compagnies. Mais un grand nombre de Gardes se tint à Paris à la disposition de la Famille Royale qui, au besoin, trouva constamment en eux des serviteurs aussi fidèles qu'aux journées des 5 et 6 Octobre, où ils avaient donné un si bel exemple de la pratique des trois grandes vertus militaires : le Courage, le Dévouement et l'Abnégation.

---

(1) Le chevalier de Fougères, brigadier dans la Compagnie de Luxembourg, publia, à cette époque, un mémoire justificatif intitulé : *La conduite des Gardes-du-Corps dans l'affaire qui se passa à Versailles les 5 et 6 du courant.*

CHAPITRE V.

LA LOI MARTIALE.

(Octobre, Novembre et Décembre 1789. — Janvier et février 1790.)

Sommaire.

Agitations à Paris. — Appréhensions générales. — Accroissement de la Garde Nationale Soldée. — Solde accordée aux Volontaires de la Bastille.

Situation des Provinces.

Assassinat du boulanger François. — Décret de la Loi Martiale. — — Sa promulgation. — Indignation de plusieurs Districts de la Capitale.

Troubles à Vernon. — Envoi de Troupes Parisiennes pour les faire cesser. — Première application de la Loi Martiale. — Réussite de l'expédition. — Reproches adressés à la Commune de Paris, par certains Districts. — Expédition dirigée par la ville de Brest contre celle de Lannion. — Désordres dans la généralité des villes.

Effets de la proclamation de la Loi Martiale à Saumur et à Saint-Étienne.

Pusillanimité des Officiers Municipaux dans la plupart des localités. — Recrudescence des actes de brigandage dans un grand nombre de provinces. — Assassinats commis à Béziers. — Loi additionnelle à la Loi Martiale.

Le séjour du Roi au Château des Tuileries ne réalisa pas les espérances de tranquillité que la majeure partie de la Population Parisienne en avait conçues. Les événements de Versailles ayant surexcité tous les éléments de désordre que renfermait Paris, les rues et les places publiques semblaient être devenues la propriété exclusive de la populace, sans qu'aucun des pouvoirs osât tenter de la réprimer.

Heureusement les bruits de famine étaient alors tombés momentanément; mais huit jours ne s'étaient pas écoulés depuis l'arrivée du Roi que les agitations excitées par la malveillance recommençaient à troubler la ville. Bien que les boulangers vendissent le soir, au-dessous du cours, un excédant de pain qui leur restait, leurs portes étaient assaillies dès la pointe du jour par la multitude qui craignait pour sa subsistance. Dans ces tristes circonstances, une bande séditieuse jetait à la Seine un convoi de farines prétendues avariées; des hommes étaient surpris à la Halle, crevant des sacs de blé à coups de couteau, et des pains de quatre livres étaient retrouvés dans les filets de Saint-Cloud.

Comme auparavant, des bruits de conspirations antipatriotiques épouvantaient les esprits, et des manœuvres de nature à les accréditer surgissaient chaque jour de l'imagination fertile des artisans du désordre. Un matin, par exemple, on avait trouvé sur les portes des maisons de tout un quartier, des marques étranges, blanches, noires ou rouges, et signifiant, disait-on, le pillage, le meurtre ou l'incendie. La crédulité et l'appréhension populaires secondaient ces tentatives, et se créaient à elles-mêmes de nouveaux sujets d'effroi : un amas de vieilles piques, délaissées dans un coin depuis le jour de la prise de la Bastille, recevait, dans la bouche de narrateurs épouvantés ou malveillants, les proportions d'un vaste dépôt d'armes préparé par des conspirateurs; des plaques métalliques, destinées à des usages banals, étaient prises pour des médailles de conjurés. Les journaux et les libelles des Révolutionnaires exagérés concouraient à égarer l'opinion par leurs imputations calomnieuses; des publications semblables, non moins absolues dans le sens réactionnaire, leur répondaient, et la Population Parisienne, sincèrement attachée à la cause de la Révolution, redoutait la restauration de l'ancien Pouvoir, en même temps qu'elle s'effrayait à l'idée des désordres que pouvait enfanter l'anarchie.

A l'égard des derniers événements, le bruit se répandait chaque jour davantage que la populace, en se ruant à Versailles, avait obéi, sans le savoir, à des chefs secrets qui avaient agi sur elle au moyen de nombreuses distributions de vin et d'argent. Tant d'audace et de perversité faisait craindre de nouveaux malheurs, auxquels la Milice Bourgeoise ne pourrait efficacement s'opposer.

Malgré l'enthousiasme général pour la cause de la Liberté, les vingt-quatre mille Gardes Nationaux non soldés, que devaient fournir les Districts, n'avaient jamais été entièrement au complet, et le zèle montré en premier lieu par un grand nombre de citoyens soldats, s'était sensiblement refroidi. La Compagnie de la Basoche, que l'on était obligé de ménager en raison des importants services qu'elle rendait et de la bonne volonté persistante de ses jeunes volontaires, n'avait pas encore consenti à se fondre dans l'organisation régulière de la Garde Nationale; une partie, d'ailleurs, était détachée à Brie-Comte-Robert pour la garde du baron de Bésenval.

Ces raisons multipliées déterminèrent la Commune et Lafayette à augmenter l'effectif de la partie soldée de la Milice Bourgeoise; le motif ostensible de cette mesure fut le surcroît de service occasionné par la garde de la Famille Royale et par celle de l'Assemblée Nationale, qui s'était déclarée inséparable du Souverain. En conséquence, la troupe commandée par Hulin reçut le nom officiel de Corps des Volontaires Nationaux de la Bastille, et une solde journalière lui fut attribuée.

Une Compagnie de Chasseurs, soldée, fut ajoutée à chacune des six Divisions de la Garde Nationale; la Cavalerie Parisienne fut renforcée de deux compagnies, et l'on établit, en outre, un Corps soldé de six cents hommes destinés spécialement à la garde des quais, ports et îles de Paris. Cet accroissement de la partie soldée de la Milice fut fortement blâmé par certains Districts; d'autres, au contraire, virent avec satisfaction augmenter l'effectif des troupes qui pouvaient être, à tous les instants, prêtes à réprimer les désordres incessants dont la capitale était le théâtre.

Les nouvelles des Provinces étaient désastreuses. La circulation des grains était entièrement interrompue; les paysans et les bandits n'avaient pas cessé leurs attaques contre les châteaux et les propriétés; dans un grand nombre de villes, les Municipalités rivales qui s'étaient spontanément établies se disputaient encore le pouvoir. A l'occasion des événements de Versailles, quelques Provinces envoyaient à l'Assemblée Nationale des félicitations sur la translation de la Famille Royale à Paris; mais d'autres refusaient de croire à la liberté d'un Roi ramené dans sa Capitale par vingt mille hommes appuyés d'une nombreuse artillerie. Cette opinion était justifiée par les protestations de plusieurs des trois cents Députés qui, dans leur indignation, s'étaient séparés de l'Assemblée Nationale après les journées des 5 et 6 Octobre. Les uns avaient regagné leurs Provinces; les autres s'étaient réfugiés à l'étranger pour fuir un pays où le mot de Liberté servait de prétexte à des attentats aussi odieux. Le Dauphiné, la Bretagne et le Languedoc s'agitaient dans le but de procéder à la création d'une nouvelle Assemblée Nationale également éloignée du despotisme et de l'anarchie.

Tel était l'état du pays, lorsque, le 19 Octobre, l'Assemblée Nationale tint sa première séance à Paris. Mirabeau, Target et le maréchal de camp comte de Custine avaient déjà insisté dans l'enceinte parlementaire pour qu'on rendît une Loi capable de réprimer les violences des factieux qui infestaient tout le Royaume. Ces propositions, auxquelles les Députés les plus révolutionnaires avaient fait une vive opposition, étaient restées jusque-là sans effet; mais deux jours après sa nouvelle installation, l'Assemblée Nationale fut mise en demeure de décréter une Loi de répression énergique.

Le 21 Octobre, un boulanger, François, dont la boutique était proche de l'Archevêché où se réunissait l'Assemblée, avait déjà délivré six fournées de pain, à sept heures du matin. Il en préparait une autre, lorsqu'une femme, que l'on sut depuis être animée de sentiments haineux contre lui, demande à s'assurer s'il n'y a pas de pain en réserve dans la boutique; il eût été dangereux de s'opposer à une semblable inquisition. Après quelques minutes de recherches, cette femme revient en montrant à ceux qui stationnent dans la rue, un pain rassis pris parmi deux ou trois, gardés pour les garçons du boulanger. Aussitôt les sentinelles de garde à la porte de la boutique sont violemment écartées; on fait irruption chez le boulanger, qui est saisi et traîné au Comité de police de l'Hôtel de Ville. Les voisins de François le suivent et démontrent facilement son innocence aux Commissaires de service; mais c'est en vain que ces Officiers Municipaux viennent jusque sur la place de Grève pour intercéder en faveur du malheureux boulanger; la foule furieuse crie qu'on veut encore sauver un accapareur. La Garde de l'Hôtel de Ville est forcée; François est entraîné et pendu à la lanterne; sa tête est mise ensuite au bout d'une pique et promenée par la ville.

Les représentants de la Commune indignés envoient le même jour, à l'Assemblée Nationale, une Députation chargée de réclamer l'établissement d'une Loi Martiale, sans laquelle ils ne peuvent plus répondre de la tranquillité de la capitale.

Le décret est rendu séance tenante malgré les oppositions qui se manifestent encore :

« Lorsqu'il y aura lieu de proclamer la Loi
« Martiale dans quelque localité, un drapeau
« rouge, déployé à l'Hôtel de Ville et dans les
« rues par les soins de la Commune, indiquera la
« nécessité d'employer la Force Armée pour réta-
« blir l'ordre public.

« A ce signal, les Officiers Municipaux requer-
« ront les Gardes Nationales, les Troupes de ligne
« et les Maréchaussées, de dissiper tous les attrou-
« pements, qui dès lors seront réputés criminels.

« Ces troupes seront tenues de marcher sur-le-
« champ, précédées d'un drapeau rouge et accom-
« pagnées d'un officier municipal ; après trois som-
« mations, on fera feu.

« Le calme une fois rétabli, un arrêté de la
« Commune fera cesser la Loi Martiale ; le dra-
« peau rouge sera alors retiré et remplacé pen-
« dant huit jours par un drapeau blanc.

Le lendemain, 22 Octobre, la Loi Martiale fut promulguée sur les places publiques de Paris par un Député de la ville, accompagné de Héraults d'armes, d'une nombreuse escorte d'Infanterie ainsi que de Cavalerie parisiennes, et suivi d'une musique militaire.

Il en fut successivement de même pour la plupart des autres villes du royaume ; mais dans plusieurs localités, cette loi indispensable fut envisagée comme liberticide et inhumaine. A Paris, quelques Districts protestèrent formellement contre elle : l'un d'eux conseilla aux Gardes Nationaux de ne jamais y obéir ; un autre fit la motion de déposer l'uniforme national jusqu'au moment où un décret aussi antipatriotique serait aboli, et proposa de fusiller tout citoyen qui continuerait à s'en revêtir. Le jardin du Palais-Royal retentit aussi de violentes déclamations contre la Loi Martiale. La volonté de l'Assemblée Nationale, l'énergie de la Commune et la fermeté de Lafayette, aidé par la Milice Bourgeoise, mirent fin à cette effervescence qui fut de courte durée.

Quelques jours après avoir été promulgué à Paris, le décret de la Loi Martiale reçut sa première application à Vernon. Cette ville avait vu, le lendemain de la prise de la Bastille, deux Conseils Provisoires s'emparer simultanément des pouvoirs législatif, judiciaire et exécutif; en toutes circonstances, chacune de ces deux autorités proscrivait ce que l'autre ordonnait. L'Assemblée Nationale consultée, avait statué sur le différend; mais son arrêté n'avait pas été exécuté : les deux partis qui divisaient Vernon étaient restés en présence et y donnaient naissance à tous les désordres.

Le 28 octobre, la Commune de Paris informe l'Assemblée Nationale qu'un de ses délégués, Planter, chargé d'acheter des grains à Vernon, n'a évité d'y être pendu que parce que la corde a cassé deux fois. Elle requiert les moyens de sauver la vie de Planter, et elle demande la punition des coupables qui se sont opposés à l'approvisionnement de la Capitale. Cette fois, le Gouvernement, l'Assemblée Nationale et la Commune s'accordent à reconnaître la nécessité de la répression. On fait partir pour Vernon, avec plusieurs canons, des détachements choisis dans la Milice Parisienne, la Compagnie de la Basoche, celle de la Bastille, le régiment de Flandre et les Chasseurs des Évêchés. Ces troupes sont commandées par le chevalier d'Ières, chef de bataillon de la Milice Parisienne, qui est accompagné de deux Commissaires délégués par la Commune.

La petite armée arrive à Vernon. La Loi Martiale y est proclamée avec le plus grand appareil, et le drapeau rouge est déployé. Les Commissaires de

CHAPITRE V. — OCTOBRE 1789.

la Commune pourvoient d'abord à la sécurité de Planter et à la sûreté des approvisionnements ; ils destituent ensuite un des deux Comités, et confirment dans leurs fonctions les Officiers Municipaux en faveur desquels l'Assemblée s'est prononcée depuis un mois. Bientôt le calme est rétabli, le drapeau blanc est arboré, et les troupes parisiennes se mettent en marche pour regagner la Capitale.

En même temps qu'elles, partent deux Députations envoyées par les deux partis qui divisent la ville de Vernon ; l'une vient se plaindre à l'Assemblée Nationale de la manière dont le chevalier d'Ières s'est acquitté de sa mission ; l'autre vient, au contraire, pour témoigner en sa faveur (1).

La conduite du Commandant de l'expédition fut déclarée irréprochable par l'Assemblée Nationale

---

(1) Cette députation amena à Paris un jeune Anglais, qui avait concouru puissamment à sauver la vie de Planter et auquel la Commune décerna une épée et une couronne civique.

L'épée portait cette inscription : « La Commune de Paris à C.-J.-V. « Nesham, Anglais, pour avoir sauvé la vie à un citoyen français. » En posant la couronne sur la tête de Nesham, le Président de la Commune lui adressa ces paroles, qui contrastaient singulièrement avec les faits dans lesquels il avait joué un rôle honorable : « Quand, de re-« tour parmi vos parents, vous recevrez un doux regard de votre pa-« trie, vous lui direz que vous avez vu, sur les rives de la Seine, un « peuple brave, sensible, généreux, trop longtemps frivole, qui a con-« quis enfin sa liberté, et qui en jouit avec délices quand il trouve « l'occasion de récompenser la vertu. »

et par la Commune; mais, suivant leur habitude, les Districts de Paris prirent fait et cause dans la querelle. Les uns remercièrent la Commune et lui adressèrent des éloges sur l'énergie dont elle venait de donner l'exemple; les autres lui contestèrent le droit de se faire ainsi justice à elle-même en dehors de sa circonscription.

Ce reproche eût pu être adressé à la même époque à plusieurs autres Communes, qui suppléèrent par une vigoureuse initiative à l'inertie des autorités régulières. A Brest, par exemple, les magasins ne contenant plus de blé que pour trois semaines, douze Commissaires sont envoyés pour en acheter dans les environs. Ces Délégués reçoivent partout un bon accueil, si ce n'est à Lannion, dont la Commune leur refuse protection. Un convoi de grains dont ils ont fait l'acquisition et qui traverse la ville sous la conduite de Chrétien, major général de la Garde Nationale de Pontrieux, est attaqué par les habitants. L'escorte est désarmée, et l'on veut pendre Chrétien; les Commissaires de Brest sont saisis et traités d'accapareurs. Le couteau sur la gorge, on les force à racheter leur vie en signant l'abandon du convoi au profit de la ville de Lannion, et on les reconduit ensuite à coups de pierres hors des murs de la cité.

CHAP. V. — OCTOBRE, NOVEMBRE, DÉCEMBRE 1789.

De retour à Brest, les Commissaires rendent compte du résultat de leur mission devant la Municipalité indignée. On réunit des détachements de Troupes de Ligne, de Marine et de Garde Nationale, ainsi que la Maréchaussée; des contingents fournis par les Milices Bourgeoises de Lesneveu, Landernau, Landivisiau et Morlaix portent la petite armée à deux mille quatre cents hommes. Appuyée de quatre pièces de canon, elle se dirige vers Lannion sous les ordres de Daniel, major général de la Garde Nationale de Brest.

Trois jours après leur départ, ces forces arrivent en vue de Lannion, et leur Commandant les range en bataille sur une hauteur qui avoisine la ville. Des Commissaires, envoyés par Daniel, pénètrent hardiment jusqu'à l'Assemblée de la Commune, et la somment impérieusement de restituer les grains enlevés, de punir les auteurs de la sédition et de payer les frais de la campagne. Après quelques hésitations, les Officiers Municipaux effrayés acceptent les conditions qui leur sont imposées, et procèdent eux-mêmes à l'arrestation des instigateurs du pillage. La troupe de Daniel campe pendant six jours dans sa position pour veiller à l'exécution des conventions; puis, ramenant le convoi dont l'enlèvement a été la cause du conflit, elle rentre à Brest aux acclamations de tous les citoyens.

L'approvisionnement des grandes villes amena de fréquents exemples de dissensions analogues à celle qui s'était élevée entre Brest et Lannion. Ainsi Nantes eut de sérieuses difficultés avec la ville d'Auray, à laquelle elle avait acheté des grains dont elle ne pouvait obtenir la livraison.

Ailleurs, les désordres étaient dus à d'autres causes. Au Havre, à Amiens et à Meaux, la discorde régnait entre divers corps de Gardes Nationales; à Caen, l'agitation était entretenue par la vicieuse administration du Comité Permanent, qui s'y était installé lors du renversement des pouvoirs réguliers; à Troyes, la populace assassinait Huez, le maire de la ville. Partout les employés du fisc étaient chassés, battus ou pendus par le peuple, qui prenait fait et cause pour les contrebandiers.

La conflagration avait un caractère de généralité tellement reconnu, qu'on citait à Paris avec étonnement une petite ville où la tranquillité n'avait encore été troublée par aucun acte de violence; bien qu'elle fût dépourvue de toute force publique et malgré la rareté des grains, les habitants y avaient vécu jusque-là sans privations et en payant exactement les impôts. Cette cité privilégiée était Sézanne, en Champagne (1).

L'état général d'agitation occasionna de nombreuses applications de la Loi Martiale. Dans quelques localités, son emploi rétablit momentanément la tranquillité; mais, pour d'autres, ses effets furent moins complets. A Saumur, par exemple, le peuple avait incendié les barrières et chassé les commis du fisc. Le régiment de Roussillon et la Garde Nationale qui, précédés du drapeau rouge, avaient marché contre les perturbateurs, étaient depuis restés en butte à l'animosité de la population, et les troubles se prolongeaient.

A Saint-Étienne, le recours à ce moyen de répression ne fit qu'aggraver la situation. Les ouvriers ayant pris fait et cause pour un des leurs qui avait été emprisonné à la suite de propos sé-

---

(1) *Moniteur universel du* 27 *novembre* 1789 : « Vous ne croirez peut-être pas qu'il existe en France et assez près de Paris, une ville dans laquelle, sans troupes, sans Milice Nationale et sans employer aucun moyen violent, la paix et la tranquillité ont toujours régné jusqu'à présent, etc. »

Cet heureux état dura encore quelque temps. Le 3 mai 1790, une députation de la ville de Sézanne apprenait à la Commune de Paris que, si on y avait formé une Garde Nationale, c'était uniquement pour être à même de porter des secours aux localités voisines. — *Moniteur du* 14 *mai* 1790.

ditieux, il en était résulté des désordres de toutes sortes. Entre autres faits regrettables, le commandant de la Garde Nationale, de Rochetailler, avait été presque tué par une bande de femmes en furie. Le déploiement du drapeau rouge, effectué sans forces suffisantes pour soutenir énergiquement l'idée qu'il représentait, n'eut d'autre effet que d'exaspérer les perturbateurs. L'insurrection prit un développement inattendu, et les ouvriers restèrent maîtres absolus de la ville.

Mais dans le plus grand nombre des cités, les Officiers Municipaux manquèrent de l'énergie nécessaire pour braver la haine de la multitude, et n'osèrent employer les moyens coercitifs que la Loi Martiale mettait à leur disposition. Les villes, impuissantes à maintenir l'ordre dans leur enceinte, s'occupaient encore moins de réprimer les crimes et les brigandages qui ne discontinuaient pas dans les campagnes.

Quelques-unes, Rennes entre autres, envoyaient contre les dévastateurs leurs Milices Bourgeoises et leurs canons; mais la plupart avaient formellement interdit à leurs Gardes Nationales de sortir de leurs limites pour réprimer les désordres extérieurs. Les Troupes de Ligne qui, d'après la Loi, ne devaient agir que sur la réquisition des Officiers Municipaux, se trouvaient ainsi généralement réduites à la plus complète inaction.

Le Périgord, le Limousin, l'Agénois, le Quercy, le Rouergue et la basse Bretagne étaient en feu. Bien qu'une fraction de l'Assemblée Nationale s'obstinât à présenter ces excès prolongés comme les conséquences des décrets qui avaient aboli la Féodalité, il était pourtant avéré pour la majorité que l'insurrection générale des campagnes avait changé de caractère : ce n'était plus la querelle des Vassaux contre la Noblesse, mais bien la guerre de ceux qui n'avaient rien contre ceux qui possédaient.

Dans une discussion orageuse qui avait fait ressortir les sanglants désastres dont gémissaient tant de provinces, l'abbé Maury avait proposé d'en confier la répression à l'initiative des Troupes réglées et des Maréchaussées. Cette motion avait soulevé les vives réclamations du parti exalté, qui avait prétendu qu'on voulait ainsi envoyer des *assassins* contre des *citoyens égarés*. Cependant la pusillanimité des Officiers Civils qui ne proclamaient pas la Loi Martiale dans les circonstances où cet acte de vigueur eût été le plus nécessaire, avait causé un profond sentiment d'indignation à la majorité des Représentants du Pays.

Enfin, le 16 Février, l'Assemblée apprend qu'à Béziers, par le fait de la faiblesse de la Municipalité, cinq employés du fisc ont été pendus malgré la courageuse intervention du chevalier de Beaudre (1), colonel du régiment de Médoc. Ce triste événement met le comble au sentiment de réprobation de la majorité des Députés, qui décrètent une Loi Additionnelle à la Loi Martiale :

« Désormais les Municipalités seront tenues de
« déployer le drapeau rouge lorsqu'elles auront
« reconnu l'inutilité des moyens de persuasion.
« Elles devront se prêter main-forte les unes aux
« autres, et les Officiers Municipaux seront rendus
« responsables des malheurs occasionnés par leur
« négligence ou par leur faiblesse. »

---

(1) Le *Moniteur universel* le nomme par erreur de Vôdre.

CHAPITRE VI.

PROGRÈS DE L'ESPRIT D'ORDRE DANS LES GARDES NATIONALES. — GERMES D'INDISCIPLINE DANS L'ARMÉE. — BASES DE LA CONSTITUTION MILITAIRE.

(1789-1790).

Sommaire.

Multiplicité des obligations de la Garde Nationale de Paris. — Procès du baron de Bésenval. — Son acquittement. — Condamnation à mort du marquis de Favras. — Discipline de la Garde Nationale Parisienne.

La Commune échoue dans le projet de créer une Artillerie Bourgeoise régulière. — Composition et esprit des Canonniers Parisiens.

Commencements d'ordre et de discipline dans les Milices Bourgeoises des Provinces.

Esprit de l'Armée. — Mécontentement et désir de régénération sociale. — Effet des ovations décernées aux Gardes françaises. — Projets de constitution militaire élaborés dans les Corps de troupes. — Comités de bas-officiers et de soldats. — Germes d'indiscipline. — Dons patriotiques des régiments.

Rapports des Troupes avec les Gardes Nationales. — Événements d'Alençon.

Comité Militaire de l'Assemblée Constituante. — Ses travaux. — Discussions sur le recrutement par *conscription* et sur le recrutement volontaire à prix d'argent. — Le dernier mode est maintenu.

Émotion et réclamations des Corps de troupes à propos de paroles prononcées à la tribune de l'Assemblée Nationale.

Bases de la Constitution Militaire. — Décret du 28 février 1790. — Égalité de solde établie entre les régiments de même Arme.

Droit de faire la paix et la guerre.

Au commencement de l'année 1790, la partie non soldée de la Garde Nationale Parisienne n'était pas encore au complet ; mais les compagnies organisées étaient déjà suffisamment formées aux exercices militaires. Les règlements sur la discipline et les devoirs du service y étaient assez régulièrement observés, et Lafayette pouvait compter sur l'obéissance de ses soldats dans les circonstances ordinaires, c'est-à-dire, tant que leurs passions politiques ne seraient pas trop fortement surexcitées.

Pour toute espèce de prise d'armes, on réunissait des compagnies soldées à d'autres qui ne l'étaient pas, et la multiplicité des obligations, auxquelles la Garde Nationale devait suffire, la tenait constamment en haleine. Des engagements sanglants avec les contrebandiers avaient quelquefois lieu aux barrières ; une surveillance continuelle était indispensable aux bois de Boulogne et de Vincennes pour empêcher les dévastations des paysans ; dans la ville, il fallait réprimer sans cesse des agitations qui tendaient toujours à quelque exécution à la lanterne, et l'on devait procéder sans relâche à l'expulsion des vagabonds et des mendiants qui affluaient des Provinces dans la Capitale.

En Janvier, la Garde Nationale réprima un désordre de nouvelle espèce; elle désarma et conduisit en prison deux cents hommes des Compagnies Soldées, qui s'étaient rassemblés aux Champs-Élysées dans le but de réclamer impérieusement une augmentation de paye. Cet acte d'insubordination, dans lequel figurèrent seulement deux des anciens Gardes Françaises, coïncida avec les agitations occasionnées par les procès du baron de Bésenval et du marquis de Favras.

Pendant que le premier était détenu à Brie-Comte-Robert, les Cantons Helvétiques et le régiment des Gardes-Suisses avaient réclamé pour que, conformément aux Capitulations, il fût traduit devant un Tribunal Militaire composé d'officiers de sa nation. Ce fut en vain; le chef de bataillon Bourdon, procureur au Parlement (1), chargé de la garde du prisonnier, reçut l'ordre de l'amener dans la Capitale pour qu'il fût jugé au Châtelet, tribunal de la Prévôté de Paris, qui portait le nom du lieu où siégeait sa juridiction. (6 novembre 1789).

Dès le commencement du procès, l'accusé prit une attitude digne et calme qui prévint en sa faveur. Après avoir sauvegardé le droit de sa Nation, en

---

(1) C'était Bourdon de l'Oise.

protestant contre la compétence du tribunal devant lequel il comparaissait, il déclara que, s'il eût été libre de choisir, il n'eût pas voulu d'autres juges que ceux du Châtelet. Sa première réponse fut simple et noble : « J'ai soixante-huit ans ; je « sers dans les Suisses depuis soixante ans ; j'ai « prêté serment de fidélité au Roi en entrant à son « service. »

Le dossier de l'accusation comprenait plus de quatre cents pièces ; plus de deux cents témoins avaient été assignés. La volumineuse procédure et les nombreuses dépositions n'apprirent rien qui pût incriminer ce général, dont le rôle s'était borné à amener ses Troupes sur les places publiques et à les en retirer pour se conformer aux ordres bienveillants du Roi. La lenteur des débats et les dires insignifiants des témoins disposaient de plus en plus l'opinion publique en faveur du baron de Bésenval. Cependant la populace, ameutée chaque jour, se pressait aux abords du Châtelet pour demander la punition du *coupable*, et le journal l'*Ami du Peuple* dénonçait les juges comme étant vendus à la Cour. Il en résultait de fréquents tumultes, auxquels on opposait la Garde Nationale. Avant la fin du procès, le manque total de preuves de culpabilité rendait évident que le baron de Bésenval allait être acquitté; la fureur populaire, désespérant de sa condamnation, se reporta tout entière sur le marquis de Favras (1).

Ce second accusé avait été successivement Mousquetaire, aide-major dans les Dragons de Belzunce, lieutenant des Suisses de la Garde de Monsieur; il avait aussi servi quelque temps en Russie. Dénoncé comme ayant fomenté le complot d'enlever le Roi pour le mettre en sûreté dans quelque ville du Royaume, Favras fut emprisonné au Châtelet, le 8 Janvier. Sa défense fut calme et pleine de présence d'esprit, malgré les vociférations de la populace qui, dans la salle même du tribunal, réclamait sa mort à grands cris; les juges intimidés furent un jour obligés de quitter leurs siéges et de disparaître, ainsi que les témoins. Les tentatives pour s'emparer de Favras, afin de le pendre à la lanterne, furent parfois si menaçantes, que des compagnies de Garde Nationale, soutenues par de l'artillerie, durent souvent être rangées en bataille en avant du Châtelet, et qu'on fut obligé de conduire en prison les émeutiers les plus exaltés (2).

---

(1) Le baron de Bésenval fut mis en liberté à la fin de février.
(2) A la suite d'une de ces scènes de désordre, le guichetier, chargé de la garde du baron de Bésenval et du marquis de Favras, transmit au premier un billet qu'on lui avait remis, *pour son prisonnier*, à la

La vindicte populaire, qui réclamait la mort de Favras comme une compensation à l'acquittement de Bésenval, eut sur les juges une influence déplorable : bien que la procédure n'eût fait ressortir contre lui aucune preuve authentique, Favras fut condamné. Le 19 Février, après avoir été conduit devant l'église Notre-Dame pour faire amende honorable, il fut pendu à la place de Grève, sans avoir perdu un seul moment le calme et la tranquillité d'esprit qu'il avait montrés dans tout le cours de cet inique procès. Sa mort, qui privait la Royauté d'un défenseur entreprenant, fut saluée avec des cris de joie par le peuple, aux yeux duquel le supplice d'un membre de la Noblesse constituait un commencement d'égalité.

Quant à la Garde Nationale, elle partageait, à l'égard du malheureux Favras, le sentiment de la Population Parisienne. La conduite qu'elle tint, en défendant contre les fureurs de la populace celui dont elle approuvait la condamnation juridique,

---

faveur du tumulte. Cet écrit énigmatique, surtout pour celui entre les mains duquel il était tombé par erreur, était destiné au marquis de Favras. Il constituait, en termes concis et ambigus, une promesse de secours qui ne pouvait venir que des gens puissants pour lesquels Favras s'était compromis et dont il emporta le secret dans la tombe.

est la preuve des habitudes de discipline qu'elle avait déjà contractées.

Ces premiers pas faits par la Garde Citoyenne dans la voie de l'ordre et de la régularité étaient loin de constituer un progrès aux yeux de la population de la plupart des Districts, dont l'esprit frondeur considérait comme attentatoire à la liberté tout ce qui tendait à réprimer la licence. L'augmentation de la partie soldée de la Milice Bourgeoise avait déjà excité de nombreux murmures ; l'opposition la plus violente se manifesta lorsque la Commune tenta d'organiser une Artillerie Parisienne régulière, en réunissant les canons qui avaient été répartis dans les divers quartiers de la ville, lors de la formation de la Garde Nationale.

Chaque District avait d'abord placé ses bouches à feu aux limites de sa circonscription. Plus tard, dans l'intention de les préserver des dégradations de toutes sortes, auxquelles elles étaient exposées dans les rues ou sur les places, on les mit à l'abri dans des passages, dans des boutiques, ou sous des portes cochères. Lorsque les Commissaires de la Commune voulurent procéder au recensement de ces pièces d'artillerie, chaque District s'opposa à leur opération, et même dans plusieurs quartiers ils furent chassés ou maltraités. Une Députation, représentant les soixante circonscriptions parisiennes, vint ensuite, à l'Hôtel de Ville, manifester énergiquement le sentiment général de la Population. La Commune dut renoncer à son projet et chaque District conserva la libre disposition de son artillerie.

Les fatigues inhérentes au service des bouches à feu avaient écarté la bourgeoisie des Compagnies de Canonniers qui n'étaient guère composées que de forgerons, de serruriers et d'autres artisans ; aussi les opinions de l'Artillerie Parisienne étaient-elles généralement plus démocratiques que celles de la Garde Bourgeoise.

Néanmoins le désir de la Liberté et de l'Égalité, le dévouement à l'Assemblée Nationale et l'attente d'une Constitution, dont on espérait un bonheur inconnu jusque-là, reliaient suffisamment les diverses parties de la Milice Parisienne pour ôter toute importance à ces nuances politiques : les Canonniers Parisiens se montraient alors les fidèles compagnons d'armes de leurs camarades de l'Infanterie et de la Cavalerie plus régulièrement organisés (1).

---

(1) A cette époque, la Milice Parisienne s'augmenta d'un bataillon

Des principes d'ordre s'étaient aussi introduits peu à peu parmi les Milices Bourgeoises des Provinces. Les décrets de l'Assemblée avaient fondu en une seule les diverses Gardes Nationales qui s'étaient simultanément organisées à l'origine, dans un grand nombre de localités. Pour arrêter les tendances de quelques Cités à multiplier les états-majors, la création de nouveaux Corps avait été formellement interdite (décembre 1789), et il avait été décidé que chaque Milice Bourgeoise ne subirait plus aucune modification, jusqu'à ce que le Pouvoir Législatif eût statué sur une organisation générale et uniforme. Cette marche dans la voie de la régularité reçut encore une impulsion nouvelle, lorsqu'on établit dans le Royaume quarante-quatre mille Municipalités soumises à des règlements identiques. Ainsi les Gardes Nationales des diverses localités, bien que

---

de Vétérans, composé de six cents vieillards. La motion de cette création qui caractérise les idées du temps avait pris naissance au District des Cordeliers. Peu après, on organisa aussi des bataillons d'enfants. Lorsque Dumouriez parvint au ministère, en même temps qu'il conseillait au Roi de se faire jacobin pour dérouter tous les partis, il engageait fortement la Reine à faire incorporer le Dauphin dans une de ces troupes enfantines qui, lors de leurs promenades du dimanche, recevaient des marques de la bienveillance générale. La Reine ne put se résoudre à voir son fils revêtu de l'uniforme de la Garde Nationale, personnification, à ses yeux, de la Révolution.

différant entre elles sous le rapport du costume, de l'armement, de l'organisation et de la composition (1), prenaient chaque jour une consistance plus réelle. Malheureusement, à la même époque, les germes pernicieux de l'indiscipline s'introduisaient dans les rangs des Troupes de Ligne.

(1789) Lorsqu'avaient éclaté les premiers faits révolutionnaires, la presque totalité de l'Armée partageait les idées générales sur la nécessité de la régénération des Institutions du pays. Indépendamment de la tendance philosophique du temps, qui faisait que chacun se préoccupait à son point de vue de l'établissement d'un nouvel ordre social, différentes causes concouraient à disposer les esprits militaires en faveur de la Révolution.

Dans les hauts grades, que dispensait exclusivement la faveur de la Cour, l'amour-propre froissé et des ambitions déçues avaient créé de nombreux mécontents, qui manifestaient leur opposition par une adhésion plus ou moins ostensible au mouvement général. De leur côté, les officiers subalternes désiraient ardemment une plus juste répartition des récompenses attribuées aux

---

(1) Plusieurs villes avaient, ainsi que Paris, des Compagnies soldées.

services militaires : en raison de la généreuse imprévoyance des aïeux et du préjugé tout-puissant qui interdisait à la Noblesse l'exercice des professions lucratives, la plupart sortaient de familles peu aisées et un grand nombre n'avaient d'autre ressource que la solde de leur grade. Ils voyaient les hautes positions constamment enlevées par la Noblesse de la Cour, qui franchissait plutôt qu'elle n'occupait les grades inférieurs : leur carrière militaire, quel que pût être leur mérite, n'aboutissait d'ordinaire qu'au grade de capitaine avec la croix de Saint-Louis et une minime pension de retraite pour laquelle il fallait parfois intercéder longtemps.

Les Bas-Officiers désiraient plus ardemment encore la suppression des ordonnances qui, pour ainsi dire, leur interdisaient le rang d'officier. A leur tour, les simples soldats ne pouvaient espérer d'avancement que par celui de leurs supérieurs immédiats. Ainsi, aux divers rangs de la hiérarchie militaire existait un puissant désir de voir changer les anciennes coutumes.

La défection des Gardes françaises, suivie d'ovations multipliées, avait été d'ailleurs d'un exemple funeste dans les Régiments. Après la prise de la Bastille, l'incorporation de nombreux déserteurs dans la Garde Nationale Parisienne soldée avait engagé beaucoup de soldats à quitter leurs Corps pour se rendre dans la Capitale; mais ce premier mouvement de désorganisation s'était arrêté dès que la Commune eut décidé qu'elle n'accepterait désormais les services d'aucun déserteur. Le Roi avait alors accordé une amnistie complète aux délinquants qui feraient acte de soumission en retournant de suite à leurs Corps; cependant beaucoup d'entre eux avaient persisté dans leur désertion et étaient restés impunément à Paris. Ceux qui avaient rejoint leurs régiments y avaient porté des principes révolutionnaires puisés dans les Clubs de la Capitale.

Les décrets du 4 Août 1789 qui, en abolissant la Féodalité, déclaraient tout citoyen apte à remplir les fonctions civiles et militaires, constituèrent la première satisfaction officielle donnée à l'opinion de l'Armée. Comme toujours, l'impatience des intéressés devança les lenteurs de la Législation, et, dans un grand nombre de régiments, les officiers, les sous-officiers et les soldats se préoccupèrent de la rédaction d'une Constitution Militaire, compatible avec les principes nouveaux que formulait successivement l'Assemblée Nationale (1).

Il s'ensuivit dans les Corps des réunions plus ou moins ostensibles, où les soldats discutèrent d'abord leurs droits, et peu après ceux de leurs supérieurs. Bientôt chaque régiment eut un Comité de bas-officiers et de soldats qui communiquait avec les Comités des régiments voisins. La plupart correspondaient aussi avec celui que les Gardes françaises avaient autrefois institué à Paris pour traiter de leurs intérêts, et qui s'était prorogé de lui-même à la fin de la mission pour laquelle il avait été créé. C'était une imitation de ce qui se passait alors dans tout le Royaume, où chaque ville possédait une Société des Amis de la Constitution qui était en rapport avec celle de Paris, connue sous le nom de Club des Jacobins.

Le premier effet de ces associations, qui introduisaient dans l'Armée l'esprit de délibération, fut

---

(1) Séance de l'Assemblée Nationale du 18 septembre 1789. — Adresse des officiers d'un bataillon du Régiment d'Auvergne qui proposent un *Règlement de Constitution militaire.*

Vices et abus de la Constitution actuelle du militaire français, dénoncés à l'Assemblée nationale par les officiers des régiments Colonel-Général, la Couronne, Condé (infanterie), et chasseurs à cheval des Évêchés, composant la garnison de Lille. Imprimé à Lille, 6 septembre 1789.

Adhésion donnée au précédent Mémoire par les officiers du régiment de Penthièvre, à Bapaume.

Etc., etc.

d'attribuer aux degrés inférieurs de la hiérarchie une initiative qui doit être l'apanage exclusif du commandement. Il en résulta bientôt une sorte de pression morale exercée à l'égard des supérieurs. Souvent les décisions prises par les bas-officiers et les soldats n'eurent de répréhensible qu'un esprit d'indépendance incompatible avec les exigences de l'état militaire, ainsi qu'on le vit à l'occasion des *Dons patriotiques*.

Le 7 septembre 1789, plusieurs jeunes femmes, portant pour la plupart des noms célèbres dans les arts, s'étaient présentées à l'Assemblée Nationale : elles venaient offrir leurs bijoux pour former les premiers fonds d'une Caisse destinée à amortir la Dette Publique. Cet exemple de désintéressement fut immédiatement imité par toutes les classes de la population des villes, des bourgs, ainsi que des hameaux, et l'Armée ne resta pas étrangère à cette généreuse manifestation. Quatre jours après la fondation de la Caisse Patriotique, le régiment de Touraine, commandé par le vicomte de Mirabeau, envoyait son offrande ; il fut successivement imité par tous les Corps Militaires et par toutes les Gardes Bourgeoises. On vit même d'anciens officiers offrir de renoncer à la pension qui constituait leur seule ressource, et, dans certains cas, l'Assemblée Nationale dut refuser l'effet d'une générosité qui eût réduit le donateur au dénûment le plus absolu.

L'envoi des offrandes des Troupes, bien qu'uniforme en apparence, fut signalé par des différences sensibles pour la discipline. Les officiers donnèrent la première impulsion dans certains régiments, tandis qu'ailleurs, ils ne purent que se joindre à la manifestation décidée d'avance par leurs inférieurs. Dans plusieurs Corps, ils ne voulurent pas encourager par leur participation une initiative qui, bien que se manifestant cette fois dans un but honorable, faisait prévoir de fâcheux résultats pour l'avenir; leur protestation consista à envoyer aux Municipalités, pour les pauvres de la garnison, l'argent qui, en d'autres circonstances, eût reçu la destination générale.

Le sentiment de la discipline militaire s'affaiblissait aussi par le contact incessant des Troupes avec les Milices Bourgeoises. Les Gardes Nationaux, se considérant comme armés pour la Liberté et l'Égalité de tous, croyaient servir la cause patriotique en persuadant aux soldats que l'obéissance absolue et sans examen favorisait les projets du Despotisme, dont leurs chefs étaient plus ou moins partisans. Les effets pernicieux de ces conseils se faisaient surtout sentir dans les localités où le bon accord régnait sans interruption entre les deux éléments de la Force Publique ; ils étaient moins préjudiciables dans quelques autres, où des chefs habiles s'appliquaient à entretenir la mésintelligence entre leurs subordonnés et les Gardes Nationaux. Mais dans la plupart des Cités, les relations des Troupes et des Milices Bourgeoises constituaient une alternative de discordes et de réconciliations d'où naissaient brusquement les sentiments les plus opposés : une ville de la Normandie en offrit un exemple caractéristique.

Vers la fin de Septembre 1789, le vicomte de Caraman, major en second du régiment des Chasseurs de Picardie, est envoyé à Alençon avec une cinquantaine de cavaliers. Quelques jours après son arrivée, on apprend les événements des 5 et 6 Octobre et la translation du Roi à Paris. On soupçonne immédiatement que le jeune officier a été chargé de quelque mission liberticide, et, comme on fait observer que son régiment n'a pas encore prêté le Serment Civique, la Municipalité demande que le détachement se conforme à cette obligation générale.

Le vicomte de Caraman en ayant référé au lieutenant général duc de Beuvron, qui commande la Province, le délai nécessaire paraît suspect, bien que la Municipalité en ait été prévenue; les inculpations se multiplient et font prévoir un orage prochain. Caraman se décide alors à faire prêter le Serment Civique à son détachement sans en avoir reçu l'ordre; les Officiers Municipaux et la Garde Nationale sont invités à la cérémonie fixée pour le 14 octobre.

Mais le bruit se répand que les Chasseurs veulent profiter de la réunion de la Garde Nationale pour l'égorger et pour mettre ensuite le feu à la ville. La fermentation s'accroît dans des conciliabules secrets. Le matin du jour fixé, les Chasseurs qui partent pour se réunir sur la place de la ville sont arrêtés par des attroupements; ils veulent passer outre, des coups de feu sont échangés, un canon est mis en batterie en face de la maison occupée par Caraman. Lui-même est saisi, désarmé et entraîné devant le Comité Permanent d'Alençon, qui le fait enfermer, s'érige en tribunal pour le juger et fait part à l'Assemblée Nationale de toutes ces circonstances, en annonçant que l'arrêt contre le prisonnier sera rendu incessamment.

A la nouvelle de cette singulière détermination, l'Assemblée Nationale charge son Président d'écrire pour arrêter les effets de cette procédure si étrangement improvisée, et elle ordonne que toutes les pièces de l'instruction judiciaire lui soient expédiées pour être soumises à un examen calme et réfléchi. En même temps, une lettre adressée par le Ministre Necker porte à Alençon les exhortations les plus conciliatrices.

La lecture des deux dépêches change les sentiments des membres du Comité qui s'est formé en tribunal. Cette impression réagit sur les habitants ; on réfléchit que l'agitation passée ne repose sur aucun fondement ; la fermentation s'apaise et le calme lui succède. Caraman, remis en liberté, prête avec sa troupe le Serment Civique, et les Chasseurs de Picardie reçoivent de la population les témoignages de la plus vive sympathie.

Tels étaient les rapports généraux de l'Armée avec le pays, lorsque s'ouvrirent dans l'enceinte législative les débats relatifs à l'établissement d'une Constitution Militaire. Sur la proposition du brigadier baron de Wimpfen (1), un Comité de douze membres avait été chargé (2 octobre) de se concerter avec le Ministre de la guerre pour rédiger un

---

(1) Le vicomte Louis de Noailles, Colonel du régiment des Chasseurs d'Alsace, avait déjà proposé l'établissement d'un Comité Militaire, et présenté un plan d'organisation de l'Armée dans les séances des 13 et 27 août, et 18 septembre 1789.

projet d'organisation de l'Armée (1). Son premier rapport, présenté à l'Assemblée (19 novembre) par le lieutenant général marquis de Bouthillier, la mit en demeure de discuter la question qui primait toutes les autres : il s'agissait de décider comment l'Armée serait désormais recrutée.

Deux systèmes étaient en présence, et chacun d'eux avait pour lui à peu près la moitié des membres du Comité Militaire : le premier était le mode en usage de l'*Enrôlement Volontaire* à prix d'argent ; le second était la *Conscription*, service personnel auquel chaque citoyen eût été obligé,

---

(1) Les douze membres du Comité Militaire étaient à son origine :

Emmery, avocat,	Député du Tiers État,	Bailliage de Metz.
Maréchal de camp marquis de Rostaing,	Député du Tiers État,	— du Forez.
Lieutenant général marquis d'Egmont-Pignatelli,	Député de la Noblesse,	— de Soissons.
Dubois de Crancé, écuyer, ancien mousquetaire,	Député du Tiers État,	— de Vitry-le-Français.
Lieutenant général marquis de Bouthillier,	Député de la Noblesse,	— du Berry.
Maréchal de camp comte de Gomer,	—	— de Sarreguemines.
Vicomte de Noailles, colonel des Chasseurs d'Alsace,	—	— de Nemours.
Vicomte de Panat,	—	Sénéchaussée de Rhodez.
Maréchal de camp baron de Menou,	—	Bailliage de Touraine.
Brigadier baron de Wimpfen,	—	— de Caen.
Maréchal de camp baron de Flachslanden,	—	— Colmar et Schélestadt.
Comte de Mirabeau,	Député du Tiers-État,	Sénéchaussée d'Aix.

soit en personne, soit en fournissant un représentant. Plus de cent militaires, occupant pour la plupart les rangs les plus élevés dans l'Armée, comptaient parmi les membres de l'Assemblée Nationale ; chacun des deux systèmes de recrutement eut parmi eux ses partisans et ses détracteurs, et la discussion fut puissamment soutenue des deux côtés.

On fait valoir les avantages suivants en faveur de la Conscription : « Le service personnel, en fixant
« à quatre ans sa durée obligatoire, n'établit qu'une
« charge bien légère par chaque individu. Il pro-
« cure une espèce d'hommes plus sûre et plus esti-
« mable que celle qui s'obtient à prix d'argent,
« tout en économisant les trois millions que coû-
« tent annuellement les enrôlements. Il permet
« de n'appeler que les citoyens nécessaires pen-
« dant la paix et il se prête facilement aux augmen-
« tations d'effectif que peut nécessiter la guerre.
« Enfin, grâce au remplacement, le nombre
« d'hommes ainsi astreints à une profession sans
« attraits pour eux devant être nécessairement
« très-restreint, il ne peut constituer une objec-
« tion suffisante pour compenser les avantages de
« la conscription. »

Les partisans de l'Enrôlement Volontaire à prix

d'argent trouvent, au contraire, de nombreux in-
convénients au système de la Conscription : « La
« plus grande difficulté est peut-être la fixation
« du contingent à exiger de chaque Province ; si
« l'on établit une répartition proportionnelle au
« nombre des habitants, on demandera trop
« d'hommes aux localités dont la population est
« peu portée au service militaire, et trop peu, au
« contraire, à celles qui sont connues par leurs in-
« clinations guerrières (1). La Conscription enlè-
« vera aux ateliers et aux champs des individus
« tranquilles et sans aucun goût pour leur état nou-
« veau ; la proportion, pesant beaucoup plus sur les
« campagnes que sur les villes, causera un tort réel
« à l'Agriculture. D'ailleurs tous ceux qui seront
« en état de se faire remplacer useront de ce droit,
« et la majorité de l'effectif de l'Armée n'en sera
« pas moins composée de gens achetés. Les Milices
« Provinciales, destinées à remplacer dans les gar-
« nisons les régiments qui vont à la guerre et re-
« crutées par le tirage au sort dans les Paroisses, ne
« marchent qu'exceptionnellement, et cependant,

---

(1) Il ressortait des statistiques que les seize généralités du Nord
fournissaient alors en moyenne 1 soldat sur 149 hommes, et que,
pour les quinze généralités du Midi, la proportion ne s'élevait pas au
delà de 1 soldat sur 279 hommes.

« elles sont un sujet universel d'effroi et de récla-
« mations, ainsi que le constatent tous les cahiers
« des Députés dans lesquels est émis le vœu de leur
« suppression. Le service actif paraîtra bien plus
« terrible ; il augmentera la désertion annuelle
« évaluée déjà à près de trois mille hommes, et il
« amènera peut-être des séditions dans tout le
« Royaume. »

A ces objections au système du service personnel, on ajoute les avantages que présente le principe de l'Enrôlement Volontaire : « Il enlève aux
« villes, pour en faire de bons soldats, ceux qui ont
« fui les campagnes par paresse ou par libertinage.
« Ce mode de recrutement, déjà en usage, débar-
« rasse les citoyens de la charge du service person-
« nel. Il place sous les drapeaux des hommes qui
« ne peuvent élever aucune plainte, puisque leur
« service est volontaire, et l'on peut, sans présomp-
« tion, espérer que l'on parviendra à détruire les
« abus du racolage. On prétend que ce système
« ne suffit pas pour tenir l'Armée au complet ;
« mais cette objection ne semble pas fondée, puis-
« que, pour certains Corps où le recrutement se
« fait uniquement par les soins des Sémestriers,
« l'effectif dépasse constamment le chiffre régle-
« mentaire. Si des régiments prétendent qu'ils ne

« peuvent ainsi suffire à leurs besoins, c'est que,
« comme ils sont payés de leur Masse au complet,
« quel que soit le nombre de leurs hommes, ils ont
« intérêt à diminuer leurs dépenses en entrete-
« nant le moins de soldats possible. »

Après de longs débats, l'Assemblée Constituante décréta (16 décembre) que les Troupes Françaises de toutes armes, autres que les Milices Nationales, seraient recrutées, comme par le passé, au moyen d'enrôlements volontaires.

Pendant la discussion qui aboutit à cette décision, un incident avait causé une vive émotion dans l'Armée. Le 12 Décembre, Dubois de Crancé, membre du Comité Militaire et partisan du service personnel, s'était élevé avec emportement contre les enrôlements à prix d'argent, qui, d'après lui, peuplaient les régiments d'hommes sans aveu qui se vendaient pour échapper à la Justice : « D'après la composition qui en résulte
« pour l'Armée, » s'était-il écrié, « est-il un père
« de famille qui ne frémisse d'abandonner son fils,
« non aux hasards de la guerre, mais au milieu
« d'une foule de brigands inconnus, mille fois
« plus dangereux (1) ? »

---

(1) Dubois de Crancé était autrefois entré dans les Mousquetaires à l'aide de titres de noblesse, qui, ayant été reconnus insuffisants, lui

Cette opinion immédiatement applicable, puisque le mode de recrutement incriminé était alors le seul en vigueur, excita les plus vives réclamations de la part des Députés militaires, qui ne purent néanmoins obtenir de l'Assemblée le rappel à l'ordre de l'orateur; mais les feuilles publiques portèrent rapidement cette dénigrante appréciation à la connaissance des Corps dont elle blessa la juste susceptibilité.

Les réclamations des régiments se manifestèrent de diverses manières qui témoignaient de leur esprit différent. Les bas-officiers et les soldats du régiment d'Armagnac, confiants dans les supérieurs avec lesquels ils avaient fait la guerre en Amérique, se remirent à eux du soin de transmettre leurs plaintes au Roi et au Ministre de la guerre. Les officiers du régiment d'Auvergne demandèrent spontanément à l'Assemblée Nationale la réparation des propos insultants proférés à la tribune contre leurs subordonnés. Ailleurs, ce furent les Comités des bas-officiers et des soldats qui firent enregistrer leurs protestations dans des feuil-

---

avaient attiré, de la part de ses camarades, des désagréments à la suite desquels il avait été obligé de se retirer. Cet échec, qui contribua à le faire entrer dans le parti révolutionnaire, lui avait laissé un sentiment de haine contre la Noblesse et d'amertume contre l'Armée.

les publiques. De toutes les garnisons partirent des lettres isolées ou collectives, qui portèrent aux membres du Comité Militaire l'expression de l'indignation générale.

Devant cette réprobation unanime, Dubois de Crancé adressa aux Corps militaires une circulaire dans laquelle il désavouait le sens prêté à ses paroles, qui, d'après lui, n'étaient applicables qu'aux membres indignes dont l'Armée se voyait souvent obligée d'effectuer elle-même l'expulsion. Dans toutes les garnisons, cette lettre fut lue aux soldats à la parade et dans les chambrées, en même temps qu'une proclamation où le Président de l'Assemblée avait exprimé les sentiments d'estime que tous les Représentants de la Nation professaient pour l'Armée (janvier 1790).

Pendant que le Comité militaire cherchait à déterminer le mode du recrutement, il s'était aussi occupé de la réorganisation générale de l'Armée. Des plans et des projets de Constitution, émanant des esprits les plus compétents et insérés dans les feuilles publiques, avaient savamment élaboré la question (1) ; elle fut portée devant

---

(1) *Discours* du brigadier de Wimpfen, *sur l'établissement et la constitution de l'Armée.*

Opinion sur la constitution militaire, du chevalier Alexandre de Lal'Assemblée Nationale, le 19 janvier. Le premier résultat fut le décret constitutionnel du 28 février, sanctionné par le Roi le 21 mars. Il consacra pour la première fois, d'une manière officielle, les devoirs et les droits généraux de la grande famille militaire.

Les points principaux qu'il établit furent les suivants :

Le Roi, chef suprême de l'Armée ;

L'Armée essentiellement destinée à la défense contre les ennemis extérieurs ;

La nécessité d'un acte du Corps Législatif, sanctionné par le Roi, pour l'admission de troupes étrangères au service de l'État ;

Le droit irrévocable pour chaque citoyen d'être admissible à tous les emplois et grades militaires ;

La dispense, pour tout militaire ayant servi seize années, des conditions de propriété et de

---

meth, colonel de Royal-Étranger et Député de la Noblesse du Bailliage de Péronne.

Mémoire sur l'organisation de l'Armée, adressé à l'Assemblée Nationale par le lieutenant général comte de La-Tour-du-Pin, ministre de la guerre.

Opinion sur la constitution militaire, du capitaine du génie Bureaux de Puzy, Député de la Noblesse du Bailliage d'Amont.

Projet de formation de l'Armée française, de sa force et de la fixation des dépenses dans la nouvelle constitution, par Jarry, ancien commandant de l'École Militaire.

Etc., etc.

contribution, nécessaires pour exercer les droits de citoyen actif (1) ;

La prestation annuelle du Serment Civique à l'époque du 14 juillet ;

La suppression de la vénalité des charges et des emplois militaires ;

Le droit du Corps Législatif de statuer sur les dépenses de l'Armée ainsi que sur l'effectif, la solde des grades, les règles relatives à l'admission au service et à l'avancement, les lois relatives aux délits militaires, etc.

Les débats qui avaient abouti à ce décret fondamental avaient soulevé en même temps un grand nombre de questions dont la prompte solution, quoique vivement désirée, nécessitait encore des études de la part du Comité Militaire ; mais une proposition qui consistait à augmenter de trente-deux deniers la solde journalière des bas-officiers et des soldats fut adoptée dans la même séance que le décret constitutionnel. Lorsqu'on voulut pro-

---

(1) Les citoyens actifs étaient ceux qui avaient droit de voter aux Assemblées Primaires. Les conditions exigées étaient d'être né ou devenu Français, d'être âgé de vingt-cinq ans accomplis, d'être domicilié dans la ville ou dans le canton au moins depuis un an, de payer dans un endroit quelconque du royaume une contribution directe de la valeur locale de trois journées de travail, de ne pas être serviteur à gages, et d'être inscrit dans la municipalité de son domicile au rôle des Gardes Nationales.

céder à l'exécution de cette mesure, on reconnut que certains Corps, en vertu d'avantages isolément accordés, jouissaient déjà de hautes-payes plus ou moins fortes constituant des priviléges que l'Assemblée Nationale voulait abolir. Il fut en conséquence déclaré, le 24 juin, que l'augmentation de solde n'avait été décrétée que dans le but d'établir à ce sujet une égalité parfaite entre les régiments de même Arme. Les tarifs qui consacraient cette première mesure dans la voie de l'uniformité furent peu après établis par les soins du Pouvoir Exécutif.

A cette époque, un différend entre l'Angleterre et l'Espagne occasionna de la part de chacune de ces deux Puissances des préparatifs qui déterminèrent le Gouvernement Français à armer, par précaution, quatorze vaisseaux de ligne. La notification de cette mesure à l'Assemblée donna lieu de débattre une question constitutionnelle et de déterminer à qui du Roi ou du Pouvoir Législatif devait être attribué le droit de faire la paix ou la guerre.

Mirabeau, que l'on disait déjà gagné à la Cour (1), soutint ainsi la prérogative royale : « La

---

(1) Les relations indirectes de Mirabeau avec la Cour avaient commencé dès la fin de l'année 1789; les communications directes s'ouvrirent par une lettre de Mirabeau au Roi, en date du 10 mai 1790,

« plupart du temps, les hostilités commencent
« avant les menaces ; le Roi doit les repousser immé-
« diatement et la guerre se trouve ainsi engagée

---

c'est-à-dire quatre jours avant l'ouverture de la discussion sur le droit de paix et de guerre. Ce fut seulement six semaines après, le 3 juillet 1790, qu'il eut avec la Reine une entrevue au château de Saint-Cloud, occupé alors par la Cour. A cette époque, cette démarche de l'illustre orateur resta assez secrète, ou ce qui en transpira fut si vague que, dans le public, on n'y crut généralement pas ; de là les versions différentes des contemporains.

Une bienveillante communication d'un petit-neveu de Mirabeau permet de rétablir ici la vérité relativement à quelques détails de cette entrevue, pour laquelle le grand orateur ne choisit d'autre confident que son neveu, M. le comte de Saillant, qui fut plus tard Préfet et Chambellan de Napoléon Ier.

« Mon oncle, » nous disait M. le comte de Saillant après la publication « des Mémoires de madame Campan, » n'est point parti de Paris à cheval « sous prétexte de se rendre à la maison de campagne de M. de Cla-
« vières ; je l'ai directement conduit, dans sa chaise de voyage, de la
« campagne de ma sœur, la marquise d'Arragon, à la petite porte de
« Saint-Cloud. Il m'avait ordonné, le matin de ce fameux 3 juillet, de
« me tenir prêt à l'accompagner et de revêtir l'habit de courrier le
« plus simple possible. J'ai conduit la voiture ; nous étions tous deux
« seuls, et lorsque j'eus enfin atteint le but de notre voyage, Mira-
« beau, avant de frapper à la porte du parc, me donna une lettre en
« me disant : « *Si dans trois quarts d'heure je ne suis pas de retour,*
« *remets, sans perdre un instant, ce billet au commandant de la Garde*
« *Nationale.* » Après ce peu de paroles, Mirabeau parut se recueillir,
« puis il frappa doucement. La petite porte fut ouverte, le bruit de ses
« pas se perdit dans la profondeur du bois et je demeurai seul en proie
« à la plus vive émotion, comprenant l'importance de la mission dont
« je me trouvais chargé, inquiet pour la Cour et pour mon oncle de
« ce qui allait arriver.

« Jamais je n'oublierai cette faction de trois quarts d'heure, ni les
« mille pensées, ni le monde de réflexions qui traversèrent mon
« esprit. Il était évident pour moi que mon oncle, tout en se ren-
« dant au rendez-vous qui lui avait été assigné, n'était pas sans crainte

« avant qu'on ait pu en soumettre les principes
« aux discussions et aux lenteurs inséparables des
« délibérations d'une Assemblée. Il en est de

« pour sa sûreté personnelle ; la lettre remise entre mes mains,
« l'ordre que j'avais reçu de la porter au Commandant de la Garde
« Nationale après trois quarts d'heure d'attente, suffisaient pour m'ini-
« tier aux préoccupations qui devaient l'assaillir. S'il calculait mal la
« fuite du temps ! Si quelque accident imprévu et sans importance re-
« tardait son retour, et si moi-même je me trompais d'une minute !...
« Enfin la responsabilité qui pesait sur moi m'effrayait ; les consé-
« quences d'un retard ou d'une précipitation de quelques secondes
« dans l'accomplissement de ma mission me semblaient également
« dangereuses.

« Ces trois quarts d'heure marchaient tout à la fois bien vite et
« bien lentement ; mes yeux restaient fixés sur les aiguilles de ma
« montre dont je suivais la course avec anxiété. J'ai traversé depuis
« des moments pleins d'angoisses, aucunes cependant ne m'ont sem-
« blé plus poignantes que celle-là. Quarante-trois minutes s'étaient
« écoulées depuis le départ de mon oncle, et j'avais beau approcher
« mon oreille de la porte du parc, nul bruit ne parvenait jusqu'à
« moi ; le sable des allées restait muet ; la quarante-quatrième mi-
« nute eut, je crois, mille secondes ; la quarante-cinquième !.... il
« me serait impossible d'en rendre compte ; elles avaient des reten-
« tissements dans ma poitrine et le mouvement de mon sang, qui
« se précipitait vers mon cœur, aurait pu être entendu à plusieurs
« pas de distance. La moitié de la quarante-sixième minute s'accom-
« plissait ; j'allais partir quand, heureusement, des pas précipités se
« firent entendre, la porte s'ouvrit, mon oncle en franchit le seuil, deux
« ombres disparurent dans les sinuosités des allées, et il me sembla
« que je respirais pour la première fois depuis trois quarts d'heure.

« *La lettre !* me dit mon oncle d'une voix pleine d'émotion ; je la lui
« remis ; il la prit avec une précipitation que j'interprétai comme un
« regret de sa défiance ; puis il écouta les légers craquements du sable
« sous les pas des personnes qui s'éloignaient, et, avant de remonter
« dans sa chaise, il murmura en me serrant le bras et en entrecou-
« pant sa phrase : « *Elle est bien grande,..... bien noble,.... et bien*
« *malheureuse, Victor !.... mais je la sauverai !* »

« Jamais la voix de mon oncle ne m'avait semblé altérée par une

« même pour la paix; le Roi peut seul saisir le
« moment opportun de négocier avec les Puissances
« ennemies. Dans les deux cas, l'Assemblée ne
« peut qu'approuver ou improuver les actes du
« Pouvoir Éxécutif. »

Le parti opposé avait choisi, pour lui répondre, Barnave dont l'éloquence recevait l'appui de l'opinion révolutionnaire de l'Assemblée et de la population. Dans les clubs on exaltait ses discours; dans la rue, on le portait en triomphe, tandis que les colporteurs vendaient à grands cris le pamphlet de *La grande trahison du comte de Mirabeau*. Néanmoins le fougueux génie de l'illustre orateur, ses terribles apostrophes et ses foudroyantes répliques eurent raison de son trop faible adversaire. Le droit de faire la paix et la guerre fut déclaré appartenir à la Nation qui le déléguait au Roi. La guerre devait être proposée par le Roi et votée ensuite par le Pouvoir Législatif dont le décret devait néanmoins, ainsi que tous les autres, recevoir encore la Sanction Royale. La paix signée par le Roi devait, pour être valable, recevoir la ratifi-

---

« émotion pareille, par une émotion aussi vraie. Nous reprîmes la
« route par laquelle nous étions venus, et ce qui s'était passé dans
« cette matinée demeura entre nous un secret sur lequel nous
« n'eûmes même pas d'explication. » (*Note* de M. le comte Horace de
« Viel-Castel). »

cation du Corps Législatif. Le même décret portait que la Nation Française renonçait désormais à toute guerre de conquêtes, et qu'elle n'emploierait jamais ses forces contre la liberté d'aucun peuple.

L'Armée s'intéressait peu à ces discussions sur les formalités du droit de paix et de guerre; elle se préoccupait surtout des bruits vagues qui semblaient rendre possible un prochain commencement d'hostilités. Les Officiers et les Soldats s'informaient avec avidité des préparatifs qui se faisaient dans les Ports, et s'enquéraient si les Arsenaux de l'Armée de terre avaient reçu des ordres de même nature. La perspective de la Guerre élargissait pour tous la carrière que venaient d'ouvrir les nouveaux principes, en vertu desquels le manque de naissance, de faveur et de fortune ne devait plus opposer au mérite des barrières infranchissables.

CHAPITRE VII.

SUPPRESSION DES JURIDICTIONS PRÉVOTALES. — INDISCIPLINE DANS L'ARMÉE. — FÉDÉRATION DE 1790.

(Mars, avril, mai, juin et juillet 1790).

Sommaire.

Réclamations contre les Grands Prévôts des provinces.

Désordres à Marseille, antérieurs à la révolution. — Formation de la Garde Nationale. — Ses conséquences. — Effets de la prise de la Bastille. — Conflit sanglant entre la Garde Nationale et la Population marseillaise.—Procédure intentée par le Grand Prévôt de la Provence. — Mirabeau la dénonce à l'Assemblée Nationale en attaquant l'institution des Juridictions Prévôtales.

Exécutions prévôtales dans le Limousin. — Appui donné par la Commune de Paris aux réclamations de la ville de Brives. — Suppression des Prévôtés. — Maintien des Prévôtés de la Marine et de la Prévôté de l'Hôtel du Roi.

Désordres à Marseille. — Départ de la plupart des troupes qui y séjournaient. — La Garde Nationale s'empare des forts par surprise. — Défection d'une partie du régiment de Vexin. — Mort du chevalier de Beausset.

Désordres analogues à Toulon, Grenoble, Montpellier et Nismes.

Intervention des Municipalités dans l'administration disciplinaire des régiments. — Assassinat, à Valence, du colonel d'artillerie de Voisins. — Indiscipline du régiment de Vivarais, à Béthune et à Verdun. — Singulière réclamation adressée au Ministre de la Guerre par la Municipalité de Lyon.

Faute et repentir des régiments Royal-des-Vaisseaux et La Couronne, à la fin de 1789. — Changement dans l'esprit et les sentiments des soldats qui prennent l'Assemblée Nationale pour arbitre entre eux et leurs chefs. — Exemple choisi dans les désordres commis à Lille. — Influence de l'Assemblée Nationale sur les Corps militaires. — Réintégration des officiers gentilshommes des Dragons de Lorraine par les soldats qui les avaient chassés.

Inertie de l'Assemblée Constituante à l'égard des désordres militaires. — Généreuse proposition d'anciens soldats du Régiment d'Auvergne.

Impuissance du Pouvoir à défendre les Corps armés contre les excès de la Presse. — Régiment de Conti.

Dons d'argent faits aux soldats pour les exciter au désordre. — Régiment d'artillerie, à Strasbourg.

Fédérations et *affiliations* entre les Gardes Nationales. — Les Corps militaires s'associent d'abord aux fédérations des Milices Bourgeoises et tendent ensuite à former entre eux des pactes fédératifs. — Désordres qui en résultent.

Le ministre de la guerre, La-Tour-du-Pin, demande à l'Assemblée Nationale d'unir ses efforts à ceux du Roi pour arrêter les progrès de l'indiscipline. — Un décret à ce sujet, rédigé par le Comité militaire, est écarté par la faction la plus révolutionnaire de l'Assemblée Constituante. — Redoublement de désordres. — Insurrection du Régiment de Touraine. — Conduite courageuse du colonel de ce régiment, le vicomte de Mirabeau. — Il en est réduit à se défendre à la barre de l'Assemblée contre les accusations de ses propres soldats.

Proposition d'une Fédération générale qui est fixée au 14 juillet 1790, anniversaire de la prise de la Bastille.

Demande, à cette occasion, de récompenses exceptionnelles en faveur des Volontaires de la Bastille. — Honneurs que leur accorde l'Assemblée Constituante. — Jalousie des anciens Gardes françaises et de la Garde Nationale. — Dissolution du corps des Volontaires de la Bastille.

Renonciation patriotique des Volontaires de la Basoche à toute distinction entre eux et la Garde Nationale.

Arrivée à Paris des députations des Gardes Nationales pour la fête de la Fédération. — Cérémonie du 14 juillet 1790.

Tandis que l'Assemblée Nationale poursuivait lentement l'œuvre de la Constitution, la plupart des Villes étaient, ainsi que la Capitale, en proie aux perturbations qui résultaient de la situation politique et de la difficulté des approvisionnements. Quant aux campagnes, elles présentaient généralement l'image du vol, du pillage et du meurtre; à ces crimes se joignaient souvent de sacriléges profanations contre les Églises.

Cette perturbation générale, que les novateurs exaltés considéraient comme utile au triomphe de la Révolution, était favorisée par l'inertie ou la pusillanimité de la plupart des Autorités régulières. Parmi ces dernières, celles qui tentaient de s'opposer au désordre voyaient leurs efforts inutilisés par la faiblesse des Tribunaux civils des Sénéchaussées. Le sentiment public, qui entachait d'oppression tyrannique tout acte de répression, influençait puissamment les Juges chargés de prononcer sur le sort des coupables, et les actes les plus criminels, habilement rattachés à la cause politique, trouvaient encore des excuses dans l'esprit faussement philanthropique de l'époque.

Au milieu de cette décadence de l'autorité des mandataires du Pouvoir, les Grands Prévôts des Provinces étaient à peu près les seuls qui eussent généralement conservé, dans son intégrité, le caractère de leurs attributions. Leur Justice sommaire, appuyée sur les Maréchaussées, avait trouvé de trop fréquentes occasions de s'exercer dans les campagnes ensanglantées; aussi redoutait-on ce pouvoir attentif et toujours armé, dont la sévérité tranchait avec la faiblesse ou la coupable connivence des autres Autorités. Ceux qui le considéraient comme l'expression du Despotisme, ceux qui l'envisageaient comme le reste d'un passé dont tous les vestiges devaient être abolis, tous ceux enfin qui avaient intérêt au maintien du désordre et de l'agitation, adressaient à l'Assemblée Constituante de fréquentes réclamations contre la tyrannie de ces Magistrats Militaires.

Le Grand Prévôt de la Champagne avait été dénoncé comme attentant à la liberté des *patriotes* les plus purs. L'Assemblée avait elle-même qualifié de criminelles les poursuites intentées contre des séditieux par le Grand Prévôt de l'Alsace ; son opinion était d'ailleurs fortement impressionnée par les attaques habiles du comte de Mirabeau contre une procédure prévôtale qui se prolongeait en Provence.

(1789) Marseille avait précédé le reste du pays dans la voie de l'anarchie. Le trouble y régnait bien avant l'époque de la prise de la Bastille; comme toute la Provence, elle était alors divisée en deux partis bien tranchés : la Démocratie était hostile à l'Aristocratie, et surtout au Parlement qui siégeait à Aix (1). Dans le mois de mars 1789, la maison d'un Adjudicataire des Fermes Générales de Marseille avait été saccagée de fond en comble par la populace, qui voulait piller aussi les magasins des négociants. Pour repousser le danger que faisait courir à la ville le ramassis d'étrangers, de matelots de toutes nations et de gens sans aveu qu'une première scène de violence avait surexcités, la Bourgeoisie s'était organisée en Milice; Marseille avait ainsi devancé de trois mois le mouvement général qui devait couvrir la France de Gardes Nationales.

La Bourgeoisie armée voulut alors faire la loi au Conseil aristocratique de la ville; elle y incorpora de nouveaux membres qui partageaient ses opinions, et elle parvint ainsi à faire rendre des décrets contraires aux Institutions générales du Royaume. A la nouvelle de ces actes séditieux, le Parlement de Provence demanda que la ville rebelle fût réduite par la force. Conformément aux ordres du Gouvernement, le lieutenant général comte de Caraman, qui commandait la Province,

---

(1) Dicton populaire du temps :

Parlament, mistraou et Dourence
Sount les très fléous de Prouvence.

partit d'Aix, le 20 mai, avec quatre régiments d'Infanterie, deux régiments de Cavalerie et plusieurs pièces de canon. L'orage dont la ville séditieuse était menacée fut habilement évité par le peuple marseillais, qui prépara des arcs de triomphe pour recevoir les troupes envoyées contre lui. Le comte de Caraman rétablit le Conseil de la ville tel qu'il était avant la révolte, et il réorganisa la Milice Bourgeoise sur des bases plus conformes à la hiérarchie sociale. Mais le parti démocratique ne voulut pas obéir à des officiers qui n'étaient pas de son choix et deux Gardes Nationales restèrent ainsi en présence : l'une existant de fait, composée de partisans du régime aristocratique, avait adopté un uniforme bleu ; l'autre, désorganisée, formée de citoyens qui se croyaient lésés dans leurs droits, portait pour marque distinctive le *Pouf*, espèce de panache tricolore.

A la nouvelle de la prise de la Bastille, le Conseil de la ville fut, comme partout, remplacé par un Comité Révolutionnaire ; le nouveau pouvoir, en voulant reconstituer à son tour la Garde Nationale sur des bases démocratiques, rencontra une vive opposition qui aigrit les citoyens les uns contre les autres. La conséquence fut un conflit sanglant qui s'éleva, le 19 août (1789), entre le peuple et ceux qui portaient l'uniforme bleu, et la populace en profita pour piller la maison d'un Échevin. Les troupes qui marchèrent contre les émeutiers parvinrent à rétablir l'ordre sans effusion de sang; mais à la suite de cette complication de désordres, le Grand Prévôt de la Provence, Senchon de Bournissac, appelé pour informer contre les séditieux, fit incarcérer au Château d'If les trois principaux meneurs du parti populaire.

(1790) La procédure prévôtale irritait depuis trois mois le parti démocratique de Marseille, lorsque le comte de Mirabeau la dénonce à l'Assemblée Nationale comme oppressive et tyrannique : « Elle se fait, » dit-il, « l'instrument com-
« plaisant de haines secrètes. La preuve en est dans
« la faveur et dans l'estime dont jouissent auprès
« de leurs concitoyens ceux qu'elle a mis en accu-
« sation. Malgré l'injuste captivité dont ils sont les
« victimes, ces prétendus coupables n'ont-ils pas
« été nommés par les Communes pour faire partie
« de la nouvelle Municipalité, entièrement com-
« posée d'ailleurs de leurs parents et de leurs amis.
« Quelle confiance peut inspirer ce Grand Prévôt,
« puisqu'il est assez impopulaire pour n'avoir pas
« osé établir son siège de Justice au Palais de la
« Sénéchaussée, et qu'il en est réduit à procéder

« secrètement dans le fort Saint-Jean, où il s'est
« enfermé avec ses prisonniers, et où il se fait gar-
« der par la force armée ? En présence de ces faits
« qui constatent suffisamment que ce Magistrat
« Militaire prolonge illégalement les formes inhu-
« maines d'une Justice contraire aux généreux
« principes de la Révolution, Bournissac doit être
« lui-même décrété d'accusation, et il mérite d'être
« traduit au Châtelet de Paris pour y être jugé à
« son tour. »

Bien plus, Mirabeau attaque l'institution même des Justices Prévôtales : « Est-ce à des hommes
« élevés dans les camps, uniquement instruits du
« métier de la guerre, étrangers à l'étude des Lois,
« et accoutumés à l'utile sévérité de la discipline
« militaire, qu'on peut confier les formes douces,
« éclairées et compatissantes qu'exige l'instruction
« de procès où l'on pèse la vie des hommes, où l'on
« juge leur honneur, où le triomphe de l'innocent
« est celui de la Loi, et la punition du coupable
« un malheur public ? »

L'Assemblée rendit une décision analogue à celle qu'elle avait prise à l'égard des procédures du Prévôt d'Alsace, en décrétant que les trois accusés seraient renvoyés devant la Juridiction Civile de la Sénéchaussée de Marseille.

Cet arrêt n'avait pas encore reçu son entière exécution, lorsque l'Assemblée fut mise en demeure de statuer d'une manière générale à l'égard de toutes les Juridictions Prévôtales. La Maréchaussée du Limousin, aidée des Gardes Nationales et du Régiment de Navarre, avait énergiquement réprimé des scènes de brigandage qui s'étaient principalement passées dans des Églises. Le parti *patriote*, qui dominait à Brives, taxait de rigueur et d'injustice les exécutions prévôtales qui en avaient été la conséquence; la plupart des autres localités, au contraire, affirmaient que la force armée avait sauvé la province. La ville de Brives, seule de son opinion, eut l'idée de chercher un appui dans la Commune de Paris, et cette dernière produisit à l'Assemblée Constituante une accusation formelle contre le Grand Prévôt du Limousin, qui, disait-elle, ne faisait que répandre autour de lui le sang et la terreur.

A cette nouvelle dénonciation, un Député demande l'abolition générale des Juridictions Prévôtales; le colonel comte Charles de Lameth émet un avis analogue et l'Assemblée décrète la suspension de toutes les procédures dirigées par les Grands Prévôts du Royaume.

Le premier effet de cette mesure se manifeste

au Bagne de Toulon. Les galériens, en apprenant la suppression du pouvoir énergique qui leur inspirait une terreur salutaire, se révoltent, et ils donnent ainsi lieu à l'Assemblée Constituante de modifier sa première décision : elle déclare que le décret d'abolition n'est pas applicable aux procédures prévôtales qui concernent la Marine. Peu après, elle reconnaît que la Prévôté de l'Hôtel du Roi, en raison de sa spécialité, doit aussi être exceptée de la mesure générale.

Quant aux Provinces, elles restent dépourvues de ce pouvoir militaire qui inspirait tant d'effroi aux malfaiteurs, et les crimes s'y commettent avec un redoublement d'audace. Trois mois ne s'étaient pas écoulés depuis la suppression des Prévôtés, que l'Assemblée Nationale recommandait vainement aux Juges des Sénéchaussées d'user d'une sévérité plus grande à l'égard des criminels qu'ils étaient appelés à punir.

Ces tribunaux civils, déjà impuissants dans les cas ordinaires, se montraient encore plus timides lorsqu'il s'agissait de faits politiques. Aussi les trois accusés contre lesquels avait été dirigée principalement la procédure prévôtale supprimée à Marseille, après être sortis de la citadelle Saint-Jean, triomphalement escortés par dix-huit cents Gardes

Nationaux (1ᵉʳ avril), ne firent que pour la forme une courte apparition dans les prisons de la Sénéchaussée, et l'agitation continua de régner à Marseille.

Un jour, la salle du théâtre fut saccagée à la suite de la défense faite par les Échevins de représenter une certaine pièce de comédie; une autre fois, une circonstance des plus futiles amena une perturbation telle que l'autorité crut devoir proclamer la Loi Martiale. Cette mesure de répression n'eut pas de suites sanglantes, grâce à la bonne contenance des Corps militaires et à la prudente fermeté du comte de Caraman; mais cet officier général ayant quitté Marseille peu après, la mésintelligence se manifesta entre les habitants et les troupes qui, au nombre de six mille hommes, occupaient la ville. Elle éclata surtout à l'occasion d'une vive altercation qui s'éleva à l'une des portes de la Cité, entre le marquis d'Ambers, colonel de Royal-Marine, et un factionnaire de la Garde Nationale. La Ville en prit occasion de demander le départ des troupes, dont la présence pesait, disait-elle, sur la liberté des citoyens.

A la fin d'avril, Marseille avait obtenu tout ce qu'elle avait désiré. La composition de la Municipalité, récemment organisée, était conforme à l'opinion populaire ; la Garde Nationale portait le panache, considéré autrefois comme signe séditieux, et la plus grande partie des troupes venait de repartir pour Aix. Cette dernière concession, présentée à l'Assemblée Nationale comme un gage assuré de tranquillité, donna au contraire le signal du désordre.

A peine ces troupes sont-elles en route que des bruits inquiétants circulent parmi les habitants : « Les trois forts qui dominent la ville renferment, » dit-on, « une quantité considérable de munitions, « avec lesquelles leur artillerie pourrait foudroyer « Marseille d'un moment à l'autre. La population « ne peut rester perpétuellement sous le coup « d'une semblable menace, et les vingt-quatre mille « patriotes dont se compose la Garde Nationale « sauront bien défendre ces fortifications sans l'in- « tervention du Régiment de Vexin, auquel le « Despotisme en a confié la garde. » On complote de se rendre maître des trois citadelles.

Le 30 avril, à quatre heures du matin, au moment où l'on vient d'abaisser, comme d'habitude, le pont-levis du fort de Notre-Dame de la Garde, cinquante Gardes Nationaux embusqués font irruption dans l'intérieur. Les Officiers surpris sont faits prisonniers sans résistance, et un grand nombre de soldats, gagnés d'avance, consentent à quitter le service du

CHAPITRE VII. — AVRIL ET MAI 1790.

Roi pour celui de la ville, arborent le panache marseillais. Un drapeau, portant pour inscription « *La Liberté ou la Mort,* » est placé sur la plus haute muraille de la forteresse. Ce signal de victoire, dont l'apparition était anxieusement attendue, excite parmi la Population les transports de la plus vive allégresse.

Le soir du même jour, les portes du fort Saint-Nicolas sont livrées par la garnison; mais dans la citadelle Saint-Jean, le chevalier de Beausset se prépare à la résistance. Les Officiers Municipaux viennent alors faire appel à l'humanité de ce Commandant et le supplient de ne pas occasionner un conflit sanglant; on convient que le fort sera gardé conjointement par la Troupe et par la Garde Bourgeoise. Le lendemain une nouvelle exigence surgit; on réclame impérieusement les clefs des magasins qui contiennent les armes et les munitions. Le chevalier de Beausset les refuse; on le somme de venir donner des explications à la Commune; il y consent, et dans la route il est massacré.

Des faits non moins regrettables se passent dans les autres localités méridionales. A Toulon et à Grenoble, la Population cherche aussi à s'emparer des citadelles; à Montpellier, cette tentative est couronnée de succès. A Nîmes, des soldats du

Régiment de Guyenne, en arrachant à des Gardes Nationaux des cocardes blanches qui étaient encore tolérées dans le Midi, amènent l'explosion de la haine qui couvait entre les Catholiques et les Protestants. Ainsi qu'aux temps passés, la ville est ensanglantée au nom du fanatisme religieux.

A Valence, les Officiers Municipaux viennent demander compte de l'incarcération d'un soldat, au vicomte de Voisins colonel du Régiment d'Artillerie; le peuple, qui se sent soutenu par ses magistrats, réclame à grands cris l'élargissement du prisonnier. Bientôt le colonel est saisi par la populace sans que son régiment s'y oppose; le flot désordonné l'entraîne dans une Église; c'est en vain qu'il monte dans la chaire pour se justifier; au moment où il en descend, il est assassiné à coups de couteau. Trois officiers, contre lesquels s'élève aussi le ressentiment populaire, sont traînés en prison.

La première cause de ce déplorable événement était l'intervention de la Municipalité de Valence dans ce qui concernait spécialement l'administration disciplinaire du régiment commandé par le colonel de Voisins. La tendance des Officiers Civils à s'immiscer dans la police intérieure des Corps Militaires datait du jour où l'action de la Force Armée avait été soumise par l'Assemblée Nationale aux Autorités Municipales. Cette décision attribuait à ces dernières une sorte de suprématie qui fut mal comprise par les unes et exagérée à dessein par les autres. Dès lors les soldats trouvèrent, dans l'esprit révolutionnaire des Officiers Civils, un appui et une garantie contre ce qu'ils commençaient à appeler la tyrannie de leurs chefs.

Le Régiment de Vivarais en offrit successivement deux exemples. En février 1790, il reçoit l'ordre de quitter Béthune, qu'il occupait depuis trois ans, pour se rendre à Lens, déplacement qui rompt des habitudes prises et contrarie la majeure partie des soldats. Aussi, le lendemain du départ, les mécontents s'emparent des Drapeaux et reviennent sans officiers dans la garnison abandonnée la veille. La Municipalité leur fait un accueil amical et les invite à jurer d'être fidèles à la Nation, à la Loi et au Roi. Après ce serment, qui contraste si singulièrement avec leur conduite, elle les admet à faire le service conjointement avec la Garde Bourgeoise, et se charge de fournir à leurs besoins. Cependant, au bout de quelques jours, ces nouveaux hôtes paraissent onéreux à la Commune de Béthune, et ses empressements à leur égard se refroidissent sensiblement. Les soldats de Vivarais comprennent alors leur faute et se mettent spontanément en route pour rejoindre à Verdun la partie du Régiment qui est restée fidèle et qui a été réorganisée en recevant d'autres Drapeaux.

Deux mois après, un Fourrier du même corps, connu pour être l'agent de fauteurs de désordres, est conduit en prison ; son incarcération excitant une fermentation dangereuse dans le régiment, le marquis de Bouillé, commandant en Lorraine, le fait enlever par la Maréchaussée, qui le conduit à Montmédy. La Municipalité prend fait et cause pour le prisonnier et réclame en sa faveur à l'Assemblée Nationale, où le Ministre de la guerre, La-Tour-du-Pin, est appelé à rendre compte de cette mesure disciplinaire. Il le fait en démontrant combien l'intervention des Autorités Civiles, en ce qui concerne l'ordre intérieur des Régiments, peut amener de difficultés et même de dangers.

A la même époque, les Officiers Municipaux de Lyon tentent de s'opposer à l'exécution d'ordres ministériels concernant le mouvement des troupes. Un détachement de Royal-Guyenne (Cavalerie), en garnison dans la ville, apprend qu'il va être remplacé par des Dragons de Penthièvre. La Municipalité, qui n'approuve pas ce changement, envoie aux chefs des deux Corps des injonctions contraires à celles qu'ils ont reçues de l'Autorité

Militaire. Les deux Commandants n'en tiennent aucun compte, et c'est au Ministre de la Guerre lui-même que, dans son désappointement, la Municipalité de Lyon se plaint de ceux qui ont exécuté leur devoir en résistant à ses prétentions.

En butte aux pernicieuses insinuations qui leur sont adressées de tous côtés, excités à l'insubordination au nom de la Liberté, les soldats changent d'esprit et de caractère en même temps qu'ils perdent pour leurs chefs les sentiments de considération qu'ils possédaient auparavant.. Dans les premiers mois qui avaient inauguré la période révolutionnaire, les désordres qui avaient pris naissance dans les Régiments s'étaient, pour la plupart, facilement arrêtés à la voix des Commandants Militaires. A Lille, par exemple, vers la fin de l'année 1789, deux Régiments, Royal-des-Vaisseaux et La Couronne, avaient chargé une quarantaine de délégués armés d'aller acheter, au delà de la frontière, une provision considérable d'eau-de-vie pour fêter le jour de l'an. Les Commis de la Ferme avaient vainement tenté d'arrêter au retour ces soldats contrebandiers, qui s'étaient débarrassés des uns en les maltraitant, et des autres en les forçant à boire outre mesure avec eux.

A la suite de ces désordres, le lieutenant général marquis de Livarot avait fait apporter les Drapeaux sur le front des deux Régiments rassemblés, et il avait fait honte aux soldats d'une conduite par laquelle ils tendaient à déshonorer ces glorieux témoins des victoires de Crémone, Crevelt, Warbourg et Fontenoy. Frappés de ces paroles, tous avaient témoigné le plus violent repentir et protesté de leur ferme volonté de ne plus s'écarter à l'avenir des règles du devoir.

Quatre mois sont à peine écoulés, et ces bonnes dispositions n'existent déjà plus. Les libelles et les calomnies des écrivains révolutionnaires ont concouru, avec les excitations des sociétés populaires, à introduire dans les rangs subalternes de l'Armée la méfiance envers les chefs. Les Comités de bas-officiers et de soldats entretiennent dans les Corps l'esprit de délibération ; les manifestations patriotiques encouragées par l'Assemblée Nationale leur ont donné l'habitude d'adresser directement au Corps Législatif l'expression de leurs vœux et de leurs désirs sans la soumettre d'abord à leurs supérieurs.

Bientôt ils en appellent à l'Assemblée des décisions de leurs chefs : au commencement d'Avril, un grenadier de Royal-des-Vaisseaux et un fusilier de La Couronne sont tués en duel par deux chasseurs de Normandie ; il s'ensuit, dans les rues de Lille, un combat en règle entre les deux Régiments d'Infanterie, d'une part, et le Régiment de Cavalerie, de l'autre. En vain les officiers des trois Corps veulent interposer leur autorité ; Royal-des-Vaisseaux et La Couronne, qui sont en bonne intelligence avec la Garde Bourgeoise, se réunissent sur la Place de la ville et en occupent les principaux débouchés. Les Chasseurs de Normandie repoussés se réfugient dans la citadelle, où ils sont reçus par le régiment Colonel-Général qui jusque-là n'a pas encore pris part au tumulte, et les deux Corps réunis s'apprêtent à repousser le siége dont les deux autres les menacent. Le marquis de Livarot et le Lieutenant du Roi, de Montrosier, se rendent à la citadelle dans l'espérance de rétablir l'ordre ; mais les soldats restent insensibles aux conseils et aux ordres de leurs chefs qu'ils retiennent prisonniers, annonçant d'ailleurs que, si on ne les attaque pas, ils attendront tranquillement derrière leurs remparts la décision que prendra à leur égard l'Assemblée Nationale (1).

---

(1) La Cour donna tort aux régiments Royal-des-Vaisseaux et La Couronne, qui reçurent l'ordre de quitter Lille pour une autre garnison ; mais les habitants de la ville déclarèrent qu'ils ne les laisseraient partir que lorsque les deux autres régiments, Colonel-Général et Chasseurs de Normandie, recevraient un ordre semblable. L'autorité adopta ce parti et les quatre régiments quittèrent la ville de Lille.

Cette déférence pour le Pouvoir Législatif et la tendance à étendre ainsi ses attributions au détriment du Pouvoir Exécutif, étaient alors générales dans les rangs inférieurs de l'Armée. Les bas-officiers et les soldats voyaient dans la réunion des Représentants de la Nation une puissance protectrice qui avait enfin aboli des priviléges dont ils avaient été longtemps victimes; à leurs yeux, sa justice, égale pour tous, reconnaissait des droits aux opprimés et imposait des devoirs à ceux que les idées nouvelles leur représentaient comme des oppresseurs. Aussi une simple communication émanant directement du Président de l'Assemblée suffit-elle souvent pour mettre fin aux désordres les plus graves.

Des insinuations malveillantes, et pour la plupart mal fondées, avaient persuadé aux soldats que leurs intérêts étaient frauduleusement lésés par certaines retenues réglementaires faites sur la solde, pour leur nourriture ainsi que pour leur habillement, et qu'il ne tenait qu'à eux d'obtenir justice et réparation, en demandant compte à leurs officiers de l'argent déposé dans les Caisses des régiments. Plusieurs Corps avaient cédé à ces conseils pernicieux. Entre autres, les Dragons de Lorraine, en garnison à Tarascon, s'étaient emparés d'abord de la Caisse régimentaire ; puis, comme d'habitude, ce premier acte d'insubordination en avait amené d'autres : un arrêté du Comité des soldats avait cassé de leurs grades ceux des Officiers qui étaient gentilshommes. Une lettre du Président de l'Assemblée suffit pour ramener au devoir ces soldats égarés, et les Dragons procédèrent eux-mêmes à la réintégration de leurs officiers, en assurant les Représentants qu'ils les trouveraient toujours prêts à l'obéissance.

Malheureusement l'Assemblée Constituante, au lieu de tirer parti de ces dispositions, cédait le plus souvent à l'opiniâtreté de la faction la plus révolutionnaire, qui repoussait systématiquement les nombreuses plaintes portées à la tribune relativement à l'insubordination des troupes. Non-seulement les propositions qui tendaient à ramener la discipline ne trouvaient pas d'écho sympathique dans l'Enceinte Législative; mais on y avait accueilli avec dédain une motion généreuse, faite par d'anciens soldats du Régiment d'Auvergne, qui avaient offert de retourner sous les drapeaux pour montrer à leurs successeurs dégénérés comment on obéissait au temps du chevalier d'Assas.

L'Armée reste ainsi exposée sans défense à l'impulsion désorganisatrice des éléments subversifs qui l'entourent. Les feuilles les plus révolutionnaires, *l'Ami du Peuple*, *l'Ami des Citoyens*, *le Père Duchesne*, etc., ne se contentent pas d'attaquer sans relâche les chefs militaires par leurs calomnies et leurs diffamations; au besoin, les libellistes prêtent gratuitement à différents Corps des faits d'insubordination présentés comme actes de patriotisme. Le marquis de Causans, colonel du régiment de Conti, réclame auprès du Ministre de la Guerre contre un article du *Courrier de Paris* qui incrimine à tort l'esprit de discipline de son régiment. On lui répond que la liberté de la presse ne permet pas au Pouvoir de s'opposer à la circulation des libelles, mais que le Ministre de la Guerre fera droit à sa demande par le seul moyen à sa disposition, l'insertion d'un désaveu inséré dans la *Gazette de France*.

En outre, des faits nombreux prouvent que, dans beaucoup de garnisons, les soldats reçoivent de sources inconnues de l'argent destiné à les pousser au désordre; ainsi Maugin, caporal d'artillerie au régiment de Strasbourg, porte à son Colonel, le marquis de Puységur, une assez forte somme qui lui a été remise par un inconnu et qui est envoyée à l'Assemblée Nationale pour être jointe aux dons patriotiques.

Une autre cause de désordres et d'actes d'indiscipline consiste dans les fraternisations des Troupes avec les Gardes Nationales, et ces démonstrations deviennent chaque jour plus fréquentes par l'entraînement aux *Fédérations*.

Les associations qu'on désignait sous ce nom avaient pris naissance dans le Dauphiné (Décembre 1789); elles avaient eu pour but, dans l'origine, d'assurer l'exécution des décrets de l'Assemblée Nationale, en organisant une alliance contre le *despotisme*. Plus de quinze mille hommes, députés par les Milices Bourgeoises des pays environnants, avaient campé et fraternisé pendant deux jours dans les plaines de Montélimart, formant ce qu'on appelait alors un *pacte fédératif*. Cet exemple avait été rapidement imité dans tout le Royaume, et chaque jour apportait à Paris la nouvelle de quelqu'une de ces réunions fédératives qui satisfaisaient à la fois le besoin d'agitation et les sentiments de fraternité qui étaient à l'ordre du jour.

Ces dispositions des populations avaient aussi amené l'établissement d'un lien particulier entre les Gardes Nationales de différentes villes et celle de Paris. Dans le mois qui avait vu commencer les Fédérations, Brichard, notaire et capitaine dans le

Bataillon des Cordeliers, avait été chaleureusement accueilli par la Garde Nationale de Montpellier où il était en passage. Ému par une réception aussi patriotique, il avait proposé qu'une étroite union vînt assurer, entre les Milices Bourgeoises des deux villes, la fraternité dont il recevait des marques aussi démonstratives. Cette motion avait été acceptée avec enthousiasme ; la Milice Bourgeoise de Montpellier avait envoyé à Paris des délégués qui avaient reçu d'abord un splendide accueil de la part du District et du Bataillon des Cordeliers ; ensuite, l'*Affiliation* des deux Gardes Nationales avait été cimentée à la Commune. Les autres villes voulurent imiter l'exemple que leur avait donné Montpellier et elles envoyèrent successivement des députés chargés d'affilier leurs Milices avec celle de Paris.

Les Fédérations et les Affiliations des Gardes Nationales multipliaient dans les diverses localités des démonstrations fraternelles et sympathiques auxquelles l'Armée ne pouvait rester longtemps étrangère. On vit bientôt le Régiment Royal-Étranger, qui avait pour colonel le député Alexandre de Lameth, se fédérer avec les Milices de la Franche-Comté. Le Régiment de Languedoc s'adjoignit au pacte fédératif des Légions Toulousaines, et les officiers du régiment de Conti reçurent à la suite d'une fête fraternelle le titre de citoyens de la ville d'Amiens.

Dès lors, l'impulsion ne s'arrêta plus. Les Troupes de toutes Armes et les Maréchaussées se fédérèrent avec les Gardes Nationales; puis, par extension du même principe, on vit des Corps Militaires former entre eux seuls des pactes fédératifs dans le but d'assurer leurs droits communs. C'est ainsi qu'à Brest, les régiments de Beauce et de Normandie, après avoir rédigé un traité patriotique, formèrent le projet d'enrôler dans leur association tous les Corps de l'Armée.

Les délibérations nécessaires pour parvenir à ce résultat avaient amené des désordres de différentes natures. Le colonel en second du régiment de Beauce, de Martinet, qui voulut les réprimer, fut accusé par la Municipalité de Brest de mettre des entraves aux démonstrations patriotiques de ses subordonnés. Après l'avoir fait arrêter, le Conseil général de la Commune et les Officiers Municipaux de Brest réclamèrent à l'Assemblée Nationale pour qu'il fût exclu du service et déclaré incapable de remplir désormais aucune fonction militaire; mais en présence d'une demande aussi singulière, l'Assemblée fut obligée de reconnaître qu'un excès de zèle avait égaré la Municipalité Brestoise, et elle ordonna que de Martinet fût remis en liberté.

Cette suite non interrompue de fraternisations, jointe à toutes les autres causes qui apportent le trouble dans les rangs de l'Armée, y occasionne des désordres d'une telle gravité que le lieutenant général de La-Tour-du-Pin, Ministre de la Guerre, vient enfin dénoncer lui-même à l'Assemblée Nationale la turbulente anarchie des Régiments : « Il « ressent, » dit-il, « un violent chagrin d'avoir à « parler ainsi des soldats avec lesquels il a vécu « pendant cinquante ans ; mais il s'y trouve forcé, « puisque la majeure partie des Corps militaires « violent les Lois et manquent à leurs Serments : « les Ordonnances sont méconnues, les liens de la « discipline sont relâchés ou brisés, des Caisses « régimentaires et des Drapeaux ont été enlevés, « presque partout les officiers sont dédaignés ou « maltraités, et l'on a vu des soldats laisser égorger « leur Commandant sous leurs yeux sans lui por-« ter secours ! »

« Ces tristes résultats, » ajoute-t-il, « sont dus en « grande partie à l'esprit de délibération qui s'est « introduit dans l'Armée. Lorsque les régiments, « qui ne doivent être qu'un instrument passif en-« tre les mains du Pouvoir, en viennent à rendre

« des décisions dictées par leurs passions du mo-
« ment, le Pays est bien près de voir surgir une
« Démocratie Militaire. Une cause non moins im-
« portante de ces faits douloureux est dans la puis-
« sance abusive que s'arrogent les Municipalités,
« qui, non contentes du droit de requérir les
« Troupes au besoin, empiètent sur les attribu-
« tions du Pouvoir Exécutif. La discipline ne
« pourra être rétablie tant que les Officiers Mu-
« nicipaux, ainsi qu'ils l'ont fait trop souvent,
« emprisonneront les Commandants militaires et
« entraveront les mouvements de Troupes or-
« donnés par l'Autorité Supérieure. »

« Le Roi, » dit-il encore, « approuve les Fédéra-
« tions entre les Troupes de Ligne et les Gardes
« Nationales. Une circulaire sera incessamment
« envoyée à tous les Corps pour les engager à pren-
« dre part à ces manifestations civiques; mais l'in-
« subordination ne doit pas en être la suite, et
« l'Assemblée est priée d'unir ses efforts à ceux du
« Roi, pour ramener dans tous les cœurs l'union
« et le respect des Lois qui peuvent seuls assurer
« une marche pacifique et glorieuse à la Révolu-
« tion. »

Ces sentiments généreux, chaleureusement exprimés par le Vétéran placé à la tête de l'Armée,

obtiennent les applaudissements de l'Assemblée. Mais bientôt d'insidieuses objections affaiblissent cette première impression, et quelques jours après, un décret relatif à la discipline, rédigé par le Comité Militaire et présenté par le maréchal de camp marquis de Crillon, est habilement écarté par les partisans du désordre : « Les troubles, » disent-ils,
« n'ont eu lieu que dans les Corps où les officiers
« se sont montrés contraires aux généreux prin-
« cipes établis par l'Assemblée Nationale. Les sol-
« dats ont eu à souffrir des injustices analogues à
« celles qu'a supportées le peuple ; comme lui, ils
« ne font qu'en demander la réparation. Ne suf-
« fit-il pas, s'il y a eu exceptionnellement quel-
« ques coupables, de les rechercher individuelle-
« ment sans décréter, contre la totalité des troupes,
« des lois d'une rigueur intempestive ? D'ailleurs,
« l'agitation des Corps militaires finira avec celle
« du Pays, aussitôt que la Constitution aura claire-
« ment défini les Droits et les Devoirs de chacun.
« Plutôt que d'adopter des mesures répressives,
« ne vaut-il pas mieux parvenir au même but par
« la promulgation prochaine des Lois bienfai-
« santes dont s'occupe l'Assemblée, qui doivent
« assurer dans l'avenir la tranquillité ainsi que le
« bonheur de l'Armée et de la Nation. »

Sous l'influence de ces insinuations, le projet de décret du Comité Militaire est ajourné, et la désorganisation continue ses progrès dans les rangs de l'Armée. Tout désordre auquel se trouvent mêlés des Soldats et des Gardes Nationaux est traité de démonstration patriotique, et les Municipalités prennent parti contre les chefs militaires qui veulent réprimer des excès dont l'intensité s'accroît de jour en jour.

A Perpignan, trois officiers du Régiment de Touraine, qui ont voulu s'opposer à une promenade faite au son du tambour par des Soldats et des Gardes Nationaux avinés, sont chassés du Corps et obligés de s'éloigner de la ville. A cette nouvelle, le vicomte de Mirabeau, Colonel de Touraine (1), quitte l'Assemblée pour se rendre à son Régiment; il y trouve six cents soldats insurgés faisant la loi à trois cents autres qui blâment cet acte d'indiscipline. Après avoir fait en vain d'énergiques tentatives pour ramener au devoir les émeu-

---

(1) Le colonel du régiment de Touraine, frère de l'illustre orateur, était Député de la Noblesse de la Sénéchaussée de Limoges. C'était un des hommes les plus braves et les plus spirituels de son temps. Aimant la bonne chère, il lui devait un embonpoint qui, joint à des jambes fort courtes, lui avait valu le sobriquet de Mirabeau-Tonneau. Il avait fait la guerre en Amérique avec une constante témérité, et, contrairement à ses camarades, il n'en avait rapporté aucune des idées politiques qu'on cherchait alors à appliquer en France.

tiers, des mains desquels il ne se dégage même que l'épée à la main, il prend le parti de quitter la ville, emportant avec lui les *cravates* des Drapeaux, auxquelles l'opinion militaire attache tant d'importance.

Aussitôt que les soldats en ont connaissance, ils entrent en pleine insurrection, envahissent la Commune, somment la Municipalité de faire arrêter le fugitif et s'emparent du Maire comme otage. Les Officiers Municipaux effrayés envoient, dans toutes les directions, des ordres par suite desquels le vicomte de Mirabeau est arrêté à Castelnaudary; mais son frère réclame à l'Assemblée Nationale en se fondant sur l'inviolabilité des Députés, et il obtient que le prisonnier sera mandé à la barre pour expliquer sa conduite.

De leur côté, les soldats insurgés envoient de Perpignan des délégués à l'Assemblée Nationale. L'orateur de leur députation expose, non sans talent, que la première agitation a été causée par l'opposition qu'ont faite trois officiers à une démonstration patriotique, et que le soulèvement général est dû à la violence du colonel de Mirabeau ainsi qu'à l'enlèvement des cravates des Drapeaux du Régiment. Il accuse ensuite l'Aristocratie de vouloir débander l'Armée pour la réorganiser au profit du Despotisme, et il implore en faveur de ses camarades la protection des Représentants du Pays.

Ce discours, conforme à l'opinion du parti qui domine dans l'Assemblée, est écouté avec de nombreuses marques d'approbation. Le lendemain, le vicomte de Mirabeau se présente, à son tour, à la barre. Après avoir rendu compte des désordres qu'il a voulu réprimer, il se justifie en faisant connaître que, s'il a enlevé les cravates des Drapeaux du Corps qu'il commande, c'était dans le but de réorganiser ailleurs son Régiment, en appelant autour de ce signe vénéré les trois cents soldats restés fidèles à la discipline. Après ces explications, l'Assemblée Nationale décide simplement qu'une plus ample information aura lieu par les soins du Comité des Rapports (1).

Quant aux soldats délégués par le Régiment de Touraine, l'opinion la plus générale les considère comme d'intéressantes victimes de l'Aristocratie; ils reçoivent des témoignages multipliés de la plus vive sympathie, et on obtient pour eux l'au-

---

(1) Deux mois après, à la suite de l'information du Comité des Rapports, le vicomte de Mirabeau, renvoyé par l'Assemblée Nationale devant un conseil de guerre comme ayant été la cause de l'insurrection du régiment de Touraine, donnait sa démission de Député et émigrait.

torisation de rester dans la Capitale jusqu'à la célébration de la grande cérémonie dont l'attente occupe en ce moment la Population Parisienne.

Au moment où les Fédérations et les Affiliations se multipliaient de tous côtés, la ville de Bordeaux, dont la Garde Nationale se distinguait par l'énergie qu'elle déployait en faveur de l'ordre (1), avait émis le vœu qu'une grande fête, destinée à faire époque dans l'Histoire, fût instituée en l'honneur de la Liberté. La Milice Bourgeoise d'Angers avait demandé qu'une réunion de toutes les Gardes Nationales du Royaume vînt cimenter entre elles une confraternité générale ; d'autres villes avaient adopté cette idée avec enthousiasme et la Commune de Paris en avait fait la proposition à l'Assemblée Constituante.

Il fut décidé qu'une grande Fête Civique serait célébrée le 14 Juillet, anniversaire de la prise de la Bastille considéré comme l'aurore de l'Ere de la Liberté. Les quatre-vingt-trois Départements nouvellement formés dans le Royaume, l'Armée de Terre et l'Armée de Mer devaient y être repré-

---

(1) Elle s'était surtout fait remarquer par la spontanéité avec laquelle elle avait formé une petite armée destinée à s'opposer à des massacres qui se commettaient dans le Midi, par l'effet des querelles politiques et religieuses.

sentés par des Députations. La mission de ces nombreux Délégués était de prêter le serment de fidélité à la nouvelle Constitution, au nom de l'universalité des citoyens réunis ainsi dans une Fédération Générale.

L'auguste cérémonie qui devait lier tous les Français à la cause de la Révolution se présentait dans des circonstances favorables. L'abolition récente de la Noblesse et des Titres héréditaires semblait un pas immense fait dans la voie de l'Égalité. Une proclamation du Roi, qui avait ordonné le port exclusif de la Cocarde Tricolore, avait ainsi mis fin à une cause de fréquentes querelles. On était aussi parvenu à triompher de la résistance des Districts turbulents de la Capitale, qui avaient d'abord refusé de se conformer à la Loi récente sur l'organisation uniforme des Municipalités du Royaume : Paris venait d'être divisé en quarante-huit circonscriptions nouvelles qui portaient le nom de *Sections*. Cette répartition avait anéanti les causes d'animosité qui subsistaient depuis longtemps entre les différents Districts, et y avait substitué les sentiments de conciliation qui sont le partage ordinaire de toute association nouvelle. La solennité, dans laquelle le Roi et la Nation allaient simultanément s'engager au maintien de la Constitution, était donc généralement considérée comme le terme des agitations, des dissensions civiles et des malheurs qu'elles entraînent; à partir de ce moment, la Liberté, l'Égalité et la Fraternité devaient régner dans tout le Royaume.

L'illusion qui remplissait les cœurs inspirait une profonde reconnaissance pour ceux qui avaient coopéré les premiers à l'établissement d'une situation envisagée sous un jour aussi prospère ; aussi l'Assemblée Nationale vit-elle les *patriotes* se succéder à sa barre pour réclamer à cette occasion des honneurs exceptionnels en faveur des Volontaires de la Bastille.

Des demandes semblables lui avaient déjà été fréquemment présentées ; mais elle éprouvait à cet égard l'impossibilité qui s'était manifestée autrefois pour la Commune, lorsqu'il s'était agi de récompenser les Gardes Françaises. Jusque-là, on avait toujours éludé la difficulté en exaltant le désintéressement des Volontaires de la Bastille, qui ne voulaient, disait-on, retirer de leurs exploits que la gloire d'avoir assuré le triomphe de la Liberté (1).

---

(1) Les Volontaires de la Bastille, dans l'espérance de concourir à l'heureuse solution des demandes de récompense qu'on adressait fréquemment en leur faveur à l'Assemblée Nationale, recherchaient

Cette fois, l'insistance des *patriotes* acquiert une force nouvelle, en raison du choix qu'on a fait de l'anniversaire du 14 Juillet pour célébrer la grande Fédération, et l'on ne peut plus ajourner la récompense réclamée pour les Volontaires de la Bastille. Aussi l'Assemblée Constituante décide que chacun d'eux recevra un uniforme et un armement complets (1), ainsi qu'un brevet où sera exprimée la reconnaissance de la Patrie. En outre, les Vainqueurs de la Bastille verront leurs noms inscrits dans les Archives Nationales. Enfin, dans la grande cérémonie qui se prépare, ils occuperont une place qui leur sera spécialement réservée afin

---

toutes les occasions de paraître. Après l'arrivée du Roi aux Tuileries (octobre 1789), ils étaient venus pour présenter leurs hommages à la Famille Royale, qui refusa de les recevoir. Un autre jour, ils firent offrir au Dauphin un jeu de dominos faits avec des pierres de la Bastille.

Ils vinrent aussi en corps présenter à l'Assemblée Nationale la *dernière* pierre des *derniers* fondements de la Bastille. Dans cette occasion, un littérateur qui portait pour eux la parole, se conformant au goût du temps pour les réminiscences historiques, avait assuré que, bien que ceux dont il était l'interprète eussent certainement des droits à une *couronne civique*, ils étaient assez modestes pour se contenter d'une *couronne murale*.

L'Assemblée Nationale, ainsi qu'elle l'avait déjà fait plusieurs fois, se borna à exalter l'héroïsme des Volontaires de la Bastille et surtout leur désintéressement. Après les applaudissements prodigués à cette dernière vertu civique dont on les gratifiait à un si haut degré, les Volontaires s'étaient retirés avec un désappointement de plus.

(1) Le fusil et le sabre devaient porter cette inscription : *Donné par la Nation à........, vainqueur de la Bastille.*

que la France entière puisse contempler à loisir les premiers conquérants de sa liberté.

Mais cette dernière récompense donne lieu à de vives réclamations de la part des anciens Gardes Françaises, qui se considèrent, à juste titre, comme les véritables vainqueurs de la Bastille. La Garde Nationale non soldée réclame aussi contre cette distinction honorifique qui, suivant elle, est contraire aux principes de l'Égalité. Blessés de ces manifestations jalouses, les Volontaires de la Bastille déclarent, par la voix de Hulin leur chef, qu'ils renoncent aux distinctions et aux honneurs que veut leur décerner la reconnaissance publique. Déposant même le ruban tricolore donné autrefois par la Commune, et qui a été jusqu'alors leur seule récompense, ils annoncent qu'ils ne veulent plus former un Corps particulier en dehors de l'organisation générale de la Garde Nationale. Ce résultat d'un amer désappointement, présenté comme un sacrifice à l'Égalité, est reçu avec enthousiasme par l'Assemblée, qui affecte de n'y voir qu'une nouvelle preuve d'abnégation ainsi que de patriotisme, et les Volontaires de la Bastille se retirent pour la dernière fois, au milieu d'acclamations semblables à celles qui leur ont été si souvent prodiguées.

Le lendemain (26 Juin), les Volontaires de la Basoche se présentent à leur tour à l'Assemblée Nationale : « A l'imitation des Volontaires de la « Bastille, » disent-ils, « ils viennent aussi renon-« cer aux distinctions inhérentes à leur institu-« tion. Dans ce but, ils ont été déposer à l'Église « de Notre-Dame, près de la statue de Philippe le « Bel, les Drapeaux dont ce Roi a jadis doté la « Basoche, et désormais ils n'auront plus d'autres « Enseignes et d'autre uniforme que ceux de la « Garde Nationale. »

Ces sacrifices à la concorde semblaient d'un heureux augure pour la fête fraternelle dont l'époque se rapprochait. La joie et l'espérance emplissaient les cœurs en dépit des sourdes rumeurs suivant lesquelles des agitateurs auraient préparé des causes de discorde entre les Délégués de l'Armée et ceux de la Garde Nationale. L'appréhension de troubles vaguement annoncés fit momentanément quitter la Capitale à un certain nombre de ses habitants qui furent remplacés, et bien au delà, par les Fédérés composant les Députations arrivées de tous les points du Royaume.

Douze mille ouvriers devaient exécuter au Champ de Mars les travaux nécessités par la fête civique ; mais on reconnut bientôt que leurs efforts seraient impuissants pour achever en aussi peu de temps les immenses préparatifs de la cérémonie. On sait avec quel enthousiasme et avec quelle célérité cent cinquante mille travailleurs volontaires, des deux sexes, de tout âge et de toute condition, transformèrent le Champ de Mars en un vaste cirque entouré de gradins disposés en amphithéâtre. Au milieu, on avait élevé un Autel antique (1) au pied duquel était figurée la Bastille renversée.

Le grand jour arrive enfin. Trois cent mille spectateurs se précipitent dès le matin par toutes les issues et envahissent l'immense amphithéâtre; les hauteurs qui dominent le Champ de Mars sont garnies par la population des environs. Les Députations réunies sur la place de la Bastille se mettent en marche, au nombre de quarante mille

---

(1) L'Autel de la Patrie portait des inscriptions qui caractérisent les idées de l'époque :

> Les mortels sont égaux; ce n'est pas la naissance,
> C'est la seule vertu qui fait la différence.

> La loi dans tout État doit être universelle;
> Les mortels, quels qu'ils soient, sont égaux devant elle.

Songez aux trois mots sacrés : la Nation; le Roi; la Loi. — La Nation, c'est vous; la Loi, c'est encore vous, c'est votre volonté; le Roi, c'est le gardien de la Loi. Etc., etc.

hommes. Les Délégués de chaque Département ont reçu de la Commune de Paris une bannière uniforme qui doit être emportée au Chef-lieu comme témoignage de l'alliance contractée par tous les citoyens. Ceux de l'Armée portent une seule Oriflamme qui, après la cérémonie, doit être déposée à l'Assemblée Nationale.

Les quarante mille Fédérés pénètrent dans le Champ de Mars en passant sous un magnifique Arc de triomphe élevé à l'extrémité opposée à l'École Militaire (1), et ils s'y déploient en lignes circulaires. Mais le vent du Nord et des rafales glacées soufflant à de courts intervalles, les Délégués du Midi se mettent à danser la Farandole ;

---

(1) On lisait sur les façades de l'Arc de triomphe :

La Patrie ou la Loi peut seule nous armer ;
Mourons pour la défendre ou vivons pour l'aimer.

Consacrés aux travaux de la Constitution, nous la terminerons.

Le pauvre ne craindra plus que l'oppresseur lui ravisse son héritage.

Nous ne vous craindrons plus, subalternes tyrans,
Vous qui nous opprimiez sous cent noms différents.

Le Roi d'un peuple libre est seul un Roi puissant.

Vous chérissiez cette liberté; vous la possédez maintenant ; montrez-vous dignes de la conserver. Etc., etc.

leurs compagnons les imitent, et bientôt une ronde gigantesque développe gaiement ses anneaux dans l'immensité du cirque.

Le Roi qui a été nommé, pour ce jour, Chef suprême et absolu de toutes les Gardes Nationales, a délégué ses pouvoirs au général de Lafayette ; il prend place sur un Trône placé au milieu des tribunes qui occupent le devant de l'École Militaire ; à sa droite et à sa gauche sont celles des Ambassadeurs, des Ministres, de la Cour et de l'Assemblée Nationale. La Reine, avec un brillant entourage, est au balcon situé au-dessus de la tribune royale.

L'auguste cérémonie commence. Deux mille musiciens placés près de l'Autel de la Patrie exécutent des airs nationaux, et quatre cents Prêtres appellent la bénédiction du Ciel sur le contrat solennel qui va faire de la Nation un peuple de frères. Lafayette monte à l'Autel suivi d'un nombreux état-major, et prononce le Serment Fédératif qui est répété par le Roi et par tous les assistants. Les bannières s'agitent, et le bruit de quarante pièces d'artillerie annonce à la Ville l'accomplissement de la Fédération.

Les détails de cette imposante solennité ne purent être également saisis par tous les spectateurs ; le théâtre était trop vaste, et par suite, les divers mouvements s'y exécutaient avec trop de lenteur. Le temps était d'ailleurs obscurci par des rafales et des averses qui n'empêchèrent pas néanmoins la manifestation de la gaieté générale. Les jours suivants furent remplis par une suite de fêtes offertes aux Députations; la franche gaieté, l'harmonie et la cordialité qui y présidaient, semblaient avoir définitivement proscrit la haine des partis et la violence des factions.

CHAPITRE VIII.

INSURRECTION DES TROUPES DE NANCY.

(Juillet. — Décembre 1790).

Sommaire.

Adoption, à la suite de la Fédération, d'un uniforme commun à toutes les Gardes Nationales.
Conséquences de la Fédération pour l'Armée.
Sage conduite du lieutenant général marquis de Bouillé, commandant de la ville de Metz et des Trois-Évêchés. — Son impopularité. — Revirement de l'opinion publique à son égard. — Répression du désordre dans le régiment de Picardie. — Insurrection du régiment de Salm-Salm (Allemand).
Troubles dans des régiments et des garnisons.
Nouvelle tentative du Ministre de la Guerre auprès de l'Assemblée Nationale pour obtenir des lois contre l'indiscipline. — Décret rendu à ce sujet. — Inutilité de cette mesure trop tardive.
Insurrection à Nancy du régiment du Roi (infanterie), du régiment de Châteauvieux (suisse) et du régiment Mestre-de-Camp (cavalerie). — Le maréchal de camp de Malseigne est envoyé à Nancy. — Les soldats de Châteauvieux veulent l'arrêter. — Sa fuite à Lunéville. — Il est poursuivi par des Cavaliers de Mestre-de-Camp dont la plupart sont faits prisonniers par les Carabiniers de Monsieur qui forment la garnison de Lunéville. — Irritation des trois Régiments et d'une partie de la Garde Nationale à Nancy. — Soulèvement général.
Arrivée à Lunéville de trois mille insurgés qui viennent chercher le général de Malseigne. — Il leur est livré par la Municipalité. — Il s'échappe, retourne à Lunéville, est livré de nouveau par les Carabiniers et incarcéré à Nancy. — Le maréchal de camp de Noue subit le même sort.

CHAPITRE VIII. — 1790.

Le marquis de Bouillé reçoit l'ordre de réprimer l'insurrection par la force. — Insuffisance des moyens à sa disposition malgré les nombreuses troupes qu'il commande. — Son départ. — Effectif de son armée et de celle des insurgés. — Bouillé dicte impérieusement ses conditions à ces derniers qui les acceptent. — Le Général et son armée croient leur mission terminée.

Trahison d'une partie des insurgés. — Devouement héroïque de Désilles, Sous-Lieutenant au régiment du Roi.—Bouillé force l'entrée de la ville. — Combat dans les rues. — Pertes considérables des deux partis.

Les Régiments insurgés font acte de soumission et quittent la ville. — Rétablissement du calme. — Justice nationale du Régiment Suisse de Châteauvieux.

Remercîments votés à Bouillé et à ses troupes par l'Assemblée Nationale. — Fêtes funèbres en l'honneur des victimes tombées pour le maintien de l'ordre et l'exécution des lois. — Popularité momentanée de Bouillé. — Calomnies propagées par les Jacobins contre ce général et contre ses troupes. — Leurs conséquences. — Désordres militaires à Belfort.

Le général Duportail remplace au département de la Guerre le Général La Tour-du-Pin.

Rapport à l'Assemblée Nationale des Commissaires envoyés à Nancy. — Changement survenu dans l'opinion générale des Députés. — Amnistie des insurgés dépendants de la Justice Nationale.

Les Députés des Milices Bourgeoises à la Fédération avaient offert, sous le rapport du costume, des disparates d'autant plus choquantes que l'opinion générale envisageait la conformité de l'habillement comme une des conséquences de l'Unité Fédérative des Gardes Nationales ; aussi l'Assemblée fit-elle immédiatement paraître un décret qui prescrivait un uniforme obligatoire pour le prochain anniversaire de la Fédération. Ce costume était à très-peu de chose près celui que portait déjà la Milice Parisienne; c'était encore un pas fait dans la voie de la régularité (1).

Le séjour à Paris des Fédérés militaires eut, au contraire, des suites funestes pour l'Armée. Bien qu'ils n'y fussent restés que quelques jours, les bas-officiers et les soldats y avaient formé des liaisons qui eurent pour effet d'établir d'actives correspondances entre les Régiments et les Membres les plus révolutionnaires de l'Assemblée Nationale ou du Club des Jacobins. Dans ces circonstances, les Généraux, laissés sans instructions par le Pouvoir Supérieur, voyaient chaque jour leur autorité contestée ou méconnue par les Municipalités; leur influence sur les soldats étant devenue à peu près nulle, plusieurs avaient demandé à se démettre de leurs fonctions. Parmi eux, était le lieutenant général marquis de Bouillé, qui, sur l'invitation du Roi, consentit néanmoins à conserver le poste difficile qu'il occupait.

Cet Officier Général, dont les talents militaires avaient brillé lors de la défense des possessions fran-

---

(1) Habit bleu de roi; doublures blanches; parements et revers écarlates avec passe-poil blanc; collet blanc avec passe-poil écarlate; épaulettes jaunes; veste et culotte blanches. Le bouton uniforme fut décrété le 5 septembre suivant. Il portait une couronne civique au milieu de laquelle était l'inscription : *La Loi et le Roi*.

çaises des Antilles contre les Anglais (1778), avait été placé en 1787 sous les ordres immédiats du maréchal duc de Broglie, qui s'était retiré à Luxembourg à la suite des premiers faits révolutionnaires. Le marquis de Bouillé était ainsi resté Commandant de la ville de Metz et de la Province des Évêchés. Doué d'un caractère chevaleresque, partisan des sages réformes dont son esprit éclairé lui faisait sentir la nécessité, mais serviteur dévoué de la Monarchie, il n'avait rien négligé pour conserver l'intégralité de son pouvoir dans la Province et les places fortes soumises à son autorité. Lors de la formation des Gardes Nationales, il avait résisté à l'impulsion générale qui tendait à vider les Arsenaux pour éparpiller les fusils dans les villes et dans les campagnes. Considérant la fraternisation avec les Gardes Nationales comme une cause infaillible de désorganisation pour les Régiments, il s'était attaché à entretenir parmi ses Troupes la méfiance à l'égard de la Bourgeoisie et le mépris pour la populace.

La ligne de conduite qu'il s'était tracée et qu'il suivait rigoureusement, déplaisait à la population de Metz. Il était haï des classes inférieures, décrié au club patriotique, regardé par la Bourgeoisie comme un ennemi de la Constitution et dénoncé comme *aristocrate* par la Municipalité. Ces préventions unanimes commencèrent à s'apaiser lorsque, conformément aux ordres qu'il avait reçus, il eut fait prêter à ses troupes le Serment Civique; à l'invitation du Roi, il satisfit ensuite personnellement à cette obligation dont il s'était d'abord dispensé. Un incendie où, donnant l'exemple à ses soldats, il sauva un citoyen au péril de sa vie, contribua aussi à lui ramener l'opinion. La ville où il commandait revint entièrement sur son compte, lorsqu'on l'eut vu présider à la Fédération des Gardes Nationales des Évêchés et de la Lorraine : dans cette cérémonie qui réunit (4 mai) cinq mille citoyens soldats au Polygone de Metz, le marquis de Bouillé prêta une seconde fois serment à la Constitution, et la Garde Nationale voulut l'élire pour son commandant. Le peu de confiance que lui inspirait la Milice Bourgeoise l'empêcha d'accepter cette distinction, qu'il regretta plus tard d'avoir refusée.

Les troupes sous ses ordres se composaient de douze Bataillons et de dix Escadrons. En dépit des circonstances difficiles, il avait su conserver leur confiance et leur respect tout en maintenant la discipline. Un jour, à la suite d'une débauche encouragée par la Bourgeoisie, la garnison de Metz, en état d'ivresse, s'était répandue dans la ville. Le marquis de Bouillé, après avoir consigné tous les Corps dans leurs casernes, était allé d'abord adresser une réprimande sévère au Régiment de Picardie. Ses paroles ayant amené des manifestations de repentir parmi les coupables, il avait levé la punition qu'il avait infligée; mais les soldats honteux de leur faute lui avaient unanimement déclaré qu'ils n'useraient pas de cette amnistie, et ils étaient restés volontairement consignés pendant huit jours.

Ces heureuses dispositions de la garnison de Metz reçurent peu après un grave échec. Le mauvais esprit qui tendait à se propager partout, y fit sentir sa pernicieuse influence, principalement dans le Régiment de Salm-Salm (allemand). En apprenant que ce Corps entre en insurrection, le marquis de Bouillé court à la caserne, où il le trouve rangé en bataille. C'est en vain qu'il cherche à le ramener au sentiment du devoir; à ses exhortations et à celles de leurs officiers, les soldats répondent, sans quitter leurs rangs, qu'ils veulent de l'argent et ils précisent une somme considérable. Quelques-uns s'étant écriés qu'il faut s'emparer de la Caisse Régimentaire et des Drapeaux, le Général appelle à lui les Officiers, les conduit précipitamment à la maison du Colonel qui était à quelques pas, et tous se placent devant la porte. Salm-Salm, avec une méthode et une régularité qui lui eussent fait honneur en d'autres circonstances, envoie des détachements intercepter les rues qui conduisent au théâtre de l'émeute, et tandis que le gros du Régiment garde son attitude de bataille, les Compagnies de Grenadiers seules se détachent pour venir se placer, l'arme au bras, en face du Général et des Officiers qui mettent alors l'épée à la main.

Bouillé a pu envoyer au colonel François de Jaucourt, qui commande les Dragons de Condé, l'ordre de monter à cheval et de charger le Régiment rebelle; mais les Officiers seuls sont prêts à obéir, les Dragons s'y refusent. Les autres Corps de la garnison répondent également à leurs Commandants qu'ils ne veulent pas marcher contre des camarades dont ils approuvent les réclamations. Pendant ce temps, le Général et les Officiers restent l'épée à la main vis-à-vis des Grenadiers qui stationnent immobiles, tous observant le plus profond silence. La populace s'est attroupée derrière les soldats, et, par suite de ses excitations, quelques fusils s'abaissent; mais ils sont relevés par les bas-officiers. Enfin, après deux heures d'une expectative mutuelle, on voit arriver le Maire de la ville, à la voix duquel les soldats consentent à retourner dans leurs casernes, lorsqu'il leur a promis toutefois qu'on leur délivrera la moitié de la somme qu'ils ont demandée. Cette prime à l'insurrection fut effectivement fournie le lendemain.

A la suite de cet événement, les Autorités Municipales et les Bourgeois de Metz restèrent effrayés des suites que pourrait amener la licence d'une nombreuse garnison, le jour où elle se soustrairait à toute espèce de discipline, et la Garde Nationale offrit au général de Bouillé ses services pour ramener au besoin l'ordre et la tranquillité.

Des faits non moins regrettables se passaient de tous côtés : le régiment Royal-Champagne (Cavalerie), en garnison à Hesdin, s'insurgeait à propos de la nomination d'un officier; le colonel du régiment de Poitou, de Besvy, n'échappait à la fureur de ses soldats qu'en signant des billets pour une valeur de quarante mille livres, et la Garnison de Bitche, sortant de la ville tambour battant, déposait en masse tous ses Officiers.

Le 6 Août, le Ministre de la Guerre vient exposer une fois encore à l'Assemblée Nationale le tableau effrayant de la licence de l'Armée. « En peu « de temps, » dit-il, « l'indiscipline a fait des pro-« grès menaçants. Chaque jour des députations de « soldats viennent apporter au Ministère, sans

« permission de leurs Supérieurs, les résultats des
« délibérations de leurs camarades, qu'ils appel-
« lent leurs *commettants*. Partout on veut enlever
« les Caisses Régimentaires pour en faire le par-
« tage, et sans doute le mal ne s'arrêtera pas là :
« réunis à la populace, les soldats feront bientôt
« trembler les villes, et peut-être une partie du
« Royaume. Le mal est prochain, car déjà sept
« Régiments se sont réunis pour former un Con-
« grès Militaire. »

Cet exposé, dont les détails sont confirmés par une grande quantité de nouvelles désastreuses relatives à l'insubordination des Troupes, impressionne si vivement l'Assemblée Nationale qu'elle rend, séance tenante, un décret répressif : « Les dé-
« libérations et les associations sont interdites dans
« les Régiments. Toute sédition et tout mouvement
« concerté au préjudice de la discipline donneront
« lieu à des informations portées devant les Tribu-
« naux. Tout militaire auteur ou instigateur de
« désordres, sera déclaré déchu pour jamais du
« titre de Citoyen Actif, déclaré traître à la Patrie
« et indigne de porter les armes ; il sera ensuite
« chassé du Corps et condamné aux peines afflic-
« tives et infamantes conformes aux Ordonnan-
« ces. »

CHAPITRE VIII. — AOUT 1790.

Un décret moins rigoureux, rendu trois mois plus tôt, eût ramené la discipline dans l'Armée. A cette époque même, le plus grand nombre des Régiments de Cavalerie, recrutés surtout dans les campagnes et disséminés dans les villages, n'avaient pas encore été envahis par l'esprit de désordre. Quelques Régiments d'Infanterie et la plupart des Corps Étrangers en avaient été aussi préservés. Plusieurs remercièrent l'Assemblée Nationale d'avoir pris une décision qu'ils jugeaient salutaire pour l'honneur de l'Armée; mais, dans les garnisons où l'insubordination s'était déjà enracinée, le nouveau décret fut aussi peu respecté que les Lois plus anciennes, qu'on s'était habitué à mépriser.

La ville de Nancy en offrit un exemple déplorable. Sa garnison se composait du Régiment du Roi (Infanterie), du Régiment de Châteauvieux (Suisse), et du Régiment Mestre-de-Camp (Cavalerie). Le premier avait montré des symptômes d'insubordination depuis que les soldats avaient institué un Comité; ils avaient voulu s'opposer à ce que le Major de Laurencie, redouté pour sa sévérité, prît provisoirement le commandement du Corps comme Lieutenant-Colonel; à la suite de cette manifestation, une trentaine de soldats avaient été expulsés.

Le 2 Août, les Grenadiers s'insurgent pour

empêcher qu'un des leurs soit mis en prison et le Régiment entier prend fait et cause pour eux. Le maréchal de camp de Noue, commandant la ville, interdit alors le service de la Place au Corps séditieux, qui persiste néanmoins à vouloir y participer et s'arme pour obtenir la levée de cette punition. A la prière de la Municipalité, l'ordre d'interdiction est ensuite révoqué, et la tranquillité se rétablit momentanément.

Quelques jours après, le 9 Août, le Régiment étant en bataille pour une revue, deux soldats de chaque compagnie sortent des rangs et demandent aux Officiers, de la part de leurs camarades, qu'on leur rende compte de l'emploi des fonds du Régiment depuis l'année 1767. Le refus de cette prétention excite une fermentation qui dure toute la nuit; le lendemain, les soldats s'emparent de la Caisse et se partagent cent cinquante mille livres. Ils envoient ensuite des députations aux Régiments de Châteauvieux et Mestre-de-Camp, pour les engager à suivre leur exemple et à se joindre à eux. La punition des courroies, infligée à deux soldats Suisses (1), devient pour Châteauvieux le prétexte de l'insur-

---

(1) La punition des courroies ou des bretelles consistait à faire passer le coupable au milieu d'une double haie formée par ses camarades qui lui donnaient chacun un coup avec la bretelle de leur

rection qui gagne aussi Mestre-de-Camp. La populace de la ville et des étrangers sans aveu se joignent aux soldats révoltés. La lecture du Décret de l'Assemblée, faite le 12 Août, excite la risée des émeutiers ; le soir et le lendemain, des Officiers des trois Corps, saisis par leurs subordonnés, sont emprisonnés, avec menace de rester séquestrés jusqu'à la reddition des comptes réclamés par les trois Régiments.

Les jours suivants, l'insurrection continue avec des phases diverses. Le 25 Août, le maréchal de camp de Malseigne arrive à Nancy, en qualité d'Inspecteur Extraordinaire, avec mission du Ministre d'examiner les réclamations de la garnison et de rétablir l'ordre. Au quartier des Suisses, où il commence ses opérations, il accorde plusieurs des demandes qui lui sont faites, et il en réserve d'autres qu'il veut déférer à la décision de l'Assemblée Nationale ; mais les soldats refusent de le laisser sortir avant qu'il n'ait définitivement statué sur toutes les questions. Quatre Grenadiers postés

---

fusil. Cette peine était considérée comme infamante et elle entraînait l'expulsion du Corps.

Les punitions corporelles avaient été abolies dans l'Armée Française, en 1789 ; mais les régiments Suisses avaient conservé leur justice particulière.

à la grille croisant la baïonnette contre lui, il les écarte avec son épée, en blesse plusieurs, et se retire lentement jusqu'à la maison du maréchal de camp de Noue (1). Malgré les efforts de leurs officiers, soixante soldats de Châteauvieux s'échappent du quartier et courent après le Général Inspecteur. La porte de la maison où il s'est retiré est enfoncée; mais des officiers des régiments du Roi et de Châteauvieux défendent énergiquement l'escalier contre les assaillants, qui sont obligés enfin de se retirer.

Trois jours après (28 Août), le maréchal de camp de Malseigne est prévenu par un caporal de la Garde Nationale que les trois Corps réunis ont formé le projet de l'arrêter, sous prétexte qu'il est un faux général venu pour tenter une contre-révolution. Il saute à cheval et court à Lunéville, où sont les deux Régiments de Carabiniers dont il veut requérir l'appui : cent cavaliers de Mestre-de-

---

(1) Le général de Malseigne était d'une taille et d'une force peu communes. Dans les commencements de la Révolution, instruit que les paysans, ses vassaux, avaient projeté de briser le banc seigneurial qu'il occupait d'habitude à l'Église Paroissiale, il s'y était transporté, armé jusqu'aux dents. Au moment où il crut voir des dispositions hostiles dans l'attitude des assistants, il se leva debout sur son banc, tira son sabre, saisit un pistolet, et se tournant vers l'autel, il s'écria d'une voix terrible: « Pardonne-moi, ô mon Dieu; tout le « sang que je vais répandre! » Les paysans effrayés prirent la fuite.

Camp se précipitent sur ses traces, bride abattue, et arrivent près de la ville quelques instants après lui. Les Carabiniers envoyés contre eux les attaquent à coups de pistolet, en blessent plusieurs et font soixante prisonniers; les autres s'échappent et apportent à Nancy cette nouvelle. Alors les trois Régiments entrent en fureur; une partie de la Garde Nationale les excite et fait cause commune avec eux. En même temps quatre mille individus sans aveu, que l'espoir du pillage a amenés dans la ville depuis le commencement des troubles, enfoncent les magasins de l'État : huit milliers de poudre et quatre mille fusils sont enlevés; ensuite trois mille hommes se précipitent sur le chemin de Lunéville, jurant qu'ils ramèneront Malseigne mort ou vif, et qu'ils tailleront en pièces les Carabiniers.

Cette troupe campe, à onze heures du soir, à une lieue et demie de Lunéville, et reprend sa marche le lendemain. Les Carabiniers se sont rangés en bataille dans le Champ de Mars pour préserver la ville; mais avant d'en venir aux dernières extrémités, le Maire se présente à l'avant-garde des insurgés de Nancy pour s'enquérir des raisons de leur agression. On lui répond qu'on n'a aucune intention hostile contre les habitants, mais qu'on veut emmener Malseigne mort ou vif et rendre la liberté aux cavaliers de Mestre-de-Camp, faits prisonniers la veille. Les deux partis conviennent de parlementer et les insurgés de Nancy s'arrêtent. Leurs délégués partent pour l'Hôtel de Ville où, après de longs pourparlers, ils obtiennent ce qu'ils demandent de la Municipalité et des représentants qu'ont aussi envoyés les Carabiniers. Le maréchal de camp de Malseigne leur est livré sous la promesse de respecter sa vie ; il est confié à une escorte qui est chargée de le reconduire à Nancy, et à laquelle vient se joindre un faible détachement de Carabiniers, commandé par le lieutenant de Beaurepaire, dévoué au Général.

Peu après la sortie de la ville, de Malseigne, de Beaurepaire et ses Carabiniers mettent tout à coup le sabre à la main et s'échappent à fond de train. Ils essuient une décharge de mousqueterie, une balle perce les habits du Général ; après quelques secondes, ils sont hors d'atteinte et rentrent à Lunéville. Mais l'insubordination s'était propagée aussi parmi les Carabiniers; dans la nuit du 29 au 30 Août, le général de Malseigne est saisi de nouveau, forcé de monter en voiture et conduit à Nancy où il est incarcéré ; le maréchal de camp de Noue, Commandant militaire de la ville, venait de subir le même sort.

Le décret de l'Assemblée, en vertu duquel le général de Malseigne avait été envoyé à Nancy, portait aussi que la rébellion de la garnison serait au besoin réprimée par la force. Lafayette avait fait inviter les Gardes Nationales de la Meurthe et de la Moselle à prêter leur concours pour le maintien de l'ordre. Bouillé avait reçu les injonctions nécessaires, et le Roi avait, en même temps, réuni à son commandement les troupes de la Champagne, de la Lorraine, de l'Alsace et de la Franche-Comté. Le tout composait une armée de quatre-vingt-dix Bataillons et de cent-quatre Escadrons, qui occupait la frontière depuis la Suisse jusqu'à la Sambre; mais dans cette force, imposante en temps ordinaire, il n'y avait guère que la Cavalerie et une partie de l'Infanterie Étrangère sur lesquelles le Général pût compter.

Bouillé se décide cependant à marcher sur Nancy. Sachant que les troupes de la garnison de Metz ont promis, à des soldats délégués par le Régiment du Roi, de ne pas s'armer contre des camarades, il prend le parti de n'employer que des Bataillons Suisses ou Allemands et quelques escadrons de Cavalerie. Il parvient à faire sortir de Metz huit pièces d'Artillerie, et, craignant que la garnison ne mette obstacle à son départ, il se met secrètement en route, le 28 Août. A son passage à Toul, il reçoit, de la part des Troupes et de la Garde Nationale de Metz, la demande de marcher avec lui ; Bouillé se défiant des dispositions des soldats et du peu d'énergie de la Milice Bourgeoise, prend cependant, pour ne pas les mécontenter, six cents Grenadiers et six cents Gardes Nationaux. Le 30 Août, arrivé à Frouard, à une lieue et demie de Nancy, il les réunit à quatre Bataillons Suisses ou Allemands et à quatorze escadrons de Cavalerie.

Bouillé se trouve ainsi à la tête de trois mille hommes d'Infanterie, quatorze cents Cavaliers et huit pièces d'Artillerie. La force des insurgés qui occupent Nancy se compose des trois Régiments insurgés, auxquels se sont joints cinq mille individus de la lie du peuple ou étrangers, ainsi que deux mille Gardes Nationaux de la ville et des environs. Le Général appréhende en outre que les Carabiniers de Lunéville ne soient venus aussi prêter leur concours aux rebelles. Cependant il persiste dans son entreprise et adresse une proclamation énergique à ses soldats ; il atteint si bien son but qu'il est obligé de retenir leur indignation à la vue des Délégués qui viennent lui présenter les propositions des insurgés.

Bien que doutant du succès du combat, Bouillé dicte impérieusement ses conditions à ceux qui lui sont ainsi envoyés; il veut que les généraux prisonniers soient délivrés, que les trois Régiments insurgés sortent de la ville, que les canons lui soient remis et que chacun des Corps militaires lui livre quatre des principaux coupables, sur le sort desquels l'Assemblée Nationale décidera (31 Août).

Les Délégués demandent une heure pour rapporter la réponse. A quatre heures, terme du délai accordé, l'avant-garde de Bouillé est à cinquante pas de la porte Stainville, qui est gardée par des soldats et une masse de peuple. On voit alors arriver les généraux de Malseigne et de Noue, qui, après avoir été délivrés, sont sortis de la ville par une autre porte, et l'on aperçoit au loin dans la plaine les têtes de colonne des régiments insurgés, qui évacuent Nancy. Bouillé et son Armée croient que l'insurrection est apaisée; des officiers sont envoyés dans les environs avec mission de préparer les logements des troupes; on n'attend pour entrer dans Nancy que le moment où la ville sera complétement délaissée par les émeutiers.

Tout paraît terminé ; mais une partie de ceux qui gardent la porte Stainville ne veut pas capituler et braque ses canons sur l'avant-garde des assaillants. En vain un sous-lieutenant du régiment du Roi, Désilles, conjure ces forcenés de ne pas accomplir leur funeste projet en tirant sur leurs camarades; repoussé violemment, il revient et se place devant la bouche d'un canon de vingt-quatre chargé à mitraille. Son insistance irritant les insurgés, Désilles tombe frappé de quatre coups de fusil (1), le canon tonne et abat une soixantaine d'hommes de l'avant-garde de Bouillé.

Le reste de cette troupe, indigné d'une pareille trahison, se précipite en avant, s'empare des canons, entre dans la ville, et est assailli par une grêle de coups de fusil qui partent des caves, des toits et des fenêtres.

Bouillé forme à la hâte deux colonnes d'attaque qui s'avancent dans les principales rues. Ses soldats sont furieux contre ceux qu'ils accusent de leur avoir tendu un piége en les laissant approcher de la ville pour mieux les massacrer. De leur côté, les troupes insurgées, qui étaient déjà sorties, croient qu'on a voulu profiter de leur départ pour attaquer le peuple et ceux de leurs camarades qui

---

(1) Désilles ne survécut pas à ses blessures; après avoir reçu sur son lit de douleur les éloges que méritait son dévouement héroïque, il mourut à Nancy vers le milieu du mois d'octobre.

sont restés en arrière; elles rentrent précipitamment dans les murs de Nancy. Heureusement les Officiers du Régiment du Roi, que leurs soldats ont forcés de rester avec eux, parviennent à leur persuader de se ranger en bataille dans la cour de leur caserne et de ne pas commencer les hostilités tant qu'on ne les attaquera pas. Six cents soldats de ce corps prennent seulement part à l'action, avec les Suisses de Châteauvieux, la populace et les étrangers.

L'armée de Bouillé avance avec peine. A sept heures et demie, trois heures après le commencement du combat, les assaillants arrivent enfin à la Place Royale où aboutissent les casernes des Régiments du Roi et de Châteauvieux. Ils ont pris douze pièces d'artillerie, tué un grand nombre d'insurgés et fait cinq cents prisonniers. Les militaires insurgés se sont retirés dans leurs casernes et la populace s'est cachée dans les maisons ou a quitté la ville. Mais dans l'armée de Bouillé, quarante officiers et quatre cents soldats sont tués ou blessés; un bataillon Allemand et la Garde Nationale de Metz ont dû se retirer après avoir perdu beaucoup de monde. Quant à la Cavalerie, elle ne peut prêter aucun secours, car deux escadrons de Hussards, qui ont été lancés dans les rues, ont vu tomber la moitié des leurs sous les coups d'ennemis invisibles.

Bouillé n'a plus à sa disposition que quinze cents combattants répartis sur plusieurs points. En face des casernes, d'où partent quelques coups de fusil et où l'on sait qu'il y a des pièces d'artillerie, se trouvent seulement quatre cents Grenadiers qui demandent au Général l'ordre d'attaquer le Régiment du Roi trois fois plus nombreux qu'eux. Dans ce moment embarrassant, un des aides de camp du Général, de Rodis, vient lui dire qu'il a pu pénétrer dans la caserne du Régiment du Roi, où les soldats alarmés parlent de se soumettre. Aussitôt Bouillé y court seul et sa vue terrifie les insurgés, qui demandent à se rendre. Dans la crainte qu'un ordre de désarmement n'amène quelque nouveau conflit entre ses Troupes et ce Régiment dont les gibernes sont encore garnies, Bouillé lui enjoint seulement de sortir de la ville et de s'éloigner à vingt lieues. Les soldats insurgés lui ayant demandé une escorte pour les garantir des Troupes qu'ils peuvent encore rencontrer, le fils du Général, aide de camp de son père, s'offre pour remplir cette mission dangereuse, et, accompagné de trente Hussards, il reconduit le Régiment du Roi jusqu'à deux lieues de la ville. Châteauvieux agit de même; Mestre-

CHAPITRE VIII. — SEPTEMBRE 1790.

de-Camp avait quitté Nancy dès les premiers pourparlers. A neuf heures, toutes les troupes rebelles cheminent vers Vic, Moyenvic et Marsal ; les pillards étrangers ont aussi évacué la Place ; le calme est rétabli.

Les prisonniers, consistant en cent quatre-vingts soldats du Régiment du Roi, cent trente-huit de Châteauvieux et trois cents autres insurgés, sont jetés en prison. Peu de jours après (4 Septembre), conformément aux traités qui les lient au service français, les Bataillons des Régiments suisses Castellas et Vigier forment un Conseil de Guerre pour juger les rebelles de leur Nation, suivant leurs Lois particulières. L'arrêt du Conseil est exécuté le même jour : un des soldats de Châteauvieux, membre du Comité des insurgés, est roué vif ; vingt-deux sont pendus ; quarante et un sont condamnés à servir comme forçats pendant trente ans, et soixante-quatorze sont mis en prison jusqu'à plus ample information.

Les prisonniers français restent incarcérés en attendant que leur sort soit décidé par l'Assemblée Nationale. Cette dernière décrète que le général de Bouillé et ses Troupes ont glorieusement rempli leurs devoirs ; elle vote des remerciements aux Gardes Nationaux qui ont partagé les périls ainsi que l'honneur de l'expédition, et elle décide que la Nation reste chargée des veuves et des enfants de ceux qui ont perdu la vie. Par son ordre, des Commissaires partent pour Nancy, avec mission de prendre les mesures nécessaires à la tranquillité et de procéder à l'information des faits qui doit amener la punition des coupables.

Le Royaume entier déplora le sort de ceux qui avaient péri à Nancy pour le maintien de l'ordre et l'exécution des Décrets de l'Assemblée. Partout des services funèbres furent célébrés en leur honneur; à Paris, cette cérémonie eut lieu avec toute la pompe possible, dans le champ de la Fédération (20 Septembre). La Milice Parisienne porta le deuil pendant huit jours et fut imitée par les autres Gardes Nationales. Dans la plupart des villes et des Corps Militaires, on ouvrit des souscriptions en faveur des veuves et des orphelins des victimes de Nancy. La Peinture ainsi que la Sculpture célébrèrent à l'envi leur noble dévouement et leur mort glorieuse (1).

---

(1) L'action sublime de Désilles inspira surtout les arts libéraux : Le *Nouveau d'Assas*. — Drame en musique, représenté sur le Théâtre Italien. — Octobre 1790.

Le *Tombeau de Désilles*. — Anecdocte en un acte et en prose représentée sur le théâtre de La Nation. — Novembre 1790.

Dans toutes les Provinces, les partisans de l'ordre applaudirent à la vigoureuse répression des troubles de Nancy. Ce sentiment se manifesta surtout à Metz et dans le pays avoisinant où Bouillé était parvenu à un haut degré de popularité; ce général l'accrut encore en refusant d'accepter le bâton de Maréchal de France à la suite de succès obtenus dans des troubles civils.

A Nancy, la réaction contre le désordre fut extrême. La population, ne voulant plus reconnaître que l'autorité militaire émanée du Roi, avait délaissé le service de la Garde Nationale et déposé la Cocarde tricolore; aussi les Commissaires envoyés par l'Assemblée ne se bornèrent-ils pas à informer contre les fauteurs de l'insurrection; ils crurent devoir travailler aussi à ranimer l'esprit révolutionnaire dans la population, dont la conduite leur semblait entachée de sentiments réactionnaires.

A Paris, cette accusation contre les habitants de la ville qui venait d'être soumise à une aussi rude épreuve fut reproduite, au Club des Jacobins, avec

---

Gravure du temps : *Minerve, aux Champs Élyséens, conduit Désilles vers Henri IV.*

Le buste de Désilles fut offert à l'Assemblée Nationale par la section Saint-Joseph (faubourg Montmartre).

Etc., etc.

la violence ordinaire des démagogues. Déjà, le 2 Septembre, jour où l'Assemblée Nationale avait décerné des éloges à Bouillé ainsi qu'à ses troupes, les agitateurs avaient fomenté une tentative d'émeute sous les fenêtres même de l'Enceinte Législative : la populace réunie dans le jardin des Tuileries réclamait à grands cris les têtes des Ministres, de Bouillé et de Lafayette, accusés par elle d'avoir concouru, à divers titres, au *massacre des patriotes.*

A la suite d'instigations analogues, des soldats, délégués par le Régiment du Roi avant la répression des troubles de Nancy, et emprisonnés à Paris comme porteurs d'une pétition inconvenante, firent paraître un mémoire justificatif de la conduite de leurs camarades (1). Ces diverses manœuvres contribuèrent à accréditer, dans la partie révolutionnaire de la Population, l'opinion que les troubles déplorables de Nancy avaient été causés par la faute des Officiers, et que le combat qui en était résulté n'avait été qu'un massacre sans merci ni pitié, auquel avait présidé le marquis de Bouillé.

---

(1) Les Officiers du Régiment du Roi firent paraître une brochure en réponse au Mémoire publié par ces soldats.

Cette appréciation calomnieuse fut aussi propagée dans les villes de Province par les différentes Sociétés des Amis de la Constitution, affiliées au club des Jacobins ; aussi Bouillé recevait-il des adresses de félicitations de la part des partisans de l'ordre, en même temps que des lettres injurieuses où on lui reprochait le sang que, disait-on, il s'était plu à verser. Dans certaines localités, les Troupes qu'il avait employées en ces tristes circonstances furent l'objet de graves insultes : à Belfort, les Officiers et les Soldats des régiments Royal-Liégeois et de Lauzun (Hussards), irrités par une suite de provocations, oublièrent toute modération et assaillirent les habitants aux cris de : « Vive le Roi ! Au diable la Nation ! » Le général de Bouillé fit changer ces deux Corps de garnison, et, sur son rapport, l'Assemblée Nationale décida que plusieurs Officiers supérieurs, qui avaient pris part au désordre ou qui n'avaient fait aucune tentative pour le réprimer, seraient incarcérés dans la forteresse de Bitche (31 Octobre).

Depuis le jour où la populace parisienne ameutée avait demandé les têtes des Ministres pour les punir d'avoir comprimé l'insurrection de Nancy, les attaques incessantes et les calomnies du parti exalté avaient redoublé contre ces hauts fonctionnaires. Le 10 Novembre, une Députation des quarante-huit Sections de Paris se présente à la barre sous prétexte d'exposer aux Députés les inquiétudes du peuple. Danton, qui en est à la fois le chef et l'orateur, attaque tous les Ministres dans un discours véhément et les représente comme tramant la perte de la Liberté : « Quant au Ministre de la « Guerre, » ajoute-t-il, « sa maladresse seule l'em-« pêche de devenir dangereux. Il a dégarni les « frontières, opprimé les Soldats et fait revivre les « lettres de cachet en autorisant l'emprisonnement « d'un bas-officier sans qu'il y ait eu jugement préa-« lable. Les Députés d'un Corps militaire n'ont-ils « pas été traînés en prison? Une semblable conduite « ne peut être tolérée plus longtemps et le Ministre « de la Guerre, ainsi que ses collègues, doivent « être traduits devant un Tribunal spécial qui sera « chargé de punir les crimes de lèse-nation. »

A la suite de cet exposé des griefs que l'opinion avancée leur reprochait depuis longtemps, les hauts fonctionnaires incriminés se démettent de leurs portefeuilles, et le lieutenant général de La Tour-du-Pin est remplacé par le général Duportail, ancien officier du Génie, qui a combattu en Amérique avec Lafayette dont il est resté l'ami (16 Novembre).

Le nouveau Ministre de la Guerre est en fonction depuis quelques jours, lorsque les Commissaires revenus de Nancy présentent leur rapport à l'Assemblée Nationale (6 et 7 Décembre). Trois mois seulement se sont écoulés depuis l'époque où l'Enceinte Législative a retenti de chaleureuses acclamations en l'honneur de Bouillé ainsi que de ses compagnons d'armes, et déjà le sentiment général n'est plus le même : l'Assemblée a subi l'influence de la faction hardie et entreprenante qui ne cesse de donner l'impulsion à l'anarchie.

Quelques paroles louangeuses pour le lieutenant général de Bouillé font éclater les murmures d'une partie des Députés, et l'on déclare que Lafayette a outre-passé ses pouvoirs, lorsqu'il a engagé les Gardes Nationales de la Meurthe et de la Moselle à se joindre aux Troupes chargées de réprimer l'insurrection.

Les décisions prises témoignent hautement de ce nouvel état des esprits. Une seule mesure exprime encore l'idée de la réprobation si énergiquement exprimée peu auparavant : « Les Ré-
« giments du Roi et Mestre-de-Camp seront li-
« cenciés, et les deux Corps qui les remplaceront
« prendront le dernier numéro de la série de l'Arme
« à laquelle ils appartiennent. » On décrète d'ail-

leurs qu'il ne sera donné aucune suite à la procédure commencée contre les fauteurs de l'insurrection, que nul, parmi eux, ne pourra être inquiété et que tous les détenus dépendant de la Justice Nationale seront relâchés. Quant aux cent douze soldats de Châteauvieux qui expient leurs *égarements* aux galères ou en prison, l'Assemblée décide qu'on implorera en leur faveur l'indulgence des Cantons Helvétiques.

CHAPITRE IX.

ARMEMENT DES HABITANTS DES FRONTIÈRES. — ÉMIGRATION MILITAIRE. — APPLICATION DE LA LOI MARTIALE A PARIS.

(Septembre 1790 — Juillet 1791.)

Sommaire.

Formation du camp de Jallez.

Appréhensions sur les frontières du Nord. — Délivrances d'armes faites aux habitants. — Mise en activité des Gardes Nationales de différentes localités.

Émigrations militaires. — Départs successifs du Maréchal duc de Broglie, de Généraux et de Chefs de Corps. — Tentatives des Émigrés sur Lyon, Antibes et Entrevaux. — Armement des habitants des frontières de l'Est et du Midi.

Pénurie d'armes dans les arsenaux. — Moyens employés par les Municipalités pour s'en procurer. — Continuation de leurs empiétements sur les attributions de l'autorité militaire. — Enthousiasme des Milices Bourgeoises pour marcher à la frontière.

Les Émigrés sont expulsés de la Savoie. — Leurs efforts pour composer une armée sur les bords du Rhin. — Irritation de la population et des Gardes Nationales contre les émigrants.

Agitations permanentes à Paris. — Commencement de désunion dans la Garde Nationale. — Insurrection du faubourg Saint-Antoine et dissidence du Bataillon commandé par Santerre. — Réaction en faveur de la discipline. — Nouveau serment d'obéissance prêté par la majorité des Bataillons. — Licenciement de la Compagnie de l'Oratoire.

Autorisation donnée aux soldats des régiments de faire partie des sociétés *patriotiques*. — Ses effets et son influence sur l'émigration des officiers.

Soupçons sur le projet de fuite du Roi concerté avec le marquis de

Bouillé. — Modifications successives pour diminuer le pouvoir de ce général. — La Famille royale quitte Paris. — Son arrestation à Varennes. — Plan de Bouillé pour enlever le Roi. — Son impossibilité. — Émigration de Bouillé et d'un grand nombre de Généraux et d'Officiers.

Mesures militaires prises par l'Assemblée Nationale à la nouvelle du départ du Roi. — Mobilisation des Gardes Nationales. — Organisation des bataillons mobiles. — Nouveau serment décrété pour les Troupes de ligne ainsi que pour les Gardes Nationales.

Retour du Roi. — Licenciement des quatre compagnies de Gardes du Corps. — Émigrations de ceux qui les composaient ainsi que d'un grand nombre d'Officiers et de quelques soldats. — Émigration du Régiment de Berwick (Irlandais).

Dissolution à Paris des ateliers nationaux. — Le mécontentement des ouvriers est exploité par les Révolutionnaires. — Pétition pour la déchéance du Roi, déposée sur l'autel de la Patrie. — Attaques au Champ de Mars contre la Milice Bourgeoise. — Dispersion par la Garde Nationale d'un rassemblement insurrectionnel sur la Place de la Bastille. — Proclamation et exécution de la Loi Martiale au Champ de la Fédération.

Pendant que l'Assemblée Constituante faiblissait chaque jour davantage, au détriment de la discipline de l'Armée, devant le parti qui encourageait tous les genres de désordres, la coutume des Fédérations avait amené, dans le Midi, un résultat inattendu en faveur de la Réaction. A la suite des discordes politiques et religieuses qui avaient ensanglanté tant de localités méridionales, il s'était formé à Jallez, dans le département de l'Ardèche, un Camp fédératif principalement composé des Gardes Nationales de l'Hérault, de l'Ardèche et de la Lozère.

Trente mille hommes qui avaient arboré la Croix pour bannière et qui portaient aussi ce signe vénéré à leurs coiffures, avaient créé un Comité permanent qui siégeait au château de Jallez, d'où il protestait contre divers décrets du Pouvoir Législatif. En vain le Directoire du Département de l'Ardèche avait ordonné la dissolution de ce rassemblement; en vain l'Assemblée Nationale avait déclaré cette coalition attentatoire aux principes de la Constitution; le Comité de Jallez n'en persistait pas moins à rendre des arrêtés contre-révolutionnaires, et l'existence du camp des Fédérés royalistes ou catholiques entretenait les espérances des *aristocrates*, en même temps qu'elle excitait une violente irritation parmi les *patriotes*.

Une nouvelle cause d'inquiétude surgit aussi vers les frontières du Nord. Dans le courant de l'année, l'occupation successive des rives de la Meuse par les Belges et les Autrichiens qui se disputaient les Pays-Bas, avait interrompu à plusieurs reprises le commerce des Départements limitrophes, et la proximité de nombreux contingents étrangers y avait fait craindre les excès de quelque irruption subite des pillards de l'une ou l'autre armée. Ces appréhensions ayant inspiré, dans des villages, des paniques nocturnes que le tocsin des

Paroisses propageait rapidement, les Municipalités des localités frontières obtinrent qu'on leur délivrât des fusils et des munitions qui les missent en état de résister aux premiers efforts de quelque soudaine agression.

Cette précaution fut justifiée, en Novembre, par l'apparition de colonnes de *Patriotes* Belges que les Autrichiens refoulaient jusque sur le territoire national. Le Gouvernement ordonna la dissolution de ces troupes armées dans lesquelles on comptait un grand nombre de Français qui avaient été soutenir la cause de l'indépendance en Belgique. Les étrangers durent repasser la frontière et les nationaux furent autorisés à retourner dans leurs foyers, après avoir été désarmés au profit des localités où ils se trouvaient.

Pour assurer l'exécution de ces mesures, les Milices Bourgeoises des villes du Nord furent requises de prêter main-forte aux Troupes de Ligne ainsi qu'aux Maréchaussées. Les déplacements qui en furent la conséquence leur firent allouer momentanément, ainsi qu'on l'avait fait pour les Gardes Nationales qui avaient marché naguère avec les troupes de Bouillé, des indemnités et des prestations analogues à celles que recevaient les soldats.

Le caractère d'*activité* se trouva ainsi imprimé dans plusieurs des localités de l'Est et du Nord à la force armée née de la Révolution. Il en fut de même pour certaines Milices Bourgeoises du Centre et du Midi, à l'occasion des rassemblements formés près des frontières par les Émigrés dont le nombre et l'attitude acquéraient des proportions menaçantes.

L'expatriation forcée ou volontaire avait commencé avec les premiers troubles sérieux de la Révolution (1789). Le lendemain de la prise de la Bastille, le comte d'Artois et le prince de Condé, désignés sur les listes de proscription affichées au Palais-Royal, étaient partis pour la cour de Turin. La plupart de ceux qui avaient cru devoir abandonner le Royaume à la même époque, s'y étaient réunis autour d'eux; d'autres s'étaient dispersés en Suisse, en Allemagne et en Angleterre.

Trois mois après, les attentats commis à Versailles (5 et 6 octobre 1789) firent quitter l'Assemblée Nationale par trois cents Députés indignés du caractère que prenait la Révolution, et donnèrent ainsi à l'Émigration une impulsion nouvelle. Dès lors le mouvement, tantôt ralenti et tantôt précipité, ne s'arrêta plus. Les insurrections et les exécutions à la lanterne dans les villes, les pillages et les massacres dans les campagnes, la vente des biens ecclésiastiques et le nouveau serment exigé du Clergé, l'abolition de l'ancienne Magistrature, l'insubordination de l'Armée ainsi que celle de la Flotte, et enfin tous les faits par lesquels la Révolution dépassait successivement les limites que l'opinion ou l'intérêt de chacun lui avaient primitivement assignées, contribuèrent à multiplier ces exils volontaires. D'ailleurs, l'absence n'était considérée par la plupart des Émigrants que comme un voyage de courte durée ; pour quelques-uns elle constituait un certificat de Noblesse à faire valoir au jour peu éloigné de la Réaction.

(1789 et 1790.) Le maréchal duc de Broglie, Commandant de l'Armée réunie à Paris avant la prise de la Bastille, poursuivi à Verdun et à Metz par l'animadversion populaire, avait ouvert la route à l'Émigration Militaire en gagnant Luxembourg.

Peu de temps après, en raison des difficultés de leur position accrues chaque jour par l'inertie du Pouvoir, par la prépondérance des Municipalités sur les Autorités militaires et par l'insubordination des soldats, un grand nombre de Généraux qui commandaient les Provinces se démirent de leurs fonctions et crurent donner une preuve de leur dévouement à la Monarchie en se réunissant aux Émigrés.

Bientôt ce fut le tour des Chefs de Corps : à la suite de l'insurrection du régiment de Touraine, l'Assemblée Nationale ayant prêté un appui désorganisateur à la violence des soldats en désapprouvant l'énergie du vicomte de Mirabeau, qui avait voulu faire respecter la discipline, ce colonel émigra pour éviter de comparaître devant un Conseil de Guerre. A peu près à la même époque, le comte de Latour et le baron de Grunsteïn, l'un colonel et l'autre major de Royal-Liégeois, franchissaient la frontière pour ne pas être incarcérés à Bitche après la querelle de leurs soldats avec les habitants de Belfort. Des causes analogues amenèrent les mêmes résultats dans un grand nombre de Régiments (1).

Le nombre des Émigrés, qui augmentait chaque jour, attirait sur eux l'attention des diverses Puissances et contribuait à faire accorder plus de consistance à leur cause. D'un autre côté, les Souverains étrangers ressentaient de la compassion pour un Roi dont la faiblesse ne protestait même pas contre la liberté fictive qu'on lui laissait ; ils voyaient aussi dans la Révolution française un

---

(1) Les Colonels qui n'annonçaient pas l'intention d'émigrer recevaient des lettres anonymes où on leur reprochait leur peu d'attachement pour le Roi. On leur adressait aussi des quenouilles en signe de dérision.

exemple dangereux pour leurs peuples, et ils appréhendaient de voir propager les principes dont elle était la consécration.

Les Émigrés s'attendaient, en conséquence, à recevoir des Étrangers un concours actif pour l'exécution du projet de triompher de la Révolution par la force des armes. Ils n'avaient rencontré, à l'origine, aucune opposition à former une légion en Savoie. Des points les plus rapprochés de la frontière française, Nice et Chambéry, ils entretenaient des intelligences à l'intérieur, surtout dans les villes du Midi, et ils correspondaient avec les Fédérés du camp de Jallez ainsi qu'avec un grand nombre d'officiers des Régiments.

Lyon, désignée pour devenir la capitale du royaume lorsqu'il aurait été replacé sous l'autorité exclusive du Souverain, fut choisie pour l'exécution d'un complot préparé de longue main. La vigilance de la Municipalité Lyonnaise en fit échouer l'explosion. Après l'arrestation de quatre des principaux conjurés, officiers du Régiment du Maine, trois cents gentilshommes qui s'étaient réunis pour l'exécution de la conspiration, se dispersèrent précipitamment et le plus grand nombre franchit la frontière.

D'autres tentatives du même genre, faites par les Émigrés sur Antibes et sur Entrevaux, n'eurent pas plus de succès. Les mouvements des Troupes Piémontaises ayant attiré l'attention des Gardes Nationales de l'autre côté du Var, les Milices Bourgeoises des frontières réclamèrent et obtinrent le concours empressé de celles des localités voisines. A la suite de ces alertes, l'Assemblée Nationale remercia ces citoyens de leur dévouement ; des troupes de ligne furent dirigées sur les points menacés, et, de même qu'on avait agi pour les localités du Nord, des délivrances d'armes furent faites aux habitants des frontières du Midi.

Depuis une année, l'armement d'une partie des Gardes Nationales avait privé les Arsenaux d'une réserve de quatre cent mille fusils ; cent mille autres disparurent encore ainsi et la pénurie commença à se faire sentir. Cependant, par l'effet de l'impulsion générale, un grand nombre de Milices Bourgeoises réclamaient encore des armes à feu en remplacement des hallebardes, des piques et des sabres dont elles s'étaient contentées jusque-là.

Dans leur empressement, des Municipalités achetèrent des fusils de leurs propres deniers, tandis que plusieurs, poursuivant leur système d'empiétement sur les attributions de l'Autorité Militaire, prétendirent exiger qu'on leur délivrât le peu qui restait encore des anciennes ressources dans les magasins de l'État. Il fallut un Décret spécial de l'Assemblée Nationale pour conserver intacts, à Toulon et dans les autres grands Ports, les approvisionnements d'armes nécessaires aux bâtiments de guerre dont la croisière se préparait. Le Pouvoir Législatif dut aussi intervenir, lorsque le Pouvoir Exécutif voulut procéder à l'enlèvement de cent cinquante milliers de poudre appartenant à l'État et déposés dans les magasins de Lorient : la Municipalité de cette ville élevait la prétention de conserver cette énorme quantité de munitions pour son usage exclusif, en cas d'invasion.

Ainsi, bien qu'aucune Puissance ne se montrât encore ouvertement hostile à la France, les bruits publics exagéraient la probabilité de la rupture de la paix, et le sentiment national était puissamment surexcité par les rumeurs qui augmentaient outre mesure les ressources que les émigrés trouvaient en eux-mêmes et dans l'appui des Étrangers. Presque partout, les Milices Bourgeoises imitaient la Garde Nationale de Montpellier qui, la première, avait offert à l'Assemblée de marcher à la frontière et d'y sceller de son sang le serment de mourir pour la Patrie (1).

---

(1) Une seule de ces adresses suffira pour faire juger du style

De leur côté, les Émigrés nourrissaient l'espérance d'un prochain retour. En attendant une occasion favorable pour agir, quelques-uns vivaient sagement dans la retraite ; mais la plupart d'entre eux passaient leur temps à Turin, comme ailleurs, dans une élégante frivolité. Leur légèreté, leur forfanterie et leurs duels étonnaient et fatiguaient la population paisible ; le renchérissement des denrées, occasionné par leur présence, devint aussi un grief contre eux. Le mauvais succès de leurs tentatives, contre le Midi de la France, les ayant portés à accuser de tiédeur le Gouvernement Piémontais, ils virent diminuer rapidement l'intérêt qu'ils avaient d'abord inspiré ; d'ailleurs, ils contribuèrent eux-mêmes à ce résultat en annonçant, avec leur présomption habituelle, que leur cause trouverait plus d'appui sur les bords du Rhin,

---

caractéristique de l'époque. Les Amis de la Constitution de Marseille s'exprimaient ainsi: « Les Amis de la Constitution n'ont pas vaine-
« ment juré de mourir pour la Patrie ; ils ont déployé les premiers
« l'étendard de la liberté ; les premiers ils veulent la défendre. Au
« nombre de deux mille, ils offrent à l'Assemblée Nationale de tra-
« verser le Royaume et de se porter aux frontières pour repousser
« les premières attaques des troupes ennemies. Les Phocéens nos
« pères, en abordant sur ces côtes, jetèrent dans les eaux une masse
« de fer, et jurèrent de ne retourner dans leur patrie, soumise au
« joug du despotisme, que lorsque cette masse surnagerait. Elle est
« dans notre golfe, et nous jurons, nous, de ne retourner à la servi-
« tude que lorsqu'elle flottera sur les eaux. »

où le comte d'Artois et le prince de Condé songeaient à établir un nouveau centre d'opérations.

Dans ces circonstances, un charivari donné à deux émigrés, par la population de Chambéry (1), fut réprimé avec violence par le Gouverneur de la ville. Le sang coula; le mécontentement contre les réfugiés français s'en accrut encore, et le Roi de Sardaigne leur enjoignit de quitter la Savoie. Ils allèrent se réunir autour des deux chefs de l'Émigration : le comte d'Artois s'était établi dans le palais de l'Électeur de Trèves, son oncle; le prince de Condé avait fixé son quartier général à Worms.

Les douze cents gentilshommes qui formaient l'image d'une Cour auprès du prince de Condé, entretenaient en France de nombreuses relations et cherchaient à composer une armée. Le Cardinal de Rohan, réfugié auprès de l'Évêque de Spire,

---

(1) Pelletier de Morfontaine, ancien Prévôt des Marchands de Paris, ayant épousé madame de Misieux, émigrée comme lui, la population de Chambéry leur donna un charivari, suivant une coutume populaire qui fut aussi observée longtemps en France à l'égard des unions où l'un des deux conjoints convolait en secondes noces. Le charivari durait *depuis deux jours* aux portes des nouveaux mariés, lorsque le Gouverneur de Chambéry envoya, sans sommation préalable, le Régiment de Saluces (Infanterie) et le Régiment de Savoie (Cavalerie) contre les tapageurs dont plusieurs perdirent la vie.

s'était entouré d'un état-major ecclésiastique dont les émissaires embauchaient les soldats de la garnison de Strasbourg, tandis que les Princes d'Allemagne autorisaient généralement qu'on recrutât dans leurs Souverainetés. A Lœrrach, petite ville du Duché de Bade, l'ancien Colonel du Régiment de Touraine organisait des Troupes auxquelles leur costume faisait donner le nom de Bandes Noires de Mirabeau (1).

Malgré tous ces efforts, l'Armée des Princes se formait avec une lenteur qui excita souvent des plaisanteries en France et à l'étranger (2), tant l'impuissance des moyens contrastait avec les espérances avouées des Royalistes, qui prédisaient à la Révolution française un sort analogue à celles de la Hollande et du Brabant. D'autres fois, au contraire, le bruit public, exagérant les craintes qu'on eût pu en concevoir, attribuait de formidables armées au parti représenté la veille sans argent et sans soldats. Un jour, c'était quelque ville frontière qui, disait-on, venait d'être occupée militairement par les Émigrés; une autre fois, on affir-

---

(1) Veste et culotte jaunes, habit noir.
(2) Le prince de Condé, prévenu qu'il allait lui arriver un puissant renfort pour son armée, reçut de Strasbourg une grande caisse qui contenait huit mille petits soldats de bois, moitié infanterie et moitié cavalerie.

mait qu'à leur instigation, les Puissances Étrangères formaient quatre Armées, chacune de soixante mille hommes, qui devaient envahir la France sous les ordres du prince de Condé, du duc de Brunswick, du prince de Hohenlohe et du Maréchal de Broglie.

Pour parer à toute éventualité, Bouillé à l'Est ainsi que Rochambeau au Nord reçurent l'ordre d'approvisionner les places de guerre dans leurs commandements respectifs, et l'Assemblée Nationale vota une somme de quatre millions destinée à subvenir anx réparations les plus urgentes des fortifications. En même temps, les pensions et les traitements de tous ceux qui avaient quitté la France furent suspendus, et des Commissaires furent envoyés dans le Haut et le Bas-Rhin avec mission de s'opposer aux enrôlements qui s'y faisaient pour l'étranger.

Cependant, la Population du Royaume réclamait généralement de l'Assemblée des mesures assez efficaces pour arrêter le cours de l'Émigration. Les Sections de Paris qui avaient hérité de la turbulence des Districts, s'étant arrogé le droit de promulguer leurs volontés, formulaient contre les Emigrés de violents arrêtés dont elles venaient tumultueusement demander la sanction au Pouvoir

Législatif; mais il paraissait alors impossible de satisfaire au sentiment populaire sans porter de graves atteintes au Commerce ainsi qu'un notable préjudice à la liberté des citoyens. Les Municipalités et les Gardes Nationales n'avaient pas de semblables scrupules ; aussi peu de personnages marquants parvenaient-ils à traverser le Royaume sans être inquiétés ou retenus dans quelque ville.

Necker lui-même, naguère l'idole de la Population, avait été arrêté par la Milice Bourgeoise d'Arcis-sur-Aube, alors qu'il retournait en Suisse, et il avait fallu un décret spécial de l'Assemblée Nationale pour qu'il pût continuer sa route. Lorsque le bruit se répandit que Mesdames, tantes du Roi, allaient émigrer en Italie, le peuple de la Capitale se porta à Bellevue, résidence des Princesses, dans le but de s'y opposer; mais on avait déjoué cette tentative, en avançant le jour du départ (20 Février). A Moret, près Fontainebleau, la population eût arrêté les augustes voyageuses, si elles n'eussent été protégées par les Chasseurs de Hainaut qui composaient l'escorte (1). Les Princesses furent ensuite retenues à Arnay-le-Duc par les

---

(1) Le Colonel des Chasseurs de Hainaut, Maurice de Ségur, fut obligé de prendre la parole à l'Assemblée Nationale pour démontrer que ses soldats n'avaient exécuté que leur devoir.

Gardes Nationales de la ville et des environs, jusqu'à ce qu'un décret de l'Assemblée eût ordonné de leur laisser toute liberté de poursuivre leur voyage.

La nouvelle de leur départ avait occasionné, dans le jardin des Tuileries, de nombreux rassemblements où s'agitait la question d'obtenir du Roi qu'il s'opposât à ce que les Princesses sortissent du Royaume. Tout incident, et il s'en produisait journellement, ajoutait ainsi aux causes de désordre qui entretenaient alors la Capitale dans un état d'agitation permanente. La Commune avait déjà tenté plusieurs fois de dissoudre de vastes Ateliers Nationaux entretenus à grands frais et sans aucune utilité; mais l'attitude menaçante prise par les milliers d'ouvriers qui les composaient, avait obligé à conserver ces asiles de la fraude et de la fainéantise où les démagogues trouvaient des soldats toujours prêts à l'insurrection. La pression de l'opinion ayant fait décider qu'à partir du 1er Mai, les denrées entreraient dans Paris sans payer aucune espèce de droits, le peuple, pressé de jouir de ce nouvel avantage, prenait fait et cause pour les contrebandiers qui, par bandes de soixante ou de quatre-vingts, livraient parfois combat aux postes des barrières.

Le mot de *liberté* était employé pour justifier toutes les licences : trois mille maisons de jeu s'étant successivement ouvertes. les pertes multipliaient les suicides, et les gains donnaient lieu à de fréquents assassinats. D'un autre côté, le simple exercice de la volonté de chacun, la liberté de conscience même, était refusée par les Révolutionnaires à ceux qu'ils considéraient comme leurs adversaires : ainsi, dans les Églises, la foule sommait les Prêtres de prononcer du haut de la chaire le serment sur la Constitution civile du Clergé, et leur moindre hésitation était suivie des scènes les plus scandaleuses.

Au milieu de cette fièvre d'agitation, la Garde Nationale Parisienne commençait à perdre de son ensemble et de son unité; un bruit vague, relatif à la formation d'une nouvelle Maison Militaire du Roi, excitait ses inquiétudes. Lafayette, constamment occupé des moyens de prévenir le désordre, voyait diminuer sa popularité ainsi que son influence sur une partie de ceux qu'il commandait; il se défiait surtout des Royalistes, tandis que les Jacobins, ses ennemis les plus dangereux, visaient sans relâche à lui substituer dans le commandement de la Garde Nationale, le brasseur Santerre, chef du Bataillon du faubourg Saint-Antoine.

Dans ce but, la turbulente population de ce faubourg était, en toute occasion, poussée à l'insurrection par les agitateurs. La Municipalité ayant ordonné d'exécuter diverses réparations dans le fort de Vincennes, les chefs ordinaires du désordre persuadent aux ouvriers qu'il s'agit de rétablir une autre Bastille, et, le 28 Février, cinq mille individus se transportent à Vincennes où ils commencent à démolir le donjon. La Garde Nationale Parisienne est rassemblée au son de la générale; mais le Bataillon du faubourg Saint-Antoine refuse de marcher avec elle; les ouvriers de ce quartier tentent même de s'opposer à la marche des troupes de Lafayette, qui, en dépit de leur résistance, arrivent néanmoins au Château.

La cavalerie disperse la foule des émeutiers, et l'infanterie, pénétrant dans le donjon, fait une soixantaine de prisonniers parmi ceux qui se montrent les plus acharnés à poursuivre l'œuvre de démolition. Au retour, des pierres sont lancées sur la colonne, et des coups de feu, partis du bois de Vincennes, blessent plusieurs Gardes Nationaux. On est ensuite obligé d'ouvrir de force la barrière de la ville, gardée par un rassemblement menaçant que la vue de l'artillerie tient néanmoins en respect; la colonne essuie aussi quelques coups de feu dans le faubourg Saint-Antoine.

A compter de ce jour, bien que la plus grande partie de la Milice Bourgeoise restât encore dévouée à son général, les agitateurs trouvèrent fréquemment dans ses rangs des auxiliaires pour le désordre. Le 18 avril, le Roi monte en voiture pour se rendre à Saint-Cloud, où il doit se livrer aux pratiques religieuses de la fête de Pâques; mais il est immédiatement entouré par une multitude ameutée qui l'accuse de vouloir sortir du Royaume. En vain Lafayette ordonne à la Compagnie Soldée de l'Oratoire de frayer un passage au carrosse royal; sa voix est méconnue par les grenadiers, qui partagent l'animation populaire. Après plus d'une heure passée en voiture. le Roi humilié remonte dans ses appartements (1).

A la suite de cet acte formel d'indiscipline, Lafayette donne sa démission ; mais les instances de

---

(1) Le bruit du prochain départ du Roi était alors accrédité même parmi ses partisans : peu auparavant, Girouard, capitaine au régiment de Bourgogne (cavalerie), connu pour son dévouement à la cause royale, avait reçu un avis secret par lequel on l'informait que le Roi devait quitter Paris furtivement, et qu'il le verrait avec plaisir se joindre à son escorte sur la route de Neuilly. On le prévenait en même temps que, le voyage pouvant être plus long, il lui importait de se munir d'une somme d'argent aussi forte que possible.

Le Capitaine Girouard se rendit au rendez-vous, porteur de quarante mille livres qu'il avait pu réunir à la hâte, et il y fut assassiné par ceux qui lui avaient tendu ce guet-à-pens.

la Municipalité et un nouveau serment d'obéissance prêté par la majorité des Bataillons le font revenir de sa détermination.. Il se produit momentanément une réaction en faveur de la discipline : on déchire les placards anarchistes par lesquels le club des Cordeliers, émule de celui des Jacobins, proteste contre le serment des Bataillons, en le déclarant contraire à la dignité des citoyens ; quant à la Compagnie de l'Oratoire, elle est licenciée.

De son côté, le Roi se plaint à l'Assemblée Nationale de n'avoir pas même la liberté dont jouissent tous les Français, et il obtient dans l'Enceinte Législative quelques applaudissements, en parlant de son attachement à la Constitution et en blâmant les tentatives des Émigrés.

Ces assurances se retrouvaient dans les instructions officielles données aux Ambassadeurs près des Cours Étrangères. Le Roi y déclarait formellement que la Constitution s'établissait de son plein gré ; il enjoignait aussi de désavouer les bruits qui le représentaient comme privé de toute liberté dans l'exercice de ses fonctions royales aussi bien que dans sa vie privée. Ces protestations, si peu conformes à la réalité, n'étaient aux yeux des Émigrés qu'une nouvelle preuve de

CHAPITRE IX. — AVRIL et MAI 1791.

la pression subie par le faible Monarque, et c'était encore pour eux un motif puissant de tenter de le rendre à la liberté.

Les désordres, croissant chaque jour, ne discontinuaient pas de leur envoyer des renforts. A cette époque, une mesure déplorable vint encore ajouter aux causes qui dépeuplaient l'Armée de ses officiers, pour les envoyer grossir les Bataillons qu'on organisait à Coblentz. Un décret, qui datait alors de dix-huit mois (Avril), interdisait les communications entre les Régiments et les Sociétés Populaires qui infestaient tout le Royaume ; cette prohibition, bien qu'on ne s'y conformât pas strictement, constituait néanmoins un frein dont pouvaient user les Chefs militaires. A la suite de désordres survenus à Weissembourg, le général Kellermann demanda si décidément les soldats étaient autorisés ou non à faire partie des Sociétés *Patriotiques*.

La question fut portée par le ministre Duportail devant l'Assemblée qui, à la suite de débats véhéments, céda à la faction dominante et conclut pour l'affirmative. Les résultats de cette décision furent désastreux : au bout de peu de temps, les principes militaires étaient presque complétement renversés. Les officiers, que l'esprit du devoir poussait à vouloir conserver une ombre de discipline, se virent de plus en plus en butte à l'animosité, aux menaces et quelquefois même à de mauvais traitements. Les conséquences furent encore de nombreux départs pour l'armée des Émigrés.

Ainsi, la désorganisation des cadres de l'Armée concourait à accroître les contingents qui se réunissaient aux environs de Coblentz. En même temps, le Royaume entier était en proie à l'anarchie : une guerre civile acharnée désolait le Midi et surtout le Comtat Venaissin ; les préparatifs de guerre mettaient en effervescence les Provinces du Nord, et Paris était agité par une suite d'émeutes presque journalières. Ce fut alors que le Roi, désespérant de la situation, tenta de réaliser un projet de fuite médité depuis le mois d'octobre 1790, et au sujet duquel il entretenait une correspondance secrète avec le général de Bouillé.

Mirabeau, trop rarement écouté (1), avait plu-

---

(1) La plupart des avis de Mirabeau étaient modifiés ou même négligés par le Roi et la Reine, dont la confiance intime était acquise à de maladroits conseillers. L'humeur ou plutôt la pitié qu'en ressentait l'illustre orateur s'exhalait fréquemment dans ses entretiens avec le Prince d'Arenberg, comte de la Mark et Colonel du régiment de ce nom, qui était un des deux confidents de ses relations avec le

sieurs fois conseillé au Monarque de se retirer avec quelques troupes dans une place de guerre, d'où il eût pu tenter de rétablir son autorité; mais sa mort récente privait le Roi de l'homme le plus capable de le diriger dans l'exécution d'une entreprise aussi périlleuse.

La Population Parisienne soupçonnait ce projet d'émigration. L'Assemblée Constituante et Lafayette avaient la persuasion que Bouillé y concourrait activement. Aussi le Ministre de la guerre Duportail, uni au premier par la communauté d'opinions et leur confraternité d'armes en Amérique, retrancha-t-il successivement au général dévoué à la Monarchie une partie du pouvoir qui lui avait été laissé après les événements de Nancy.

Le marquis de Bouillé, préparant habilement ses projets de longue main, faisait changer de garnison, sans ordres supérieurs, les Corps qui composaient son armée; le Roi consentit à ce que ce privilége lui fût retiré. Peu après, il permit encore que les départements du Haut et du Bas-Rhin fussent distraits du commandement de cet officier

---

Pouvoir. En voyant la Cour entasser les fautes sur les maladresses, Mirabeau, parlant du Roi et de la Reine, fit plus d'une fois entendre à son ami cette terrible prophétie : « Vous verrez que le peuple dansera sur leurs cadavres. »

général, et tout ce que put obtenir Bouillé fut de les faire passer sous l'autorité du lieutenant général Gelb, qui lui était entièrement dévoué. Les régiments sur lesquels Bouillé comptait le plus furent appelés à l'intérieur et remplacés par d'autres dont on connaissait l'attachement aux idées du jour. Au moment où le Roi se décida enfin à quitter Paris, le général qui lui était tout dévoué ne pouvait avoir confiance qu'en une dizaine de Bataillons Suisses ou Allemands et en une vingtaine d'Escadrons.

En raison de sa position près de la frontière et de la faiblesse de sa population, Montmédy avait été choisi par le général pour servir de refuge au Roi. Il était convenu que l'Empereur d'Allemagne, Léopold, ferait diriger sur Arlon, petite ville du Luxembourg, des troupes dont la proximité justifierait la présence de celles que Bouillé voulait réunir sous le canon de Montmédy où, dès le mois de Mai, tout était déjà inostensiblement préparé.

Malgré les conseils du général, le Roi s'obstina à voyager par la route de Varennes et à ne pas se séparer momentanément de la Reine et de ses enfants. Il voulut aussi, contre l'avis de Bouillé, que des escortes de troupes à cheval fussent disposées pour l'attendre dans les localités qu'il de-

CHAPITRE IX. — JUIN 1791.

vait traverser au delà de Châlons. En conséquence, lorsque le Roi eut fait connaître son intention définitive de partir de Paris le 19 Juin, des détachements qui devaient, disait-on, accompagner une grande quantité d'argent destinée à la solde des troupes, furent mis en marche de différents côtés, et de manière à séjourner au moment voulu dans les différentes villes que devait traverser l'auguste fugitif. Du côté de Bouillé, tout fut réglé avec une précision militaire qui devait assurer le succès.

Malheureusement on n'eut pas à Paris le même esprit d'exactitude. L'indisposition d'une femme de chambre retarda d'un jour le départ, qui n'eut lieu que dans la nuit du 20 au 21 Juin; l'hésitation dans le parcours des rues de Paris fit perdre un temps précieux, et des harnais brisés à quelques lieues de la Capitale occasionnèrent un autre retard. Les détachements placés dans les lieux de passage, obligés de prolonger leur séjour, firent naître l'inquiétude des Municipalités; ceux qui les commandaient restaient indécis en ne voyant pas arriver le convoi qui leur avait été signalé, et quelques-uns, après plusieurs heures passées à cheval, avaient laissé leurs soldats se disperser dans les villes pour vaquer aux soins ordinaires. D'autres, mieux instruits, s'étaient persuadé que quelque obstacle imprévu avait entravé l'exécution du projet auquel ils devaient concourir.

En outre, le Roi, qui se montrait aux portières de la voiture, fut aperçu à Châlons et dans d'autres villes. A Sainte-Menehould, le capitaine d'Andoins, de Royal-Dragons, le reconnaît et veut faire monter sa troupe à cheval; mais la Milice Bourgeoise, dans sa défiance, a mis des factionnaires aux portes des écuries. Cependant les deux voitures, après avoir rapidement relayé, reprennent précipitamment leur route ; le fils du maître de poste, Drouet, soupçonnant la vérité, saute à cheval et galope après elles; un maréchal des logis, qui a pénétré son dessein et qui a pu faire sortir sa monture de l'écurie, s'élance sur ses traces ; mais il le perd de vue dans un bois.

Le relai suivant, Clermont, est encore franchi sans obstacle par les fugitifs, qui arrivent à Varennes; on cherche en vain les chevaux de rechange qui ont dû être envoyés au lieu convenu; l'obscurité de la nuit ajoute aux hésitations; on décide enfin, à prix d'argent, les postillons à doubler le relai. Les augustes fugitifs se félicitent déjà d'avoir surmonté cette nouvelle difficulté, lorsque, sous la voûte de la porte de sortie, trois hommes armés s'opposent brusquement à la marche de la voiture, et enjoignent aux personnes qui s'y trouvent de venir montrer leurs passe-ports à la Municipalité. C'était Drouet et deux de ses amis, les seuls qu'il eût mis dans sa confidence, soit qu'il ne fût pas complétement certain de la qualité des voyageurs, soit qu'il ne voulût partager l'*honneur* de les arrêter qu'avec un petit nombre d'individus.

A cette brusque sommation, trois Gardes du Corps, de Valory, de Malden et de Moustier (1), qui ont fait jusque-là le service de courriers et de valets de pied, s'élancent du siége de la voiture pour écarter violemment les agresseurs. Un moment d'énergie eût probablement sauvé le Roi ; mais il ordonne de ne commettre aucun acte hostile et il se laisse conduire avec la Famille Royale chez Sausse, procureur de la Commune.

La population, immédiatement prévenue, entoure la maison ; avec elle sont les soixante hussards du régiment de Lauzun, qui ont été envoyés à Varennes pour protéger la fuite du roi. Le chef de ce détachement étant retenu chez lui par un

---

(1) MM. de Moustier et de Valory ont fait paraître, en 1815, deux intéressantes relations du voyage de Varennes. Ces deux documents présentent des discordances qui étonnent.

piquet de Garde Nationale, deux officiers (1), postés aussi à Varennes par ordre du général de Bouillé, requièrent ces cavaliers de prêter leur concours à la défense du Roi; mais les hussards répondent qu'ils font cause commune avec la Nation. Le tocsin retentit, et en moins de deux heures deux mille Gardes Nationaux des environs sont réunis.

Le Roi affirme à ceux qui l'accusent d'avoir voulu sortir du Royaume, que Montmédy est le seul but de son voyage; mais les habitants de Varennes, appréhendant l'attaque des troupes de Bouillé, rompent le pont et font dans les rues adjacentes des barricades derrière lesquelles ils placent des canons. Des courriers sont déjà partis pour requérir, à Metz et à Verdun, l'assistance des régiments *patriotes*.

A six heures du matin, arrive Romeuf, aide-de-camp de Lafayette. Le carrosse royal était déjà attelé, environné de l'escorte qui devait reconduire le Roi prisonnier, et le voyage du retour

---

(1) Le comte Charles de Damas, colonel de Royal-Dragons, et le baron de Goguelas, aide-de-camp de Bouillé. Tous deux furent arrêtés et transférés dans les prisons de Paris. Le dernier avait été blessé d'une balle dans l'épaule par le major de la Garde Nationale de Varennes.

commence au milieu d'un immense concours de Garde Nationale et de populations irritées.

Bouillé, qui avait réuni à Stenay les officiers généraux sous ses ordres et leur avait annoncé que le Roi allait sans doute passer en se rendant à Montmédy, s'était avancé sur la route au-devant de la Famille Royale. A quatre heures du matin, il rencontre son fils, le major de Bouillé, et deux autres officiers qui arrivent de Varennes, bride abattue. En apprenant l'arrestation des fugitifs, le refus des hussards de défendre le Monarque et le rassemblement à Varennes de toutes les Gardes Nationales des environs, Bouillé forme le hardi projet de délivrer le Roi.

Il fait dire au régiment Royal-Allemand, qui est à Stenay, de monter à cheval sur-le-champ et de venir le rejoindre. Il charge le général Klinglin de garder avec deux bataillons cette ville dont il connaît l'esprit révolutionnaire ; il prescrit au régiment de Castellas d'aller occuper Montmédy, envoie un bataillon à Dun pour garder le passage de la Meuse, et expédie aux détachements de cavalerie postés à Dun et à Mouzon, c'est-à-dire entre lui et Varennes, l'ordre de se porter immédiatement sur cette dernière ville et de l'attaquer sur-le-champ.

Ayant ainsi préparé l'agression et la retraite, Bouillé se dirige rapidement vers Varennes avec Royal-Allemand. Sur la route, il disperse des Gardes Nationales qui, retirées dans un bois, empêchaient à coups de fusil le détachement de Mouzon de passer outre, et, après une marche forcée de neuf lieues, il arrive devant Varennes. Là, il apprend de la bouche de Deslon, chef d'escadron commandant le détachement de Dun, que le Roi est déjà entraîné vers Paris.

L'entreprenant général propose alors aux officiers et aux cavaliers de Royal-Allemand de suivre la route prise par la voiture royale, pour délivrer le Souverain. Son allocution chaleureuse électrise momentanément tous les cœurs; mais le pont est rompu et l'on cherche inutilement des gués pour traverser la rivière. En même temps, des Gardes Nationales apparaissent de tous côtés, et l'on apprend que les garnisons de Metz et de Verdun, convoquées par les *Patriotes*, marchent sur Varennes avec une nombreuse artillerie. Les chevaux, qui viennent de faire une course forcée de neuf lieues, sont harassés; il semble impossible non-seulement d'engager un combat, mais encore de leur faire entreprendre une nouvelle marche rapide sans les faire rafraîchir; enfin, les cavaliers de Royal-Allemand, bien disposés un moment auparavant, commencent à montrer de l'indécision et de la répugnance.

Bouillé reconnaît avec douleur que son plan est impraticable. Il revient sur ses pas, ramène Royal-Allemand à Stenay, et, conformément aux ordres qu'il a reçus du Roi pour le cas où la tentative d'évasion échouerait, il n'a plus à songer qu'à sa sûreté et à celle des subordonnés qui se sont compromis avec lui. Accompagné de ses généraux et d'un grand nombre d'officiers, il se dirige vers la frontière, qu'il franchit au milieu des coups de fusil des Gardes Nationales réunies pour s'opposer à son passage.

Le départ du Roi fut connu dans l'Enceinte Législative, le 21 Juin, à l'ouverture de la séance. Aussitôt l'Assemblée Nationale se déclare en permanence. Par l'effet d'une convention tacite, la fuite de la Famille Royale est présentée comme un enlèvement, et une proclamation est adressée à tous les citoyens pour leur faire connaître l'attentat qui apporte des complications nouvelles, au moment où l'achèvement de la Constitution permettait d'entrevoir la fin des orages révolutionnaires.

Diverses mesures sont prises aussitôt dans le

but de mettre le Royaume en état de résister aux agressions étrangères qui vont peut-être se produire immédiatement. Des courriers sont envoyés dans les Départements, portant injonction aux fonctionnaires publics, aux Gardes Nationales et aux Troupes de ligne d'arrêter toute personne tendant à sortir du royaume et de s'opposer à l'exportation des armes, des munitions, des chevaux ainsi que des matières d'or et d'argent. Les Généraux et les Officiers en congé reçoivent l'ordre de rejoindre immédiatement leurs postes; les Députés militaires réclament, aux acclamations des tribunes, l'autorisation de retourner immédiatement à leurs Corps, et les Gardes Nationales du Royaume sont dès ce moment déclarées en état d'activité.

« Pour l'exécution immédiate de cette subite
« mobilisation, les Départements des frontières
« fourniront un contingent aussi fort qu'il leur sera
« possible. Tous les autres mettront sur pied deux
« ou trois mille hommes. Ces volontaires s'orga-
« niseront de suite en bataillons de dix compa-
« gnies. Chaque compagnie sera de cinquante
« hommes et élira un sous-lieutenant, un lieute-
« nant et deux capitaines; le bataillon se choisira
« ensuite deux lieutenants-colonels. Chaque sol-

« dat aura une solde de quinze sols par jour; le
« sous-officier touchera deux soldes, le sous-lieu-
« tenant, trois, et ainsi de suite, jusqu'aux lieute-
« nants-colonels qui en auront sept. »

Un nouveau serment est prescrit pour les Troupes de ligne et pour les Gardes Nationales :
« Je jure d'employer les armes remises dans
« mes mains à la défense de la Patrie et à mainte-
« nir la Constitution contre tous ses ennemis du
« dedans et du dehors, de mourir plutôt que de
« souffrir l'invasion du territoire français par des
« Troupes étrangères, et de n'obéir qu'aux Dé-
« crets qui seront rendus en conséquence par l'As-
« semblée Nationale. »

Ce serment est prononcé, séance tenante, par les Militaires présents et par tous ceux que le devoir ou l'enthousiasme amène successivement dans l'Enceinte Législative. Des Commissaires partent pour les Départements, avec mission de le faire prêter aux Troupes, ainsi qu'aux Milices Bourgeoises. En raison de la gravité des circonstances, on accorde à ces Délégués de pleins pouvoirs pour requérir les Gardes Nationales et les mettre sous les ordres des Généraux d'Armée. On donne à ces derniers le droit de suspendre de ses fonctions tout officier dont la conduite paraîtra suspecte, et on les autorise à pourvoir aux lacunes ainsi produites dans les cadres des Corps, en choisissant des Sous-Lieutenants, moitié parmi les bas-officiers, moitié parmi les citoyens qui leur paraîtront les plus dignes.

Le mercredi 22 Juin, à dix heures du soir, l'Assemblée Nationale entend crier de tous côtés que le Roi est arrêté. Dans le départ du Monarque, les Royalistes avaient vu le triomphe de la contre-révolution, et les Révolutionnaires exaltés, l'aplanissement d'un obstacle à l'établissement d'une République. Quant à la majeure partie des Députés, elle avait espéré que des négociations s'entameraient entre l'Assemblée Nationale et le Souverain retiré au milieu de troupes fidèles, qu'un accord durable résulterait des traités entre ces deux Pouvoirs alors indépendants, et qu'on verrait ainsi l'anarchie disparaître et la Révolution s'achever en se consolidant. Mais ces divers sentiments se taisent à la nouvelle de l'arrestation du Roi, et trois Commissaires sont nommés pour le ramener à Paris. Le général de Bouillé, ainsi que ses *complices*, sont suspendus de leurs fonctions militaires et décrétés d'arrestation.

Le 25 Juin, à sept heures et demie du soir, les augustes fugitifs passaient dans le Jardin des

Tuileries, au milieu d'une foule à laquelle avait été recommandé un silence improbateur. Le sentiment d'irritation, que ressentait la Population, s'était déjà manifesté pendant la route à l'égard de ceux qui donnaient au Roi quelques marques de respectueuse sympathie (1). Plus que tous les autres, les trois Gardes du Corps assis sur le siége de la voiture (2), étaient exposés aux insultes et à la fureur populaire. Aussi les Commissaires de l'Assemblée Nationale, lorsqu'ils eurent rejoint la Famille Royale entre Épernay et Dormans, offrirent-ils à ces braves soldats une voiture particulière qui les eût dérobés à l'attention générale. Mais ces trois fidèles serviteurs répondirent que, choisis par leur Roi pour l'escorter au jour du danger, ils avaient fait d'avance le sacrifice de leur existence et qu'ils voulaient poursuivre leur mission jusqu'au bout. Leur dévouement pensa effectivement leur coûter la vie; sans les efforts de

---

(1) Près de Sainte-Menehould, un gentilhomme du voisinage, le comte de Dampierre, venu pour témoigner de son dévouement et de ses regrets, fut massacré sous les yeux de la Famille Royale.

(2) Quelques écrivains ont prétendu que ces trois Gardes du Corps, qui pour le voyage portaient une livrée allemande, avaient fait la route du retour enchaînés sur le siége du carrosse. Ce fait est inexact; seulement, deux Gardes Nationaux, assis sur des planchettes disposées au-devant de la voiture, avaient ordre de veiller sur eux.

quelques généreux citoyens, ils eussent été massacrés dans le Jardin des Tuileries ; l'Assemblée Nationale ordonna leur incarcération.

Mais la part qu'ils avaient prise à la fuite de Varennes avait réveillé d'anciens griefs contre une réunion de serviteurs toujours prêts à faire au Roi tous les genres de sacrifice, et le licenciement définitif des quatre compagnies des Gardes du Corps fut décrété séance tenante. La plupart de ceux qui les composaient étaient déjà dispersés depuis les événements de Versailles ; lorsque la dissolution de leur Corps et la manière dont le Roi fut gardé aux Tuileries leur enlevèrent tout espoir de pouvoir veiller sur sa personne. un grand nombre ne vit plus d'autre manière de servir la Cause Royale qu'en se réunissant aux Émigrés. Le drapeau des Gardes du Corps habilement dérobé fut porté à Coblentz, où la nouvelle de l'évasion du Roi avait causé une ivresse qui fut rapidement remplacée par la consternation.

A l'intérieur, la tentative de fuite à Varennes avait fait brusquement changer le sentiment public à l'égard du Monarque. Jusque-là, on avait attaché à son caractère l'idée de l'incertitude et de la bonté poussée jusqu'à la faiblesse ; à partir de ce moment, on le taxa généralement de duplicité et de trahison : l'artillerie de la garnison de Metz, en marchant sur Varennes à la nouvelle de son arrestation, jurait que le premier coup de canon serait pour sa voiture; à Paris, des affiches placardées jusqu'auprès de la porte de l'Assemblée demandèrent la déchéance du Souverain parjure.

Le général de Bouillé, dans l'intention généreuse de disculper et de sauver le Roi dont il croyait les jours en danger, adressa une lettre de menaces à l'Assemblée Nationale. Il reconnaissait avoir tout réglé et tout ordonné pour l'enlèvement du Monarque; il terminait en annonçant que, si l'on touchait à un seul cheveu de la tête des captifs, il guiderait lui-même les Armées Étrangères à Paris, où il ne laisserait pas pierre sur pierre. Cette lettre, par laquelle le général cherchait à attirer sur lui seul le ressentiment national, resta naturellement sans effet ; mais on reprocha au Roi cet appui qui impliquait une connivence avec les ennemis de la Patrie dont sa fuite avait eu pour résultat d'accroître le nombre.

En effet, à la première nouvelle du départ de la Famille Royale, un grand nombre de gentilshommes et d'officiers étaient partis dans la ferme espérance de retrouver le Roi sain et sauf sur la terre étrangère. La nouvelle de son arrestation imprima une impulsion plus vive encore à la défection. Les Commissaires envoyés dans les départements, pour faire prêter le nouveau serment aux Troupes et aux Gardes Nationales, éprouvèrent de nombreux refus de la part d'officiers des régiments : les uns envoyèrent leur démission; d'autres, se considérant comme dégagés de toute obligation du moment que le Roi était retenu captif par ses propres sujets, abandonnèrent simplement leurs Corps sans prendre souci d'aucune formalité. Plusieurs colonels emportèrent à Coblentz les drapeaux de leur Régiment.

Dans certaines garnisons, l'Émigration fut aussi activée par la conduite des subordonnés, qui déclarèrent à leurs supérieurs qu'ils n'avaient plus leur confiance et qu'ils ne devaient plus compter sur leur obéissance. Dans d'autres, au contraire, les soldats poursuivirent des officiers fugitifs et tentèrent de les ramener de force. Ailleurs, des Émigrants militaires se firent suivre par un petit nombre de leurs inférieurs qu'ils avaient persuadés ou séduits. Les Officiers de Berwick (Irlandais) franchirent la frontière à la tête de la majeure partie de leur Régiment; mais cette défection en masse constitua un fait exceptionnel.

La mise à exécution du décret de l'Assemblée

Nationale, qui prescrivait aux Milices Bourgeoises de s'opposer à la sortie des Émigrants, donna lieu parfois sur les frontières à des conflits sanglants, dans lesquels plusieurs officiers furent blessés ou faits prisonniers. Suivant une décision récente du Pouvoir Législatif, ils devaient être considérés comme transfuges et jugés par des Cours Martiales; aussi, de divers côtés, les dirigeait-on sur Paris, où la fuite du Roi était alors exploitée par les agitateurs.

Le principal motif du désordre était la dissolution d'ateliers nationaux considérables. Les ouvriers licenciés, bien qu'on leur eût offert sur des points éloignés des travaux plus utiles et plus lucratifs, formaient à la place Vendôme et au Champ de la Fédération des attroupements menaçants; leur mécontentement était mis à profit par les Révolutionnaires qui les excitaient à demander la déchéance du Roi.

Des pétitions impérieuses rappelaient à l'Assemblée Nationale qu'elle n'avait pas été instituée pour maintenir sur le trône un Souverain traître à ses serments, et la lecture de ces adresses excitait les applaudissements des tribunes, auxquels se joignaient les vociférations du dehors. Des affiches placées jusque sur les portes de l'Enceinte Législative représentaient au peuple qu'en conservant le titre de Roi à Louis XVI, les Députés violaient le vœu formel de la Nation, et les Sociétés *patriotiques* annonçaient hautement que, sans se préoccuper de la décision qu'on attendait de l'Assemblée, elles ne reconnaissaient plus pour leur part aucune autorité au Souverain. L'argent répandu journellement parmi les groupes d'émeutiers entretenait leur animation ; la Garde Nationale s'épuisait en vains efforts pour ramener la tranquillité, et Paris présentait tous les symptômes précurseurs de fatals événements.

Le 16 Juillet, l'Assemblée Constituante mande à sa barre la Municipalité et lui enjoint de seconder vigoureusement le zèle déployé par la Milice Bourgeoise contre les perturbateurs. Le même jour, Lafayette est obligé de faire entourer par ses troupes l'Enceinte Législative, pour empêcher qu'elle ne soit envahie par des masses d'émeutiers. Au sortir de la séance, les Députés connus pour leurs opinions modérées sont accablés d'injures ; plusieurs sont maltraités ; quelques-uns courent risque de la vie. Dans le jardin du Palais-Royal ainsi que dans les Clubs, on discute la dissolution de l'Assemblée Nationale et on établit la nécessité de la déchéance du Roi.

Une pétition dans ce sens est rédigée aux Jaco-

CHAPITRE IX. — 17 JUILLET 1791.

bins pour être signée par le *peuple* sur l'Autel de la Fédération, et la nuit se passe en menées et en préparatifs insurrectionnels. Le lendemain, 17 Juillet, la pétition se trouve affichée dès le matin sur tous les murs de la ville ; elle est accompagnée de chaleureuses exhortations adressées aux *Patriotes*, pour qu'ils aient à se rendre au Champ de Mars afin de la sanctionner de leurs signatures.

La foule turbulente s'y précipite et les curieux la suivent. Les chefs d'émeute cherchent, pour commencer le mouvement insurrectionnel, une occasion qui s'offre d'elle-même : un Invalide et un ouvrier sont trouvés blottis, on ne sait pourquoi, sous les degrés qui conduisent à l'Autel de la Patrie ; on s'écrie qu'ils se sont cachés pour disposer les moyens de le faire sauter lorsque le peuple y sera rassemblé, et, malgré l'absurdité de l'accusation, les deux malheureux sont saisis et pendus.

Une bande s'organise pour promener leurs têtes par la ville, lorsque Lafayette, accompagné de trois Commissaires de la Commune, arrive avec un fort détachement de la Garde Nationale. Les trophées sanglants sont enlevés et quelques agitateurs sont faits prisonniers ; la Milice Bourgeoise est assaillie d'une grêle de pierres ; un coup de feu est tiré sur Lafayette. A la même heure, un rassemblement formidable, qui s'est réuni sur la place de la Bastille pour se porter en masse à la signature de la pétition, est aussi dispersé par la Garde Nationale. Ses éléments épars se rendent par groupes au Champ de la Fédération, où Danton, Camille Desmoulins et les autres orateurs populaires excitent à la révolte la multitude dont l'exaltation s'accroît de moment en moment.

A la nouvelle des attentats commis au Champ de Mars, la Municipalité n'hésite plus. La Loi Martiale est proclamée à six heures sur la Place de Grève et le drapeau rouge est déployé à la principale fenêtre de l'Hôtel de Ville. Le Corps Municipal, précédé aussi d'un drapeau rouge, se dirige vers le Champ de la Fédération, à la tête d'un détachement de Milice Bourgeoise composé de douze cents hommes d'infanterie, de plusieurs escadrons et de trois pièces d'artillerie.

La colonne arrive au Champ de Mars à sept heures et demie; mais les perturbateurs ont si souvent éprouvé la longanimité de la Garde Nationale, que sa vue n'inspire aucun effroi. De tous côtés partent les cris : « A bas le drapeau rouge! à bas les baïonnettes! » A ces clameurs succèdent des pierres et quelques coups de pistolet.

Une décharge faite en l'air par la Milice Bour-

CHAPITRE IX. — 17 JUILLET 1791.

geoise dissipe momentanément une partie de la foule ameutée; mais les chefs de l'insurrection rassurent les fuyards et les rallient autour de l'Autel de la Patrie. Une seconde décharge, sérieuse cette fois, jette à terre un grand nombre d'insurgés, et fait fuir la plus grande partie des autres. L'infanterie fond ensuite avec rapidité sur ceux qui font encore mine de résister, la cavalerie achève leur dispersion, et force reste à la Loi.

Cette vigoureuse répression excita contre la Milice Bourgeoise la fureur de la populace, dont la vengeance se manifesta par des attaques nocturnes contre des Gardes Nationaux isolés : plusieurs furent lâchement massacrés à coups de couteau. L'acte de justice et de rigueur effectué au Champ de la Fédération fut aussi frappé de réprobation par les Députés les plus révolutionnaires ; néanmoins l'Assemblée Constituante vota des éloges à la Municipalité, à Lafayette et à la Garde Nationale; mais, par une faiblesse dont elle avait déjà donné des preuves, elle anéantit en quelque sorte la culpabilité des démagogues et de leurs partisans, en déclarant que l'insurrection devait être imputée aux machinations des *Aristocrates* et des *Étrangers*.

CHAPITRE X.

CONSTITUTION DE L'ARMÉE ET DES GARDES NATIONALES. — FORMATION ET DÉPART DES PREMIERS BATAILLONS DE VOLONTAIRES NATIONAUX.

(1790 et 1791.)

Sommaire.

Constitution militaire de 1791. — Garde Constitutionnelle du Roi.
Effectif de l'armée en temps de paix. — Auxiliaires.
Suppression des noms des régiments.
Infanterie de ligne. — Les régiments Allemands, Irlandais et Liégeois sont déclarés Corps Français. — Composition de l'Infanterie de ligne et des régiments qui la composent.
Infanterie légère.
Troupes à cheval. — Carabiniers. — Cavalerie. — Dragons. — Chasseurs. — Hussards.
Génie. — Artillerie. — Gendarmerie.
Remplacement du titre de bas-officier par celui de sous-officier. — Règles de l'avancement pour les soldats, les sous-officiers et les officiers. — Réductions considérables dans l'état-major de l'Armée et dans le nombre des officiers supérieurs des régiments. — Droits à la décoration, à la retraite, aux pensions et à l'Hôtel des Invalides.
Mise sur le pied de guerre de tous les régiments.
Mise en activité des Gardes Nationales. — Patriotisme belliqueux. — Faux bruits de guerre. — Enthousiasme général. — Formation de cent soixante-neuf bataillons de Volontaires Nationaux (97,000 hommes. — Drapeaux tricolores offerts par les Milices Bourgeoises aux régiments. — Départ des premiers Volontaires Parisiens.
Organisation uniforme de toutes les Gardes Nationales sédentaires du Royaume.
Règles d'organisation des bataillons de Volontaires nationaux. — Empressement de la population à former ces bataillons. — Escadrons de Volontaires Nationaux. — Fièvre du départ. — Les Volontaires sont dispensés des conditions de taille exigées pour les troupes de ligne.
Licenciement de la Garde Nationale Parisienne Soldée. — Réinté-

gration dans l'armée des divers éléments qui la composaient. — Mécontentement des anciens Gardes Françaises et des *Patriotes*.
Amnistie militaire. — Dissolution de l'Assemblée Constituante.

Depuis le jour où l'Assemblée Nationale avait posé les bases fondamentales de la Constitution de l'Armée, le Comité Militaire n'avait cessé de poursuivre son œuvre : un grand nombre de Lois et de Décrets, élaborés par ses soins, avaient été successivement promulgués afin d'introduire, dans les Corps de troupes, une régularité et une uniformité inconnues jusque-là.

Les faits révolutionnaires avaient d'ailleurs concouru à ce résultat, en amenant le licenciement des Corps privilégiés, tels que les Gardes Françaises, les Gardes du Corps des Princes frères du Roi, émigrés, et enfin les Gardes du Corps du Roi. Un décret ayant fait rentrer les Gardes de la Prévôté de l'Hôtel du Roi dans l'organisation générale qu'on donnait aux Maréchaussées, il ne restait plus de l'ancienne Maison Militaire (Août 1791) que le Régiment des Gardes Suisses ; encore les traités qui liaient cette troupe d'élite au service français approchaient-ils du terme de leur expiration.

La Constitution nouvelle reconnaissait la nécessité d'un Corps spécial chargé du service particulier et immédiat auprès du Souverain. Cette obligation avait été motivée sur ce que le séjour des Troupes de Ligne à Paris était pernicieux pour la discipline, et qu'il eût été imprudent d'exposer successivement des détachements de l'Armée et de la Garde Nationale à l'atmosphère d'intrigues et de corruption qui, disait-on, environnait la Cour. Aussi la Garde Constitutionnelle du Roi devait-elle former un Corps à part, en dehors de l'Armée et soldé sur la Liste Civile. Elle devait se composer de douze cents hommes d'infanterie et de six cents hommes de cavalerie. Ses attributions ne pouvaient s'étendre au delà des limites du Palais des Tuileries, dont la Garde Nationale devait garder les postes extérieurs.

A l'égard de l'Armée, la Constitution de 1791 réunissait toutes les décisions successivement rendues, depuis deux années, par l'Assemblée Nationale. Sa Composition, ses Devoirs et ses Droits étaient ainsi, pour la première fois, formulés dans leur ensemble et sur des bases régulières.

Après qu'on eût adopté le mode de Recrutement par enrôlements volontaires à prix d'argent, on s'était occupé de déterminer l'effectif de l'Armée, et on avait regardé comme impossible de la réduire, en temps de paix, à moins de cent cinquante mille hommes, dont cent dix mille d'Infanterie, trente mille de Troupes à cheval et dix mille d'Artillerie. Les Troupes Étrangères, comprises dans cette évaluation, ne pouvaient excéder vingt-six mille hommes, sans un décret du Corps Législatif sanctionné par le Roi (Juillet et Août 1790).

Pour le cas de guerre, il avait été décidé que cent mille Auxiliaires seraient admis à contracter un engagement de trois années, en vertu duquel ils séjourneraient dans leurs foyers jusqu'au moment où ils seraient appelés sous les drapeaux. On comptait ainsi sur une Armée de deux cent cinquante mille hommes, jugée suffisante, puisque, d'après la Constitution, la France, repoussant toute idée de conquête, ne voulait employer ses Troupes que pour la défense de son territoire (Janvier et Avril 1791).

Les noms du Roi, de la Reine, d'Artois, de Condé et tous les autres qui, dans la nomenclature des Régiments, consacraient des idées aristocratiques, désormais incompatibles avec la Constitution, furent supprimés; les Corps ne durent plus, dans un prochain avenir, être désignés officiellement que par les numéros qui, sur la liste générale de leur

Arme, indiquaient l'ancienneté de leur formation.
Tous durent aussi recevoir une organisation nouvelle et uniforme (Novembre 1790).

Dans l'Infanterie, on avait d'abord admis deux exceptions à ces mesures générales : l'une pour les Régiments Suisses, à l'égard desquels tout changement fut ajourné jusqu'à l'expiration des Capitulations qui les concernaient; l'autre pour les Régiments étrangers, Allemands, Irlandais ou Liégeois, liés au service français par des traités particuliers.

Un incident fournit l'occasion de faire rentrer ces derniers dans la règle commune. Le Régiment de Nassau (allemand), un de ceux sur lesquels Bouillé avait cru pouvoir compter, avait été échelonné sur la route de Varennes pour protéger la fuite du Roi; il avait reçu ensuite l'ordre de se rendre à Sédan (Juillet 1791).

Arrivé à l'entrée de la ville, ce Corps trouve les portes fermées par les habitants, qui ne veulent pas recevoir dans leurs murs des Troupes ayant coopéré à la tentative d'évasion de la Famille Royale. A Thionville et à Sarrelouis, il reçoit successivement la même marque de réprobation. Metz se montre plus hospitalière; mais une querelle de cabaret occasionne un duel où un grenadier du Régiment de Condé est tué par un grenadier de Nassau ; la mésintelligence entre les deux Corps s'ensuit, et elle se manifeste par des rixes particulières qui menacent de dégénérer en un combat général. Pour l'éviter, l'Autorité Supérieure fait rassembler le Régiment de Nassau, et lui enjoint de se rendre immédiatement à Toul.

En entendant ce nouvel ordre de départ qui les expose à recevoir encore quelque nouvel affront, quatre ou cinq cents soldats sortent des rangs et se déclarent fatigués de la réputation qui les poursuit ; arrachant de leur uniforme les boutons et les retroussis qui rappellent le titre étranger du Corps, ils annoncent qu'ils partagent entièrement les sentiments des Régiments Nationaux, et que c'est seulement à titre de Français qu'ils consentiront désormais à servir (1).

Ce mouvement chaleureux applaudi par les *Patriotes* civils et militaires rétablit entièrement la concorde entre les différents corps de la Garnison de Metz. Peu de jours après, l'Assemblée Constituante, appelée à statuer sur cet incident, décida

---

(1) Malgré les Ordonnances, les régiments Allemands, Irlandais et Liégeois comptaient dans leurs rangs un assez grand nombre de Français.

qu'il n'y aurait plus au service de la France, à titre étranger, d'autres Corps que ceux qui étaient liés par des Capitulations passées avec des Gouvernements. Les Troupes Helvétiques étaient seules dans ce cas; les Régiments Allemands, Irlandais et Liégeois, dont les propriétaires reçurent des indemnités convenables, furent en conséquence déclarés Régiments Français.

Ainsi, en Août 1791, l'Artillerie ayant été organisée à part, les Troupes Provinciales ayant été supprimées (1), et le Régiment du Roi, après son licenciement à Nancy, ayant été remplacé par un autre qui prit le dernier numéro de la liste, l'Infanterie Française se composait de cent deux Régiments, parmi lesquels on comptait onze Régiments Suisses. Ces derniers, bien qu'occupant un numéro d'ordre sur la liste générale, conservaient leurs noms, leur organisation, leurs droits particuliers et leur justice spéciale. Tous les autres devaient à l'avenir être désignés par des numéros, et être ramenés le plus tôt possible à une stricte uniformité sous le rapport du costume, de la discipline et de la composition.

L'organisation nouvelle attribuait à chacun d'eux

---

(1) Voir le chapitre préliminaire.

un État-Major et deux Bataillons; chaque Bataillon se composait de huit Compagnies de Fusiliers et d'une Compagnie de Grenadiers. L'effectif de toute Compagnie était de cinquante-trois hommes, officiers compris. Le Bataillon était de cinq cent quatre hommes et le Régiment de mille vingt-neuf sur le pied de paix (Janvier 1791).

Les dénominations de Chasseurs royaux de Provence, Chasseurs royaux du Dauphiné, etc., que portaient les douze bataillons d'Infanterie Légère, disparurent et furent remplacées par la désignation numérique adoptée. Chacun de ces Corps dut être composé d'un État-Major et de huit Compagnies de cinquante-trois hommes chacune (Avril 1791).

Le Régiment Mestre-de-Camp, licencié après l'insurrection de Nancy, ayant été remplacé par un autre de nouvelle formation qui prit le dernier numéro de la liste, le nombre des Régiments de Troupes à Cheval ne fut pas changé; mais on en forma cinq séries distinctes.

La première se composa des Carabiniers de Monsieur; ils formèrent deux Régiments. Ramenés au principe qui, lors de leur création, les avait fait considérer comme Grenadiers des Troupes à cheval, ils ne durent plus être recrutés que parmi les autres Corps.

La seconde série se composa des vingt-quatre Régiments de Cavalerie, dénomination qui continua à s'appliquer exclusivement aux Corps armés de cuirasses.

Les trois autres séries comprirent les dix-huit Régiments de Dragons, les douze Régiments de Chasseurs et les six Régiments de Hussards.

L'effectif total de l'Escadron fut, pour toutes les Armes, de cent quarante-deux hommes répartis en deux Compagnies. Les Corps de Carabiniers, Chasseurs et Hussards comportaient quatre Escadrons, tandis qu'il n'y en avait que trois dans la Cavalerie et les Dragons. Avec l'État-Major, les premiers étaient de cinq cent quatre-vingts hommes; les seconds de quatre cent trente-neuf (Janvier et Avril 1791).

Le Génie resta, comme par le passé, composé d'Officiers sans aucune espèce de Troupes; leur nombre fut fixé à trois cent trente-quatre (Septembre et Octobre 1790).

L'Artillerie conserva ses anciennes attributions dans les Arsenaux, les Manufactures d'armes et les Fonderies.

Les sept Régiments qu'elle comprenait furent conservés, et bien que leurs noms de La Fère, Strasbourg, Auxonne, Metz, etc., ne rappelassent aucunement les idées qui avaient fait proscrire ceux des autres Corps, ils subirent aussi la règle générale et reçurent des numéros. Chacun d'eux se composait d'environ onze cents Canonniers, Bombardiers et Sapeurs.

L'Arme était complétée par six Compagnies de Mineurs et dix Compagnies d'Ouvriers d'une cinquantaine d'hommes chacune (Septembre et Décembre 1790).

La Maréchaussée, dont le nom était devenu impopulaire en raison du rôle actif qu'elle avait joué dans la répression des troubles révolutionnaires, fut supprimée et remplacée par la Gendarmerie Nationale qui conserva le pas sur les Troupes à Cheval, ainsi que l'avait eu le Corps auquel elle succédait.

La Gendarmerie Nationale fut composée de vingt-huit Divisions, commandées chacune par un colonel. La première faisait le service des Départements de Paris, Seine-et-Oise et Seine-et-Marne ; la vingt-huitième était dévolue à la Corse ; chacune des vingt-six autres occupait en général trois Départements, et se divisait en Compagnies qui, elles-mêmes, se subdivisaient en Brigades de cinq hommes. Le total des vingt-six Divisions Départementales était de sept mille hommes. Les Administrations et les Directoires des Départements, chargés de procéder à la réorganisation, durent déterminer d'après la nature des localités, la répartition en hommes à pied ou à cheval de l'effectif dévolu à leur circonscription.

On adjoignit à la première Division deux Corps qui continuèrent à remplir les fonctions spéciales dont ils étaient chargés. Le premier, connu sous le nom de Compagnie de Robe-Courte, faisait depuis un temps immémorial le service auprès des Tribunaux civils de Paris où il était aussi chargé de la garde des prisons; il reçut en même temps le nom de Garde Judicielle. Le second était la Compagnie de la Prévôté de l'Hôtel du Roi, qui continua le service d'honneur près de l'Assemblée Nationale. (Février et Mai 1791).

En même temps qu'on introduisait l'uniformité et la régularité dans les Corps militaires, on consacra l'exécution du principe constitutionnel qui permettait à tout soldat d'aspirer aux postes les plus élevés de la hiérarchie, en fixant les règles suivant lesquelles on devait désormais procéder à l'avancement.

La dénomination de *bas-officier* fut remplacée par le titre plus digne de *sous-officier* : contrairement à ce qui se pratique aujourd'hui, cette désignation comprenait les Caporaux et les Brigadiers. Pour la nomination à ce dernier grade, tous les Caporaux du Régiment présentaient chacun à leur Capitaine le nom du soldat qui leur paraissait le plus apte à devenir leur collègue ; parmi les candidats qui lui étaient ainsi soumis, chaque Capitaine choisissait celui qui lui paraissait le plus digne d'obtenir de l'avancement, et le chef de Corps établissait une liste de ces sujets déclarés les plus méritants. Dès qu'une vacance avait lieu dans une Compagnie, le Capitaine choisissait sur cette liste trois noms parmi lesquels le Colonel nommait définitivement. On procédait d'une manière analogue pour les autres grades des Sous-Officiers.

Le grade d'Officier pouvait s'obtenir de deux manières, soit en passant par les degrés inférieurs, soit en subissant des examens dont la teneur ne fut jamais bien déterminée en raison des événements qui suivirent. Sur quatre places de Sous-Lieutenant, une appartenait de droit aux Sous-Officiers et était donnée alternativement au *choix* et à l'*ancienneté*.

L'ancienneté seule donnait droit aux grades de

Lieutenant et de Capitaine; un tiers des places de Lieutenant-Colonel et de Colonel était réservé au choix; cette proportion était de moitié pour le grade de Maréchal de Camp et pour celui de Lieutenant Général.

Le choix du Roi conférait seul le bâton de Maréchal de France (Septembre et Octobre 1790).

On abolit aussi la multiplicité des titulaires des grades militaires, dont une partie restait forcément sans emploi, et constituait une énorme surcharge pour le Trésor.

Dans l'État-Major de l'Armée, le nombre des Maréchaux de France, qui avait varié de quinze à seize depuis plusieurs années, fut réduit en principe à six. On limita à trente-quatre celui des Lieutenants Généraux, et il ne dut plus y avoir que soixante Maréchaux de Camp. L'État-major de l'Armée était complété par trente Adjudants Généraux, qui avaient rang de Colonel ou de Lieutenant-Colonel, et cent trente-six Aides de Camp, parmi lesquels étaient quatre Colonels et autant de Lieutenants-Colonels; les autres étaient Capitaines.

L'effectif des Officiers dans les Corps subit aussi des réductions analogues. Toutes les sinécures furent abolies; chaque Régiment ne dut plus avoir que trois Officiers supérieurs : le Colonel et les deux Lieutenants-Colonels, qui commandaient les deux bataillons (Octobre et Novembre 1790; — Mars 1791).

La Décoration Militaire devait être accordée aux Officiers de tous les grades, après vingt-quatre années de service révolues, y compris le temps passé sous les drapeaux comme soldat ou sous-officier. Après trente ans de service et cinquante années d'âge, tout militaire avait droit à une pension de retraite ou à l'admission à l'Hôtel des Invalides; les infirmités contractées au service pouvaient donner lieu à des pensions particulières avant ce temps réglementaire; les blessures à la guerre d'où résultait l'impossibilité de continuer à servir, donnaient droit au *maximum* de la retraite du grade (Septembre et Décembre 1790; — Janvier 1791).

Telles étaient les principales dispositions qui devaient régir l'Armée d'après la Constitution de 1791, et dans plusieurs desquelles on retrouve les germes de la Législation Militaire actuelle. Lorsque la fuite du Roi et son arrestation à Varennes firent considérer la guerre comme imminente, les Régiments reçurent (Juillet) l'ordre de se former au complet de guerre, c'est-à-dire de porter les Bataillons à sept cents hommes, et les Escadrons à cent soixante-dix.

En même temps, on décrétait en principe la mise en activité des Gardes Nationales, et, de tous côtés, les Milices Bourgeoises s'exaltaient à l'idée des événements qui pouvaient être la conséquence de cette soudaine mobilisation. Partout on s'indignait à l'idée de l'intervention étrangère s'apprêtant à combattre la Liberté naissante, pour ramener le pays sous le joug de l'ancien *Despotisme*. Les Départements, les Villes et les Communes envoyaient à l'Assemblée Nationale des adresses empreintes d'un belliqueux patriotisme. Les habitants de Saint-Malo et d'autres villes du littoral annonçaient qu'ils s'étaient organisés en Bataillons, et qu'ils se chargeaient de défendre leurs remparts sans le secours d'aucune Troupe de Ligne. La Garde Nationale de Varennes demandait que, pour seule récompense de l'arrestation du Roi, l'ordre lui fût donné d'aller combattre l'ennemi. Les dons patriotiques, destinés à subvenir aux frais de la guerre, affluaient de tous les points du Royaume vers l'Enceinte Législative.

De faux bruits, en harmonie avec la situation

des esprits, ajoutent encore à la fièvre générale. Dans le Midi, une querelle survenue entre des bûcherons Basques et Espagnols est transformée par la voix publique en tentative d'invasion de la part de l'Espagne; on dit bientôt que l'ennemi occupe déjà les vallées d'Aspe et de Bareton. Aussitôt des Corps de Volontaires s'organisent dans les villes et dans les campagnes; des souscriptions subviennent aux premiers frais d'organisation : en un jour la caisse patriotique de Bordeaux reçoit cent cinquante mille livres. Les négociants de Toulouse s'engagent à continuer leurs appointements à ceux de leurs commis qui partiront comme volontaires, et, dans les villages, on décide que les terres des absents seront cultivées par ceux que le sort forcera à rester.

Sur les côtes de l'Ouest, trois cents Émigrants qui tentent de s'embarquer pour l'Angleterre sont repoussés à coups de fusil dans les bois par les Gardes Nationales du Poitou. Immédiatement la renommée propage que les Anglais ont fait une descente sur le littoral, et la nouvelle arrive à Paris, où tous les cœurs s'émeuvent de cette violation du territoire. Les Clubs, les jardins publics et les carrefours retentissent de la voix d'orateurs qui évoquent les souvenirs de Sparte et d'Athènes devant un auditoire palpitant; ils rappellent Marathon, Salamine et les Thermopyles; sous l'empire de ces idées, quatre mille jeunes gens des Écoles et des Universités, spontanément réunis, viennent demander à l'Assemblée Nationale l'autorisation d'aller mourir pour la Patrie.

Bientôt les Commissaires, qui ont été envoyés vers les frontières à la première appréhension des hostilités, viennent rendre compte à l'Assemblée Nationale de l'enthousiasme des Départements qu'ils ont parcourus : « Dans les villes de guerre,
« ils ont vu les habitants, les femmes et les soldats
« travailler à la réparation des fortifications, sans
« vouloir accepter aucun salaire. Dans les campa-
« gnes, les laboureurs leur ont promis que, faute
« d'armes, ils combattraient avec le fer de leurs
« charrues. Sauf le refus de quelques ci-devant
« gentilshommes, dont la défection constitue plutôt
« une cause de sécurité qu'un danger, partout le
« nouveau Serment Civique a été prêté avec em-
« pressement par les Troupes et par les Gardes
« Nationales, impatientes de se mesurer avec l'en-
« nemi. »

Un tel élan ne laissait à l'Assemblée que la tâche de le régulariser. En exécution du principe de la mobilisation des Milices Bourgeoises, dix-huit mille Volontaires Nationaux sont d'abord demandés aux Départements frontières du côté du Rhin, dont le territoire est le plus immédiatement menacé. Peu après, une répartition générale fait connaître à chacun des quatre-vingt-trois Départements le contingent qui lui est attribué : le total est de cent soixante-neuf Bataillons, formant un effectif de quatre-vingt-dix-sept mille hommes.

Partout on se prépare avec empressement à voler au secours du pays, et le même esprit amène entre les Troupes et les Gardes Nationales des échanges de démonstrations fraternelles : les Milices Bourgeoises offrent aux Régiments des drapeaux pour remplacer ceux que des Colonels ont emportés à Coblentz. Conformément à un décret récent, ces enseignes, que chacun brûle de suivre sur le champ de bataille, portent exclusivement les couleurs nationales.

A Paris, les Volontaires de différentes Sections se déclarent prêts à partir immédiatement. Dans plusieurs quartiers, un canon est traîné sur la place principale ; on y fixe un écriteau portant le serment de vivre libres ou mourir, au bas duquel chacun se hâte d'apposer sa signature avant qu'il ne soit envoyé à l'Assemblée Nationale comme

CHAPITRE X. — AOUT ET SEPTEMBRE 1791.

adresse patriotique. Pressée par des demandes incessantes, la Municipalité Parisienne nomme des Commissaires qui forment immédiatement les plus enthousiastes en Bataillons; Lafayette les passe en revue, et ils se mettent en route à peine organisés (Septembre).

Cet exemple, suivi dans un grand nombre de localités, désorganise les Gardes Nationales. Il devient urgent de les reconstituer, et il est décidé qu'on y procédera immédiatement, conformément à un projet élaboré depuis longtemps, dans le but de doter les Milices Bourgeoises de l'uniformité dont elles ont été jusque-là complétement dépourvues.

« Tous les citoyens actifs âgés de dix-huit ans
« doivent se faire inscrire sur les contrôles de la
« Garde Nationale ouverts dans chaque Municipa-
« lité, sans qu'aucune raison puisse les en dispen-
« ser ; sinon, ils perdront les Droits Civiques et
« seront déclarés indignes de porter les armes.

« On n'admet d'exception que pour les militaires
« sous les drapeaux, les sexagénaires et les infirmes.
« Les Membres du Corps Législatif, les Ministres,
« les Magistrats, les Évêques, les Curés et tous les
« fonctionnaires dont le service est reconnu in-

« compatible avec celui de Garde National,
« paieront, s'ils sont salariés par l'État, une
« taxe de remplacement fixée par leur Municipa-
« lité.

« La Garde Nationale est formée par Districts et
« par Cantons. Les villes au-dessus de 50,000 âmes
« sont considérées comme Districts et leurs sec-
« tions comme Cantons.

« Les Bataillons comprennent quatre Compa-
« gnies de Fusiliers et une Compagnie de Grena-
« diers. Cette dernière est de quatre-vingts
« hommes. L'effectif des quatre premières est indé-
« terminé ; il se compose, dans les villes, des ci-
« toyens du même quartier, et, dans les campa-
« gnes, des habitants des Communes les plus
« voisines.

« La réunion de huit ou dix Bataillons du même
« District forme une Légion.

« L'uniforme, autrefois décrété, est le même
« pour toutes les Gardes Nationales; mais il n'est
« pas obligatoire dans les campagnes.

« Chaque Canton est autorisé à créer une Com-
« pagnie de Vétérans, âgés de plus de soixante
« ans. Ces Vétérans porteront l'uniforme général ;
« mais ils seront distingués par une écharpe blan-
« che ainsi que par un chapeau à la Henri IV,

CHAPITRE X. — AOUT et SEPTEMBRE 1791.   333

« et ils auront pour arme un esponton (1).

« Il peut y avoir aussi, par Canton, une Com-
« pagnie de jeunes citoyens, âgés de moins de dix-
« huit ans, et par District, deux compagnies de
« Gardes Nationales à Cheval.

« Les villes qui ont des pièces d'artillerie peu-
« vent en attacher deux à chacun de leurs Batail-
« lons. Il est alors adjoint une Section de Canonniers
« Nationaux à la Compagnie de Grenadiers du
« Bataillon.

« Les Sous-Officiers et Officiers de tous grades
« sont élus au scrutin individuel et à la pluralité
« des suffrages. Leur nomination est valable pour
« un an, et ils ne peuvent être réélus qu'après être
« redevenus simples soldats pendant une année.

« Les drapeaux sont aux trois couleurs et portent
« pour inscriptions, d'une part : *Le Peuple Français*, et de l'autre : *La Liberté ou la Mort*.

Cette règle uniforme décrétée pour toutes les Gardes Nationales Sédentaires du Royaume est immédiatement suivie d'une autre qui détermine

---

(1) Espèce de pique de six à sept pieds de longueur qui avait été l'arme des officiers d'infanterie jusqu'en 1710, époque où on leur donna des fusils. Les officiers supérieurs d'infanterie l'avaient conservée jusque vers le milieu du xviiie siècle.

l'organisation des Bataillons des Volontaires Nationaux et fixe les Devoirs ainsi que les Droits de ceux qui les composent.

« Les Bataillons Nationaux comprennent huit
« Compagnies de Fusiliers et une Compagnie de
« Grenadiers, toutes de soixante-trois hommes, y
« compris les officiers. L'effectif total du Bataillon
« est de cinq cent soixante-quatorze hommes.

« Comme dans la Garde Nationale Sédentaire,
« les Officiers et les Sous-Officiers sont nommés à
« l'élection, mais ils ne peuvent être choisis que
« parmi ceux qui ont précédemment servi dans
« les Milices Bourgeoises ou dans les Troupes de
« Ligne. Chaque Bataillon est commandé par deux
« Lieutenants-Colonels; chaque Compagnie a pour
« Officiers, deux Capitaines, un Lieutenant et un
« Sous-Lieutenant. Deux pièces d'artillerie peu-
« vent être attachées à tout Bataillon.

« La Solde est due aux Volontaires depuis le
« jour du rassemblement jusqu'à celui du licen-
« ciement. Ces citoyens sont libres de se retirer
« après chaque Campagne en prévenant deux mois
« d'avance le capitaine de leur Compagnie. La
« Campagne est censée terminée au 1er Décembre
« de chaque année.

« En outre, les Volontaires Nationaux peuvent
« s'absenter par permission, lorsque des affaires
« urgentes les obligent à suspendre momentané-
« ment leur service. Ceux qui quittent le Ba-
« taillon avant son licenciement sont simplement
« tenus de restituer les avances faites par le Gou-
« vernement pour leur habillement et leur équi-
« pement. »

Les conditions faites aux Volontaires Nationaux avaient été habilement rendues libérales et faciles. La quantité considérable des grades qui étaient tous décernés par l'élection permettait à chacun d'espérer une part au Commandement. L'opinion générale était qu'une courte campagne suffirait pour mettre à néant les efforts du *Despotisme* soutenu par l'Étranger, et, dans tous les cas, d'après la déclaration formelle de l'Assemblée, chaque Volontaire restait libre de rejoindre ses foyers si la nécessité l'y rappelait.

Sous l'empire de ces idées, la Population se presse autour des Commissaires nommés dans chaque localité pour organiser les nouveaux Corps. Presque partout l'affluence des Volontaires semble surpasser le contingent réclamé par l'Assemblée, et plusieurs Départements sollicitent l'autorisation de fournir plus de Bataillons qu'il ne leur en a été demandé. En outre, à Paris, à Bordeaux, à Nantes et dans d'autres grandes villes, des jeunes gens riches se forment en Escadrons de Cavalerie et s'engagent d'honneur à faire la guerre à leurs frais pendant une année.

La foi dans les principes formulés par l'Assemblée Constituante, la haine pour l'ancienne servitude représentée par le parti des Émigrés, et le sentiment national qui s'indigne à l'idée de la violation du territoire, excitent si puissamment l'enthousiasme et l'ardeur de ceux qui se nomment eux-mêmes les *Premiers Soldats de la Liberté*, que les Bataillons souffrent impatiemment les retards inévitables de toute organisation. Pour avancer le terme du départ, un grand nombre de Volontaires s'habillent et s'équipent à leurs frais. Les Directoires des Départements obtiennent de l'Assemblée l'autorisation de venir en aide à ceux qui ne peuvent pourvoir à ces dépenses; les villes vident leurs caisses, font des emprunts, passent des marchés à terme et établissent des souscriptions pour acheter des habits, tandis que plusieurs Bataillons, auxquels on a promis des fusils lorsqu'ils seront rendus à destination, partent sans armes pour la frontière.

A peine quelques-uns de ces Corps nouveaux sont-ils parvenus dans les garnisons du Nord qu'un certain nombre de ceux qui les composent éprouve une sensible mortification. Le général de Rochambeau, sous les ordres duquel ils doivent être placés, refuse de les admettre au nombre de ses soldats parce que, dit-il, l'exiguïté de leur taille les rend complétement inhabiles au métier des armes. Une députation de ces généreux enthousiastes se rend alors à Paris, et réclame auprès de l'Assemblée qui leur donne gain de cause contre le général : les Soldats Nationaux sont déclarés dispensés des conditions de taille exigées pour les Troupes de Ligne. Quelques autres difficultés du même genre sont écartées avec non moins de rapidité; les départs se multiplient, et, le 23 Septembre, le Ministre de la Guerre annonce aux Représentants de la Nation que soixante Bataillons sont déjà rendus dans les localités qui leur ont été assignées pour garnisons, et que la plupart des autres vont les suivre incessamment.

A cette époque (septembre), l'effectif de l'Armée reçut un renfort par suite de l'exécution de la Loi Constitutionnelle des Gardes Nationales Sédentaires. La nouvelle organisation, uniforme pour tout le Royaume, n'admettait pas de contingent soldé; en conséquence, les Grenadiers, Chasseurs, Fusiliers et Canonniers qui formaient la Garde Nationale Parisienne Soldée, furent licenciés, et de ces divers éléments on créa les 102e, 103e et 104e Régiments d'Infanterie de Ligne (1), les 13e et 14e Bataillons d'Infanterie légère, ainsi que les 29e et 30e Divisions de Gendarmerie.

Ainsi les anciens Gardes Françaises, qui composaient la plus grande partie de la Garde Nationale Parisienne Soldée, se trouvèrent relégués dans des Corps que leur formation récente plaçait forcément à la *gauche* de leur Arme, tandis qu'avant la Révolution à laquelle ils avaient si puissamment concouru ils occupaient un rang hors ligne dans l'Armée. Le profond mécontentement qui se répandit alors parmi eux fut partagé par les *Patriotes*, qui considéraient ces soldats d'élite comme les premiers auteurs de la Liberté (2).

Mais toute réclamation eût été alors sans effica-

---

(1) Le 102e régiment dans lequel on avait réuni les éléments du Régiment du Roi, licencié après l'insurrection de Nancy, quitta son numéro à cette occasion et fut encore replacé à la gauche de la liste générale avec le numéro 105.

(2) Le licenciement de la Garde Nationale Soldée amena indirectement la création du Conservatoire de Musique : « En 1789, « quarante-cinq musiciens, provenant du dépôt des Gardes Françaises, « furent réunis par M. Sarette, et devinrent le noyau de la musique « de la Garde Nationale de Paris. Le Corps municipal les prit à ses

cité. La Nation s'agitait pour la nomination des Députés à l'Assemblée Législative qui devait remplacer la Constituante, et cette dernière sur son déclin n'avait plus ni pouvoir, ni prestige. Les Contre-Révolutionnaires et les Jacobins travaillaient avec la même ardeur à hâter sa dissolution; la populace, docile aux suggestions des agitateurs, la demandait à grands cris, et, dans le sein même de l'Assemblée, on était généralement fatigué d'une Législature dont la marche, continuellement entravée, avait si peu réalisé les brillantes espérances conçues à son origine.

Peu de jours avant la clôture des travaux languissants dont elle s'occupait alors, Lafayette proposa de décréter une amnistie pour tous les actes relatifs à la Révolution, et le Roi fit une demande

---

« frais en 1790, et porta leur nombre à soixante-dix-huit musi-
« ciens, auxquels se joignirent plusieurs artistes recommandables.
« En 1792, la Garde Nationale Soldée ayant été supprimée, et
« la Municipalité n'ayant plus de fonds pour cet objet, M. Sarette,
« aux frais duquel retombait ce corps de musique, sollicita et obtint
« de la Municipalité de Paris l'établissement d'une École gratuite de
« musique, propre à remplacer les Maîtrises qui n'existaient plus.
« Comme l'École ainsi formée fournissait pendant la guerre des mu-
« siciens à nos armées, le gouvernement accorda les fonds néces-
« saires au traitement des professeurs; et enfin, en 1795, une loi
« fixa définitivement l'organisation de cette école, qui prit le nom de
« Conservatoire de Musique. » *Histoire de la Musique*, par Mme de Bawr.

analogue en faveur de ceux de ses serviteurs qui avaient été compromis lors de sa fuite à Varennes. On approuva ces deux propositions, et les portes des prisons furent ouvertes à tous les militaires prévenus, accusés ou convaincus de délits quelconques depuis le 1er Juin 1789.

Enfin, l'Assemblée Nationale se déclara dissoute le 30 Septembre. Au milieu de difficultés et de périls sans cesse renaissants, elle avait doté la France d'une Constitution qui consacrait des principes depuis longtemps réclamés par la Nation; mais elle-même avait rendu son œuvre impossible, en affaiblissant systématiquement le Pouvoir Exécutif et en ôtant tout prestige au Gouvernement du Roi. Après sa dissolution, les événements se succédèrent avec une telle rapidité que l'ensemble des Lois, qu'elle avait rendues relativement à l'Armée, fut modifié ou annulé en moins de temps encore qu'il n'en avait fallu pour les substituer aux coutumes arbitraires de l'ancienne Monarchie.

CHAPITRE XI.

PROGRÈS DE LA DÉSORGANISATION DANS L'ARMÉE. — SES EFFETS.

(Octobre 1791 — Juin 1792.)

Sommaire.

Assemblée Législative. — Accusations incessantes contre le Ministre de la Guerre Duportail. — Il est remplacé par le général Narbonne.

Lafayette se démet du commandement de la Garde Nationale qui est dévolu alternativement aux six Commandants de Division.

Formation de trois armées commandées par Luckner, Rochambeau et Lafayette. — Tournée de Narbonne sur les frontières. — Il rend compte à l'Assemblée de l'enthousiasme militaire qu'il a partout constaté. — Proposition d'assimiler les Volontaires aux Troupes de Ligne. — Elle est rejetée.

L'ardeur pour la formation des Bataillons de Volontaires suspend le recrutement de l'Armée.

Effets de la dépréciation des assignats sur le bien-être des Troupes et des Volontaires. — Réclamations de Luckner, de Rochambeau et de Lafayette. — Luckner se rend à l'Assemblée. — Denrées fournies aux troupes moyennant des retenues sur leur solde.

Formation de l'armée des Émigrés. — Défiance des dispositions du Roi à leur égard. — Accusations contre les généraux. — Facilité des dénonciations.

Les Corps formés des anciens Gardes Françaises sont maintenus à Paris. — Mécontentement de ceux qui les composent.

Organisation de la Garde Constitutionnelle du Roi. — Son impopularité.

Adoption de la pique par le peuple de Paris. — Députations armées. — Aberrations de l'esprit public.

Égarements de l'esprit de l'Armée. — Refus d'obéir aux règles les plus simples de la discipline. — Réclamations des Corps à l'Assemblée Législative.

Amnistie accordée aux soldats galériens du régiment Suisse de Châteauvieux. — Honneurs que leur accorde l'Assemblée. — Ils sont fêtés par le peuple de Paris. — Adoption définitive du bonnet rouge.

Anéantissement de l'Armée comme force publique intérieure. — Troubles à Noyon. — Assassinat du maire d'Étampes.

Tenue et conduite exceptionnelles des Régiments Suisses. — Désarmement du régiment d'Ernest par la population marseillaise.

Bruits de guerre. — Inaptitude des trois armées pour entrer en campagne. — Défiance des soldats à l'égard des officiers et des généraux. — Position pénible des officiers ex-nobles. — Leurs duels avec leurs camarades révolutionnaires. — Accusation contre les officiers constitutionnels. — Marat excite les soldats à massacrer les généraux.

Commencement d'hostilités. — Tentative sur la Belgique. — Fuite honteuse des armées. — Massacre, à Lille, du colonel Berthois et du général Théobald Dillon. — Réaction momentanée en faveur de l'ordre et de la discipline militaire dans l'Assemblée Législative. — Repentir des troupes coupables.

Influence des événements de Lille dans l'Armée en général. — Les régiments des Hussards des Berchiny, des Hussards de Saxe et Royal-Allemand passent à l'ennemi. — Désorganisation croissante dans les cadres des officiers.

L'Assemblée Législative succède à la Constituante, et, dès l'origine, elle présente l'image de l'anarchie qui déchire le Royaume. Les partisans de la Constitution, tout en lui reconnaissant des imperfections, la considèrent comme le seul étendard autour duquel puissent se rallier les gens de bien ; ils occupent les ministères, ainsi que tous les hauts grades de la Garde Nationale, et comptent dans leurs rangs un grand nombre de Généraux et d'Officiers de l'Armée. Les Jacobins modérés, ceux qui doivent bientôt former le parti de la Gironde, visent surtout, sans principes politiques bien arrêtés, à remplacer les Constitutionnels au Pouvoir; dans leurs fréquentes attaques contre ceux qu'ils veulent renverser, ils sont soutenus par les Révolutionnaires exaltés qui donnent, au parti hostile au Gouvernement, une force et une majorité imposantes. Les démocrates exagérés des Clubs des Jacobins et des Cordeliers, sont tout-puissants sur la populace qu'ils ont à leur disposition.

L'attitude de l'Assemblée Législative, malveillante dès l'origine à l'égard du Pouvoir, fait que chaque embarras, chaque difficulté d'administration, chaque faute d'un agent inférieur, fournit un prétexte pour accuser les Ministres de négligence, de mauvais vouloir et même de trahison. En raison des circonstances, le Ministre de la Guerre est plus que ses collègues en butte aux incriminations des partis: l'application du décret d'amnistie à quatre soldats incarcérés à Blois souffre quelques légers retards involontaires; aussitôt le Ministre est dénoncé à l'Assemblée comme faisant libérer les seuls *aristocrates*, et laissant à dessein les *patriotes* dans les fers.

Quelques erreurs de détail, presque inévitables dans la création soudaine et la mise en marche immédiate d'une centaine de Bataillons de Volontaires, deviennent aussi des causes d'accusations contre le même fonctionnaire. La plupart de ces Corps nouveaux se considèrent comme ayant quelque sujet de plainte à adresser à l'Assemblée Nationale : les uns ne voient pas arriver assez vite au gré de leur impatience les effets d'habillement et d'équipement qui leur sont nécessaires; d'autres, rendus aux destinations où ils devaient recevoir des fusils, ont trouvé les magasins d'armes des Arsenaux déjà vidés par les ordres des généraux.

Un des principaux griefs, fréquemment élevé à la Tribune contre le Ministre de la Guerre, est relatif aux retards qu'éprouve le remplacement d'environ deux mille Officiers qui ont quitté leurs Régiments pour émigrer.

La cause de ces lenteurs était surtout l'impossibilité de remédier à un vide aussi considérable par la voie ordinaire de nominations successives. De nombreux Officiers avaient reçu des brevets pour remplacer leurs supérieurs émigrés; mais, d'après la Loi récente, l'avancement roulant, non plus dans chaque Régiment, mais bien sur chacune des Armes, les uns avaient de longues étapes à parcourir avant d'être rendus à leur nouvelle destination, les autres n'acceptaient pas un nouveau grade qui les obligeait à quitter le Corps dans lequel ils étaient connus et estimés. En outre, par l'effet de la marche progressive de la Révolution, des émigrations produisaient chaque jour des vacances nouvelles dans les cadres (1).

A ces diverses accusations contre le Ministre de la Guerre, certains Députés, qui n'ont pu obtenir pour leurs protégés les emplois qu'ils ont sollicités, joignent le reproche de népotisme. Fatigué de ces attaques incessantes, le Général Duportail se démet du Portefeuille de la Guerre et il est remplacé (6 décembre) par le Maréchal de camp de Narbonne, que son zèle et son activité préservent momentanément des récriminations devant lesquelles son prédécesseur a cru devoir se retirer. Partisan de la Guerre, le nouveau Ministre propose à l'Assemblée la formation sur la frontière du Nord de trois armées dont le commandement serait dévolu à Luckner, à Rochambeau et à Lafayette.

Ce dernier s'était présenté au Conseil général de la Commune quelques jours après la dissolution de la Constituante, et y avait exprimé l'opinion

---

(1) Par une singulière bizarrerie d'esprit, on vit quelques-uns des officiers récemment promus qui, dans l'idée que cette faveur leur conférait la noblesse, allèrent rejoindre à Coblentz ceux qu'ils avaient momentanément remplacés au régiment.

que tous les pouvoirs créés par la Révolution devaient cesser d'exister au moment où la Constitution allait être mise en pratique. Il s'était en conséquence démis du Commandement général de la Garde Nationale (8 octobre). Ces fonctions durent désormais, sur sa proposition, être alternativement exercées pendant un mois par chacun des six Commandants de Division. Les uns attribuèrent à des motifs honorables l'initiative prise en cette circonstance par Lafayette. Les autres le taxèrent de la vanité de ne pas vouloir de successeur.

Les soixante Bataillons de la Milice Bourgeoise s'accordèrent pour décerner de nombreuses marques d'estime et de regret au général démissionnaire (1); mais cette sympathie ne fut pas partagée par l'ensemble de la Population Parisienne. Les *Patriotes* n'avaient pas oublié que Lafayette avait fait exécuter la Loi Martiale au Champ de la Fédération. Aussi lorsque quelques jours après sa renonciation au commandement, il brigua les

---

(1) Entre autres marques honorifiques, on lui décerna une médaille et une épée avec garde en or, portant cette inscription :

A LAFAYETTE

L'ARMÉE PARISIENNE RECONNAISSANTE,

L'AN III DE LA LIBERTÉ.

Il reçut aussi une statue de Washington.

suffrages des Sections pour obtenir la place de Maire de Paris, vacante par la démission de Bailly, il se vit préférer son concurrent Pétion. Nommé lieutenant général peu après, il alla prendre à Metz le commandement de l'une des trois armées dont l'Assemblée, sur la proposition du Ministre, avait approuvé la formation.

Dans une tournée rapide sur les frontières, Narbonne remet à Luckner ainsi qu'à Rochambeau les bâtons de Maréchaux qui leur ont été concédés par le Roi, et il règle avec les trois Généraux les plans de campagne que les circonstances peuvent rendre nécessaires. De retour à l'Assemblée, il lui rend le compte le plus favorable des résultats de son inspection. « Il a vu, » dit-il, « travailler de tous côtés
« à la réparation des fortifications. Les Arsenaux,
« les Fonderies et les Manufactures d'armes dé-
« ploient la plus grande activité. De Dunkerque à
« Besançon, la frontière est couverte par deux cent
« quarante Bataillons, soixante Escadrons et une
« Artillerie suffisante pour deux cent mille hom-
« mes. Les magasins de vivres et de fourrages assu-
« rent la subsistance de deux cent trente mille
« hommes pour six mois. Six mille chevaux sont
« déjà mis à la disposition de l'Artillerie qui en at-
« tend encore six mille autres. Il est pourvu d'une

« manière aussi satisfaisante au service des Ambu-
« lances. »

Narbonne avoue néanmoins qu'il manque cinquante mille hommes pour que l'Armée soit au
complet: « Ce déficit, » ajoute-t-il, « provient de ce
« que le recrutement des Troupes de Ligne est pres-
« que entièrement suspendu, depuis que la classe
« qui fournissait le plus aux enrôlements se préci-
« pite dans les Bataillons de Volontaires. On ne pour-
« rait au moment actuel ranimer le recrutement
« qu'en admettant pour les engagements militaires
« des conditions trop onéreuses. Le moyen qui pa-
« raît le plus naturel et le plus prompt pour com-
« bler le vide inquiétant qui existe dans l'Armée
« serait d'astreindre les Bataillons Volontaires aux
« règlements des Troupes de Ligne. D'après l'en-
« thousiasme guerrier qui anime les Corps récem-
« ment organisés, cet autre sacrifice à la Patrie
« sera certainement accepté avec joie par ses nou-
« veaux défenseurs. »

La proposition du Ministre soulève les vives
réclamations de la majorité de l'Assemblée. Certains Députés objectent que si les Volontaires font
partie de l'Armée, la discipline militaire affaiblira
certainement en eux l'esprit de Liberté et lui substi-
tuera une soumission aveugle aux volontés des

Chefs. D'autres taxent Narbonne de perfidie et l'accusent de tendre ainsi avec intention à la désorganisation des Gardes Nationales : « Bien loin de
« songer à transformer les Volontaires en Troupes
« de Ligne, » ajoutent-ils, « les amis de la Liberté
« doivent au contraire appeler de tous leurs vœux
« le moment où l'Armée entière ne sera composée
« que de Gardes Nationales. Un déficit de cin-
« quante mille hommes a-t-il donc quelque impor-
« tance au moment où le Pays tout entier est prêt
« à se lever pour la défense de ses droits? Qu'on
« le signale à la Nation, et l'on verra immédia-
« tement surgir plus de soldats qu'il n'en faut
« pour le combler. » L'Assemblée décide en conséquence que, dans aucun temps et sous aucun prétexte, l'Armée ne pourra se recruter parmi les Gardes Nationales en activité.

Des proclamations sont ensuite envoyées dans les Départements pour engager les jeunes citoyens à entrer dans les Troupes de Ligne ; mais ces excitations restent sans effet. C'est en vain que, sur l'invitation qui leur a été adressée, les Municipalités encouragent les jeunes gens à se présenter aux Recruteurs des régiments. Les éloges donnés soit par l'Assemblée, soit par les feuilles publiques, à quelques faibles contingents réunis avec peine pour faire partie des Corps militaires, n'exercent pas d'action sur l'esprit général de la Population : elle reste sourde à ces appels, tandis qu'elle continue avec ardeur à grossir les rangs des Corps volontaires auxquels les ovations les plus chaleureuses sont universellement prodiguées.

Sur les routes qu'ils parcourent pour se rendre aux divers postes qui leur ont été assignés, les nouveaux Bataillons ne reçoivent que félicitations et qu'applaudissements. Les Officiers Municipaux des différentes localités viennent à leur rencontre, et partout les Gardes Nationales Sédentaires sont sous les armes pour leur faire honneur. A leur passage, les villes et les villages sont pavoisés; on les invite aux cercles et aux théâtres; ici on illumine; ailleurs on tire le canon. Quand ils partent, on les reconduit aussi loin que possible en leur assurant qu'on les rejoindra bientôt. En exécution de cette promesse, l'Assemblée Nationale voit se multiplier les demandes d'autorisation de créer encore des Bataillons Nationaux, tandis que le recrutement des Troupes de Ligne, qu'elle s'efforce en vain de raviver, continue à rester en souffrance.

D'un autre côté, l'Armée se ressent du fâcheux état des finances qui a amené la création des assignats. Suivant les localités, les Soldats et les Volontaires ne reçoivent que la moitié ou même le quart de leur solde en argent, et la dépréciation du papier-monnaie, combinée avec le renchérissement des denrées, sensible surtout aux points de rassemblement, influe sur la subsistance des Troupes de manière à préoccuper vivement les généraux.

Luckner, Rochambeau et Lafayette réclament plusieurs fois pour que les troupes soient entièrement soldées en numéraire; mais leurs démarches sont entravées par le patriotisme mal entendu de plusieurs Bataillons de Volontaires qui déclarent ne vouloir plus être payés qu'en assignats et qui, par des proclamations, engagent leurs camarades des autres Bataillons et des Régiments à suivre leur exemple. Aussi les trois Généraux, voyant dépérir leurs troupes, insistent-ils pour que du moins on accorde à ceux qu'ils commandent une indemnité équivalente à la dépréciation du papier-monnaie.

Luckner vient enfin représenter lui-même à l'Assemblée Nationale que la résignation avec laquelle ses subordonnés supportent la misère à laquelle on les condamne, lui impose impérieusement le devoir d'insister sur la nécessité de mettre un terme à leurs privations. « Les Soldats et les Volon- « taires, » dit-il, « n'ont pas une nourriture suffisante. « Les Officiers sont privés des moyens de s'équiper

« pour la campagne prochaine, et plusieurs sont ré-
« duits au désespoir par l'impossibilité de faire vi-
« vre leurs femmes et leurs enfants. » L'Assemblée
émue décrète alors que des denrées en nature, fournies par des entrepreneurs qui passeront des marchés avec le Gouvernement, seront délivrées aux
Troupes moyennant des retenues sur leur solde.

Cette décision ne fut pas rendue sans une vive
opposition de la part de certains Députés qui, soupçonnant partout la trahison, prétendaient qu'il
était de la dernière imprudence de s'en remettre
au Ministre et aux États-Majors du soin d'assurer
la subsistance de l'Armée. La défiance à l'égard du
Pouvoir, exagérée à dessein par le parti qui tendait à le renverser, était partagée à divers degrés
par la majorité des Représentants, et des causes
nombreuses la motivaient. Le Roi, bien qu'il eût
résolu de gouverner suivant la Constitution, ne pouvait se décider à méconnaître les liens qui l'unis-
saient à ses sujets armés au delà du Rhin pour sa
cause ; son refus de sanctionner les rigoureux décrets rendus par l'Assemblée contre les Émigrés,
faisait douter de la sincérité des Proclamations par
lesquelles il engageait les Princes, ses frères, et tous
les Français expatriés à rentrer dans le Royaume.

De leur côté, les Émigrés ne voyaient dans

l'expression de la volonté du Monarque que des manifestations arrachées par la force à un Souverain captif, et ils ne ralentissaient aucun de leurs préparatifs. Leur armée s'organisait chaque jour davantage ; on y voyait se reformer les anciens Corps de la Maison Militaire : Chevau-Légers, Mousquetaires et Gendarmes de la Garde. Un service actif de recrutement était établi dans les Départements frontières et des registres ouverts à Luxembourg recevaient les noms des enrôlés ; on savait à Paris que des officiers, figurant encore en France dans leurs Régiments, s'y étaient fait inscrire à l'avance, et l'on n'ignorait pas que des Militaires Emigrés, dont l'absence n'était pas encore officiellement constatée, recevaient leurs appointements par l'entremise de leurs camarades restés en France. Des ouvriers de Strasbourg étaient activement employés à confectionner des uniformes pour l'armée des Princes, et le Général François Wimpfen avait dénoncé au Maréchal Luckner des ouvertures qui lui avaient été faites pour l'engager à livrer la ville de Brisach aux Emigrés.

Ces faits réels, amplifiés par des exagérations de toutes sortes, entretenaient l'irritation du sentiment national. La défiance engendrant la calomnie, tous les Fonctionnaires qui ne partageaient pas les idées des Révolutionnaires les plus avancés furent représentés par eux, dans les feuilles publiques et dans les harangues aux Sociétés Populaires, comme concourant à la Réaction qui se promettait d'étouffer la Liberté : tous les Généraux furent ainsi successivement accusés de trahison.

La facilité des dénonciations était favorisée par l'exercice du Droit de Pétition reconnu à tous les citoyens. Les envoyés des Départements, des Municipalités, des Sections de Paris et des Sociétés Populaires se succédaient à la barre de l'Assemblée, pour y exprimer leurs soupçons et demander la punition de ceux qu'ils accusaient. Parfois, les Législateurs délibéraient séance tenante sur l'objet des propositions des Députations ; les Représentants les plus révolutionnaires avaient ainsi un moyen commode d'amener la discussion sur des questions dont ils n'eussent pas voulu prendre l'initiative. D'ordinaire, le Président de l'Assemblée accordait aux pétitionnaires les honneurs de la séance : c'était une invitation d'assister à la délibération du jour.

Les demandes, auxquelles le Corps Législatif ne donnait pas satisfaction une première fois, étaient renouvelées avec persistance par des Députations successives. C'est ainsi que les délégués des Sections de Paris n'avaient cessé, depuis la réunion de l'Assemblée Législative, de réclamer la révocation du décret qui avait incorporé dans l'Armée la Garde Nationale Parisienne Soldée. Le thème continuel était, d'abord, la crainte de voir les anciens Gardes Françaises partir pour les frontières en abandonnant la Capitale aux complots du *despotisme*, et ensuite, l'étonnement qu'inspirait à la Nation l'ingratitude des nouveaux Représentants envers ceux qui avaient coopéré les premiers à la conquête de la Liberté (1).

Cette ténacité avait fait déroger l'Assemblée au décret qui interdisait à tout Corps de l'Armée de séjourner à moins de trente mille toises de l'En-

---

(1) L'orateur d'une de ces députations s'exprima ainsi : « C'est au « commencement de la Révolution que la Commune de Paris a con- « tracté l'obligation de conserver les anciens Gardes Françaises, après « les avoir incorporés dans la Garde Nationale. La ville de Paris, en « prenant cette troupe courageuse, s'est chargée d'acquitter la dette « de la nation entière......... Aujourd'hui, pour prix de ses services, « on veut lui faire quitter la Capitale ; de premier régiment, elle doit « devenir le dernier de l'Armée. Les despotes, dans leurs fureurs, « n'en auraient pas tiré une vengeance plus raffinée. C'est aux « Gardes Françaises que le pays doit son salut, sa liberté et la Consti- « tution. Sans eux, Paris ne serait plus qu'un monceau de ruines « sur lesquelles dominerait la Bastille........ Vous ne laisserez pas « sans doute aux ennemis du bien public le prétexte d'exciter de « nouvelles insurrections parmi les autres soldats de l'Armée, en « leur faisant craindre de semblables récompenses, et vous conser- « verez auprès de vous de braves militaires prêts à mourir pour la « Liberté. »

ceinte Législative : les trois Régiments de Ligne, les deux Bataillons d'Infanterie Légère et les deux Divisions de Gendarmerie, formés de la Garde Nationale Parisienne Soldée, avaient été provisoirement maintenus à Paris, et ils y continuaient leur service sous leur nouveau nom (Novembre 1791).

Cette faveur exceptionnelle n'avait pas satisfait entièrement les *Patriotes*, non plus que les Gardes Françaises, qui envoyèrent à l'Assemblée une députation chargée d'exposer leurs griefs : « Par une « combinaison perfide, » disent ces délégués, « le « Pouvoir Exécutif trame la perte des premiers dé- « fenseurs de la Liberté. Leurs antécédents et « leur dévouement bien connu à la Cause Natio- « nale ont attiré sur eux la haine de l'Autorité. « Son mauvais vouloir à leur égard vient de se ma- « nifester ouvertement, puisque la qualité d'an- « cien Garde Française a été une cause d'exclu- « sion pour ceux de leurs camarades qui ont « demandé à entrer dans la Garde Constitution- « nelle du Roi. »

Ce Corps nouveau, concédé au Roi par la Constitution, venait d'être organisé par le lieutenant général de Brissac, auquel avait été dévolu le commandement des douze cents hommes d'Infanterie et des six cents hommes de Cavalerie dont il se composait. Dans un désir de popularité, le Roi avait voulu que tous les Départements, tous les Régiments et tous les Bataillons de la Garde Nationale concourussent à sa formation ; en conséquence, chacun d'eux avait envoyé deux ou trois individus choisis parmi ceux qui remplissaient, suivant lui, les conditions exigées pour faire partie de ces nouveaux Gardes du Corps.

Plusieurs Départements avaient désigné pour cet emploi des membres de Sociétés Populaires affiliées aux Jacobins ; aussi avait-on procédé, à Paris, à un triage d'admission qui avait irrité ceux dont il avait amené l'exclusion, en même temps qu'il avait impliqué à la Garde Constitutionnelle l'apparence d'un Corps exclusivement composé de Royalistes. Cette Troupe était d'ailleurs en butte à la jalousie de la Garde Nationale qu'elle avait dépossédée du privilège de faire le service intérieur des Tuileries. Les Gardes Constitutionnels étaient en outre représentés, par les orateurs du parti populaire, comme des sicaires prêts à soutenir tous les projets liberticides de la Cour ; ils étaient, en conséquence, envisagés comme des ennemis par les ouvriers de la Capitale et par le peuple des faubourgs.

La population ouvrière, loin de voir se réaliser le bien-être qu'on lui avait toujours fait présager comme la suite inévitable de l'établissement de la Constitution, était en proie à la détresse qui résultait de trois années de Révolution. Le pain était cependant à bon marché; mais les séances des Clubs et l'agitation dans la rue étaient devenues des besoins qui engendraient la misère en proscrivant toute idée de travail. Beaucoup d'ouvriers, ainsi qu'ils le disaient naïvement eux-mêmes, avaient renoncé à leurs métiers pour se consacrer entièrement à la Révolution. Ils accusaient de leur malaise la Constitution, les Émigrés, le Roi, la Reine, la Liste Civile, les traîtres, tout enfin, hormis ceux qui flattaient leurs idées en surexcitant leurs plus mauvaises passions.

La multiplicité des Sociétés Populaires, qui n'avaient de fraternel que le nom, et les succès journaliers qu'obtenaient les vociférations violentes de tribuns ignorants, avaient fait surgir une foule d'orateurs de bas étage et mis à l'ordre du jour une phraséologie aussi sinistre que déclamatoire. Le bas peuple, continuellement surexcité, en étant venu à vouloir s'armer lui-même pour se défendre contre les ennemis qu'on désignait sans cesse à sa colère, la cherté des armes à feu lui avait fait adopter les haches, les broches, les fourches et surtout les piques. Bientôt chaque *patriote* ne marcha plus que muni d'une de ces armes auxquelles l'art de l'ouvrier avait cherché à donner l'apparence la plus terrible.

Armés de longs bâtons surmontés de lames qui affectent toutes sortes de formes (1), de redoutables pétitionnaires se présentent chaque jour à la barre pour déclarer à l'Assemblée qu'ils sont prêts à combattre les ennemis de la Constitution et à purger la terre des amis du Roi. D'autres fois, il s'agit d'obtenir des lois de mort contre les accapareurs, les conspirateurs, les aristocrates et les ennemis de la Liberté. Le refrain inévitable de ces déclamations est qu'on veut vivre libre ou mourir (2).

---

(1) Parmi les piques que l'on construisait de tous côtés, on distinguait les suivantes : piques à feuilles de laurier, à trèfles, à carrelet, à broche, à cœur, à langue de serpent, à fourchons, avec hache d'armes, à ergot, à corne tranchante, à lance hérissée d'épines de fer, etc., etc.
(2) Vers le milieu du mois de Janvier, la cherté des denrées de première nécessité était le prétexte des émeutes incessantes dont Paris était depuis longtemps le théâtre, et cependant le pain de quatre livres ne coûtait qu'onze sols; mais le prix du sucre, qu'avait fait renchérir l'état désastreux des Colonies, excitait surtout l'irritation. Des approvisionnements du commerce, traités d'accaparements, furent incendiés; d'autres furent mis au pillage. A la suite de ces désordres, l'orateur d'une députation du faubourg Saint-Antoine prononça, à

Ces harangues boursouflées, où il est généralement impossible de comprendre autre chose que des projets de violences ou de meurtres, reçoivent néanmoins les applaudissements de l'Assemblée Législative. Les députations, après avoir défilé devant les Représentants, sont admises aux honneurs de la séance ; la mention honorable, faite au procès-verbal, du patriotisme des pétitionnaires sa-

---

l'Assemblée Nationale, la harangue suivante qui fait connaître l'esprit de toutes les autres : « Les citoyens du faubourg Saint-Antoine
« laissent aux femmes, aux vieillards et aux enfants à crier pour du
« sucre. Les hommes du 14 Juillet ne se battent pas pour des bon-
« bons ; la nature agreste et sauvage dans notre canton n'aime que le
« fer et la liberté...... Que les conspirateurs, que les accapareurs,
« que les ennemis de l'ordre apprennent qu'à l'instant où leurs bri-
« gands soudoyés invitaient le *Peuple* à la violation des propriétés,
« nous forgions tranquillement les piques qui doivent les extermi-
« ner, les scélérats ! Ils voulaient mettre aux prises le *Peuple* avec la
« Garde Nationale ; qu'ils sachent que les trois bataillons du fau-
« bourg et le *Peuple* ne font qu'un..... Qu'ils tremblent donc ces
« perturbateurs du repos public ; la patience du *Peuple* semble
« s'épuiser.
« Nous dénonçons ici tous les accapareurs en tout genre. Jusqu'aux
« denrées de première nécessité, tout est sous la main avide des
« assassins du *Peuple*. Ces brigands parlent propriété ; cette pro-
« priété n'est-elle pas un crime de lèse-nation ? Au récit de la misère
« publique, le tocsin de l'indignation contre ces mangeurs d'hommes
« ne sonne-t-il pas dans vos cœurs sensibles ? Le commerce languit, et
« s'il a donné quelque signe de vie, c'était l'effet de l'accaparement.
« De tous les coins de l'empire, le *Peuple*, qui n'a d'autre nourriture
« qu'un pain trempé de ses sueurs et de ses larmes, vous crie : Loi
« de mort contre les accapareurs ! Loi de mort contre les fonction-
« naires qui protégent l'accaparement ! Mort aux conspirateurs qui
« provoquent l'incendie, le pillage et le meurtre ! Mort à ces favoris

tisfait la vanité des orateurs démagogues et contribue à en engendrer de nouveaux. Sous l'influence de ces ovations exagérées à dessein par les agitateurs pour entretenir le feu sacré de l'insurrection, l'esprit public s'égare de plus en plus. Des citoyennes viennent à leur tour déclarer qu'elles veulent aussi s'armer pour soutenir la Constitution et combattre les tyrans qui à coup sûr, disent-elles, ne les épargneraient pas. On les autorise à s'exercer aux armes, les fêtes et les dimanches, dans le champ de la Fédération, et la trop fameuse

---

« du monopole qui, désespérés de voir le *Peuple* et le Maire de Paris
« unis par le patriotisme et l'amour de l'ordre, infectent la capitale
« de leurs placards bleus, cherchent à flétrir de leur haleine impure
« la couronne des magistrats citoyens, et ne s'agitent avec tant de
« fureur que pour voir une seconde fois le drapeau rouge annoncer
« des jours d'horreur et de sang! Mort surtout à ces bandits gagnés
« par les aristocrates qui, sous la livrée honorable du *Peuple*, insul-
« tent aux lois et demandent à grands cris le massacre et la guerre
« civile !
  « Nous venons ici jurer, au nom de 40,000 hommes armés, un
« amour éternel pour la déclaration des droits de l'homme; nous
« jurons de laisser végéter en paix ces vils esclaves qui n'ont pas
« assez de courage pour apprécier la dignité d'un homme libre; mais
« qu'ils ne s'y trompent pas: au moindre complot contre l'Assemblée
« Nationale, à la moindre lésion des droits du *Peuple*, seul souve-
« rain, la nuit du tombeau engloutira leurs cadavres, ou la posté-
« rité dira : *Là, fut jadis le faubourg Saint-Antoine.*
  « Les citoyens de ce faubourg......, etc., etc., etc. »
  Le Président accorde à la députation les honneurs de la séance. Elle traverse la salle au milieu des applaudissements de l'Assemblée et des tribunes.   (Séance du 26 janvier 1792.)

Théroigne de Méricourt organise son Bataillon d'Amazones (1).

L'Armée, qui a déjà éprouvé tant de secousses et qui est sans cesse en butte aux suggestions des divers partis, n'échappe pas à la contagion générale. Les attaques portées à la tribune contre le Ministre de la Guerre et les Généraux, les calomnies et les déclamations des journaux révolutionnaires et des Sociétés Populaires contre l'incivisme des États-Majors, concourent, ainsi que l'exemple de l'insubordination des Volontaires, à pervertir de plus en plus l'esprit militaire. Les sentiments des soldats se faussent sur les obligations les plus simples de la discipline et de l'obéissance.

Les prescriptions les plus ordinaires donnent lieu à des actes de rébellion. Ainsi, en vertu du décret qui prescrit l'usage exclusif de Drapeaux tricolores, les différents Corps reçoivent l'ordre

---

(1) Théroigne de Méricourt, après avoir ruiné plusieurs grands seigneurs, était tombée, en 1789, parmi les courtisanes de bas étage, lorsqu'elle imagina de chercher fortune dans le bouleversement révolutionnaire. Elle avait joué un rôle très-actif dans les journées des 5 et 6 octobre 1789, et elle présida à des assassinats qui précédèrent l'attaque des Tuileries, le 10 août 1792. Quelque temps après, elle fut arrêtée dans le jardin des Tuileries par des gens qui la fouettèrent publiquement, et dès lors son exaltation politique dégénéra en folie.

Elle vécut vingt ans à la Salpêtrière dans l'état de démence et d'abrutissement le plus hideux, et mourut en 1817.

de renvoyer leurs anciens Drapeaux à Paris. Cette injonction excite à Rennes le mécontentement d'un Bataillon du 48° Régiment (ci-devant d'Artois), qui veut suspendre ses enseignes à la nef de la Cathédrale. Les soldats s'insurgent et la Municipalité, qui leur prête appui, fait arrêter le lieutenant-colonel de Savignac et quatre officiers, coupables à ses yeux de vouloir exiger que l'ordre émané de l'Autorité Supérieure soit strictement exécuté.

Dans cette disposition générale des esprits, un Règlement sur le service intérieur, rédigé d'après les bases de la Constitution, est envoyé à toute l'Armée. Quelques-unes de ses prescriptions froissent les sentiments d'indépendance qui se sont enracinés dans le plus grand nombre des Corps. A Béthune, le 45° Régiment (ci-devant La Couronne), refusant de s'y conformer, députe trois Délégués chargés de demander à l'Assemblée Législative la révision des articles qu'il désapprouve et qui, d'après lui, ne peuvent être émanés que d'un aristocrate.

La connaissance de ce Règlement produit sur la Garnison de Lille le même effet que sur celle de Béthune. Trois régiments d'Infanterie, un régiment de Cavalerie et un Bataillon de Volon-

taires se réunissent pour adresser à l'Assemblée Nationale une protestation collective : « Ils déplorent, » disent-ils, « de se voir soumis à une dis-
« cipline qui ne respire que l'esclavage et la
« tyrannie. Parmi les règles qu'on prétend leur
« imposer, plusieurs sont plutôt dignes de pitié
« que d'attention. Cette œuvre, attentatoire à la
« Liberté, n'est certainement pas l'ouvrage d'une
« Assemblée Nationale ; elle ne peut provenir que
« d'un Ministre despote qui veut allumer la dis-
« corde et amener l'insubordination dans l'Armée.
« En conséquence, ils dénoncent Narbonne, son
« auteur, comme prévaricateur et réfractaire à
« la Loi. »

Des Députés se fondent sur cette accusation pour reprocher au Ministre de délaisser les grands intérêts dont il est chargé, afin de se préoccuper uniquement de détails puérils et despotiques, bons pour l'ancien régime, mais qui ne doivent plus subsister dans un temps de Liberté. En vain le Comité Militaire rappelle que le Règlement incriminé est la conséquence de la nouvelle Constitution de l'Armée, la faction subversive en demande la révision avec acharnement. Elle convient, à la vérité, que les faits d'insubordination signalés à l'Assemblée sont regrettables; mais elle ajoute qu'ils ne doivent être considérés que comme de légères erreurs d'un *patriotisme* qui exagère le sentiment de la Liberté.

C'est en présence de soldats délégués par leurs camarades insurgés, et auxquels on a accordé les honneurs de la séance, que le Ministre est obligé de venir justifier devant l'Assemblée les mesures qu'il a prescrites en vue de la discipline et du bien-être des Troupes. Après une allocution chaleureuse, il fait ressortir les dangereuses conséquences du droit que s'arrogent les Régiments en envoyant directement leurs réclamations au Pouvoir Législatif, et il parvient à convaincre la majorité de ceux qui l'écoutent. Mais, comme en d'autres circonstances, cette persuasion momentanée n'amène qu'un entraînement passager et n'aboutit à aucun résultat : peu de jours après, l'Assemblée donne encore un exemple mémorable de sa faiblesse devant les efforts des Révolutionnaires qui concourent si activement à désorganiser l'Armée.

Dès son origine, elle avait affecté de considérer comme d'intéressantes victimes de l'arbitraire les militaires punis pour toutes sortes de méfaits. Des soldats du Régiment de Beauce, qui était resté plusieurs mois dans l'insubordination la plus complète, des déserteurs, des sous-officiers qui avaient rogné des monnaies étaient devenus à ses yeux des *patriotes* persécutés, et, lors de leurs réclamations, les honneurs de la séance leur avaient été successivement accordés. Ce sentiment se manifesta surtout à l'égard des quarante soldats du Régiment Suisse de Châteauvieux qui avaient été condamnés aux galères, à la suite de l'insurrection de Nancy (1).

En vertu des Capitulations qui garantissaient aux Troupes Helvétiques l'exercice de leur justice nationale, ces soldats n'avaient pu bénéficier de l'amnistie générale décrétée par la Constituante à l'époque de sa dissolution. L'opinion favorable à toutes les insurrections ne pouvait manquer de s'émouvoir à leur égard : elle les représenta d'abord comme des victimes des dissensions civiles, en faveur desquelles la simple humanité devait porter à l'indulgence, et de nombreuses pétitions demandèrent leur grâce à l'Assemblée Législative.

Peu après, le sentiment révolutionnaire qui se développe chaque jour, les transforme en martyrs expiant des tentatives en faveur de la Liberté. A l'exemple du Club des Jacobins, des souscriptions

---

(1) Les condamnés étaient au nombre de quarante et un ; mais l'un d'eux était mort au bagne.

s'ouvrent pour eux dans la plupart des villes. Sur divers théâtres de la Capitale, on représente des pièces de nature à les réhabiliter dans l'opinion publique et à faire taxer leurs juges de cruauté (1). Bientôt des feuilles périodiques proposent de déchirer le contrat international par l'effet duquel ces soldats persécutés restent détenus à Brest, en dépit, disent-elles, du cri de l'humanité, du vœu de la France entière et du désir hautement manifesté par la majorité des Représentants de la Nation.

Les sophismes des orateurs Girondins parviennent enfin à obtenir de l'Assemblée l'infraction aux Capitulations devant laquelle elle a longtemps reculé (janvier), et il est décidé que les Suisses de Châteauvieux seront mis en liberté. Avant de valider ce décret par son approbation, le Roi, seul observateur de la Loi en cette circonstance, demande l'assentiment du Conseil Helvétique qui déclare s'en rapporter à sa sagesse. Le Monarque sanctionne alors le décret ; mais les retards néces-

---

(1) *Le Suisse de Châteauvieux*, pièce en deux actes, par d'Orvigny, représentée sur le théâtre de Molière, rue Saint-Martin.

On joua aussi *Le Mariage de Rosette* ou *La suite du Suisse de Châteauvieux*, et plusieurs autres pièces analogues par l'intention et par le but vers lequel elles tendaient.

sités par la correspondance diplomatique le font accuser d'avoir voulu prolonger à plaisir le martyre de ceux qu'on appelle alors les héroïques soldats de Châteauvieux.

Les galériens libérés se mettent en route pour Paris. Après avoir reçu, dans toutes les villes qu'ils traversent, les ovations des Sociétés affiliées aux Jacobins, ils se présentent à l'entrée de l'Enceinte Législative, escortés par un immense concours d'hommes et de femmes portant des haches, des piques et des drapeaux (9 avril). Des Représentants et le public des tribunes demandent à grands cris qu'ils soient immédiatement introduits et admis aux honneurs de la séance, tandis que des Députés courageux expriment, au contraire, leur juste indignation. Le colonel François de Jaucourt rappelle qu'une amnistie n'est pas un triomphe ; qu'on peut autoriser ces condamnés graciés à exprimer leur reconnaissance ; mais que les honneurs qui leur seraient accordés constitueraient un encouragement à l'insubordination de l'Armée, et insulteraient aux mânes des soldats et des Gardes Nationaux morts à Nancy pour le triomphe de la Loi.

Ce discours chaleureux excite des murmures. Le maréchal de camp Gouvion représente ensuite que son frère, marchant à la tête de la Garde Nationale de Metz, est tombé, à Nancy, sous les balles des insurgés de Châteauvieux, ainsi que beaucoup de ceux qu'il commandait. Il déclare qu'il ne peut consentir à voir flétrir leur glorieuse mémoire par l'ovation de ceux qui les ont frappés. Des voix insultantes lui répondent qu'il est libre de se retirer.

L'Assemblée décide que les Suisses de Châteauvieux recevront les honneurs de la séance ; un petit nombre de Représentants indignés se précipitent hors de l'Enceinte Législative, tandis que les ex-galériens et leur tumultueuse escorte font irruption dans la salle au son du tambour auquel se mêlent les applaudissements des Députés et les acclamations du public des tribunes.

Quelques jours après (15 avril), le Peuple Parisien offre aux mêmes *héros* une fête organisée par les Sociétés Patriotiques. Les meneurs ont surtout à cœur de démentir les bruits qui ont prédit que ce jour verrait éclore une suite de désordres et de malheurs ; bien qu'aucune autorité légalement constituée ne s'occupe des détails de la cérémonie, et malgré l'absence de tout représentant de la force publique, l'affluence énorme qui compose le cortége ne donne lieu à aucun fait regrettable. Ceux qui blâment cette manifestation s'abstiennent de paraître; de ce nombre est la majorité des Gardes Nationaux qui, pour être prêts à toute éventualité, ont doublé le contingent ordinaire des postes qu'ils occupent; mais cette précaution devient inutile : la fête s'achève aussi tranquillement qu'elle a commencé.

Les jours suivants, l'empressement continue pour les ex-galériens qu'on acclame dans les rues et dans les jardins publics. La coiffure rouge, qu'ils ont apportée du bagne, les désigne de loin à tous les yeux et remémore à la foule l'idée symbolique qui donne un attribut analogue à la Déesse de la Liberté. Le bonnet rouge, dont l'usage a été récemment improuvé par la Municipalité, reparaît de nouveau, la mode s'en empare, et il est définitivement adopté pour l'emblème de l'Égalité et de la Liberté (1).

---

(1) Le fait de l'adoption définitive du Bonnet Rouge, à la suite de l'apparition à Paris des quarante galériens de Châteauvieux, a été souvent contesté, et il s'est établi à ce sujet, entre les écrivains des deux partis extrêmes, une polémique assez vive pour donner le désir d'éclaircir la question, qui n'a d'ailleurs d'autre importance que l'intérêt attaché à une étude de mœurs.

Avant 1789, et même à la Cour, plusieurs des officiers qui avaient combattu en Amérique, scellaient leurs lettres avec des cachets sur

Les honneurs ainsi décernés à des soldats qui avaient été condamnés pour insurrection à main armée, caractérisaient la tendance démoralisatrice dont les funestes effets se faisaient sentir de plus en plus parmi les Troupes ; aussi l'Armée, à l'intérieur, n'existait-elle plus à l'état de Force Publique. La Gendarmerie, malgré les décrets rendus par l'Assemblée, ne s'organisait pas dans les Départements ; tous les désordres se commettaient sans répression, et la *Souveraineté du Peuple,* expression qui avait récemment pris naissance à la tribune et que chaque bande de factieux interprétait selon ses passions, était invoquée pour justifier les actes les plus criminels.

La rareté et la cherté des céréales étaient alors

---

lesquels était figuré le Bonnet de la Liberté, entouré des treize étoiles des États-Unis.

Dès le commencement de la Révolution, sur les gravures et les médailles, les artistes décoraient l'image de la Liberté d'un Bonnet Phrygien qu'elle portait sur la tête ou à l'extrémité d'une pique. On ornait aussi de ce bonnet traditionnel le buste de Voltaire qu'on faisait paraître sur le Théâtre Français lorsqu'on jouait *La Mort de César.* La connaissance de ce symbole se répandit bientôt jusque dans la population peu éclairée, et des boutiques de marchands de tabac, ainsi que des cabarets, prirent pour enseigne un *bonnet de liberté.*

Dans les premiers jours de Mars 1792, le Président, les Secrétaires et les orateurs du Club des Jacobins se coiffaient d'un bonnet rouge. Aussi, le lendemain de sa nomination au Ministère des Affaires Etrangères (19 mars), lorsque Dumouriez alla, avec l'agrément du Roi, prononcer quelques mots à la Société des Jacobins, il crut devoir des causes continuelles de meurtres et de violences dans les environs de Paris ; les marchands et les fermiers traités d'accapareurs voyaient leurs magasins livrés au pillage ; plusieurs avaient été massacrés. Malgré les protestations de la partie de l'Assemblée qui traitait de contre-révolutionnaire tout Ministre réclamant l'emploi de la Force Armée contre des rassemblements séditieux, le général Gouy d'Arci avait été envoyé avec des troupes à Noyon, afin de dissiper les contingents de plus de cent quarante Paroisses, réunis au son du tocsin pour piller un convoi de bateaux chargés de grains. Sa présence sur le lieu du désordre n'avait nullement imposé à ceux qui savaient

---

prendre cette coiffure pour monter à la tribune; c'est ce qui lui fit donner par divers partis le surnom de *Ministre Bonnet Rouge*.

Ce même jour, quelques minutes après que Dumouriez eut quitté la tribune, une lettre du maire, Pétion, arriva aux Jacobins. Elle représentait l'inutilité et même le danger d'adopter ainsi une espèce de signe de ralliement; en conséquence, les bonnets rouges disparurent de cette assemblée.

Il n'en fut plus question pendant quelques jours, et, même à cette époque, la couleur du symbole de convention était assez peu fixée pour que les *Patriotes*, fêtant à Versailles le passage des Suisses de Châteauvieux, arborassent sur les grilles du château un *bonnet gris*, en signe de souveraineté populaire. Mais après la fête donnée à Paris aux galériens libérés, le bonnet rouge devint d'un usage général.

Un décret de la Convention, du 21 septembre 1793, en interdit l'usage aux galériens.

pouvoir compter sur l'inertie de la Force Armée ; un des Bataillons de Volontaires, mis sous les ordres du général pour cette expédition, avait même offert le concours de ses armes à ceux contre lesquels il était envoyé.

Des bandes séditieuses de plusieurs milliers d'hommes armés de toutes façons, ayant à leur tête des Officiers Municipaux qui marchaient de gré ou de force, parcouraient les Départements voisins de Paris et taxaient arbitrairement les denrées sur les marchés. Une de ces hordes redoutées se dirigeant sur Étampes, le Maire de la ville, Simonneau, tanneur qui employait de nombreux ouvriers, fait battre la Générale. La Garde Nationale ne se rend pas à cet appel, néanmoins le courageux Officier Municipal se dirige vers le marché ; il est escorté seulement par quatre-vingts soldats du 18º Régiment de Cavalerie qui, en réponse à ses paroles chaleureuses, l'ont assuré d'un concours efficace. Quelques brigands pénètrent jusque dans les rangs du détachement et somment le Maire de prononcer officiellement la taxe qu'ils ont fixée pour les grains. Simonneau, qui s'y refuse énergiquement, est assailli à coups de bâton et blessé d'un coup de fusil, tandis que son escorte s'enfuit lâchement. Il a pu cependant saisir les brides des deux chevaux qui l'avoisinent, et il ordonne aux Cavaliers de tenir leur promesse et de faire leur devoir; mais un de ces indignes soldats lui assène un coup de sabre qui le force à lâcher prise, et tous deux rejoignent bride abattue les autres fuyards, laissant les brigands consommer leur œuvre d'assassins. Les meurtriers défilent ensuite devant le cadavre qu'ils criblent de coups de fusil, et ils sortent d'Étampes en criant : « Vive la Nation! » (3 mars.)

On déplora de tous côtés la mort de ce généreux citoyen. Les Sociétés Populaires témoignèrent à sa famille l'admiration et les regrets qu'elles ressentaient. L'Assemblée Législative décréta l'érection d'une Colonne Civique en l'honneur de Simonneau, et fit offrir à sa veuve des indemnités qui furent noblement refusées. Mais nulle voix ne s'éleva pour flétrir la lâche conduite des soldats qui avaient ainsi laissé massacrer dans leurs rangs celui auquel ils avaient promis leur assistance ; aussi des exemples analogues de la faiblesse et de la démoralisation des Troupes continuèrent-ils à se produire dans le Royaume.

Les Corps Suisses, sauf quelques rares exemples de défections individuelles et l'égarement momentané du Régiment de Châteauvieux, avaient échappé à la contagion générale, et ils étaient restés fidèles à la discipline et à la subordination la plus exacte. Prêts à obéir à l'Autorité, mais conservant toujours l'attitude calme et imposante d'une troupe sûre d'elle-même et de ses Chefs, ils avaient su garder au milieu des partis une neutralité pleine de dignité qui leur avait valu la considération générale. Cependant, à Marseille, des circonstances particulières avaient amené la mésintelligence entre la population et le Régiment Suisse d'Ernest.

L'origine de la discorde datait de 1790, alors que ce Corps avait été envoyé pour occuper les trois forts que la Garde Nationale Marseillaise avait su enlever au Régiment de Vexin. Les *Patriotes* Provençaux en avaient conçu un vif ressentiment, et le plus léger incident suffisait pour amener quelque manifestation de la haine qu'ils avaient vouée à cette troupe étrangère.

Au mois d'Octobre 1791, quatre officiers du Régiment d'Ernest obligés, au spectacle, de tirer leurs sabres pour se défendre, avaient été arrêtés par la Municipalité qui voulait les traduire devant les Tribunaux; mais le Corps avait énergiquement réclamé l'exécution des Capitulations et la Ville avait dû se dessaisir de ses prisonniers. En raison de l'effervescence que cette libération avait causée parmi les habitants, le lieutenant-colonel d'Olivier avait consenti, sur la demande de la Municipalité, à consigner momentanément le Régiment dans ses casernes ; mais il avait annoncé que cette interdiction qui constituait une punition réelle ne pouvait être de longue durée, et qu'à la suite de cette complaisance qui indiquait de sa part le désir de la conciliation, si quelqu'un de ses soldats était encore molesté, il enverrait au besoin tout le Régiment à son secours.

Cette réponse énergique porta la Municipalité de Marseille à réclamer l'éloignement du Corps Suisse. A la suite de cette requête, le Régiment d'Ernest fut adjoint aux Troupes chargées de pour chasser plusieurs centaines de brigands dont les massacres désolaient le Comtat Venaissin. Au retour de cette expédition, il alla séjourner à Aix, sur la demande du Directoire du Département des Bouches-du-Rhône ; mais les *Patriotes* marseillais, aux yeux desquels l'Administration du Département passait pour contre-révolutionnaire, ne voulurent pas laisser à sa disposition un Régiment qu'ils considéraient comme leur ennemi, et ils résolurent d'éloigner les Suisses à tout prix.

Le 26 Février, on apprend à Aix qu'une bande

de plusieurs milliers d'individus, partis de Marseille avec six canons, marche sur la ville dans l'intention avouée de la délivrer de la tyrannie des *Aristocrates* soutenus par le Régiment étranger. La Municipalité enjoint aux Suisses de s'opposer à l'arrivée des séditieux ; mais il est trop tard : la bande marseillaise est déjà sur le Cours, lorsque le Régiment Suisse s'apprête à le traverser pour sortir de la ville. Il s'engage alors, entre les Autorités des deux partis, des pourparlers à la suite desquels la Municipalité d'Aix invite les Suisses à retourner dans leurs casernes.

Le soir ainsi que le lendemain, de nouvelles bandes arrivent de Marseille, et le tumulte augmente pendant deux jours de contestations et d'anarchie. Le matin du 28 Février, la caserne des Suisses est entourée par tout ce que le port de Marseille et les environs ont pu fournir de gens sans aveu, d'étrangers et de vagabonds. Les canons sont braqués de tous côtés, et principalement sur l'avenue qui est la seule issue des bâtiments occupés par le Régiment, dont on s'apprête à démolir les murs à coups de boulets. Les Suisses demandent simplement le passage libre pour se retirer ; mais on leur répond qu'ils ne sortiront que désarmés.

Dans cette extrémité, le général Barbantane,

Commandant militaire du Département, emploie vainement tous les moyens de conciliation en son pouvoir sans parvenir à faire changer la détermination des insurgés. Il déclare alors s'en rapporter à la volonté du major de Watteville qui, en l'absence du lieutenant-colonel d'Olivier, commande le Régiment. Il le laisse libre de décider s'il convient de conserver aux Cantons Helvétiques un de leurs plus beaux Corps militaires, en acceptant les conditions rigoureuses imposées par les insurgés, ou s'il vaut mieux se frayer un passage les armes à la main, déclarant que, dans ce dernier cas, il conduira lui-même les Suisses à l'attaque.

Le Major exprime l'opinion que, malgré le nombre des ennemis, sa Troupe aguerrie aura raison des bandes sans cohésion qui l'entourent de toutes parts; mais il pense qu'il va sacrifier une quantité de soldats, dont il répond devant les Cantons, dans un combat sans gloire contre des adversaires indignes, et qui peut avoir des conséquences funestes aux bons rapports qui existent entre la France et la Suisse.

S'adressant à ses soldats, il leur rappelle que, jusqu'alors, ils ont marqué à leurs Officiers la confiance la plus entière, et il les conjure de donner une nouvelle preuve des sentiments de discipline qui les animent, en consentant sans hésitation au plus douloureux sacrifice. Lui-même donne l'exemple et remet son épée au général Barbantane, les officiers l'imitent, les soldats se séparent de leurs fusils, et le Régiment entier sort en bon ordre, assailli au passage par les insultes des misérables qui se réjouissent de l'affront qu'ils sont parvenus à infliger à tant de braves gens.

Arrivé à Toulon, le Régiment d'Ernest fut armé de nouveau, par l'ordre du Gouvernement Français; mais, conformément à l'avis ouvert par le Major de Watteville, le Sénat de la République de Berne déclara que ce Corps ne pouvait plus rester dans un pays où l'alliance internationale et les Capitulations n'avaient pas suffi pour lui garantir honneur et sécurité (1). Cet événement causa dans les Cantons une émotion telle, que, de divers côtés, on réclama la rupture de l'alliance avec la France et le rappel de tous les Corps Helvétiques qui, après le départ d'Ernest, consistaient encore en dix Régiments de ligne, indépendamment du Régiment des Gardes Suisses.

---

(1) Le Régiment d'Ernest reprit, le 26 mai, la route de la Suisse sous les ordres de Watteville, qui avait été promu colonel, en approbation de la conduite qu'il avait tenue.

L'appréhension de cette détermination des Cantons excita en France une inquiétude d'autant plus vive, que le terme des Capitulations qui liaient les Régiments Suisses au service français était peu éloigné. Si ces traités n'étaient pas renouvelés, il fallait s'attendre à voir les douze mille hommes parfaitement exercés qu'ils concernaient, aller renforcer quelque armée étrangère au moment où la question de la guerre agitait tous les esprits. On savait d'ailleurs que des nations hostiles négociaient secrètement pour enlever à la France ces braves auxiliaires.

A cette époque, les Révolutionnaires les plus exaltés étaient portés pour la paix, et les Girondins, pour la guerre ; cependant, jamais peut-être les Forces Militaires du pays n'avaient été moins en état d'entrer subitement en campagne.

Les trois Armées sur les frontières étaient en butte aux excitations incessantes de la démagogie. Soumis à ces instigations pernicieuses, des Bataillons de Volontaires avaient déjà dénoncé, comme suspects de trahison, les Chefs qu'ils avaient élus eux-mêmes quelques mois auparavant. Dans les Régiments, les soldats considéraient la plupart de leurs supérieurs comme des *aristocrates* disposés à pactiser avec l'Ennemi ; les manifestations de la défiance, ainsi que des actes continuels d'insubordination, portaient à émigrer ou à se démettre de leurs fonctions des officiers que l'idée du devoir avait retenus jusque-là sous les Drapeaux.

Une autre cause concourait puissamment à rendre le service pénible aux officiers ci-devant gentilshommes; le remplacement de leurs camarades émigrés leur avait donné des collègues enthousiastes des idées révolutionnaires, et il en résultait une suite de discordes journalières. La haine profonde qui divisait les deux Castes occasionna souvent des duels dont l'acharnement excluait la générosité. A Thionville, par exemple, un Officier *aristocrate* et un Officier *patriote* se querellent au spectacle sous un prétexte des plus futiles. Chacun d'eux se rend le lendemain aux portes de la ville, avec ses témoins. On convient de laisser au hasard à décider quel est celui des deux ennemis qui tuera l'autre; une pièce est jetée en l'air, et le sort favorise l'Officier royaliste qui traverse d'une balle le cou de son adversaire. Celui-ci s'apprête à tirer à son tour; mais les témoins lui reprochent de sortir des règles fixées pour le combat. Il rentre en ville et meurt peu d'heures après.

Des faits du même genre se passaient dans la plupart des garnisons. Les soldats étaient naturellement portés pour les Officiers nouveaux, et les ci-devant gentilshommes, fatigués de cette réprobation toujours croissante, donnaient, en émigrant ou en quittant les Corps, plus de consistance encore à l'idée générale qui taxait également de trahison ceux qui restaient aussi bien que ceux qui partaient.

Les anciens nobles n'étaient pas, d'ailleurs, les seuls qui fussent accusés de perfidie. Les Constitutionnels, et par conséquent la plupart des Généraux ainsi qu'une partie des Députés, étaient en butte aux mêmes dénonciations de la part des démagogues. A la porte même de l'Enceinte Législative, on distribuait des libelles où Marat soutenait impunément que le seul spécifique efficace pour la guérison de l'Assemblée était de séparer les quelques Membres sains qui pouvaient s'y trouver, et de brûler ensuite le Corps entier. Il invitait en conséquence le *Peuple* à porter le fer et le feu sur ce qu'il appelait la majorité gangrenée des Représentants de la Nation. Quant à l'Armée, il disait espérer qu'elle ouvrirait enfin les yeux, et qu'elle comprendrait alors que le plus grand service qu'elle pût rendre au Pays serait de massacrer les Généraux.

Ces hideuses prédications devaient avoir leur ef-

CHAPITRE XI. — AVRIL ET MAI 1792.

fet. Le 20 Avril, les efforts des Girondins sont couronnés de succès, et la Guerre est déclarée au Roi de Bohême et de Hongrie. Suivant un plan proposé par le général Dumouriez, alors Ministre des Affaires Étrangères, les hostilités commenceront par l'invasion des Pays-Bas. Pour l'effet de la première combinaison stratégique, le lieutenant général de Biron doit partir de Valenciennes et se présenter devant Mons avec dix mille hommes, tandis que le maréchal de camp Théobald Dillon se portera sur Tournay avec trois mille autres.

Biron part de Valenciennes le 28 Avril, s'empare le soir de Quiévrain et arrive le lendemain devant la ville de Mons, auprès de laquelle l'Armée Autrichienne occupe sur des hauteurs une position avantageuse. Il passe la nuit en présence de l'Ennemi et fait avertir de sa situation le maréchal de Rochambeau, qui est resté à Valenciennes avec des troupes destinées à marcher en seconde ligne. Tout à coup, on le prévient que le 5ᵉ et le 6ᵉ Régiments de Dragons sont montés à cheval et se retirent malgré les efforts de leurs officiers; il court après eux, et avec l'aide de Dampierre, colonel d'un des deux régiments, il parvient à en ramener une partie. Mais son camp est dans la plus vive agitation; les fuyards, en s'éloignant, ont répandu le bruit que le Général a trahi et qu'il a passé à l'Ennemi ; Biron est obligé de battre en retraite; les Autrichiens profitent du moment et s'emparent du camp. En vain le général français veut s'arrêter au poste de Quiévrain, qu'il occupait la veille; ses troupes débandées, attaquées de tous côtés par les Hulans, agissent sans ordre, et, dans la confusion de la mêlée, elles tirent les unes sur les autres.

Le gros de l'Armée parvint enfin à regagner Valenciennes. Dans cette triste journée, le 2e Bataillon des Volontaires Parisiens s'était couvert de gloire; il avait ramené à bras, malgré tous les obstacles, un canon de l'Ennemi dont il s'était emparé dans un retour offensif.

La panique de la cavalerie du général Biron avait été en partie occasionnée par la nouvelle répandue d'un désastre survenu aux Troupes du maréchal de camp Dillon. Cet officier général cheminait avec sa petite colonne, de Lille à Tournay, lorsqu'à la vue de quelques partis éloignés de Hussards Autrichiens, les cris de « Trahison ! Sauve qui peut ! » se font entendre. La Cavalerie tourne bride, se précipite sur l'Infanterie qu'elle écrase, et la colonne, abandonnant ses bagages, s'enfuit en déroute.

Dillon et ses officiers s'efforcent en vain d'ar-

CHAPITRE XI. — MAI 1792.

rêter les fuyards; le Général est frappé de deux coups de pistolet par ses propres soldats, et les premiers fugitifs, qui arrivent dans la ville de Lille consternée, annoncent que tout est perdu, que l'Armée trahie par son Général est taillée en pièces, et que l'ennemi suit de près pour pénétrer dans l'enceinte de la Place.

L'idée de la trahison exaspère les esprits; les cris de : « Vengeance ! Mort aux traîtres! » sortent de toutes les bouches. Dans ce premier moment d'aveugle fureur, le quatrième enfant du général Dillon, qu'on portait au baptême, est écrasé sur le pavé, et sa mère n'échappe à la mort qu'en fuyant dans la campagne.

Le colonel du Génie, Berthois, qui revient déjà blessé par ceux dont il a voulu dissiper la terreur sans objet, est assailli à coups de sabre et de pistolet à cent pas des portes de la ville, et son corps, suspendu par les pieds à une lanterne, devient une cible pour les assassins. Quatre prisonniers Autrichiens traités d'espions sont ensuite massacrés. Bientôt de grands cris annoncent l'arrivée de Dillon. Des paysans, chez lesquels il s'est traîné après avoir été blessé, l'ont livré à quelques Cavaliers qui ramènent leur Général comme un criminel. De toutes parts des sabres et des baïonnettes sont dirigés sur sa poitrine ; un coup de feu met fin à ses souffrances, et ses restes mutilés sont brûlés le soir sur une des places de la ville.

Dans ce jour funeste, le régiment Suisse de Diesbach, qui faisait partie de la garnison de Lille, s'était montré observateur impassible des règles de conduite observées par les Troupes Helvétiques. Sans participer au désordre, mais sans prendre aucune initiative pour le réprimer, il avait fait des patrouilles extérieures et il avait garni les remparts, prêt à s'opposer à l'entrée des Autrichiens dont on avait faussement annoncé la prochaine irruption.

A la nouvelle de la conduite honteuse des deux Corps d'Armée qui sont entrés en Belgique et des atrocités qui ont été commises à Lille, l'Assemblée Législative est transportée d'indignation. Les voix qui se sont maintes fois élevées inutilement pour demander le rétablissement de l'ordre et de la discipline, sont alors écoutées. On représente avec force que l'on n'aura jamais ni Gouvernement, ni Armée, tant que de prétendus Patriotes pourront impunément vouer le Roi au mépris, les Députés à l'outrage et les Généraux à la mort. La feuille périodique de Marat, l'*Ami du peuple*, est décrétée d'accusation ; en compensation, la faction exaltée parvient à faire adopter la même mesure à l'égard d'un journal réactionnaire, l'*Ami du Roi*, qui, dit-elle, provoque formellement les Troupes à la désertion.

Contrairement à l'usage, le Ministre de la Guerre est favorablement entendu. Il demande la promulgation d'une Loi qui, même dans les événements les plus désastreux, protége les Généraux contre la fureur du peuple et l'égarement des soldats; il fait ensuite ressortir la lâcheté que constitue le massacre des prisonniers. Sous l'influence de ces paroles, on décrète qu'une Cour Martiale s'assemblera pour rechercher et juger les assassins qui ont ensanglanté les rues de Lille ; on déclare que les prisonniers de guerre sont sous la sauvegarde de la Nation et de la Loi; enfin il est décidé que si les divers Corps de l'Armée du Nord ne dénoncent pas les coupables qui ont proféré dans leurs rangs les cris de « Trahison ! » et de « Sauve qui peut ! », ils verront leurs Drapeaux et leurs Guidons brûlés à la tête du camp et que, après leur licenciement, les numéros qu'ils occupent sur la liste des Corps de l'Armée resteront à jamais vacants en signe d'ignominie.

Des orateurs des faubourgs qui, en ce moment,

se présentent à la barre pour demander justice des trahisons des généraux en Belgique, sont chassés de l'Enceinte Législative; des Proclamations sont adressées aux Troupes pour les rappeler à la subordination; l'établissement de Tribunaux Militaires et l'envoi d'un contingent de Gendarmerie, à chaque Armée, sont décrétés.

Avant même que ces mesures de répression n'eussent été promulguées, les Corps qui s'étaient si déplorablement conduits étaient revenus de leurs erreurs. Honteux de leur fuite, indignés d'être confondus par l'opinion publique avec les auteurs des atrocités commises, les Soldats et les Volontaires brûlaient d'effacer leurs fautes en prenant leur revanche sur l'Ennemi et en allant chasser les Autrichiens du camp dont ils s'étaient emparés. Mais le plan de la Campagne était manqué, et le repentir des Troupes ne put se manifester que par la satisfaction dont elles donnèrent les marques en apprenant qu'une enquête rigoureuse avait était ordonnée par l'Assemblée Législative, et par la docilité avec laquelle elles livrèrent elles-mêmes aux Cours Martiales les coupables qu'elles chassèrent de leurs rangs.

Le terme de la Procédure amena peu après l'exécution de quelques-uns de ces misérables;

mais les tristes événements dans lesquels ils avaient figuré avaient déjà produit la plus funeste impression sur le reste des Troupes du Royaume. Amplifiés par la renommée, ils avaient causé dans les régiments une stupéfaction profonde. On prévoyait l'entière dissolution d'une Armée où les soldats, pervertis et sans courage devant l'ennemi, ne trouvaient d'énergie que pour le crime. Ces considérations eurent pour effet l'éclatante défection de plusieurs Corps étrangers de Troupes à cheval qui passèrent à l'Ennemi, les uns en partie, les autres en totalité (1).

Le Régiment des Hussards de Berchiny, sorti de Thionville pour faire une reconnaissance, voit avec étonnement plusieurs de ses Chefs correspondre par signaux avec des détachements Autrichiens. Des officiers, dévoilant tout à coup leurs projets, jettent la cocarde nationale, arborent la cocarde blanche et invitent leurs soldats à les imiter, tandis que d'autres, partisans des idées nouvelles, engagent chaleureusement leurs subordonnés à résister aux excitations de la trahison et

---

(1) Les Corps étrangers, très-peu nombreux dans les Troupes à cheval, avaient été déclarés français en même temps que les Régiments d'Infanterie Liégeois, Belges et Irlandais; mais les anciens éléments y dominaient encore, surtout parmi les Officiers.

à rester fidèles à leurs serments. Des coups de pistolet sont échangés entre les deux partis ; les soldats, indécis d'abord, se divisent ; les uns suivent les officiers royalistes et passent à l'Ennemi ; les autres reviennent en désordre à Thionville avec les officiers patriotes (12 Mai). Ces débris du Régiment partent bientôt après pour se réorganiser à Metz, précédés d'une Couronne Civique et d'un Bonnet de Liberté que les citoyens de Thionville leur ont décernés en signe d'honneur.

A Strasbourg, le Régiment des Hussards de Saxe fait défection d'une manière analogue, et les jeunes gens de la ville se hâtent de combler le vide occasionné par la désertion, en s'adjoignant à la partie du Corps qui est restée dans ses cantonnements. A la même époque, le Régiment de Cavalerie Royal-Allemand franchit la frontière en bon ordre et passe tout entier à l'Ennemi (6 Mai).

Il est vrai que parmi les soldats émigrés de ces trois Corps, on en vit revenir immédiatement un certain nombre qui se plaignaient d'avoir été induits en erreur par ceux qui les commandaient. Mais dans presque tous les régiments, les événements de Lille exercèrent une influence désastreuse sur les cadres.

La majeure partie des Officiers s'était persuadé

que la Guerre, ralliant les diverses opinions, ferait cesser les odieuses accusations qui leur créaient une position si difficile vis-à-vis de leurs subordonnés. La double déroute et les massacres qui avaient inauguré les hostilités leur donnaient, au contraire, à penser que le moindre revers leur attirerait une mort ignominieuse de la part de leurs propres soldats. Aussi, parmi ceux qui devaient leur grade aux nouveaux principes, plusieurs préférèrent-ils rentrer dans le rang des simples soldats plutôt que de conserver des épaulettes qui, loin de leur assurer l'autorité, contribuaient à élever contre eux la suspicion.

À l'égard des ci-devant gentilshommes, les sollicitations des parents et des amis réfugiés à Coblentz en devinrent encore plus pressantes. D'après eux, l'Armée n'existait plus en France, mais là où s'organisaient les troupes prêtes à marcher pour la défense du Roi : un nombre considérable d'officiers franchit encore la frontière, malgré les décrets qui assimilaient alors l'Émigration à la désertion à l'Ennemi. D'autres, répugnant à s'expatrier, mais déterminés à quitter une armée devenue à leurs yeux l'asile du brigandage et du meurtre, acceptèrent des Municipalités des passeports où il était mentionné qu'ils donnaient leur démission au moment du danger. Enfin plusieurs, ne pouvant se résoudre à encourir le reproche de trahison qui devait les atteindre quelque parti qu'ils prissent, se délivrèrent par le suicide d'une position pour eux intolérable.

CHAPITRE XII.

LICENCIEMENT DE LA GARDE CONSTITUTIONNELLE DU ROI. — LICENCIEMENT DES ÉTATS-MAJORS DES GARDES NATIONALES.

(Mai, Juin et Juillet 1792.)

Sommaire.

Narbonne, de Grave et Servan se succèdent au Ministère de la Guerre.

Vaine tentative des agitateurs pour éloigner de Paris le Régiment des Gardes Suisses.

Attaques et calomnies contre la Garde Constitutionnelle du Roi. — Conduite maladroite de ce Corps. — Son licenciement. — Refus du Roi de créer une nouvelle Garde.

Causes de désunion dans la Milice Bourgeoise de la Capitale.

Projet d'annihiler la partie de la Garde Nationale qui professe des opinions constitutionnelles. — Proposition, faite par le Ministre girondin Servan, d'établir sous Paris un camp de vingt mille Fédérés. — Réclamations qu'elle excite dans l'Enceinte Législative et dans les rangs de la Garde Nationale. — L'Assemblée décrète la formation du camp. — Le Roi refuse de sanctionner ce décret. — Dumouriez, Ministre de la Guerre. — Sa démission. — Lajard, Ministre de la Guerre.

Journée du 20 juin. — Indignation d'une partie de la Garde Nationale Parisienne. — Redoublement d'accusations contre elle et multiplicité des demandes tendant à ce qu'elle soit réorganisée conformément aux vues des agitateurs.

Proposition faite par le Ministre Lajard d'établir à Soissons le camp des Fédérés. — Empressement de certains *Patriotes* pour se rendre à Paris. — Décret de l'Assemblée pour les faire assister à la fête de la Fédération. — Il est sanctionné par le Roi.

Opinions constitutionnelles de l'Armée de Lafayette. — Mort volontaire du maréchal de camp de Gouvion. — Regrets de l'Armée. — Son ressentiment contre le parti agitateur est redoublé par la nouvelle des attentats du 20 juin. — Adresses envoyées par tous les Corps à Lafayette. — Le Général accourt à Paris. — Son discours à l'Assemblée Législative. — Reproches, accusations et calomnies qui lui sont prodigués. — Inutilité de ses tentatives. — Marques de l'animosité populaire contre lui. — La sympathie manifestée par une partie de la Milice Bourgeoise à son ancien Général redouble contre elle l'acharnement des agitateurs.

Licenciement de l'État-Major des Gardes Nationales dans les villes au-dessus de cinquante mille âmes.

Démission collective des Ministres. — Fédération de 1792.

Le fréquent changement des Ministres de la Guerre, qui empêche l'unité de vues indispensable pour remédier aux maux dont souffre l'Armée, contribue à entretenir l'état d'impuissance et de délabrement dans lequel elle languit. Au général Narbonne, dont le zèle, la popularité et les brillantes qualités n'ont pas empêché la destitution (10 Mars), a succédé le colonel de Grave qui a pour principaux collègues : le général Dumouriez aux Affaires Étrangères, Roland à l'Intérieur et Clavière aux Finances. L'avénement de ces deux derniers au Ministère a constitué une première satisfaction donnée à l'ambition du parti de la Gironde, qui a suspendu les hostilités contre le Roi et la Constitution, du jour où il a vu deux de ses membres investis des attributions du Pouvoir.

Mais cette trêve est de courte durée. A la suite

des événements déplorables de Mons et de Tournay, de Grave se démet du Portefeuille de la Guerre (8 Mai), et le général Servan le remplace. Par cette nomination, le parti Girondin voit augmenter sa puissance dans le Conseil du Roi et il se croit assez fort pour dominer désormais la situation, tandis que Dumouriez, qui a su s'attirer la bienveillance du Monarque et qui ne tient réellement à aucune fraction politique, s'appuie parfois sur ses autres collègues pour résister aux exigences des trois Ministres envahisseurs.

Bientôt les discussions se multiplient et les difficultés s'accroissent dans le Conseil. La manière dont elles sont présentées à l'Assemblée et dans les feuilles publiques, augmente la dissidence à laquelle succède une scission complète. Alors les Girondins, ne se considérant plus comme suffisamment maîtres de la position, recommencent, avec l'appui des trois Ministres qui sont de leur parti, une guerre acharnée contre le Roi et la Constitution. Dans leurs attaques désormais incessantes, ils ont pour auxiliaires les révolutionnaires de tous les degrés, qui les suivent aujourd'hui, mais qui doivent les dépasser du jour où ils tenteront de s'arrêter dans leur marche subversive.

Entre autres moyens hostiles, les agitateurs

emploient la tactique, suivie depuis le commencement de la Révolution, qui consiste à éloigner et à désorganiser les forces militaires pouvant encore prêter au Trône un fidèle appui ; il ne reste plus dans ce cas que le Régiment des Gardes Suisses, la Garde Constitutionnelle du Roi et une partie de la Garde Nationale.

Le premier de ces Corps, seul débris de la Maison Militaire, avait conservé ses casernes de Rueil et de Courbevoie. Après les événements de Versailles, il avait prêté le Serment Civique et, comme par le passé, il avait continué à fournir pour la garde du Roi des détachements qui faisaient le service des Tuileries conjointement avec la Garde Nationale.

Cette ancienne prérogative excite tout à coup des réclamations dans l'Enceinte Législative. On allègue, pour priver le Roi de ces braves défenseurs, que la Constitution lui accorde seulement la Garde Constitutionnelle et des détachements de Milice Bourgeoise : on propose, en conséquence, d'employer les Gardes Suisses à l'intérieur du Royaume, ainsi qu'on le fait pour les autres Régiments Helvétiques. Mais cette première tentative contre le Corps d'Élite qui excite l'admiration des uns et l'appréhension des autres, échoue par la simple présentation des traités internationaux qui le lient au service français : il est spécifié dans les Capitulations que les Gardes Suisses seront exclusivement employés, en paix comme en guerre, auprès de la personne du Souverain.

Les Révolutionnaires sont plus heureux dans leurs attaques contre la Garde Constitutionnelle. Les dix huit cents hommes qui la composent sont commandés par le lieutenant général de Cossé-Brissac qui les a organisés ; une Division de ces nouveaux Gardes du Corps a commencé le service auprès de la Famille Royale dans le courant du mois de Mars.

Du moment où leur dissolution est résolue par le parti agitateur, des querelles suscitées chaque jour à des Gardes en faction servent de prétexte pour porter à l'Assemblée Législative des plaintes réitérées sur le despotisme des consignes et sur la violence avec laquelle on les exécute. On répand le bruit que des complots contre-révolutionnaires se trament à l'École Militaire où est caserné le Corps incriminé : « Un drapeau blanc » dit-on « y est ca-
« ché pour être arboré au premier jour. La preuve
« des projets liberticides des Gardes Constitution-
« nels se trouve jusque dans l'ornement surmon-
« tant la poignée du sabre qui leur a été affecté :

« une tête de coq, coiffée d'une couronne, ne signi-
« fie-t-elle pas que cette arme doit être surtout em-
« ployée pour aider le Roi à reconquérir ses an-
« ciens priviléges? D'ailleurs, au lieu de dix-huit
« cents hommes composant l'effectif autorisé par
« la Constitution pour la Garde du Roi, le lieute-
« nant général de Brissac en a enrégimenté six
« mille, parmi lesquels on compte tous les coupe-
« jarrets de Paris. »

Il est vrai qu'on avait introduit parmi ces nouveaux Gardes du Corps, un certain nombre d'individus qui ne remplissaient pas les conditions requises d'avoir servi dans la Ligne ou dans la Garde
Nationale. D'un autre côté, cette troupe affichait
imprudemment des airs aristocratiques qui semblaient confirmer les calomnies. Elle affectait de
montrer peu de considération pour les Commissaires de l'Assemblée qui venaient soumettre les décrets à la sanction du Roi ; traitant avec dédain la
Garde Nationale et lui suscitant des difficultés de
service exhumées de l'ancienne étiquette, elle n'a-
vait d'égards que pour les Bataillons et les Compagnies, connus comme particulièrement dévoués
au Monarque. Ses ennemis surent tirer parti de
cette conduite maladroite.

Au jour fixé pour l'attaque par les meneurs du

parti (29 Mai), une quantité de Députations des Sections viennent, avec leurs piques et leurs tambours, conjurer les Législateurs de sauver la Patrie des complots du *despotisme* et de l'*aristocratie*. Bazire se lève et dénonce, comme principalement dangereuse pour la Liberté, l'organisation de la Garde Constitutionnelle du Roi. « La formation de ce Corps, » dit-il, « a permis de rassembler au Châ-
« teau des Tuileries les mécontents et les contre-ré-
« volutionnaires. Sous divers prétextes, les chauds
« patriotes, envoyés par certains Départements,
« en ont été écartés et remplacés par d'anciens
« Gardes du Corps, des Cent-Suisses licenciés, des
« Séminaristes et des Réactionnaires. Dans leurs
« orgies, les Gardes Constitutionnels tiennent les
« propos les plus malveillants sur l'Assemblée
« Nationale et ils portent habituellement des
« toasts aux chefs des Émigrés. Quant aux ex-
« cellents citoyens qu'un courage héroïque et
« un zèle au dessus de tout éloge retiennent dans
« ce Corps liberticide pour *éclairer ses démar-*
« *ches*, ils sont obligés d'y prendre le masque de
« l'aristocratie pour s'y maintenir en sûreté.
« L'Assemblée Législative n'hésitera pas à pro-
« noncer le licenciement de cette Troupe, réunion
« de misérables satellites d'un Despotisme abattu

« que les factions cherchent en vain à rétablir. »

Trois Gardes Constitutionnels, choisis parmi ceux dont Bazire vient de vanter le patriotisme, paraissent alors et confirment les griefs exposés par l'orateur. Quelques Députés qui prennent la défense du Corps incriminé sont interrompus par les apostrophes violentes de leurs collègues exaltés et par les clameurs des tribunes. Le licenciement de la Garde du Roi est prononcé. Quant à son chef, le lieutenant général de Brissac, il est accusé d'avoir organisé cette Troupe sur des bases contre-révolutionnaires; il a, dit-on, fait entendre plusieurs fois que la véritable Garde du Roi se forme à Coblentz; il est, en conséquence, renvoyé devant la Haute Cour instituée naguère à Orléans pour juger les crimes de Lèse-Nation (30 Mai).

Après la dissolution de la Garde Constitutionnelle, Dumouriez conseilla au Roi d'user de sa prérogative en créant immédiatement une nouvelle Garde; mais ce Prince répondit que désormais le service de la Milice Bourgeoise lui suffirait. Les Girondins tirèrent parti de cette déclaration en prétendant que, si le Roi voulait voir son service uniquement fait par la Garde Nationale, c'était avec l'intention de chercher à s'y créer un parti.

Ce projet, si la Cour eût été capable de le mettre

à exécution, eût offert alors quelque chance de réussite en raison des germes de division qui se développaient dans la Garde Nationale. Lafayette, lorsqu'il avait quitté le commandement général de la Milice Bourgeoise Parisienne, avait fait décider par la Commune qu'il ne lui serait pas donné de remplaçant, et que les fonctions qu'il résiliait seraient successivement exercées, pendant un mois, par chacun des six Chefs de Légion. Les intérêts opposés et les vues divergentes de ces Commandants alternatifs avaient rapidement porté atteinte à l'unité qui avait fait la force de la Garde Nationale sous la Constituante ; les factions désorganisatrices constataient, avec espoir, l'attiédissement et la désunion qui s'étaient glissés dans ses rangs, depuis qu'elle voyait surgir chaque mois un nouveau Chef.

D'ailleurs, en raison des idées d'Égalité qui se développaient de plus en plus, les Compagnies de Fusiliers jalousaient généralement les Compagnies de Grenadiers, composées, pour la plupart, d'hommes plus riches ou mieux élevés. Une autre cause de dissidence provenait de ce que, parmi ces dernières, quelques-unes, telles que celle du Bataillon des Filles Saint-Thomas, connues pour être particulièrement dévouées au Roi et à la Constitution, recevaient au Château des Tuileries des témoignages de considération spéciale.

Quant à l'Artillerie dont le rude service ne pouvait convenir qu'à des gens habitués aux arts manuels, les forgerons, les serruriers et les autres artisans qui la composaient partageaient naturellement les opinions de la classe dont ils faisaient partie : ils se joignaient au peuple des faubourgs pour accuser d'aristocratie les États-Majors et les Officiers, qui, en général, étaient Constitutionnels.

La Garde Nationale renfermait donc en elle-même de nombreuses causes de dissensions intestines ; mais jusque-là, aucun fait n'était venu les mettre à jour, et, dans son ensemble, elle constituait toujours un obstacle redoutable aux yeux de ceux qui avaient pris pour but de leurs efforts l'anéantissement de la Constitution et l'avilissement de la Royauté : c'était encore pour les Girondins un rempart à renverser.

Le moyen adopté consista à provoquer l'arrivée à Paris d'une force révolutionnaire capable d'intimider ou d'annihiler la Milice Bourgeoise. Aussi, quatre jours après le décret de licenciement de la Garde Constitutionnelle, les Ministres, sauf Clavière et Roland, voient avec étonnement leur collègue au département de la Guerre, Servan, monter à la tribune pour faire à l'Assemblée une proposition qui n'a été ni communiquée au Roi, ni discutée dans le Conseil. « Il est sage, » dit le Ministre, « de prendre des précautions contre les « chances de la Guerre. Le moyen le plus efficace « pour couvrir la Capitale serait de former sous « Paris un camp de vingt mille hommes, et, afin « de l'organiser sans affaiblir les armées, on pour- « rait provoquer l'envoi de cinq hommes armés « par chaque Canton du territoire. Cet appel serait « conforme à la Loi Constitutionnelle, puisqu'elle « prescrit de réunir, chaque année à Paris, des Dé- « légués de toutes les Gardes Nationales pour prê- « ter, le 14 Juillet, le Serment Civique de la Fédé- « ration. Ces nouveaux Fédérés se joignant à la « Milice Parisienne pour garder la Capitale, on « pourrait envoyer aux frontières les Troupes de Li- « gne et les Volontaires Nationaux qui sont encore à « Paris ou dans les Départements voisins » (4 Juin).

Cette proposition inopinée, dont le but est immédiatement compris, occasionne un violent orage dans l'Enceinte Législative ; ceux qui la désapprouvent font chaleureusement valoir les motifs qui doivent la faire rejeter : « Est-ce le mo- « ment, » disent-ils, « de songer à former une ar- « mée à l'Intérieur, lorsque celles qui sont aux

« frontières n'ont pas un effectif suffisant et quand
« beaucoup de Bataillons de Volontaires ne par-
« viennent pas à se compléter? En faisant cette
« proposition à l'insu du Roi, le Ministre se rend
« l'instrument d'une faction qui imagine tous les
« moyens propres à diviser les citoyens. Les Fé-
« dérés, dont on propose la venue à Paris pour y
« former un camp de réserve, constitueront un
« foyer d'agitations perpétuelles et menaceront
« peut-être bientôt l'Assemblée elle-même. D'ail-
« leurs, la solde que le Ministre prétend leur af-
« fecter en fait une véritable Troupe de Ligne, dont
« le séjour à moins de trente mille toises du Corps
« Législatif est interdit par la Constitution. »

Une partie de la Garde Nationale s'émeut de
même et adresse ainsi ses réclamations à l'Assem-
« blée : « Il y a lieu de s'étonner de la persistance
« du parti qui cherche sans cesse à opposer les pi-
« ques aux fusils. Sur quelles bases le Ministre se
« fonde-t-il pour vouloir accorder à la Milice Bour-
« geoise un secours qu'elle ne réclame pas? On peut
« sans crainte envoyer aux frontières les Troupes
« de Ligne qui sont à Paris et dans les environs,
« la Garde Nationale saura bien encore garder seule
« la Capitale. A-t-elle donc eu besoin d'auxiliaires
« venant des Départements pour renverser la Bas-

« tille, arrêter les fureurs populaires aux journées
« d'Octobre, assurer le service des subsistances et
« chasser maintes fois les brigands de la Capitale? »

Les diverses réclamations contre la proposition du Ministre Girondin restent sans effet ; l'Assemblée décrète la formation sous Paris d'un camp de vingt mille hommes tirés des Départements (8 Juin). Aussitôt une circulaire signée par huit mille Gardes Nationaux proteste contre son établissement. Le Roi refuse ensuite sa Sanction au décret formulé par le Corps Législatif; mais Dumouriez l'engage à l'accorder d'abord, et à prendre ensuite les mesures par lesquelles il sera possible d'en annuler les effets. Une des plus simples consiste à organiser les Fédérés en Bataillons dont on motivera successivement le départ pour la Frontière. Afin de faciliter l'exécution de ce projet qui reçoit l'assentiment du Monarque, Dumouriez est nommé au Département de la Guerre tout en conservant le Portefeuille des Affaires Étrangères, et les trois Ministres, dont le Roi a tant à se plaindre, reçoivent l'avis de leur destitution (13 Juin).

A la suite de cet échec, les Girondins traitent d'intrigant et de conspirateur Dumouriez qui, sans se laisser déconcerter par leurs déclarations, inaugure ses nouvelles fonctions en lisant à l'Assemblée un mémoire sur le Département de la Guerre. Il fait ressortir l'état de faiblesse et de délabrement ainsi que le manque de discipline des Armées, et il démontre l'insuffisance des moyens employés pour combler le déficit de l'effectif. Affirmant que les Places Fortes sont dans la situation la plus déplorable, il accuse l'incurie de ses prédécesseurs et il dévoile les désordres de l'Administration ainsi que l'incapacité de ses agents. Après avoir indiqué diverses mesures pour remédier au fâcheux état de choses qu'il vient de signaler, il engage l'Assemblée à ne plus décourager les Ministres par des dénonciations ou des attaques incessantes, le temps étant venu où les factions doivent se taire devant le péril de la Patrie.

Ce sombre tableau et la manière hautaine dont le Ministre répond à quelques mots agressifs lancés par des Députés, irritent la majorité de l'Assemblée. On rappelle que la Guerre a été proposée lorsqu'il occupait déjà le poste des Affaires Étrangères ; on ajoute que, puisqu'il connaissait l'insuffisance des ressources du Pays, il a agi alors en traître, ou bien qu'au moment présent il parle en calomniateur.

Dumouriez s'émeut d'autant moins de ces accusations qu'il croit posséder un moyen infaillible de ramener à lui la popularité qu'il a perdue en se séparant définitivement de la Gironde d'une manière aussi éclatante. Le Roi lui a promis de sanctionner le décret sur le camp de vingt mille hommes et celui qui est relatif à la déportation des prêtres insermentés, concessions qu'il a refusées aux Ministres Girondins. Mais au moment de réaliser l'espoir de son nouveau Ministre de la Guerre, Louis XVI hésite d'abord et finit par repousser absolument le décret sur les prêtres insermentés. Trompé dans ses calculs, Dumouriez résilie à son tour les Fonctions Ministérielles et il est autorisé à aller exercer son commandement de lieutenant général à l'Armée du maréchal Luckner. Lajard, ancien aide-major général de Lafayette, lui est donné pour successeur au Département de la Guerre (18 Juin).

Mais les agitateurs veulent obtenir par l'intimidation la Sanction refusée aux deux décrets, ainsi que le rappel des trois Ministres Girondins destitués. Aussi, depuis plusieurs jours, les Faubourgs Saint-Antoine et Saint-Marceau, mis en rumeur par leurs émissaires, annoncent-ils hautement que le 20 Juin, anniversaire du Serment du Jeu-de-Paume, le Peuple se réunira en armes pour aller présenter au Roi et à l'Assemblée des pétitions relatives aux circonstances. Parmi ceux qui veulent ainsi faire forcer la main à la Royauté, quelques-uns des plus acharnés ont conçu les espérances les plus criminelles, et ils comptent sur le déchaînement de la populace pour réaliser les atroces projets qu'ils n'osent avouer.

Non-seulement le girondin Pétion, Maire de Paris, favorise l'insurrection et paralyse, par tous les moyens qui sont en son pouvoir, les mesures de défense que veut prendre le Directoire du Département; mais encore il insiste pour qu'on donne à l'émeute un caractère de légalité en composant l'armée des Pétitionnaires, de Bataillons de la Garde Nationale qui seraient autorisés à recevoir dans leurs rangs les citoyens des faubourgs munis de leurs armes habituelles. Cette proposition, repoussée à diverses reprises, occasionne entre le Directoire et la Municipalité une contestation qui n'a pas encore reçu de solution, lorsque, le 20 Juin, les faubourgs réunis sur la place de la Bastille s'ébranlent à dix heures du matin pour se porter vers l'Assemblée Nationale.

En tête de l'Armée de l'Insurrection, roulent des Tables gigantesques où les Droits de l'Homme sont inscrits en lettres d'or. Elles sont entourées des canons des Sections et suivies d'un Arbre de

Liberté que l'on doit planter en face de la demeure royale. La multitude désordonnée, riant et vociférant, marche sous une forêt de piques et de rameaux verts au milieu desquels apparaissent parfois les baïonnettes de quelques Compagnies de la Milice Bourgeoise. Des drapeaux et des banderoles tricolores, des bonnets rouges et des objets grotesques ou hideux, placés au bout des piques, complètent la vue du cortége. Partout règne l'image de la joie brutale et avinée qui touche à la fureur et qui est prête à la férocité.

Contrairement à la demande du Directoire du Département, les Girondins font décider qu'en dépit de la Loi, les pétitionnaires armés seront admis, cette fois encore, dans L'Enceinte Législative. Le défilé dure jusqu'à quatre heures. La populace, qui a reçu les applaudissements de l'Assemblée et qui est suffisamment satisfaite de sa journée de tapage et de désordre, commence alors à se retirer; mais les chefs de l'émeute rallient les groupes épars et les dirigent vers la grille du Château, qui s'ouvre à l'injonction de deux Officiers Municipaux.

Une grande quantité de Troupes et de Garde Nationale a pourtant été réunie autour des Tuileries; mais, ainsi que Santerre, chef du Faubourg Saint-Antoine, l'a promis à ses affidés lorsqu'ils ont paru hésiter, la Force Armée n'a reçu et ne doit recevoir aucun ordre dont l'exécution soit à craindre. En raison de la divergence de leurs opinions, des Gardes Nationaux considèrent, avec une indignation silencieuse, la violation de la demeure royale, tandis que d'autres donnent des poignées de main aux émeutiers. Des canons sont traînés dans le vestibule du Palais; un d'eux est hissé jusqu'à l'antichambre; mais il devient inutile; les armes populaires suffisent pour faire voler les portes en éclats. Tout à coup, l'une de celles que l'on attaque s'ouvre inopinément, et le Roi, suivi seulement de quelques Gardes Nationaux, s'avance vers les plus acharnés en leur disant : « Que voulez-« vous? c'est moi qui suis votre Roi. »

Ces simples paroles changent les dispositions des premiers assaillants; mais ceux qui suivent envahissent la salle. Deux coups de pique dirigés contre le Souverain ont été déjà détournés par des serviteurs dévoués (1), lorsqu'il prend place sur une banquette élevée dans l'embrasure d'une fenêtre; des Grenadiers de la Garde Nationale se mettent en faction à ses côtés, et c'est ainsi que le Roi de

---

(1) Acloque, un des six Chefs de Légion de la Milice Bourgeoise, et Canolle, Garde National de la Section des Invalides, se distinguèrent surtout dans cette circonstance.

France, coiffé d'un bonnet rouge qui lui a été présenté au bout d'une pique, voit passer, pendant plusieurs heures, ses sujets révoltés qui lui prodiguent dans leur grossier langage des insultes et des conseils, auxquels se mêlent parfois quelques marques de commisération.

On sait que le courage passif, dont Louis XVI était doué au plus haut degré, ne se démentit pas un instant dans cette triste journée, et que l'orateur populaire, qui vint lui parler de la Sanction des deux décrets, ne reçut de sa part qu'une froide et sévère réponse. Quant à la Reine, elle n'avait pu parvenir jusqu'à la salle où se trouvait le Roi ; le Ministre Lajard ayant fait disposer devant elle une table qu'entourèrent des Grenadiers de la Garde Nationale, elle fut ainsi préservée du contact immédiat des Pétitionnaires dont les insultes l'attaquaient à la fois dans son honneur de mère, d'épouse et de Souveraine. L'air de noblesse et de grandeur qu'elle conserva au milieu des outrages, fut tel que plusieurs des grossiers assaillants se prirent naïvement à crier : « Vive la Reine ! »

Le lendemain de ces attentats, la plus grande partie de la Garde Nationale ressentait une profonde indignation du rôle humiliant auquel on l'avait réduite. Aussi, deux jours après, quelques rassemblements tumultueux, où l'on parlait d'une nouvelle pétition à présenter au Roi, s'étant formés dans le Faubourg Saint-Antoine, elle se rendit avec empressement aux réquisitions qui lui furent adressées par le Directoire du Département pour assurer l'exécution du décret contre les Pétitionnaires armés. Cette agitation, qui n'était qu'une conséquence des désordres antérieurs, n'eut pas de suite ; mais les Révolutionnaires prétendirent que l'on cherchait, en punition du 20 Juin, l'occasion de renouveler le massacre du Champ de la Fédération. Dès lors, les Députations des Sections de Paris se succédèrent sans interruption pour porter à l'Assemblée l'exposé de leurs griefs contre la Milice Bourgeoise, et pour demander sa réorganisation sur des bases plus conformes à leurs idées subversives.

L'une réclame contre la pétition des huit mille Gardes Nationaux relative à la révocation du décret concernant le Camp de vingt mille hommes ; l'autre insiste sur la nécessité du licenciement de l'État-Major Parisien aussi dangereux à ses yeux que l'était la Garde Constitutionnelle ; une troisième demande qu'on remplace les soixante Bataillons existants par quarante-huit autres correspondant à chacune des Sections de la Capitale.

CHAPITRE XII. — JUIN 1792.

Cette dernière proposition, qui tendait à dénaturer entièrement l'esprit de la Force Publique Parisienne, en la soumettant au pouvoir orageux des Assemblées Populaires de chaque quartier, dévoilait le principal but des agitateurs ; elle était à l'ordre du jour dans tous les Clubs de la Capitale. La Municipalité, sous l'influence de Pétion, avait même convoqué des Délégués des quarante-huit Sections, pour décider sur l'opportunité de cette nouvelle organisation de la Garde Nationale. Le résultat de cette délibération ne pouvait être douteux.

De son côté, le Pouvoir Exécutif cherchait par quelque moyen détourné à annihiler le décret relatif au camp des vingt mille Fédérés, dont l'Assemblée continuait à attendre la Sanction. Dans ce but, le Ministre de la Guerre, Lajard, propose un emploi inattendu des forces que les agitateurs espèrent rassembler sous les murs de Paris : « Il existe sur la Frontière du Nord, » dit-il, « deux « points vulnérables parce qu'ils ne sont pas suf- « fisamment garnis de Places Fortes. L'un est près « de Maubeuge ; l'autre, entre Longwy et Mont- « médy. Les deux routes qui y conduisent se re- « joignent à Soissons ; c'est donc là, et non pas à « Paris, qu'il convient de placer la réserve desti-

« née soit à couvrir la Capitale, soit à secourir celle
« des deux Armées qui en aura besoin. »

Cette proposition, appuyée de motifs palpables, déconcerte momentanément le parti qui n'a provoqué l'arrivée des vingt mille Fédérés que pour avoir une armée disponible au jour de l'insurrection ; mais il est promptement rassuré. Son appel a été entendu dans les Provinces, et de nombreuses adresses, émanées de différentes localités, annoncent qu'à défaut d'ordres positifs, le civisme des *Patriotes* suffira pour les guider et les maintenir à Paris. Des Brestois, ayant fait répandre dans tout le Royaume une proclamation par laquelle ils donnent rendez-vous sous les murs de la Capitale à leurs Frères des quatre-vingt-trois Départements, les Fédérés de plusieurs villes se sont déjà mis en route. Forte de ces manifestations, l'Assemblée approuve la conduite des *Patriotes*, auxquels leur zèle n'a pas permis, dit-elle, d'attendre une convocation légale pour se diriger vers Paris ; elle décide qu'ils assisteront d'abord à la Fête de la Fédération et qu'ils seront ensuite dirigés sur Soissons pour y former le Camp de réserve réclamé par le Ministre.

Le Roi sanctionna cette mesure, bien qu'elle dût produire le même effet que la formation du Camp de vingt mille hommes à laquelle il avait refusé son approbation. Il accorda ainsi aux agitateurs ce qu'ils voulaient surtout obtenir : l'arrivée à Paris de ceux qu'ils se promettaient bien d'y faire rester pour les opposer à la partie de la Garde Nationale qui partageait l'opinion constitutionnelle.

Les dissensions continuelles dont la Capitale était le théâtre, avaient naturellement leur retentissement dans chacune des trois Armées qui continuaient, sur la Frontière, une guerre d'escarmouches sans but et sans utilité. Dans celle du Centre, Lafayette avait pu, à force de soins et d'activité, introduire plus d'ordre et de discipline qu'il n'en existait dans les deux autres. Il avait engagé les Officiers ex-nobles à se retirer ou à servir avec fidélité; les résultats qu'il avait ainsi obtenus joints à sa loyauté bien connue, ainsi qu'à la convenance parfaite avec laquelle il se comportait vis-à-vis de tous, lui avaient assuré les sympathies de ses subordonnés.

Par suite, l'Armée du Centre partageait l'opinion de son Général sur la marche que suivait alors la Révolution. On y improuvait hautement les excès successifs par lesquels l'agitation politique dépassait de plus en plus les limites que les Constitutionnels eussent voulu lui imposer. Entre autres faits qui avaient excité la réprobation, étaient les ovations décernées aux galériens de Châteauvieux. Ce sentiment s'accrut encore, lorsque cette Armée reçut dans ses rangs le maréchal de camp de Gouvion qui, ne voulant plus siéger sur les mêmes bancs que ceux qui avaient glorifié les assassins de son frère, s'était démis de ses fonctions de Législateur, et était venu servir sous les ordres de celui qui était à la fois son ami et son ancien compagnon d'armes en Amérique.

Les talents et les qualités distinguées du général de Gouvion lui avaient partout assuré depuis longtemps la considération générale ; mais l'Armée du Centre ne devait retirer aucun fruit du concours de son expérience. Doué d'une âme antique, désolé des excès commis au nom de cette Liberté pour laquelle il avait été combattre au delà des mers, de Gouvion avait froidement résolu de ne pas survivre aux honteuses saturnales dont elle était le prétexte dans sa patrie. Peu de jours après son arrivée à l'Armée, un boulet de canon Autrichien lui apporta le trépas qu'il cherchait obstinément (11 Juin) (1).

---

(1) La mort du général de Gouvion fut annoncée à l'Assemblée Nationale, dans la séance du 13 juin, par Dumouriez qui venait d'être nommé, le même jour, Ministre de la Guerre. Cette nouvelle y causa une affliction générale. Une cérémonie funèbre pleine de grandeur,

CHAPITRE XII. — JUIN 1792.

L'armée de Lafayette est encore sous l'impression douloureuse causée par cette perte si regrettable, amèrement reprochée au parti agitateur, lorsque la nouvelle de l'attentat du 20 Juin vient ajouter au sentiment général de réprobation qu'excitent les actes des Révolutionnaires. Le Général en Chef reçoit alors, de la part de tous les Corps sous ses ordres, des adresses de dévouement à la Constitution, au Roi et à lui-même. Sûr de l'appui de ses soldats, puissamment encouragé par son parti, comptant sur la Garde Nationale Parisienne, et décidé par son attachement à la Constitution, il se concerte avec le Maréchal Luckner pour faire une courte absence, sans danger d'ailleurs en raison de la mollesse avec laquelle la guerre se continue de part et d'autre.

Il accourt à Paris et, le 28 Juin, il est admis dans l'Enceinte Législative en dépit des réclamations de certains Députés qui demandent pour quelles raisons on consent à écouter un Général, tandis qu'on a refusé la même faveur à des Sous-Officiers et à des soldats venus à Paris, comme lui,

---

et à laquelle assistèrent tous les Députés ainsi que vingt mille Gardes Nationaux, fut célébrée au Champ de Mars en mémoire de cet excellent Officier qui avait su mériter l'estime et le respect de tous les partis.

sans aucune autorisation. Lafayette explique à l'Assemblée le motif de sa présence : « Il a mis « fin lui-même », dit-il, « aux réclamations collec- « tives que lui ont adressées ses soldats contre les « violences qui viennent d'être commises aux « Tuileries; mais, comme à cet égard, il par- « tage entièrement l'opinion de ses subordon- « nés, il a pris vis-à-vis d'eux l'engagement de « venir l'exprimer devant l'Assemblée. En raison « des insultes faites à la Royauté, son Armée se « demande déjà si c'est vraiment la cause de la « Liberté et de la Constitution qu'elle défend. La « tyrannie de la faction qui pousse au désordre doit « être réprimée; il importe que les instigateurs « des délits commis dans la journée du 20 Juin « soient punis et que les Représentants fassent res- « pecter l'Autorité Suprême, afin de donner aux « soldats la certitude qu'aucune atteinte ne sera « portée à la Constitution tandis qu'ils verseront « leur sang pour défendre le territoire. »

Ce discours, qui fait craindre une intervention militaire au parti dominant dans l'Assemblée Législative, soulève les violentes récriminations des Girondins : « N'y a-t-il donc plus d'ennemis aux « frontières pour qu'un Général quitte ainsi son « poste et vienne impunément à Paris sans ordre

« supérieur ? De quel droit, un Chef militaire s'ar-
« roge-t-il la mission de venir parler, au nom de
« son Armée, devant une Assemblée qui repré-
« sente le Pays tout entier ? »

Les reproches adressés au Général ne restent
pas longtemps dans les limites parlementaires :
les Jacobins exaltés, le public des tribunes et bientôt les feuilles révolutionnaires l'accusent de ca-
lomnier l'Armée, d'être venu pour donner des
conseils à la Cour, de faire partie du Comité Autrichien que l'on dit exister à Paris et de s'entendre avec la Reine pour livrer la France à ses Ennemis.

Ces injustes reproches ne découragent pas le
Général. L'empressement, avec lequel une partie
de la Garde Nationale est venue à sa rencontre et
lui a formé une Garde d'Honneur, lui fait espérer
qu'à la tête de ceux qu'il a autrefois commandés, il pourra encore être utile à la Famille
Royale. Mais il est froidement reçu à la Cour où
on ne lui a pas pardonné d'avoir été un des premiers acteurs de la Révolution ; une revue d'honneur qu'il doit passer aux Champs-Élysées est con-
tremandée par Pétion, et le peu d'entente qui
existe entre les Commandants des différentes Divisions de la Milice Bourgeoise fait manquer d'au-

tres projets analogues. Plusieurs Compagnies de Grenadiers lui ayant fait secrètement proposer de se réunir sous ses ordres pour disperser le Club des Jacobins, il ne croit pas, dans ces conditions, devoir prendre sur lui la responsabilité d'engager la Guerre Civile, et il rejoint son Armée.

Il ne fut pas d'ailleurs resté impunément à Paris. Le lendemain de son départ, son effigie était brûlée au Palais-Royal; les journaux révolutionnaires rappelaient qu'il était parent de Bouillé et auteur des massacres du Champ de Mars; on lui prodiguait dans les Sociétés Populaires les épithètes de *traître* et d'*usurpateur*, et les orateurs démagogues, cherchant à le ridiculiser, disaient ironiquement que ce *petit Dictateur* était venu étaler à Paris une audace dont il n'avait pas encore su donner des preuves aux Autrichiens.

Les marques de sympathie, prodiguées par une partie de la Milice Bourgeoise au Général dépopularisé, eurent pour effet d'activer encore les manœuvres qui tendaient à la désorganisation de la Garde Nationale Parisienne : les Députations des Sections se multiplièrent pour obtenir le licenciement de son État-Major. Comme on ne pouvait prendre à l'égard de la Milice de la Capitale une mesure particulière qui eût trop clairement indiqué les projets subversifs auxquels on tendait, les Girondins firent décréter que les États-Majors des Gardes Nationales des villes au-dessus de cinquante mille âmes seraient dissous et réélus (2 Juillet) (1). L'influence violente exercée par le parti démagogique dans toutes les grandes villes, garantissait suffisamment que les États-Majors Constitutionnels allaient disparaître pour être remplacés par d'autres uniquement composés de candidats révolutionnaires.

Ce succès des agitateurs fut suivi de faits significatifs. Le 10 Juillet, les Ministres donnèrent collectivement leur démission motivée sur l'impossibilité de lutter contre l'Anarchie, l'impuissance de la Force Publique, la paralysation de toutes les Administrations et l'avilissement des Autorités constituées.

La Fédération de 1792 (14 Juillet) s'annonçait ainsi sous les plus tristes auspices : chaque jour augmentait les appréhensions qu'elle inspirait aux Royalistes et aux Constitutionnels. Des placards affichés de tous côtés invitaient le *peuple* à ne pas

---

(1) Cette limitation provenait de ce que, les Gardes Nationales du Royaume étant organisées par Districts et par Cantons, les villes au-dessus de cinquante mille âmes étaient, d'après la Loi Constitutionnelle, considérées comme Districts.

sortir du Champ de Mars sans avoir vengé le sang qu'on y avait répandu l'année précédente, et des avis nombreux, adressés au Roi ainsi qu'à la Reine, dénonçaient des projets d'assassinat.

Les Grenadiers de différents Bataillons briguèrent l'honneur d'escorter le Monarque. Louis XVI fut effectivement entouré, pendant toute la cérémonie, de Gardes Nationaux, de Gardes Suisses et des Troupes de Ligne qui résidaient exceptionnellement à Paris. Nul fait important ne vint confirmer les sinistres appréhensions des partisans du Roi; mais les insultes qui lui furent prodiguées maintes fois par la foule faisaient pressentir les plus tristes événements pour l'avenir.

CHAPITRE XIII.

INSUFFISANCE ET DÉNUMENT DES ARMÉES. — DÉCLARATION DU DANGER DE LA PATRIE.

(Mai-Juillet 1792.)

Sommaire.

Hostilités sans but et sans utilité sur la frontière du Nord. — Création de l'Armée du Midi.

Manque d'Officiers et de Soldats dans les quatre Armées. — Difficultés pour y remédier. — Augmentation du nombre et de l'effectif des Bataillons de Volontaires. — Elle ne constitue qu'une ressource illusoire.

Pénurie des matières employées à la confection des effets militaires. — Disette d'armes.

Approche du péril de l'invasion. — Motifs et but de la Déclaration du Danger de la Patrie. — Sa proclamation à Paris. — Mesures décrétées pour porter l'Armée à quatre cent cinquante mille hommes. — Mobilisation d'une partie des Compagnies de Grenadiers et de Chasseurs des Gardes Nationales Sédentaires. — Recours aux Compagnies de Vétérans et d'Invalides. — Appel fait aux anciens militaires. — Cavalerie improvisée.

Réveil de l'enthousiasme national. — Formation spontanée de Bataillons, de Compagnies de Francs Tireurs et de Compagnies Franches. — Création d'une Légion Étrangère et des Légions Belge, Liégeoise, Allobroge, Batave, Vandale. — Création des Légions du Nord, du Centre, du Rhin et du Midi.

Proposition d'employer des piques à la guerre pour remédier à l'insuffisance des fusils. — Discussions à ce sujet dans l'Enceinte Législative. — Décret en exécution duquel tout soldat ou volontaire doit avoir un fusil et tout citoyen doit être armé d'une pique. — Fabrication générale de piques par les soins de toutes les Municipalités.

Après les désastres de Mons et de Tournay, la guerre s'était bornée des deux côtés de la

Frontière du Nord à une observation réciproque qui amenait une suite de petits combats d'avant-postes sans but et sans utilité. Il n'eût pu en être autrement, puisque l'Ennemi avait été surpris par la déclaration des hostilités au moment où il n'était pas encore prêt pour l'offensive, et que les Troupes Françaises avaient fait échouer, par une double déroute, un plan d'invasion basé sur l'instantanéité de son exécution.

Pendant ce temps, les trois armées du Nord, du Centre et du Rhin voyaient décroître leurs ressources en tous genres. Les troubles du Midi avaient fait créer une quatrième Armée dont le commandement avait été donné au Général Montesquiou et, de sa formation, surgissaient de nouveaux besoins au moment où les trois autres présentaient déjà l'image de l'insuffisance et du dénûment.

Les Troupes de Ligne manquaient à la fois d'Officiers et de Soldats. L'émigration et les démissions avaient tellement éclairci les rangs des premiers qu'on suspendit pour toute la durée de la Guerre leur droit à la retraite après trente ans de service ; on tenta aussi de ramener à leurs anciennes positions ceux que des Bataillons de Volontaires avaient choisis pour Commandants ou pour Instructeurs; enfin, on abolit la Loi récente qui, faisant rouler l'avancement sur la totalité des Officiers de cháque Arme, occasionnait des déplacements d'une durée incompatible avec les exigences du service.

Quant à l'effectif des soldats, le déficit de cinquante mille hommes, que le Ministre Narbonne avait dénoncé naguère à l'Assemblée Législative, s'augmentait chaque jour : les pertes qui résultaient, des privations ainsi que des maladies, n'étaient plus réparées depuis que le cours régulier du recrutement avait été suspendu par l'effet de la formation des Bataillons Volontaires. C'est en vain qu'on avait établi à Valenciennes, Strasbourg, Metz et Nismes, des dépôts pour recevoir ceux qui s'engageraient à servir dans les Troupes de Ligne de l'une des quatre Armées ; nul ne s'y présentait. Pour les mêmes causes, les Racoleurs, envoyés par les Corps, rejoignaient leurs régiments sans amener un seul homme.

La Constitution excluant pour recruter les Troupes de Ligne tout autre mode que celui des enrôlements à prix d'argent, il ne restait au Pouvoir qu'un moyen efficace d'augmenter le personnel des Armées ; c'était d'accroître à la fois le nombre et l'effectif des Bataillons de Volontaires Nationaux ; c'est ce qui fut fait. La formation de cent soixante-neuf Bataillons avait été primitivement décrétée en 1791 ; ce chiffre fut porté jusqu'à deux cent quinze, et il fut décidé que chacun de ces Corps serait composé de huit cents hommes au lieu de cinq cent soixante-quatorze.

Mais cette augmentation était purement fictive et ne devait amener aucun résultat. L'élan, avec lequel la Population avait concouru quelques mois auparavant à former des Bataillons Nationaux, s'était calmé peu à peu par le départ des plus enthousiastes, et même une centaine seulement de ces Corps Volontaires avaient atteint un chiffre suffisant pour marcher à la Frontière. Ainsi Paris, qui dans l'origine avait été taxé à six Bataillons, en avait vu partir trois avec la rapidité la plus irréfléchie, et six mois après, le quatrième ne se composait encore que de quelques hommes.

Différentes causes concouraient à ce peu d'empressement de la Population Parisienne. Sur la foi de ses orateurs de prédilection, la classe ouvrière de la Capitale eût laissé volontiers aux habitants des Provinces le soin de défendre la Frontière, parce qu'elle se considérait comme ayant surtout à veiller au maintien de ce qu'elle appelait la Liberté, en déjouant les complots des *Aristocrates* et en *travaillant* à la marche de la Révolution. Le tumulte dans les rues, les séances des Clubs, les députations à l'Assemblée, ainsi que les promenades avec des piques et des tambours, satisfaisaient d'ailleurs son besoin d'agitation et avaient un attrait puissant qui la retenait à Paris. Aussi les Députés des Départements rappelaient-ils parfois à la tribune que, tout en venant perpétuellement protester à la barre de son désir de mourir pour la Patrie, le Peuple Parisien ne partait pas pour la Frontière et ne payait pas ses contributions.

Des causes analogues amenaient les mêmes effets dans d'autres grandes villes, et beaucoup de Départements, qui avaient d'abord offert de fournir plus de Bataillons qu'il ne leur en avait été demandé, ne parvenaient pas à compléter le contingent qui leur avait été assigné. Au moment où l'Assemblée Législative décrétait la formation de nouveaux Bataillons de Volontaires, une soixantaine de ceux qu'on avait créés antérieurement étaient encore dans les villes à l'état de petites troupes incomplètes, ayant chacune la prétention de constituer un Corps entier, et privant les soldats plus sérieux des ressources qu'elles accaparaient pour leur Équipement, leur Habillement et leur Armement.

La pénurie des matières employées à la confection des effets militaires était alors un grave sujet de préoccupation. La prodigieuse consommation qu'on en avait faite depuis trois ans avait épuisé les ressources du Commerce ; cependant, on pouvait espérer qu'on parviendrait à y suppléer.

Il n'en était pas de même pour l'Armement. Les distributions d'armes concédées aux habitants des Frontières avaient achevé ce qu'avaient commencé les délivrances inconsidérées faites depuis trois années aux Gardes Bourgeoises. Les magasins de l'État étaient entièrement dépourvus, et une partie des Bataillons Nationaux rendus à destination ne pouvait, faute d'armes, être employée utilement. L'approche des hostilités avait cependant fait sentir la nécessité de remplir les salles d'armes des Arsenaux : des marchés s'élevant en totalité jusqu'à vingt-quatre millions avaient été passés de divers côtés pour l'achat de cinq cent mille fusils ; mais quelques milliers avaient seulement été livrés par les négociants auxquels les embarras des finances faisaient appréhender des retards de paiement.

Les Manufactures d'armes de l'État, Maubeuge, Charleville et Saint-Étienne, avaient été encouragées à activer leurs travaux par des primes proportionnelles à leur fabrication ; néanmoins leurs efforts ne constituaient qu'une ressource tout à fait insuffisante. Des établissements nouveaux avaient été créés à Moulins et dans d'autres localités; mais les lenteurs de leur installation s'accordaient mal avec l'instantanéité des besoins. Des villes, qui s'étaient imposé les frais de l'armement de leurs Volontaires, avaient soldé des commandes importantes à la livraison desquelles la fraude avait présidé: un dixième au plus des fusils qu'elles avaient reçus s'était trouvé en état de faire feu. Dans plusieurs garnisons, on vit des Volontaires monter la garde avec un simple bâton.

Ainsi, dans les mois de Mai et de Juin 1792, le recrutement des Troupes de Ligne était entièrement suspendu, et non-seulement les Corps Volontaires récemment décrétés ne se formaient pas, mais encore une notable partie de ceux qui avaient surgi à l'origine ne parvenaient pas à se compléter. Le maréchal Luckner écrivait à l'Assemblée Nationale que les trois Armées du Nord, du Centre et du Rhin réunies ne pourraient mettre en ligne soixante-dix mille combattants. Cette certitude déplorable ne constituait pourtant qu'une partie de la vérité. Les soldats se défiaient des principes politiques des anciens chefs qui leur restaient encore, et ils étaient sans confiance dans le savoir des Officiers nouvellement promus; les Volontaires étaient dans la plus complète ignorance des manœuvres. Parmi les premiers, l'esprit de discipline continuait à suivre une marche rétrograde ; pour les seconds, il n'avait jamais existé. Enfin, les Soldats étaient mal payés, mal nourris, mal vêtus; il en était de même des Volontaires parmi lesquels beaucoup étaient insuffisamment armés.

Cependant, il était évident que la Guerre allait changer de caractère et sortir de la stagnation dans laquelle elle se traînait depuis deux mois. Le Roi de Prusse et le duc de Brunswick, formés tous deux à l'école du grand Frédéric, s'avançaient à la tête d'une Armée de soixante-dix mille hommes composée de Prussiens, d'Autrichiens et d'Émigrés. L'approche d'un ennemi aussi aguerri, fort des intelligences qu'il avait à l'intérieur du Pays, allait bientôt rendre imminent le péril commun de la France et de la Révolution. On ne pouvait espérer le conjurer qu'en complétant rapidement les Troupes de Ligne, en rallumant l'enthousiasme pour la formation des Corps Volontaires, et enfin en créant subitement des ressources en tous genres.

Dans les circonstances critiques où se trouvait le Royaume déchiré par l'anarchie, il était impossible de songer à obtenir de semblables résultats par des procédés réguliers. Mais pour pouvoir recourir à de puissants moyens en dehors de la Législation, il fallait élever le sentiment patriotique du Pays entier à la hauteur du danger qui le menaçait ; il était surtout indispensable que l'image du péril frappât les esprits assez fortement pour que l'opinion publique donnât d'avance son assentiment à toute mesure énergique prise en vue de la défense commune. Tels furent les motifs et le but de la Déclaration du Danger de la Patrie.

Le Dimanche, 22 Juillet, à six heures du matin, le canon d'alarme placé au Pont-Neuf tire une salve de trois coups qui doit être répétée d'heure en heure jusqu'au soir, et le rappel est battu dans toutes les Sections. Des détachements des six Légions de la Garde Nationale se réunissent sur la Place de Grève, le Conseil de la commune s'assemble, et, à huit heures, deux cortéges, semblablement composés, se mettent en marche pour parcourir les divers quartiers de la ville.

En tête s'avance, précédé de la musique et des trompettes, un nombreux détachement de Cavalerie ; il est suivi d'une force imposante d'Infanterie escortant six canons. On voit ensuite quatre Huissiers à cheval portant chacun une enseigne, à laquelle est suspendue une chaîne de couronnes civiques décorant les inscriptions : *Liberté, Égalité, Constitution, Patrie.* Douze Officiers Municipaux à cheval, décorés d'écharpes tricolores, leur succèdent. Le cortége se termine, ainsi qu'il commence, par six canons suivis d'Infanterie et de Cavalerie.

A chaque carrefour, la colonne fait halte. On agite une banderole tricolore pour donner le signal du silence, et les tambours ouvrent un ban. Un Officier Municipal se détache alors du groupe principal, s'arrête à quelques pas et prononce à haute voix la formule solennelle : « Citoyens ! la patrie est en danger ! » En même temps, il signale du geste à la foule une énorme bannière portée par un cavalier de la Garde Nationale et sur laquelle est tracée la même déclaration. Ensuite, les tambours ferment le ban et le cortége se remet en marche.

Au milieu des grandes places est élevé un amphithéâtre surmonté d'une tente ornée de drapeaux et de banderoles tricolores ainsi que de couronnes de chêne. Une table est dressée sur des tambours pour inscrire les noms des citoyens qui se présentent pour marcher à la frontière. Les gradins conduisant à l'amphithéâtre sont garnis de canons; en avant, dans un vaste cercle formé par des Gardes Nationaux, la musique militaire joue des airs patriotiques.

Six mille Parisiens s'inscrivent immédiatement sur les registres municipaux (1). Mais les enrôlements volontaires ne constituent qu'une des ressources sur lesquelles l'Assemblée Législative a compté; la déclaration du péril général justifie les mesures suivantes qui sont immédiatement décrétées :

« Le moment où la Patrie est reconnue en dan-

---

(1) Le *Moniteur universel* évalua d'abord à quinze mille le chiffre de ces enrôlements volontaires ; mais les relevés officiels constatèrent que les inscriptions s'élevèrent à cinq mille et quelques cents hommes.

Cette proclamation n'eut pas d'ailleurs, à Paris, l'effet qui aurait pu résulter d'une déclaration spontanée et inattendue. Les discussions sur son opportunité avaient commencé, dès le 30 Juin, dans l'Enceinte législative; le 11 Juillet, le Président de l'Assemblée avait prononcé la formule qui devait être répétée dans tout le Royaume avec un appareil solennel, et c'est seulement le dimanche 22 Juillet qu'eut lieu à Paris la cérémonie du cortége, à laquelle la population s'attendait comme à un spectacle préparé. Le peuple était déjà tellement familiarisé avec cette idée, que le soir même de la déclaration, à toutes les barrières, on dansait dans les guinguettes sur l'*Air du danger de la Patrie*.

« ger est aussi celui où chaque citoyen doit s'of-
« frir pour la défendre.

« L'Armée sera portée au chiffre de quatre cent
« cinquante mille hommes.

« Pour réaliser cet effectif, les quatre-vingt-trois
« Départements devront fournir d'abord, suivant
« un tableau de répartition fixant le contingent de
« chacun d'eux, cinquante mille hommes destinés
« à compléter les Troupes de Ligne. Les deux cent
« quinze Bataillons de Volontaires seront portés à
« huit cents hommes par le même moyen. Enfin,
« quarante-deux autres Bataillons Nationaux se-
« ront encore levés et formeront une réserve de
« trente-trois mille hommes.

« Des Commissaires seront envoyés dans tous
« les Départements pour veiller à l'exécution de
« ces dispositions. »

Mais ces opérations, quelque célérité que l'on puisse y mettre, exigent un certain temps d'exécution et ne peuvent rassurer que pour un prochain avenir. Il est pourtant urgent d'obtenir immédiatement un contingent considérable de soldats bien équipés et bien armés. A cet égard, les Compagnies de Grenadiers et de Chasseurs des Gardes Nationales Sédentaires offrent une précieuse ressource disséminée dans toutes les localités. Composées presque partout de l'élite de la population, elles ont tenu à honneur de s'habiller, de s'équiper, de s'armer et de se former aux exercices militaires, tandis qu'une partie des Compagnies de Fusiliers est encore dépourvue d'armes à feu. D'ailleurs à l'Armée du Rhin, le Général Lamarlière, dans la disette d'hommes où il s'est trouvé, a fait appel au patriotisme de ces Compagnies d'Élite et il en a retiré d'éminents services.

L'Assemblée Législative généralise cette mesure : « Le Royaume est divisé en quatre grandes Cir« conscriptions correspondant à chacune des Ar« mées. Les Généraux sont autorisés à requérir « immédiatement dans chacune d'elles la moitié « des Compagnies sédentaires de Grenadiers et de « Chasseurs pour les organiser en Bataillons de « Volnotaires. Les Canonniers Gardes Nationaux « seront requis de même par moitié, pour former « des Compagnies d'artillerie. »

En même temps, l'Assemblée fait appel à d'autres ressources : « Les Compagnies de Vété« rans et d'Invalides doivent se transporter dans « les Places de guerre réputées en danger. Les

« anciens soldats et les militaires mutilés sont in-
« vités à se réunir à leurs vieux compagnons d'ar-
« mes pour rendre encore un dernier service à la
« Patrie.

« La limite d'âge requise pour servir active-
« ment est abaissée de dix-huit à seize ans.

« Toutes les localités qui, indépendamment des
« levées décrétées, fourniront des Bataillons, des
« Compagnies ou même de simples Escouades,
« équipées et armées, auront bien mérité de la
« Patrie. La Nation s'engage à prendre sous sa
« protection spéciale les veuves et les enfants de
« ceux qui périront sous les drapeaux de la Li-
« berté. »

Il est plus difficile de faire surgir rapidement quelques Troupes à Cheval; on trouve néanmoins le moyen d'improviser deux Corps composés d'anciens soldats : « Chacune des seize
« cents brigades de Gendarmerie réparties dans
« tout le Royaume, fournira un Gendarme monté.
« Ces cavaliers seront immédiatement dirigés sur
« Paris pour y être organisés en deux Divisions
« de huit cents hommes. Chaque Division sera
« composée de huit Compagnies formant quatre
« Escadrons. Les Officiers seront nommés à l'élec-

« tion par les Gendarmes, lors du rassemble-
« ment. »

Cependant la Proclamation du danger de la Patrie faite dans tout le Royaume, la promulgation des décrets qui en sont la conséquence et les bruits d'invasion plus menaçants de jour en jour, font sentir à chacun l'imminence du péril. La haine pour l'Étranger, qui menace à la fois le territoire ainsi que la Liberté, ressuscite l'enthousiasme, et de tous côtés des propositions qui ont trait à la défense du Pays affluent à l'Assemblée Nationale. Sans attendre les Commissaires chargés de procéder à l'organisation des nouveaux contingents, des Bataillons se forment; dans plusieurs départements, les Gardes-chasse et les Braconniers se réunissent en Compagnies de Francs-Tireurs; leur exemple est imité, et des Corps Francs se mettent les premiers en route pour les Armées. On y remarque un assez grand nombre de Lycéens, qui profitent de la loi récente par laquelle a été abaissée la limite d'âge requise pour le service militaire.

L'élan général est partagé par les réfugiés politiques et les *patriotes* de toutes les Nations. Ils considèrent la cause de la Révolution Française comme étant celle de la Liberté des Peuples ; aussi veulent-ils concourir à sa défense. Un Conseil d'Administration spontanément organisé est autorisé à créer une Légion Étrangère composée de *patriotes* de tous les pays. En outre, les réfugiés Brabançons se forment en Légions Belge et Liégeoise ; les Patriotes Savoisiens organisent la Légion Allobroge ; les Hollandais expatriés tentent de composer une Légion Batave, et le baron prussien Anacharsis Clootz, qui s'intitule l'orateur du Genre Humain, réclame l'établissement d'une Légion Vandale. La force moyenne de ces divers Corps est, dans les projets de leurs auteurs, de deux mille huit cents hommes, y compris cinq cents cavaliers, une ou deux Compagnies d'Artillerie et quelques ouvriers.

Ces différentes créations, dont quelques-unes ne doivent cependant pas se réaliser entièrement, démontrent les secours que la cause de la Révolution peut recevoir des Étrangers ; cet espoir s'accroît en raison du grand nombre de soldats ennemis qui franchissent la frontière pour chercher un asile dans les camps français. L'idée d'augmenter encore cette ressource en affaiblissant les forces hostiles fait accorder de nombreux avantages aux déserteurs étrangers. « Tout sous-

« officier ou soldat qui abandonnera les drapeaux
« d'une puissance en guerre avec la France pour
« venir sur la terre de la Liberté et de l'Égalité,
« recevra d'abord, à titre d'indemnité des sacri-
« fices qu'il aura faits, le brevet d'une pension
« viagère de cent livres et une gratification de cin-
« quante livres. Chaque déserteur sera ensuite
« libre de vivre en citoyen paisible ou de s'enga-
« ger dans le Corps auquel il accordera la préfé-
« rence ; dans ce dernier cas, il deviendra apte à
« recevoir pour ses services, ses actions d'éclat et
« ses blessures les récompenses et les retraites
« attribuées aux nationaux. »

De nombreuses proclamations répandues au delà des Frontières portent ces dispositions à la connaissance de ceux qu'elles peuvent intéresser (1), et les Généraux des quatre Armées sont autorisés à réunir les déserteurs dans des Corps où seront reçus aussi les Étrangers qui s'y présenteront à divers titres. Telle fut l'origine des Légions du Nord, du Centre, du Rhin et du Midi.

---

(1) Le moyen le plus usité, pour répandre dans les rangs ennemis la connaissance des avantages offerts aux déserteurs, fut de faire tomber entre les mains des soldats autrichiens des bouteilles d'eau-de-vie qui portaient chacune, en guise d'étiquette, le décret de l'Assemblée traduit en allemand.

La totalité des Troupes et des Volontaires pouvait, dans l'universalité du Royaume, être alors évaluée à deux cent trente mille hommes. L'exécution des décrets qui avaient été promulgués relativement au recrutement, en même temps qu'on avait déclaré la Patrie en danger, devait élever cet effectif au delà du chiffre rassurant de quatre cent cinquante mille hommes; mais l'impossibilité de se procurer rapidement la quantité d'armes à feu indispensable constituait toujours une cause d'inquiétude majeure.

La totalité des fusils existants dans le Royaume eût suffi et au delà pour armer une première fois tous les combattants; mais ils étaient disséminés de tous côtés entre les mains des Gardes Nationales Sédentaires. Plusieurs villes avaient même établi de petits magasins d'armes où elles réunissaient peu à peu un approvisionnement qu'elles jugeaient pouvoir leur être nécessaire au premier jour, et qui diminuait d'autant les ressources. Les ateliers de fabrication récemment installés ne livraient pas encore de produits; les Administrations Départementales, autorisées à acheter des armes et des munitions aux frais du Trésor Public, ne trouvaient que difficilement des fusils, et, en raison de leur proximité de la Frontière, on appréhendait de voir les manufactures de Charleville et de Maubeuge tomber entre les mains de l'Ennemi qui s'avançait.

Ce fut alors qu'un ancien colonel de Dragons, Scott, dans l'intention de remédier à ces difficultés, prétendit que la pique, habilement employée, ne serait pas moins efficace que le fusil sur un champ de bataille. A l'appui de cette opinion, il présenta à l'Assemblée Nationale et il répandit dans le public un ouvrage sur l'utilité, incontestable d'après lui, qu'on pouvait retirer en campagne de Bataillons armés de piques (1).

La discussion s'ouvre immédiatement à ce sujet dans l'Enceinte Législative. Les partisans de l'arme nouvelle présentée pour la guerre préconisent chaleureusement son emploi : « Ils consentent bien, » disent-ils, « à ne pas se prévaloir du « souvenir des Phalanges Lacédémoniennes et des « Légions Romaines ; mais la pique a rendu de si-« gnalés services dans les batailles de Cérizoles, « de Marignan et de Montcontour. Montecuculli « et le Maréchal de Saxe en ont vanté l'utilité con-« tre les attaques de la cavalerie, et un grand

---

(1) *Manuel du citoyen armé de la pique,* par un Militaire, ami de la Liberté

« nombre d'auteurs ont conseillé d'intercaler des
« Piquiers dans les rangs de l'Infanterie. »

Les partisans de l'opinion contraire réfutent ainsi ces allégations : « L'emploi de la pique, re-
« connu désavantageux à Jarnac, a commencé à
« être abandonné depuis cette époque. L'adop-
« tion d'une nouvelle arme entraînera un chan-
« gement dans la tactique, innovation dan-
« gereuse au moment où l'on va avoir à combattre
« des troupes exercées dont la force consiste sur-
« tout en un feu méthodique, vif et bien sou-
« tenu. »

La conclusion de l'Assemblée Législative concilie les deux opinions : « Puisque le nombre des
« fusils existants peut suffire à la rigueur pour ar-
« mer tous les combattants, chaque soldat ou vo-
« lontaire d'Infanterie aura un fusil ; mais attendu
« que, dans un état libre, chacun doit être soldat
« par devoir ou par métier, la pique, arme de la
« Liberté, peu dispendieuse et facile à fabriquer,
« doit être donnée à tout citoyen qui ne possédera
« pas une arme à feu. »

Toutes les Municipalités du Royaume reçoivent, en conséquence, l'injonction de faire fabriquer aux frais du Trésor Public des piques de six à dix pieds de long, et il est prescrit que, dans le délai d'un mois, tout citoyen devra être muni d'une arme de cette espèce, s'exercer à la manier, et apprendre à occuper ainsi qu'à défendre de petits postes retranchés. On répand en même temps dans le Royaume une Instruction sur la manière la plus avantageuse de disposer les hommes d'un bataillon composé de Fusiliers et de Piquiers.

Les Législateurs prévoyaient le cas où l'Ennemi percerait la faible ligne de défense formée sur les Frontières par des Armées insuffisantes en nombre et dénuées de ressources : le but de l'armement général des citoyens était que l'Étranger, en s'avançant sur le territoire, trouvât les villes, les bourgs et les hameaux défendus par des remparts mobiles de fer et d'acier.

CHAPITRE XIV.

DESTRUCTION DU RÉGIMENT DES GARDES SUISSES. — LICENCIEMENT DES TROUPES HELVÉTIQUES.

(Juillet, Août et Septembre 1792.)

Sommaire.

Départ des dernières Troupes de Ligne qui restaient dans la Capitale, à l'exception des anciens Gardes Françaises, qui sont organisés en Compagnies de Gendarmerie Parisienne. — Nouvelles tentatives, faites sans succès, pour éloigner le Régiment des Gardes Suisses.

Les Fédérés à Paris. — Leur conduite. — Arrivée des Fédérés Marseillais. — Rixe entre eux et des Grenadiers de la Garde Nationale. — Demande de leur renvoi au Camp de Soissons. — Elle est écartée par l'influence des Girondins.

Réclamations des Sections Parisiennes contre l'institution *aristocratique* des Compagnies de Grenadiers de la Garde Nationale.

Manifeste du Duc de Brunswick. — Son effet. — Les Sections demandent la déchéance du Roi. — Décret qui enjoint d'éloigner de Paris le Régiment des Gardes Suisses. — Il n'est pas exécuté. — Exaltation des esprits. — Projets d'attaque et de défense des Tuileries. — Ordre de repousser la force par la force.

Journée du 9 Août. — Arrivée des Gardes Suisses aux Tuileries. — Plan de la résistance. — Énumération des défenseurs du Château. — Leurs dissidences.

Préparatifs de l'insurrection.

Journée du 10 Août. — Assassinat de Mandat, Commandant provisoire de la Garde Nationale. — Santerre est nommé, par la Commune, général en chef de la Milice Bourgeoise. — Dispositions hostiles d'une partie de la garnison des Tuileries. — La Famille Royale se rend à l'Assemblée.

Provocations adressées par les Marseillais aux Gardes Suisses. —

Massacre des sentinelles. — Feu des Suisses. — Fuite des Insurgés. — Sorties des Suisses qui s'emparent d'une partie des canons des émeutiers. — Consternation dans l'Assemblée. — Injonction envoyée aux Suisses par le Roi de cesser le feu et de venir le rejoindre à l'Assemblée. — Exécution de cet ordre. — Désarmement des Suisses effectué par la volonté du Roi.

Envahissement du Château par les insurgés. — Défense et massacre des Suisses qui y sont encore. — Pertes des deux partis.

Conséquences du triomphe de l'insurrection. — Déchéance du Roi. — Nomination d'un Pouvoir Éxécutif provisoire. — Commissaires envoyés aux Armées pour faire prêter un nouveau serment aux Troupes et aux Gardes Nationales.

Proposition de licencier tous les Officiers de l'Armée. — Destitution de tous les Officiers de Gendarmerie du Royaume.

Adhésion donnée par les Armées et par les Généraux à la Révolution du 10 Août. — Émigration de Lafayette.

Demande d'un tribunal exceptionnel pour juger les *criminels* du 10 Août. — Fureurs de la populace contre les Officiers et les Sous-Officiers aux Gardes Suisses. — Institution du tribunal révolutionnaire du 17 Août. — Acquittement du lieutenant général d'Affry, colonel des Gardes Suisses. — Condamnation du général baron de Bachmann, major des Gardes Suisses.

Prise de Longwy par les Prussiens. — Incarcération des Royalistes et des Constitutionnels. — Massacre des Officiers Suisses à la Conciergerie et des Sous-Officiers Suisses à l'Abbaye. — Assassinat du capitaine Reding.

Licenciement des dix Régiments Helvétiques.

Tout en concourant énergiquement aux mesures d'urgence qui tendent à sauvegarder le territoire et la Révolution des attaques de l'Étranger, les Girondins ne discontinuent pas leurs agressions contre le Pouvoir Royal, considéré par eux comme un ennemi intérieur encore plus dangereux que celui qui menace les Frontières. Ils ont remarqué l'ensemble avec lequel les Troupes de Ligne, formées de l'ancienne Garde Nationale Soldée, ont entouré le Roi, le jour de la Fédération. La précision des manœuvres de ces divers Corps et leur esprit militaire impossible à méconnaître, les signalent comme pouvant devenir de dangereux adversaires quand viendra le moment du conflit avec le Pouvoir, et constituent aux yeux des agitateurs des motifs puissants pour les écarter de la Capitale. En conséquence, le lendemain même de la Fédération, on invoque à la Tribune de l'Assemblée l'urgence d'envoyer aux Frontières toutes les troupes exercées, et, sous ce prétexte plausible, on parvient à faire décréter le départ de Paris des Troupes de Ligne qui y ont été maintenues exceptionnellement jusque-là (16 Juillet).

Mais parmi ceux qui les composent, sont environ douze cents ex-Gardes Françaises pour lesquels le sentiment populaire, qu'on ne veut pas froisser, est toujours le même. D'ailleurs leurs dispositions ne sont pas douteuses : ils ont commencé la Révolution et ils nourrissent depuis longtemps un profond mécontentement du sort qu'elle leur a fait. Le parti avancé est donc assuré de les compter pour auxiliaires dans ses tentatives subversives ; aussi demande-t-il que tous les anciens Gardes Françaises soient distraits des Corps qui vont s'éloigner, pour être retenus à Paris. C'est en vain que les Députés constitutionnels démontrent de quelle utilité pourraient être ces Soldats d'Élite dans les rangs des Armées presque désorganisées; ce qui importe le plus aux Girondins, c'est de multiplier à Paris les éléments insurrectionnels, et l'Assemblée Législative, qui est sous leur domination, adopte leur proposition. Les ex-Gardes Françaises, exceptés de la mesure générale, sont organisés en deux Divisions de Gendarmerie Parisienne, tandis que les Corps dont ils faisaient partie s'éloignent de la Capitale.

L'Assemblée eût voulu comprendre dans l'exécution du même décret le Régiment des Gardes Suisses dont le parti révolutionnaire continuait à provoquer l'éloignement, soit par des demandes directes, soit en employant les moyens usités d'ordinaire pour perdre dans l'opinion les Corps militaires qu'il redoutait. Malheureusement, peu auparavant (Mai), un fait isolé et sans importance était venu donner de la consistance à la calomnie : une dizaine de Gardes Suisses avaient arboré des cocardes blanches dans un cabaret de Neuilly. Ce résultat de libations trop prolongées avait été présenté par les calomniateurs comme se rattachant à l'exécution d'un vaste complot, et bien que le lieutenant général d'Affry, colonel des Gardes Suisses, eût sévèrement puni les coupables, on continuait à répéter que cette démonstration réactionnaire signalait la tendance générale du Corps.

On ajoutait que les Gardes Suisses avaient les mains pleines d'assignats dont on ignorait la source, qu'ils se tenaient prêts à obéir aux ordres qui leur enjoindraient incessamment de massacrer les *patriotes*, et qu'au lieu de se recruter de sujets Helvétiques, ce Corps admettait dans ses rangs des gens sans aveu et des déserteurs de toutes nations.

Ces allégations malveillantes étaient dénuées de fondement. Depuis deux ans, le Régiment, dont les Capitulations étaient près d'expirer, ne se recrutait plus; son effectif diminuait sensiblement, et les Officiers retraités, morts ou démissionnaires n'étaient plus remplacés. En raison du nombre restreint de ceux qui restaient et des dangers du Roi qui semblaient s'accroître chaque jour, les Officiers qui devaient jouir cette année du Sémestre réglementaire avaient déclaré ne pas vouloir profiter de cette prérogative; mais le Roi, craignant de faire douter de ses intentions pacifiques, les avait remerciés de leur bonne volonté et il leur avait enjoint de s'absenter comme en temps ordinaire.

L'effectif de ce Corps d'élite ne dépassait guère quinze cents hommes, lorsque l'Assemblée voulut lui appliquer le décret en vertu duquel toutes les Troupes devaient quitter Paris. Les Capitulations, qui spécifiaient que le service des Gardes Suisses devait s'exécuter là où était le Roi, furent cette fois encore invoquées avec succès, et le Régiment continua à occuper ses casernes de Rueil et de Courbevoie, d'où il détachait successivement des compagnies pour le service du Château des Tuileries.

De son côté, l'armée insurrectionnelle s'accroissait chaque jour par l'arrivée successive des Fédérés des Départements. Le refus de la sanction du Roi au décret sur le camp de vingt mille hommes avait d'abord occasionné, dans un grand nombre de localités, une incertitude qui avait retardé leur départ; aussi deux mille Fédérés seulement avaient-ils pu assister à la cérémonie du 14 Juillet. Mais, lorsque le Roi eut approuvé la décision qui les autorisait à venir assister d'abord à la fête de la Fédération pour se rendre ensuite au camp de Soissons, ils affluèrent de tous côtés à Paris, bien que l'époque de la cérémonie fût passée. Une partie rejoignit même la destination définitive que leur assignait le décret; mais les plus turbulents restèrent dans la Capitale. L'Assemblée leur avait accordé une solde de trente sols par jour, et ils prenaient une part active aux désordres de toute nature que commettait la populace. Les plus fréquents consistaient en des querelles cherchées aux Grenadiers de la Milice Bourgeoise qui gardaient les postes du Château et du Jardin des Tuileries; les provocateurs allaient ensuite se plaindre dans l'Enceinte Législative des agressions dont ils disaient avoir été l'objet de la part de Gardes Nationaux; l'Assemblée chargeait alors des Commissions d'informer sur les faits qui s'étaient passés, prétendait-elle, *entre le Peuple et des individus habillés en Gardes Nationaux.*

Le 30 Juillet, les Fédérés Marseillais, au nombre de cinq cents, font leur entrée à Paris par le faubourg Saint-Antoine. Sur sa route, cette troupe, composée de tout ce que le port de Marseille a pu fournir de plus énergique et de plus crapuleux, a partout inspiré la terreur. Le Député girondin Barbaroux, qui a été au-devant d'eux jusqu'à Charenton, marche à leur tête, et Santerre, accompagné de quelques chefs du faubourg, conduit ces hôtes, aux figures sinistres et aux propos effrayants, vers les Champs-Élysées où un banquet leur a été préparé. Pendant le trajet, les Marseillais procèdent à leur système d'agression : ils injurient et provoquent ceux qu'ils rencontrent porteurs de rubans tricolores en soie, alléguant que les *vrais patriotes* ne doivent faire usage que d'étoffes de laine.

Par hasard, une quarantaine de Grenadiers du Bataillon des Filles-Saint-Thomas, un des plus dévoués à la Constitution, ont organisé un repas non loin du lieu de réunion où l'on a conduit les Marseillais. La populace, surexcitée par l'arrivée de ces derniers, insulte les Constitutionnels et rapporte aux Fédérés que les Grenadiers les narguent en buvant à la santé du Roi. Aussitôt les Marseillais s'élancent et attaquent à coups de sabre les Gardes Nationaux qui s'éloignent pour éviter le combat; mais leurs adversaires les poursuivent, en blessent plusieurs et tuent un agent de change, Duhamel, lieutenant de Grenadiers.

Les Gardes Nationaux vont précipitamment demander justice à l'Assemblée Législative. De leur côté, les Marseillais, soutenus par des membres de la Gironde, affirment qu'ils ont été provoqués, et l'affaire est renvoyée devant un Tribunal Judiciaire. Cette décision, qui constitue presque une ironie, irrite les Députés Constitutionnels; l'un d'eux, le général Mathieu Dumas, offre même aux Gardes Nationaux de se mettre à leur tête pour aller attaquer avec du canon les Marseillais qui sont rentrés ivres dans leur caserne de la Pépinière; mais la Milice Bourgeoise, sans confiance en elle-même et craignant d'ailleurs de commencer illégalement les hostilités, ne veut pas marcher avant d'avoir reçu une réquisition en règle de la Municipalité. L'indignation, causée dans divers bataillons par l'agression des Marseillais, ne se manifeste que par une députation qui demande assez énergiquement, et conformément à la loi, le renvoi au camp de Soissons de ces terribles Fédérés.

Quelques Députés révolutionnaires font alors observer que huit mille Fédérés, déjà rendus au camp de Soissons, y manquent de la plupart des objets de campement nécessaires, et qu'il serait contraire à l'humanité d'augmenter le contingent qui y est rassemblé. A cette prétendue révélation, une partie des Girondins feint d'éprouver une indignation profonde de ce qu'on n'a pas réuni à Soissons tous les approvisionnements indispensables pour l'établissement du camp, et propose de mettre en accusation le Ministre de la Guerre, d'Abancourt, ainsi que Lajard, son prédécesseur. D'autres, au contraire, se donnent un air de longanimité en provoquant l'envoi à Soissons de trois Commissaires chargés d'examiner où en sont les préparatifs qui ont dû être faits en vue du rassemblement. Cet amendement est adopté, et, en attendant le rapport des Commissaires, les Fédérés restent à Paris conformément au vœu des agitateurs.

En opposition à la demande du renvoi des Fédérés à Soissons faite surtout par les Compagnies d'Élite, les députations des Sections Parisiennes se succèdent à la barre pour déclarer que l'institution *aristocratique* des Grenadiers blesse l'Égalité, et elles insistent pour que la suppression en soit prononcée. De prétendus Grenadiers se présentent aussi à l'Assemblée et ils reçoivent les applaudissements des Députés et du public des tribunes, lorsque, déposant leurs bonnets à poil sur le bureau du Président, ils annoncent qu'ils font à la concorde le sacrifice d'un signe de distinction contraire aux principes d'Égalité et de Fraternité que doit professer tout bon citoyen.

Au moment où ces conflits mettent chaque jour Paris en ébullition, apparaît un manifeste dans lequel le Duc de Brunswick, faisant imprudemment appel à la minorité ennemie de la Révolution, se présente comme auxiliaire dans la Guerre Civile, et menace la Capitale de la dévastation, si elle ne rentre pas *immédiatement* sous l'autorité de son Roi légitime.

Cette déclaration impolitique confirme l'opinion générale de la connivence du Roi avec l'Étranger. En vain Louis XVI repousse cette supposition par une proclamation ; ses protestations excitent la méfiance et l'ironie ; on y voit une nouvelle marque de la duplicité dont on l'accuse depuis longtemps, et, aux dangers qui menacent déjà le Trône, vient se joindre le projet de faire des membres de la Famille Royale des otages pour le cas où les Ennemis, favorisés par la faiblesse des armées aux frontières, parviendraient à réaliser leurs menaces. L'idée de la suspension du Pouvoir Exécutif, qui s'est déjà manifestée par des pétitions, reparaît plus forte encore, et le 3 Août, le Girondin Pétion, Maire de Paris, vient, à la tête des Députations des Sections, demander à l'Assemblée de prononcer la déchéance du Roi.

Cette pétition inconstitutionnelle est d'abord suivie de débats législatifs ; mais les Jacobins les plus résolus, les agitateurs en chef des faubourgs et la populace, qui leur obéit ne souffrent qu'impatiemment l'hypocrite lenteur des discussions parlementaires. Ils veulent en appeler à l'insurrection armée, tandis que le parti de la Gironde, affectant la modération dans sa marche vers le but commun, continue sa tactique ordinaire et travaille à priver le Roi de son dernier appui.

Cette fraction de l'Assemblée parvient enfin à obtenir que le décret sur l'éloignement des Troupes de la Capitale soit, malgré les Capitulations, appliqué au Régiment des Gardes Suisses; mais le Ministre de la Guerre d'Abancourt, successeur de Lajard, diffère l'exécution de cette décision qui viole les traités internationaux, et trois cents Gardes Suisses seulement partent pour le Département de l'Eure, sous prétexte d'y aller protéger la circulation des grains (7 Août).

D'un autre côté, les dispositions turbulentes des contingents révolutionnaires que renferme Paris ne permettent pas que la question brûlante qui agite alors tous les esprits, puisse obtenir une solution pacifique. Le 8 Août, les Députés qui dans diverses questions ont voté contrairement à l'opinion populaire, sont honnis, poursuivis et frappés au sortir de la séance. L'exaltation générale est telle que le projet d'attaquer les Tuileries est avoué hautement. Le Directoire du Département fait alors tripler la force des postes qui font

CHAPITRE XIV. — AOUT 1792.

le service du Château, et il ordonne au Chef de la Garde Nationale de prendre les précautions nécessaires. Le commandement mensuel de la Milice Bourgeoise appartenait alors à Mandat, ancien officier aux Gardes Françaises. En qualité de Maire de Paris, Pétion se voit obligé de lui donner, par écrit, l'ordre de repousser la force par la force; il envoie de même un *laissez-passer* au Régiment des Gardes Suisses qui a reçu, à dix heures du soir, l'ordre de quitter immédiatement ses casernes de Rueil et de Courbevoie pour se rendre aux Tuileries.

Cette injonction était prévue ; les menaces des Fédérés et des Marseillais avaient déterminé les Chefs du Régiment à le consigner depuis plusieurs jours dans ses casernes, pour éviter des querelles dont les suites fâcheuses eussent pu être exploitées par la malveillance. Ce temps de réclusion avait été employé par les Officiers à retracer à leurs subordonnés les obligations qu'ils auraient à remplir, au moment prochain où leur fidélité au Roi serait soumise à une rude épreuve; l'ordre du départ pour Paris fit comprendre à tous que le jour du dévouement était arrivé.

Aucune plainte ne s'élève contre la faiblesse ou l'imprévoyance de l'Autorité qui a permis, sous divers prétextes et malgré les réclamations des Officiers, d'enlever au Corps les douze canons qu'il possédait autrefois. Les approvisionnements en munitions sont tellement insuffisants qu'on ne peut donner à chaque homme plus de trente cartouches; néanmoins chacun se prépare à faire son devoir sans le moindre murmure. On veut seulement que dans la catastrophe qui paraît inévitable, les Drapeaux soient mis à l'abri de toute profanation; on en conserve un seul pour servir au besoin de point de ralliement; les autres sont enterrés à quinze pieds de profondeur dans les cours des casernes (1), et le Régiment se met en marche pour le Château des Tuileries, où il arrive le 9 Août, à trois heures du matin.

La cour du Château ne présentait pas alors l'aspect découvert qu'elle offre aujourd'hui. Des bâtiments la divisaient en trois parties principales, et la grille était plus rapprochée de la façade que celle qui existe actuellement. Quant à la place du Carrousel, elle était encombrée de maisons

---

(1) Le régiment des Gardes Suisses avait douze drapeaux. Celui de la Compagnie Colonelle était entièrement blanc. Les autres étaient séparés en quatre quartiers par une large croix blanche. Chaque quartier présentait des flammes ondées bleu, aurore, noir et rouge, convergeant vers le centre du drapeau. *Histoire de l'ancienne Infanterie française* par Louis Susane.

irrégulièrement disposées et formant des rues qui étaient autant de chemins couverts conduisant très près des portes des grilles.

La journée du 9 Août se passe à organiser la défense. On place des barrières dans les cours et divers projets de résistance sont discutés. On s'arrête enfin au plan proposé par le Commandant Général Mandat; il consiste à se porter en avant au moment décisif de l'agression, et à couper les différentes colonnes qui doivent venir des faubourgs en leur laissant des issues faciles pour favoriser leur fuite.

Pendant ce temps, les Troupes sur lesquelles on compte pour le mettre à exécution, sont renforcées par l'arrivée de divers contingents. Dans la soirée, le lieutenant colonel des Gardes Suisses, de Mailliardoz, qui remplace le lieutenant général d'Affry retenu chez lui par une maladie, dispose les neuf cents hommes qui représentent tout le Régiment, aux postes qui leur sont confiés, et principalement au bas des Escaliers du Roi et de la Reine. Indépendamment de cette Troupe d'élite, quatre mille six cents Gardes Nationaux, onze pièces d'Artillerie, six cents Gendarmes à cheval et quelques autres à pied se trouvent réunis aux Tuileries par les ordres du

Directoire du Département. Six cents gentilshommes environ sont venus spontanément se ranger autour de la Famille Royale.

Ces chevaleresques serviteurs, presque sans armes et comptant dans leurs rangs un grand nombre de vieillards et d'enfants, offraient l'image du dévouement le plus désintéressé et le plus touchant; mais leur prétention de se tenir près de la Famille Royale offusquait les Grenadiers Gardes Nationaux dévoués au Roi et à la Constitution. Ces derniers avaient, en outre, de puissants motifs d'inquiétude dans les opinions révolutionnaires des Compagnies de Fusiliers où les piques figuraient en assez grand nombre. Quant aux Canonniers, les Grenadiers suspectaient tellement leur exaltation républicaine, qu'ils avaient résolu de se jeter au premier moment sur leurs pièces pour s'en emparer. Les Gendarmes paraissaient indécis sur la conduite qu'ils devaient tenir.

La défense du Château reposait donc sur un petit nombre de gentilshommes dévoués, mais impuissants; sur quelques centaines de Grenadiers bien intentionnés, mais se défiant à juste titre des Fusiliers, des Canonniers ainsi que des Gendarmes, et enfin sur les Gardes Suisses, qui seuls, calmes et impassibles, conservaient l'attitude tranquille qu'inspire la froide détermination à la stricte exécution du devoir.

De son côté, le parti populaire a rassemblé ses forces. Les Marseillais, logés d'abord dans la caserne de la Pépinière, sont venus occuper celle des Cordeliers pour être plus à portée du théâtre destiné à leurs exploits. Les Chefs des faubourgs ont passé la journée à aller de porte en porte annoncer que l'attaque aurait lieu avant le lendemain matin.

Effectivement, à minuit, le tocsin et la Générale retentissent dans les faubourgs et l'Insurrection rassemble immédiatement ses bataillons. Au même moment, les agitateurs les plus violents des quarante-huit Sections se réunissent dans leurs salles respectives, et, suivant des dispositions convenues d'avance, ils nomment des Commissaires qui se portent à l'Hôtel de Ville, chassent la Municipalité en ne conservant que le Maire Pétion ainsi que deux autres membres, et s'érigent en Conseil Général de la Commune.

En même temps, des détachements de la Garde Nationale, commandés pour la défense, arrivent encore aux Tuileries, et, suivant les opinions qu'ils professent, ils apportent du renfort à l'un ou l'autre des partis opposés dont se compose la garnison du Château. A quatre heures du matin, un message émané de la Commune requiert le Commandant Mandat de se rendre à l'Hôtel de Ville : le Chef de la Garde Nationale, croyant obéir à un ordre de la Municipalité dont il ignore la dispersion, se présente devant l'assemblée à laquelle l'insurrection vient de donner naissance.

Le président lui reproche violemment les plans qu'il a formés pour s'opposer à l'exécution de la *volonté du Peuple*, et il ordonne ensuite qu'on l'entraîne à l'Abbaye, mais en faisant un geste sinistre. Mandat, abattu d'un coup de pistolet sur le perron de l'Hôtel de Ville, est achevé à coups de sabres et de piques. Cet assassinat avait été froidement prémédité, pour reprendre l'écrit compromettant par lequel Pétion avait ordonné au Commandant de la Garde Nationale de repousser la force par la force. Aussitôt après, la Commune acclame Santerre pour Général en Chef de la Milice Bourgeoise.

A six heures, le Roi sort du Château et passe la revue des troupes réunies aux Tuileries, dont les unes crient : « Vive le Roi ! » et les autres : « Vive la Nation ! » Pendant que le malheureux Prince leur répète que le Roi et la Nation sont liés d'une manière indissoluble, l'arrivée de deux nouveaux

Bataillons, armés principalement de piques, apporte un puissant renfort au parti hostile qu'il cherche en vain à persuader. L'attitude d'une partie des Gardes Nationaux en devient de plus en plus inquiétante pour ceux qui sont déterminés à faire leur devoir. Les Canonniers qui occupent les cours du Château, laissant voir clairement qu'ils font cause commune avec les assaillants dont sont déjà remplies les rues adjacentes, les Gardes Suisses demandent l'autorisation de s'emparer des pièces de l'Artillerie Parisienne. Mais on refuse de donner ainsi un prétexte au commencement des hostilités, tandis qu'à la suite de pourparlers qui s'engagent entre les émeutiers du dehors et ceux de l'intérieur, des Bataillons entiers sortent des cours et vont se joindre à l'armée de l'insurrection.

Quant à l'Assemblée Législative, elle délibérait ou plutôt elle affectait de délibérer sur l'abolition de la traite des Nègres ; elle avait demandé et obtenu l'*ordre du jour*, lorsque quelques Députés avaient proposé d'envoyer un certain nombre de leurs collègues pour veiller à la sûreté de la Famille Royale.

A sept heures, une députation du Directoire du Département vient représenter au Roi l'imminence du danger. Le Procureur Syndic, Rœderer, ajoute que le Département a pris toutes les mesures qui sont en son pouvoir, mais qu'on n'a aucun espoir d'arrêter la multitude armée qui entoure les Tuileries. Il conclut que le péril est à son comble, et qu'il ne reste à la Famille Royale d'autre voie de salut que d'aller chercher un refuge dans l'Enceinte Législative.

Le Roi espère que sa retraite enlèvera tout prétexte à l'effusion du sang. En vain des serviteurs fidèles lui représentent qu'il va se livrer aux mains de ses ennemis; le général baron de Bachmann, Major des Gardes Suisses, lui affirme qu'en allant à l'Assemblée, il marche à sa perte, et la Reine, dont tous les témoins oculaires s'accordent à reconnaître l'admirable courage en cette circonstance, s'écrie qu'on ne la fera pas sortir vivante des Tuileries. Mais elle est obligée de se rendre aux représentations de ceux qui la supplient de consentir à sauver les jours du Roi et de ses enfants. La Famille Royale, guidée par les Membres du Département, se met en marche en suivant la terrasse des Feuillants, escortée par deux Bataillons de Gardes Nationaux et une centaine de Gardes Suisses. Pendant ce trajet périlleux, elle supporte de la part de la populace toute espèce d'injures et de menaces; elle arrive enfin à l'Assemblée Législative; on sait comment elle y fut traitée.

L'absence du Roi rendant sans objet l'attaque ainsi que la défense des Tuileries, des Gardes Nationaux se retirent; d'autres prennent le parti de rester simples spectateurs de l'événement; quelques-uns rejoignent encore les émeutiers, entre autres les Canonniers qui tournent leurs pièces contre le Château. Les Suisses restent presque seuls pour s'opposer à l'armée des insurgés qui s'avance. Ce petit nombre de soldats paraissant insuffisant pour empêcher l'envahissement des cours, le maréchal de Mailly les fait rentrer dans les bâtiments dont ils occupent les croisées et les escaliers, avec ordre de ne pas se laisser forcer.

Les Marseillais, en tête des assaillants, dépassent la grille principale qui leur est ouverte par le concierge du Château, et se rangent dans la cour en faisant signe aux Suisses de quitter leurs positions et de venir les joindre. Parmi ces derniers, la plupart restent immobiles; d'autres engagent, par leurs gestes, les insurgés à se retirer. Une douzaine d'individus, conduits par un Officier Municipal, dépassent alors les Marseillais et s'avancent près du vestibule dont le factionnaire est saisi au moyen d'une longue pique à fer recourbé ; quatre autres subissent rapidement le même sort.

Pendant cette agression soudaine, les Officiers Suisses ont d'abord retenu la colère de leurs soldats qui savent que les Marseillais se sont promis de les désarmer pour les humilier, comme ils ont fait autrefois du Régiment d'Ernest. Mais les cinq factionnaires prisonniers sont massacrés sous leurs yeux; la voix des Officiers commande alors le feu contre les assassins; les insurgés ripostent et leur canon se fait entendre (1); cependant, en quelques minutes, le feu nourri des Suisses fait évacuer les cours. Une partie des canons de l'émeute, ses morts et ses blessés restent seuls sur le terrain.

Trois détachements Suisses, commandés par les capitaines Durler, Pfyffer et Henri de Salis, s'élancent aussitôt, s'emparent des pièces abandonnées, et les ramènent à bras malgré la mousqueterie et la mitraille que leurs ennemis embusqués derrière les maisons de l'extérieur font pleuvoir sur

---

(1) Ce premier feu des assaillants fit de nombreux ravages parmi les Suisses ; Philippe de Glutz, lieutenant de Grenadiers, fut tué. Son camarade, de Castelberg, eut la cheville du pied fracassée; il devait être massacré peu après sur les degrés du grand escalier, au moment où il venait de fendre la tête à un Marseillais.

eux. Ceux qui tombent en traînant les canons sont immédiatement remplacés, tandis que leurs camarades postés aux fenêtres empêchent par leur feu les assaillants de s'avancer de nouveau dans les cours. Revenus de ces expéditions aussi rapides que meurtrières, les Suisses veulent faire usage des pièces qui sont tombées en leur pouvoir; mais ils n'ont pas les armements nécessaires pour les manœuvrer. Pendant qu'on cherche les moyens d'y suppléer, leur mousqueterie continue à maintenir désert l'espace découvert en avant du Château.

Des fuyards du premier engagement ayant propagé la nouvelle de la défaite des assaillants, l'Assemblée Législative est plongée dans la consternation; quelques Députés veulent se retirer; d'autres déclarent que tous doivent savoir mourir à leur poste. Dans cette extrémité, on a recours au Roi, qui consent à envoyer aux Suisses l'ordre de cesser le feu et de venir le rejoindre (1).

Les Gardes Suisses croient pouvoir encore être utiles au Monarque. Les tambours battent l'*as-*

---

(1) L'ordre fut porté par le général d'Hervilly, tué depuis pour la cause royale à Quiberon.

semblée, les fenêtres sont abandonnées, et le feu se ralentit du côté du Château, tandis qu'il redouble du côté des assaillants. Sous une grêle de balles, ceux des Suisses, auxquels le tumulte a permis d'entendre le tambour, se rangent comme à la parade. Deux pièces chargées sont placées sous le vestibule pour protéger la retraite s'il est nécessaire (1), et la faible colonne se met en marche pour traverser le jardin dans la direction qui conduit à l'Enceinte Législative.

Les feux de l'Artillerie et de la Mousqueterie parisiennes, qui partent de trois côtés différents, la déciment sans relâche, et elle s'avance laissant derrière elle une longue traînée de morts et de blessés qui sont bien vite achevés par ceux des insurgés qui la suivent à distance (2). Ses débris parviennent enfin jusqu'à l'Assemblée, et quelques Officiers qui y pénètrent l'épée à la main y occasionnent un moment d'effroi.

Un Député prescrit au capitaine Durler de faire

---

(1) C'est en aidant ses soldats à disposer une de ces pièces que le capitaine Reding eut le bras cassé par une balle. Sauvé le soir par un tailleur et transporté chez un chirurgien, une lettre interceptée fit découvrir son asile. On le transféra alors à l'Abbaye, où il fut massacré dans les journées de Septembre.

(2) Ainsi périt le lieutenant Gross, après avoir eu la cuisse cassée par une balle.

mettre bas les armes à ses soldats; mais l'Officier répond qu'il ne reçoit d'ordres que du Roi. Ce dernier enjoint alors aux Suisses de remettre, entre les mains des Gardes Nationaux, leurs fusils désormais inutiles puisqu'ils n'ont plus de munitions. Les soldats s'écrient qu'ils sauront bien mourir en combattant à la baïonnette; mais le Roi écrit de sa main l'ordre formel du désarmement; ce fut le dernier auquel les Gardes Suisses eurent à se conformer.

Lorsque cette fraction des défenseurs des Tuileries avait obéi à l'ordre de retraite envoyé par le Roi, les insurgés avaient fait irruption dans le Château. Plusieurs détachements Suisses, perdus dans l'immensité des bâtiments, n'avaient pas entendu le signal du départ. Ils opposèrent une résistance héroïque aux efforts des envahisseurs : une compagnie de quatre-vingts Gardes réunis sur un escalier, après avoir fait périr plus de quatre cents des assaillants, était réduite à sept hommes commandés par le lieutenant de grenadiers Hubert de Diesbach. « Ce n'est pas la peine de survivre à de si braves gens, » dit cet officier, et tous, se précipitant dans la mêlée, y périrent à l'exception d'un seul.

Un autre détachement, après avoir mis le feu aux pièces restées dans le vestibule, voulut opérer sa retraite par le jardin ; mais il fut successivement repoussé à coups de fusil de diverses issues (1). Les derniers de ceux qui le composaient étaient enfin parvenus à gagner la place Louis XV, lorsqu'ils furent achevés par les Gendarmes sur la coopération desquels ils semblaient avoir droit de compter quelques heures auparavant (2). Des officiers et des soldats allèrent aussi tomber jusque sur la place Vendôme (3), et plus loin encore (4).

Des groupes isolés dans des corridors du Château, des soldats mutilés par la mitraille demandèrent en vain la vie en criant : « Vive la Nation ! » Tous furent massacrés ; les chirurgiens qui étaient restés à panser les blessés, subirent le sort de ceux

---

(1) C'est ainsi que furent tués, avec beaucoup de leurs soldats, le comte de Waldner, Simon de Maillardoz et de Muller, tous trois sous-lieutenants.

(2) Le lieutenant Forestier de Saint-Venant fut tué d'un coup de pistolet par un Gendarme à cheval. Le Père Second-Lorettan, capucin et aumônier du Régiment, qui allait au milieu du feu porter aux mourants les secours de la religion, marchait avec le détachement qui fut massacré place Louis XV ; un habit séculier qu'on lui avait fait endosser lui permit de se perdre dans la foule et il fut sauvé.

(3) De ce nombre fut l'enseigne de Montmollin qui, arrivé récemment au corps, avait emprunté un uniforme à un de ses camarades pour pouvoir assister au combat. Il portait le seul drapeau qu'on eût conservé pour le cas de ralliement, et il s'en était fortement enveloppé avant de périr.

(4) De Gottreau, Jean de Maillardoz et de Caprez, lieutenant et sous-lieutenants, furent tués dans la rue Verte.

auxquels ils prodiguaient si courageusement leurs soins (1). Les salles, le jardin et les rues adjacentes présentaient aux yeux, de tous côtés, des cadavres en habit rouge, dont les têtes figuraient à l'extrémité des piques des vainqueurs. Le combat était terminé vers dix heures du matin.

Ainsi tomba, le même jour que la Royauté, le Régiment des Gardes Suisses qui, depuis cent cinquante ans, avait constamment rendu de si fidèles services à la France ; plus de vingt Officiers et de six cents soldats furent tués ou blessés dans la journée du 10 Août. La perte de la Population Parisienne et des Fédérés s'éleva à trois mille cinq cents hommes environ. Ce chiffre énorme, surtout en raison de l'impunité à laquelle la multitude était depuis longtemps habituée, faisait poursuivre avec acharnement les Suisses isolés qui, grâce à quelques généreux citoyens, étaient parvenus à se soustraire momentanément à la fureur populaire. Les Fédérés Brestois portant des habits rouges, plusieurs d'entre eux payèrent de leur vie la ressemblance que ce costume leur donnait avec

---

(1) Beckin, chirurgien major du Régiment, et son aide, Richter, furent massacrés dans l'exercice de leurs fonctions.

les victimes de la journée. Des milliers de voix s'élevant autour de l'Enceinte Législative, demandaient impérieusement la mort des Officiers et des soldats Suisses qui s'y trouvaient encore ; l'Assemblée déclara qu'ils étaient tous placés sous la sauvegarde de la Loi (1).

Pendant que le massacre continue au dehors, et que la populace poursuit aussi sa vengeance en écartant à coups de fusil les pompiers accourus pour éteindre l'incendie des Tuileries qui menace de se propager à tout le quartier Saint-Honoré,

---

(1) Ce jour vit aussi un grand nombre de traits d'humanité en faveur des malheureux Suisses.

De la Corbière, sous-lieutenant, renversé d'un coup de hache dans les Tuileries, fut sauvé par un garçon de bureau de l'Assemblée, d'Aigremont, qui concourut aussi à préserver la vie du capitaine d'Erlach et du sous-lieutenant Ignace de Maillardoz. Le lieutenant Répond et le sous-lieutenant de Ville, tous deux blessés, furent aussi sauvés par de généreux citoyens.

Desault, chirurgien en chef de l'Hôtel-Dieu, fit placer un grand nombre de fugitifs dans des lits de malades. Une troupe de forcenés étant venus demander qu'on leur livrât les Suisses qui avaient pu gagner l'hôpital : « J'en ai fait jeter une douzaine par les fenêtres, » répondit Desault, « et j'en ferai autant de tous ceux qui se présenteront. » Aucun des nombreux assistants ne démentit ce généreux mensonge et les Marseillais se retirèrent.

Un député du Haut-Rhin, Bruat, procura aux officiers Suisses, qui étaient restés dans une salle attenant à l'Enceinte Législative, des habits bourgeois qui leur permirent le soir de sortir isolément pour chercher quelque asile. Coquet, lieutenant de la Garde Nationale du quartier de l'Oratoire, cacha chez lui douze Suisses pendant près de trois semaines, etc., etc.

les Girondins font précipitamment consacrer par des décrets les résultats de la victoire du parti révolutionnaire. La déchéance du Roi est prononcée. Le ministre de la guerre, d'Abancourt, accusé des malheurs de la journée, parce qu'il n'a pas éloigné les Gardes Suisses de Paris, est décrété d'accusation et emprisonné à la Force. Roland, Clavière et Servan reprennent les Portefeuilles qui leur ont été naguère retirés par le Roi, et il est décidé que les Ministres réunis constitueront provisoirement le Pouvoir Exécutif. On décrète aussi qu'une Convention Nationale, nommée par l'universalité des citoyens, remplacera l'Assemblée Législative.

Des Commissaires sont immédiatement envoyés à chacune des Armées pour faire prêter un nouveau serment : « Je jure d'être fidèle à la Nation, de « maintenir la Liberté et l'Égalité, et de mourir « en les défendant. » Ces Commissaires ont pouvoir de destituer les Généraux et de mettre en état d'arrestation les fonctionnaires civils et militaires. Dans la crainte où l'on est généralement que les Officiers, qui sont constitutionnels pour la plupart, ne décident leurs Troupes à marcher sur Paris pour tenter une réaction, Bazire propose de lier l'Armée à la nouvelle révolution en licenciant les Chefs de quelque grade qu'ils soient, et en laissant aux soldats le droit d'élire ceux qui doivent les remplacer.

Cette proposition n'a pas de suite. Mais les Gendarmes qui, lorsqu'ils ont vu le triomphe des révolutionnaires, se sont joints à la populace pour massacrer les Suisses, viennent à la barre accuser leurs Officiers de leur avoir donné l'ordre de tirer sur le peuple. Ainsi qu'ils s'y attendaient, on récompense leur *patriotisme* en les autorisant à se choisir de nouveaux chefs parmi eux, et peu après, la même mesure est étendue à toute la Gendarmerie du Royaume.

Bientôt la plupart des Commissaires délégués par l'Assemblée vers les Armées, annoncent que les villes sur leur passage ont adhéré à la Révolution du 10 Août. Dans quelques Corps militaires, ils ont dû cependant, disent-ils, user de leur omnipotence pour suspendre plusieurs Officiers qui ont refusé de reconnaître la déchéance du Roi; mais ces protestations isolées sont sans importance. Il n'y a de résistance inquiétante que dans l'Armée de Lafayette.

Ce Général, afin d'être plus à portée de prendre part aux événements qu'il prévoyait à Paris, avait fait consentir le maréchal Luckner à changer de commandement avec lui. Quittant, à la tête de sa Division sur laquelle il comptait, la ville de Metz qui était le quartier général de l'Armée du Centre, il était venu à Sédan pour se mettre à la tête de l'Armée du Nord. Ce mouvement de troupes, fait en face de l'Ennemi et en dehors de toute combinaison stratégique, eût pu avoir des suites funestes si la Guerre eût été plus active ; mais il n'en était résulté d'autres conséquences que les accusations du parti populaire auquel n'échappaient pas les desseins de Lafayette.

Arrivés à Sédan, les Commissaires envoyés par l'Assemblée vers l'Armée du Nord sont arrêtés. Le Maire de la ville leur déclare, à l'instigation du Général, que la suspension du Roi étant contraire à la Constitution, il ne voit en eux que les Représentants d'une Assemblée factieuse; ils sont mis en prison, tandis que Lafayette fait renouveler à son Armée le serment de fidélité à la Constitution et au Roi.

A la nouvelle de ces actes réactionnaires, l'Assemblée Législative met Lafayette hors la Loi. Il est enjoint à tous les Volontaires et à tous les Soldats de s'emparer de lui, mort ou vif, et d'amener à la barre de l'Assemblée ce Général *traître à la patrie*. Trois nouveaux Commissaires sont désignés pour aller délivrer les prisonniers de Sédan et ramener au devoir l'Armée du Nord, dont le commandement est dévolu à Dumouriez (19 Août).

Intimidées par ces mesures énergiques, les Autorités Municipales de Sédan relâchent les Commissaires qu'elles ont incarcérés. Les Volontaires et les Soldats, ébranlés par des sollicitations et des insinuations de toutes sortes, restent d'abord indécis entre l'Assemblée et le Général qui a su mériter leur respect et leur estime. Mais bientôt Lafayette reconnaît qu'en fait de partisans actifs, il ne peut plus guère compter que sur les Officiers de son État-Major. Impuissant et menacé, il se voit contraint d'aller avec eux chercher un refuge à l'Étranger (20 Août).

Cette nouvelle annoncée à l'Assemblée, le 22 Août, y est reçue avec acclamations comme étant le gage de l'obéissance de l'Armée du Nord. Dans la fuite du Général, les *Patriotes* voient la preuve des trahisons qui lui ont été si souvent imputées ; le District de la Sorbonne brûle le drapeau qu'il reçut autrefois avec tant d'empressement des mains de Lafayette, et la Commune fait briser, par la main du bourreau, les coins de la Médaille décernée deux ans auparavant à l'*Ami de la liberté des deux mondes*.

Ces lâches vengeances étaient les moindres faits par lesquels se manifestait l'acharnement du parti populaire contre les vaincus. Depuis leur succès, les députations de la Commune, des Sections et des Fédérés n'avaient cessé de réclamer de l'Assemblée l'établissement d'un Tribunal extraordinaire destiné à juger les *criminels* du 10 Août, parmi lesquels les débris du Régiment des Gardes Suisses étaient placés au premier rang. On était cependant parvenu à calmer l'irritation générale à l'égard des simples soldats ; après les avoir rassemblés au Palais Bourbon, on les avait conduits à la Commune pour leur faire prêter le Serment Civique ; quelques-uns d'entre eux avaient même déclaré vouloir s'engager dans des Bataillons de Volontaires qui partaient pour la frontière ; il n'en avait pas fallu davantage pour modifier en leur faveur les dispositions populaires.

Quant aux Officiers et aux Sous-Officiers, une partie de ceux qui, le jour de l'insurrection, étaient arrivés jusqu'à l'Enceinte Législative, avaient pu, le soir même et grâce à des habits d'emprunt, aller chercher isolément des asiles qui les mirent à l'abri de la colère de leurs ennemis. D'autres avaient été incarcérés dans un but d'humanité et pour les soustraire aux dangers qui les menaçaient ; c'est ainsi que le lieutenant général d'Affry, colonel du Corps, qu'une maladie avait retenu chez lui dans la journée du 10 Août, avait été transféré à l'Abbaye. Quelques-uns, découverts lorsque la première fureur du massacre était passée, avaient été aussi conduits en prison, mais dans l'espérance qu'une terrible punition juridique atteindrait des Étrangers coupables d'avoir versé le sang français.

La fureur de la populace s'acharne surtout à obtenir le jugement de ces prisonniers. L'Assemblée résiste d'abord ; mais bientôt la Commune, commençant la pression qu'elle doit exercer longtemps sur les Représentants du Pays, envoie annoncer que si on ne consent pas à satisfaire la juste vengeance du peuple, le tocsin et la générale vont donner le signal d'une nouvelle insurrection. Vaincue par ces menaces, l'Assemblée Législative décrète qu'un Tribunal spécial, siégeant à la Commune, jugera les criminels du 10 Août, et que les exécutions auront lieu sur la Place du Carrousel, *où se sont commis les attentats contre la souveraineté du peuple* (17 Août).

Le Tribunal s'établit. Les Officiers aux Gardes Suisses sont transférés de l'Abbaye à la Conciergerie pour comparaître successivement devant les juges, en présence desquels le lieutenant général d'Affry, colonel du Régiment, est amené le premier. Cet Officier allègue pour sa défense qu'il n'a pas paru aux Tuileries dans la journée du 10 Août, et qu'il n'a pu, en conséquence, donner l'ordre de tirer sur les colonnes populaires. La foule, avec sa mobilité habituelle de sentiments, répète hautement qu'il a résisté à ce sujet aux injonctions de la Reine : l'accusé est acquitté, et la multitude l'emporte jusque chez lui en triomphe.

Il n'en fut pas longtemps ainsi. Le lendemain (24 Août), de Laporte, Intendant de la Liste Civile et ami particulier du Roi, eut la tête tranchée. D'autres royalistes avaient aussi subi le même sort, lorsque le maréchal de camp baron de Bachmann, major aux Gardes Suisses, comparut devant le sanglant Tribunal.

On disait de cet Officier Général qu'il était l'âme du Régiment. Remarquable entre les plus braves, simple et loyal, bon et sévère, il joignait à toutes ces qualités une taille imposante, une figure noble et mâle ainsi qu'une contenance martiale. Idolâtré de ses soldats autant qu'il les aimait, la destruction du Corps dont il était la vie, avait éteint chez lui tout désir de conservation ; dédaignant de répondre aux questions de Juges qu'il méprisait, il demanda simplement à être conduit le plus tôt possible à la mort. Son vœu fut immédiatement exaucé (3 Septembre).

Pendant que ces horribles satisfactions sont données aux fureurs populaires, une nouvelle désastreuse jette d'abord Paris dans la stupeur (26 Août): L'Ennemi a franchi la Frontière et, après un bombardement de quelques heures, la ville de Longwy s'est rendue aux Prussiens qui, de là, marchent sur Verdun. La rapidité de ce premier succès démontre à la fois l'impuissance des Armées Françaises et le parti que les Étrangers ou les Émigrés savent tirer des intelligences qu'ils possèdent à l'Intérieur. Certains Députés, persuadés que l'Ennemi parviendra triomphalement jusqu'à la Capitale, émettent l'avis de transporter dans le Midi le siége de la Souveraineté Nationale ; mais d'autres plus énergiques représentent qu'abandonner Paris, c'est perdre en un instant tous les fruits de la Révolution, et ils déclarent que l'Assémblée, dût-elle être ensevelie sous les murs de la Capitale, doit rester au poste où la confiance du Pays l'a placée.

La résistance est décidée. Comme première mesure de défense, le parti révolutionnaire veut s'assurer des Royalistes qui, suivant lui, appellent l'arrivée de l'Ennemi de tous leurs vœux. Les prisons de Paris s'emplissent par l'effet d'arrestations multipliées; mais ces incarcérations ne semblent pas encore suffisantes pour frapper de terreur ceux qui attendent impatiemment une Réaction. Danton proclame que c'est seulement à force d'audace que l'on parviendra à vaincre à la fois les Étrangers ainsi que les Royalistes, et, sous son inspiration, le massacre des prisonniers est résolu à la Commune. Pour augmenter encore l'exaltation populaire, on annonce prématurément la capitulation de Verdun dont l'Ennemi fait le siége; des bandes d'assassins sont organisées et leur œuvre abominable commence le 2 Septembre pour durer plusieurs jours.

Ces meurtriers stipendiés à la journée ne laissèrent pas au Tribunal Révolutionnaire le temps de poursuivre l'odieuse dérision de son inique procédure contre les Officiers aux Gardes Suisses. Le jour où le général de Bachmann montait à l'échafaud (3 Septembre), tous ceux qui, comme lui, avaient été transférés à la Conciergerie y furent massacrés (1).

---

(1) Ils étaient au nombre de onze : le marquis de Maillardoz, lieu-

Des scènes aussi atroces se passèrent à l'Abbaye, où avaient été incarcérés les Sous-Officiers Suisses. Ils avaient tous été égorgés et le massacre des autres détenus durait encore, lorsque vers sept heures, un guichetier portant une torche entre avec trois des assassins dans la Sacristie de la Chapelle où gisait le Capitaine Reding, qu'une grave blessure avait empêché de transférer à la Conciergerie.

L'infortuné demande en vain qu'on lui évite de nouvelles souffrances en le tuant dans son lit; malgré ses cris de douleur, deux des brigands le chargent sur leurs épaules, pour le porter aux assassins du dehors. Mais il n'y arriva pas vivant; pendant le trajet, le troisième égorgeur lui avait scié le cou avec son sabre (1).

Les exécutions et les massacres qui, depuis la prise des Tuileries, avaient concouru à l'anéantis-

---

tenant-colonel; de Salis-Zizers, aide-major; de Wild, aide-major; Alliman, adjudant; Chollet, adjudant; de Zimmermann, lieutenant; d'Ernest, de Diesbach, de Steinbrugg, de Castella d'Orgemont, sous-lieutenants, et Chollet, tambour major. L'aide-major de Salis, au moment où on le jetait hors de la porte du guichet pour le livrer aux assassins, put arracher une baïonnette à un Garde National et en perça un des brigands.

(1) Le massacre de tous les prisonniers de l'Abbaye leur avait été prédit d'une manière singulière. Chantereine, colonel de la Garde Constitutionnelle du Roi, avait été incarcéré dans cette prison à la suite des événements du 10 août. Le 22, au moment où les détenus

sement du brave et malheureux Régiment des Gardes Suisses, eussent sûrement occasionné, de la part des Cantons, le rappel des dix Régiments Helvétiques qui servaient encore en France; mais l'Assemblée Législative ne leur en laissa pas le temps. Peu de jours après le 10 Août, le girondin Brissot avait représenté à la tribune que le sang français ayant coulé sous le feu des Suisses, les Capitulations qui étaient près d'expirer ne pouvaient pas être renouvelées, et que, d'ailleurs, les Cantons qui avaient songé déjà à faire revenir leurs Régiments lorsque celui d'Ernest avait été désarmé, ne les laisseraient certainement pas en France à la suite des événements qui venaient de se passer.

Le licenciement des dix Régiments de Ligne Suisses fut en conséquence décrété par l'Assemblée Législative, et le Pouvoir Exécutif fut chargé d'exprimer aux Cantons la reconnaissance du Gouvernement Français pour les services que ces fidèles Alliés lui avaient rendus depuis si longtemps. On fit en même temps aux soldats des avantages qui déterminèrent un grand nombre

---

allaient se mettre à table, il s'écria tout à coup : « Nous sommes tous « destinés à être massacrés... Mon Dieu, je vais à vous! » et s'étant frappé de trois coups de couteau, il mourut presque immédiatement

d'entre eux à s'incorporer dans les Troupes Nationales; les autres durent remettre leurs armes avant de se diriger vers leur pays natal.

Cette dernière mesure, conséquence du besoin urgent où l'on se trouvait d'avoir des fusils, fut officiellement motivée par la considération des troubles que pourrait faire naître la marche de troupes licenciées circulant en armes dans le Pays. Elle fut d'ailleurs adoucie par les protestations les plus solennelles : l'Assemblée déclara plusieurs fois que l'honneur des soldats Suisses ne pouvait être nullement compromis par une précaution de simple police, et qu'ils devaient en voir la preuve dans les témoignages de satisfaction qu'elle leur réitérait. Des ordres furent aussi donnés afin que les indemnités, dues aux Régiments pour prix des armes qu'on leur retenait, fussent réglées avec la générosité et la dignité convenables.

De nombreuses protestations sur l'intention où était la France de vivre en bonne intelligence avec la Suisse, présentèrent ensuite la fatale journée du 10 Août et les hideuses exécutions de Septembre comme des événements fortuits qui avaient surgi d'une position politique exceptionnelle. On parvint ainsi à apaiser le juste ressentiment des Helvétiens qui insistaient auprès de la Diète pour que les traités de paix entre les deux Nations fussent annulés.

Vers le milieu du mois d'Octobre, les derniers débris de tous les Régiments Suisses avaient regagné leur patrie, qui garda, par la suite, la plus exacte neutralité.

CHAPITRE XV.

DÉLIVRANCE DU TERRITOIRE.

(Septembre et Octobre 1792.)

Sommaire.

Conséquences de la journée du 10 Août. — Organisation de la Garde Nationale Parisienne en *Sections Armées*.— Établissement d'un Camp sous Paris. — Garde Provisoire et Garde Permanente du Camp. — Cavalerie Nationale de Paris.

Nouvelle de la prise de Longwy. — Mesures prises pour résister à l'Ennemi. — Décret pour empêcher la reddition des places assiégées ou bombardées. — Instructions envoyées aux Départements. — Proclamations adressées aux habitants de la Capitale.

Enthousiasme guerrier à Paris. — Formation de Corps francs. — Création d'un camp à Châlons.

Nouvelle de la prise de Verdun. — Honneurs du Panthéon accordés au commandant Beaurepaire. — Tout citoyen est autorisé à lever des Corps armés. — Offres patriotiques.

Départ de toute la Gendarmerie du Royaume pour la frontière. — On lui substitue dans chaque localité des pères de famille.

Moyens employés pour accélérer les travaux du Camp de Paris.

Mesures prises pour suppléer à la disette d'armes et au manque de chevaux.

Massacre à Versailles des prisonniers amenés d'Orléans.

Habile conduite de Dumouriez au Camp de Maulde. — Il est nommé général en chef de l'Armée du Nord. — Il rejoint Sédan où il relève le moral de l'Armée de Lafayette.

Projets de Dumouriez. — Occupation des cinq défilés de la forêt de l'Argonne. — Vaines attaques des Prussiens et des Autrichiens pour s'emparer de ces passages. — Dumouriez persiste dans son attitude de temporisation malgré les sollicitations et les ordres de l'Assemblée Nationale et des Ministres, qui le rappellent en arrière de la Marne.

Prise du défilé de la Croix-au-Bois par les Autrichiens. — Évacuation du passage du Chêne Populeux par les Français. — Le plan de Dumouriez est renversé.

Nouvelles dispositions prises par Dumouriez pour continuer son plan de temporisation. — Abandon du camp de Grand-Pré. — L'Armée de Dumouriez est sauvée. — Marche sur Dammartin. — Terreurs paniques. Dumouriez les dissipe et rassure l'Assemblée Nationale.

Installation du Camp de Sainte-Menehould adossé aux Troupes du général Dillon. — Les généraux Chazot et Beurnonville, avec leurs Troupes, rejoignent Dumouriez.

Difficultés de la position des Armées étrangères. — Plan des ennemis.

Arrivée de Kellermann au Camp de Sainte-Menehould. — Il commence à camper, par erreur, sur le plateau de Valmy. — Journée du 20 Septembre. — Canonnade réciproque. — Dispositions de Dumouriez pour soutenir Kellermann. — Ce dernier rétablit l'ordre dans ses Troupes qui commencent à plier — Tentative des Prussiens pour enlever de vive force le plateau de Valmy. — Elle échoue devant l'enthousiasme national des Soldats et des Volontaires. — Deuxième tentative aussi inutile que la première. — Fin de la canonnade.

Situation des deux Armées après la Journée de Valmy. — Disette et maladies dans le camp des Coalisés. — Inquiétudes à Paris. — Persistance invincible de Dumouriez à ne pas se départir de son plan de temporisation.

Impossibilité pour l'ennemi de rester dans sa position et de marcher en avant. — Retraite des Armées étrangères.

Le succès de l'insurrection du 10 Août, qui avait amené la déchéance du Roi et remis le Pouvoir Exécutif entre les mains du Ministère Girondin, eut aussi pour effet la réalisation des vœux du parti populaire relativement à une nouvelle organisation de la Milice Bourgeoise Parisienne et à l'établissement d'un Camp sous la Capitale.

Les soixante Bataillons de la Garde Nationale

furent remplacés par quarante huit *Sections Armées* correspondant aux quarante-huit Sections qui divisaient la Capitale. Il n'y eut plus de Grenadiers ni de Chasseurs; ces distinctions furent abolies comme contraires aux principes de l'Égalité.

Chaque Section Armée devait être formée d'un nombre de Compagnies proportionnel à la population de sa circonscription. Toute espèce d'arme était admise et l'uniforme n'était plus exigé. Chaque Compagnie était de cent vingt-sept hommes, Officiers compris. Chaque Section avait aussi une ou plusieurs Compagnies d'Artillerie (19 Août).

Le Commandant Général devait être élu pour trois mois par l'universalité des citoyens armés; mais Santerre, qui avait été nommé d'acclamation à la Commune, le jour de l'insurrection, resta d'abord à la tête de la nouvelle Garde Nationale.

Le Camp, dont l'établissement était naguère réclamé dans le but non avoué d'y réunir des forces insurrectionnelles, fut alors considéré comme un dernier rempart à opposer à l'Ennemi qui annonçait l'intention de venir s'emparer de la Capitale. Quatre Commissaires commencèrent immédiatement à tracer dans les plaines de Saint-Denis un emplacement suffisant pour quarante mille hommes; le Pouvoir Exécutif fut chargé de se concerter avec la Municipalité pour y rassembler tous les approvisionnements nécessaires, et cent Bouches à Feu, destinées à sa défense, furent commandées aux fonderies parisiennes.

Chaque Section Armée eut à fournir, tous les quatre jours, pour la garde du Camp, deux Compagnies et deux pièces d'Artillerie; mais indépendamment de ce service provisoire qui initiait successivement la nouvelle Milice Parisienne au devoir qu'elle pouvait être appelée à remplir, on voulut instituer pour le Camp une Garde spéciale et permanente.

A cet effet des registres furent ouverts à la Municipalité pour recevoir les noms des citoyens qui désiraient en faire partie, et bientôt on put en former six Bataillons. On créa dans le même but et d'une manière analogue plusieurs Compagnies à cheval; elles reçurent le nom de Cavalerie Nationale de Paris, et on leur adjoignit les deux Divisions formées des seize cents Gendarmes à cheval qu'avaient fournis les seize cents Brigades du Royaume.

Ces diverses dispositions étaient en voie d'exécution, lorsque la prise de Longwy par les Prussiens (23 Août) vient porter à son comble l'exaltation

CHAPITRE XV. — SEPTEMBRE 1792.

publique. Pendant que la Commune, sous l'inspiration de Danton, organise les scènes abominables de massacre qui doivent ensanglanter Paris, l'Assemblée Législative décrète d'énergiques mesures pour assurer la résistance.

Elle adresse d'abord au maréchal Luckner l'ordre de former immédiatement une Cour Martiale pour juger ceux qui, par lâcheté ou par trahison, ont livré Longwy aux Prussiens. Il est décidé en outre que, lorsque cette ville sera rentrée sous la domination française, toutes les maisons, sauf les édifices nationaux, seront rasées, et que les habitants resteront privés des droits de citoyen pendant dix années.

Un décret sévère est ensuite rendu contre ceux qui seraient tentés d'imiter la conduite de la garnison et de la population de Longwy : « Le Com-
« mandant d'une Place assiégée devra faire démo-
« lir immédiatement la maison ou brûler publi-
« quement les meubles de tout citoyen qui parlera
« de se rendre pour éviter le bombardement. Les
« Corps Administratifs et les Municipalités qui
« feront la même proposition devront être traités
« comme rebelles.

« Le Commandant d'une Place en état de
« siége ou simplement menacée a le droit d'en

« faire sortir, après les avoir désarmés, les in-
« dividus suspects ou inutiles à la défense.

« Tout Commandant qui rendra à l'Ennemi une
« Place forte ou simplement bastionnée, avant
« qu'il y ait brèche accessible et praticable au
« corps de place et que ce corps de place n'ait
« subi au moins un assaut, sera puni de mort. »

Des instructions formulées à la hâte portent aux Départements voisins de ceux qu'occupe l'Ennemi la connaissance des moyens à employer immédiatement pour l'entraver dans ses opérations : « Les
« vivres et les fourrages seront enlevés des loca-
« lités exposées aux incursions de l'Étranger.
« Chaque ville, chaque hameau, fermera son en-
« ceinte et s'environnera de fossés; partout, on
« devra élever des retranchements, encombrer les
« gués des rivières, couper les ponts et intercepter
« les routes par des abattis. »

Des proclamations chaleureuses réclament aussi des Parisiens l'accomplissement des promesses et des serments qu'ils sont venus si souvent renouveler à la barre de l'Assemblée. Cet appel est entendu : c'est au moment où quelques centaines d'assassins égorgent indistinctement et sans opposition tous ceux qui sont incarcérés, Royalistes ou Constitutionnels, prisonniers pour dettes ou aliénés, que la Population Parisienne donne au reste du Pays l'exemple de l'enthousiasme et du dévouement.

Les Sections Armées présentent immédiatement cinq mille Volontaires, destinés à tenir lieu de la moitié du contingent de Grenadiers et de Chasseurs que la Garde Nationale de Paris devait fournir pour les Armées, d'après la Loi rendue avant la dissolution de ces Compagnies. Les Canonniers de la Milice Bourgeoise qui, à la première nouvelle du siége de Longwy, se sont organisés spontanément pour marcher à son secours, se déclarent prêts à partir de suite pour la Frontière; ceux qui doivent les remplacer abandonnent toute occupation pour s'exercer sans relâche à la manœuvre des canons. Des Corps Francs surgissent aussi dans les Sections; les Peintres, les Sculpteurs et les Graveurs forment la Compagnie des jeunes Artistes; les Nègres et les Mulâtres, réhabilités par les principes de la Révolution, organisent la Compagnie des Hommes de couleur; les Fédérés Marseillais, Brestois et autres partent pour la ville de Châlons, indiquée comme lieu de rassemblement général. Des Commissaires sont déjà occupés à y organiser un camp et à réunir en Bataillons les détachements de toutes sortes qui s'y rendent. Sur toutes les routes, des Émissaires sont envoyés pour engager les Citoyens à se joindre aux Patriotes Parisiens.

La nouvelle de la prise de Verdun par les Prussiens (2 septembre) est reçue sans découragement. L'Assemblée décide que les honneurs du Panthéon seront accordés à Beaurepaire, Commandant de cette Place, qui, de désespoir, s'est brûlé la cervelle en présence des Fonctionnaires lâches et parjures par lesquels la ville a été livrée à l'Ennemi, et les préparatifs de la résistance continuent avec une nouvelle ardeur.

Un grand nombre d'individus offrant de réunir des Bataillons ou des Escadrons, on décide que chaque Citoyen est autorisé à lever des Corps armés. Le Gouvernement alloue huit cents livres par Cavalier monté et armé, et cent cinquante livres par fantassin complétement équipé. C'est ainsi que prennent naissance les Hussards de la Liberté, Les Hussards de l'Égalité, les Hussards Braconniers, la Légion des Germains et une foule de Corps analogues.

L'Assemblée reçoit de nombreuses offres inspirées par le sentiment général. Des citoyens se font inscrire comme prêts à prendre à leur charge les enfants de ceux qui périront sous le feu de l'Ennemi ; les dons patriotiques destinés à armer et à équiper des Volontaires affluent de tous côtés. Des Compagnies, des Escouades et des Détachements de toutes sortes défilent dans l'Enceinte Législative avant de partir pour Châlons ; on y remarque un grand nombre de femmes dont l'exaltation ajoute à celle de leurs époux, de leurs frères, de leurs fils et de leurs fiancés ; d'autres annoncent qu'elles partent pour l'Armée avec ceux qui leur sont chers.

Une quantité considérable de femmes et d'enfants travaillent aux fournitures d'équipement ; les fabricants d'objets de campement reçoivent l'ordre d'accélérer leurs travaux par tous les moyens possibles, et il leur est défendu de quitter leurs ateliers pour se rendre à l'Armée ; même injonction est faite aux boulangers ainsi qu'aux ouvriers en fer et en bois. En revanche, on déclare que tout militaire, tout homme armé dont la présence à Paris n'est pas indispensable, doit partir pour Châlons. Les Gendarmes Parisiens qui font le service auprès des Tribunaux sont réunis, à cet effet, en compagnie de Cavalerie, et les Brigades à pied ou à cheval reçoivent, dans toute l'étendue du Royaume, l'ordre de se diriger immédiatement vers différents points de rassemblement où elles seront organisées en Bataillons et en Escadrons. Les Corps Administratifs de chaque localité sont chargés de remplacer ces divers contingents par des Surnuméraires à leur choix; ils y procèdent activement, et bientôt, dans toutes les villes, des citoyens mariés ou des pères de famille sont substitués aux Gendarmes qui sont en route pour l'Armée.

De son côté, la Commune de Paris interdit les travaux de constructions et de terrassements pour que tous les bras puissent être employés à l'établissement du Camp, considéré comme dernier rempart de la Capitale. Le Pouvoir Exécutif est chargé de procéder immédiatement aux démolitions nécessaires pour déblayer le terrain. Le général Berruyer est nommé pour commander la force militaire du Camp; l'hôtel d'un Émigré est mis à sa disposition pour y placer son État-Major ainsi que ses bureaux. Les bouches à feu de l'Arsenal de Rochefort sont mandées d'urgence à Paris avec leurs munitions, et l'effectif de la Garde du Camp s'augmente encore de nombreux Volontaires. On distingue entre autres une Compagnie Franche composée des Acteurs de tous les théâtres de la Capitale: ils se sont ainsi organisés le jour où s'est répandu dans Paris le bruit que le Duc de

Brunswick, le Comte d'Artois et leurs États-Majors ont fait retenir, pour le 15 Septembre, des loges à l'Opéra et aux autres spectacles.

La disette d'armes donne lieu aussi à des mesures exceptionnelles : « Les Corps Administra-
« tifs et les Municipalités qui ont des magasins
« d'armes sont tenus de les livrer à la première
« réquisition du Pouvoir Exécutif. Tout citoyen
« possesseur d'un fusil, qui ne marche pas à la
« frontière ou ne cède pas son arme à un Volon-
« taire, est déclaré infâme, traître à la Patrie et
« digne de la peine de mort. »

Les fusils qu'ont portés jusque-là les Officiers et les Sous-officiers de l'armée leur sont retirés pour être remis à des Volontaires; on agit de même à l'égard de ceux des soldats de l'Artillerie, des Dragons et des Préposés des Douanes. Quant à la Gendarmerie, elle a déjà offert elle-même ses Mousquetons, en déclarant que ses sabres et ses pistolets lui suffiront. On achète aussi de tous côtés des armes à feu de quelque modèle qu'elles soient ; on saisit même, moyennant paiement, les misérables fusils de troque destinés à la traite des Noirs sur la côte de Guinée.

En même temps, les Municipalités sont autorisées à effectuer des visites domiciliaires dans les demeures des contre-révolutionnaires et des individus suspects d'incivisme, pour en enlever les armes ainsi que les munitions. Les Maisons Royales et celles des Émigrés sont fouillées; on en arrache le plomb et le fer pour les convertir en balles et en mitraille.

On y trouve aussi une quantité considérable de chevaux qui constituent une précieuse ressource. Déjà les chevaux de luxe et tous ceux qui ne sont pas indispensables aux professions utiles ont été mis en réquisition. La moitié des écuries de la Poste a été vidée pour atteler l'Artillerie Parisienne, et les élèves de l'École d'Alfort sont partis en qualité de vétérinaires ou de maréchaux ferrants.

Cependant, les tombereaux qui portent aux carrières les cadavres des victimes de Septembre circulent encore par la ville, et, non contente de ces milliers d'assassinats, la Commune a fait diriger sur la Capitale les prévenus qui ont été à diverses époques renvoyés devant la Cour instituée à Orléans pour juger les crimes de Lèse-Nation. C'est en vain que les Ministres Girondins ont voulu s'opposer à l'arrivée de ces nouvelles victimes : le Pouvoir Exécutif est sans puissance pour arrêter les excès sanguinaires. Le 9 Septembre, ces prisonniers arrivant à Versailles y sont massacrés ; parmi eux on comptait le lieutenant général de Cossé-Brissac, qui avait commandé la Garde Constitutionnelle du Roi, et d'Abancourt, Ministre de la Guerre destitué par la Révolution du 10 Août (1). Des actes analogues de lâche férocité ont lieu, à la même époque, à Lyon et dans plusieurs autres grandes villes.

Ainsi, dans les premiers jours du mois de Septembre 1792, le Pays donnait à la fois le hideux spectacle de la perpétration de crimes exécrables et l'exemple d'un entier dévouement à la plus juste des causes, la défense de la Patrie. Mais, malgré leur enthousiame, les bandes de Volontaires qui

---

(1) Il y avait beaucoup d'Officiers parmi les cinquante-trois prisonniers qui composaient le convoi amené d'Orléans. De Loyauté, officier d'Artillerie et fils du célèbre général, qui avait été renvoyé devant la Haute Cour sous l'accusation d'avoir voulu livrer la ville de Strasbourg au prince de Condé, fut criblé de coups de sabre et parvint à se sauver dans une maison voisine. Il put ensuite passer en Angleterre.

De Rets, capitaine dans la Garde Nationale du département de la Lozère, de Silly, officier du Régiment du Bourbonnais, de Lassaux, ancien brigadier des Gardes du Corps, de Chappes, officier de troupes légères, accusés de troubles politiques, d'embauchage, etc., périrent sous le fer des assassins.

Dix-sept Officiers, un Sergent et un Musicien du régiment de Cambrésis étaient aussi parmi les prisonniers. Ils avaient été renvoyés devant la Haute Cour à la suite d'une dénonciation des Jacobins de Perpignan qui les avaient accusés de vouloir livrer aux Espagnols la citadelle de cette ville. Cinq officiers purent échapper; les autres périrent.

surgissaient de tous côtés eussent été sans doute se briser inutilement contre les troupes aguerries du Roi de Prusse et du Duc de Brunswick, si le génie de Dumouriez ne fût venu peser dans la balance.

Après avoir résilié ses fonctions ministérielles (Juin), Dumouriez s'était rendu à l'Armée du Nord, commandée alors par le maréchal Luckner, pour y servir en qualité de lieutenant général. Assez mal accueilli par son nouveau chef qui était entièrement sous l'influence de Lafayette, il avait accepté le commandement du Camp de Maulde, non loin de Saint-Amand.

Dix à douze mille hommes seulement y étaient rassemblés ; la discipline y était à peu près inconnue ; un grand nombre d'Officiers manquaient à l'effectif, et ceux qui restaient étaient l'objet de la méfiance des soldats ainsi que des Volontaires. Aussi dans leurs escarmouches insignifiantes avec les Impériaux, les Troupes Françaises avaient-elles presque constamment le dessous.

La présence d'un habile Général se fit rapidement sentir au Camp de Maulde. Pour relever le moral de sa petite armée, Dumouriez s'appliqua d'abord à lui ménager de fréquents succès dans des engagements qui semblaient imprévus, et qu'il avait au contraire habilement calculés. Des qualités qui font les bons soldats, les Volontaires n'avaient guère que la bravoure et, en général, une intelligence naturelle; leur nouveau Chef sut en tirer parti. Sous sa direction, ils saisirent rapidement le genre de guerre qui convenait le mieux à leur ignorance des manœuvres : se répandre en enfants perdus sous la protection des Troupes de Ligne qui devaient protéger leur retraite; profiter des obstacles du terrain pour s'approcher de l'Ennemi, en le fatiguant par un feu dirigé avec intelligence, constituait une tactique simple qui leur assura désormais la supériorité dans les petits combats.

Dumouriez ne négligeait aucune des moindres circonstances qui pouvaient concourir à augmenter l'émulation de ses soldats. Il avait rencontré dans le village de Mortagne un Greffier nommé Fernig, ancien maréchal des logis de Hussards, qui comptait parmi ses enfants deux filles, modestes et bien élevées, l'une âgée de vingt-deux ans et l'autre de dix-sept. Elles avaient quelquefois suivi par curiosité des détachements allant à la petite guerre. Dumouriez sut les encourager; bientôt les deux jeunes héroïnes ne manquèrent plus une seule expédition, et le Général les citait comme exemple à ses soldats qui avaient pris pour elles autant d'amitié que de respect.

Mais il se trouvait parmi les Volontaires des individus qui étaient venus chercher dans les Bataillons un asile contre leurs créanciers, ou même contre les poursuites des Tribunaux Criminels, et qui se montraient peu soucieux de gloire militaire. Un jour, bien que l'Ennemi fût encore à plusieurs lieues, un certain nombre tenta de rétrograder en criant que le Général menait les Troupes à la boucherie. Une autre fois, à la suite d'une panique inspirée par le cri de : « Sauve qui peut ! » un Bataillon abandonna ses canons et jeta ses fusils. Dumouriez, qui avait annoncé qu'il ferait de terribles exemples sur les traîtres ou sur les lâches, put tenir d'autant mieux sa parole, qu'il était, en cette circonstance, sûr de l'approbation de la majorité de ses soldats. Les fuyards furent arrêtés et garrottés; on leur rasa la tête et on les chassa du camp au milieu des huées et des insultes.

Dumouriez s'appliquait aussi à détruire l'habitude qu'avaient contractée les Volontaires de présenter aux Généraux les demandes les plus incompatibles avec la direction d'une Armée. Son ironie spirituelle couvrait de ridicule les péti-

CHAPITRE XV. — JUILLET ET AOUT 1792.

tionnaires qui, après une marche, venaient demander de camper à droite ou à gauche d'un bois, en avant ou en arrière d'un ruisseau. Quelques individus, dont il soupçonnait le peu d'empressement à se procurer des armes, étant venus se plaindre à lui de ne pouvoir servir plus activement, il leur avait répondu que, s'ils promettaient de l'employer, il leur communiquerait un moyen infaillible d'acquérir des fusils : c'était de suivre l'Armée à la première bataille et de ramasser ceux des morts.

En raison de l'habile conduite de leur Général, les Troupes du Camp de Maulde avaient repris la confiance dans leurs Chefs et acquis une hardiesse inconnue jusque-là sur la Frontière. Contrairement à ce qui se passait sur les autres points, elles ne se bornaient pas à la défensive et elles ramenaient fréquemment du butin, des chevaux et des prisonniers.

Sur ces entrefaites, l'insurrection du 10 Août éclate à Paris. Lafayette, qui est venu remplacer Luckner dans le commandement de l'Armée du Nord et établir son Quartier Général à Sédan, échoue dans le projet de maintenir la Constitution de 1791 ; il émigre avec ses Généraux et son État Major (21 Août). Dumouriez, qui a refusé, pour lui et pour ses Troupes, de prêter le serment au Roi et à la Constitution que Lafayette a voulu exiger de ses subordonnés, est nommé Commandant en Chef de l'Armée du Nord.

A peine en a-t-il reçu avis au camp de Maulde, qu'arrive de Sédan un des émissaires que le Pouvoir Exécutif, récemment institué, a envoyé parmi les soldats de Lafayette pour les détourner d'obéir à leur général. C'est Westermann, le plus fougueux et le plus brave des *Patriotes* ; il a commandé l'attaque du Château des Tuileries alors que les chefs des Faubourgs hésitaient, et, pour sa conduite dans cette journée dont il a été proclamé le héros, il a été nommé Adjudant Général (1) par le Ministère Girondin.

Il apprend à Dumouriez que la ville de Longwy s'est rendue le 22 Août, et il lui représente l'Armée abandonnée par Lafayette, regrettant son général, réduite à l'inaction par manque de direction, et prête enfin à se débander, si le nouveau Chef qui lui a été donné ne vient pas rapidement interposer son autorité.

Dumouriez part sans hésiter (26 Août), accompagné seulement de Westermann, d'un aide de

---

(1) Lieutenant-colonel de l'état-major de l'Armée.

camp et d'un domestique (1). Arrivé à Sédan le matin du 28 Août, il y trouve une Armée de vingt-trois mille hommes presque sans Généraux et sans Officiers supérieurs, divisée par les factions et mal disposée pour lui en raison de ses démêlés avec le Chef estimé dont elle lui impute la perte. Les soldats, considérant leurs officiers comme des traîtres, ne conservent ni discipline ni obéissance ; les Officiers craignent leurs soldats et n'osent rien ordonner. Les Autorités Municipales s'attendent à voir arriver l'Étranger et voient sans déplaisir la contre-révolution s'avancer avec les Prussiens qui, partis de Longwy, sont en marche sur Verdun.

Dans une position aussi critique, n'ayant aucun secours prochain à espérer des autres Armées à cause de leur éloignement (2), n'attendant de Paris d'autres renforts que des Bataillons levés à la hâte, sans discipline et mal armés, Dumouriez ne désespère pas du salut de la France ; il conçoit, au contraire, le hardi projet d'opposer les vingt-trois mille hommes désorganisés dont il a le commandement

---

(1) Baptiste Renard, qui concourut plus tard par sa bravoure au succès de la bataille de Jemmapes, et fut nommé d'emblée capitaine par la Convention.

(2) L'Armée du Rhin était trop éloignée, et il fallait au moins une douzaine de jours pour que l'Armée du Centre pût arriver.

aux quatre-vingt mille combattants aguerris qui ont envahi le territoire.

Dépourvu lui-même de tout équipage, il s'approprie les chevaux et les domestiques de Lafayette. Affectant la confiance et la sécurité, il mande d'abord les Autorités Municipales de Mézières et de Sédan, leur parle avec fermeté, les encourage et change leurs dispositions. Il passe ensuite la revue des Troupes sans se laisser émouvoir par leur air morne et improbateur. Au moment où il se trouve devant un Régiment de Ligne, il entend un Grenadier disant à ses camarades : « C'est ce b..... « là qui a fait déclarer la Guerre. » Il s'arrête, et s'adressant aux soldats qui ont entendu l'exclamation du Grenadier : « Y a-t-il donc ici, » s'écrie-t-il, « quelqu'un assez lâche pour être fâché de « la Guerre? Croyez-vous donc conquérir la Li- « berté sans vous battre ? »

Ces paroles et quelques autres mots, lancés avec non moins d'à-propos, circulent parmi les soldats étonnés de l'assurance de leur nouveau Chef. Le même jour, Dumouriez réunit un Conseil de Guerre (1) pour y discuter la marche à suivre dans

---

(1) Composé du lieutenant général Arthur Dillon, frère du général Théobald Dillon assassiné à Lille quelques mois auparavant ; des ma-

les difficiles circonstances où se trouve l'Armée. D'après la proposition du lieutenant général Arthur Dillon, la majorité du Conseil opine pour qu'on se retire au delà de Châlons, derrière la Marne dont on défendra le passage. En même temps, on reconstituera l'Armée au moyen de tous les renforts qu'on pourra réunir, et l'on pourra alors songer à reprendre l'offensive en se reportant en avant.

Mais Dumouriez, qui n'a consulté les Généraux nouvellement placés sous ses ordres que pour se mettre à même de les apprécier, lève la séance et retient seulement auprès de lui l'adjudant général Thouvenot qui a particulièrement attiré son attention dans le cours de la discussion : « Se retirer sur « Châlons, » lui dit-il, « c'est abandonner la Lor-« raine, les Évêchés et les Ardennes qu'on ne « reprendra pas, et c'est attirer les Prussiens der-« rière soi : d'ailleurs, dans l'état où est l'Armée, la « retraite deviendra sûrement une déroute. Pour « aller s'établir en arrière de la Marne, il faut brû-« ler Châlons, sacrifier Reims ainsi que Soissons

---

réchaux de camp Vouillers, Chazot, Dangest et Dietmann ; de Pétiet, commissaire-ordonnateur, et de trois Officiers de l'État-Major de l'Armée.

« et abandonner à l'Ennemi, qui aura franchi la
« Champagne Pouilleuse, les riches campagnes
« de Reims et d'Épernay où il trouvera d'abon-
« dantes ressources pour subsister. D'un autre
« côté, une fois l'Armée Française établie à Châ-
« lons, plusieurs chemins s'ouvrent pour con-
« duire les Prussiens jusqu'à Paris, tandis qu'au
« moment présent, il suffit pour les arrêter d'in-
« tercepter la seule route qui leur permette de
« marcher sur Châlons. » Indiquant alors à Thouvenot la forêt de l'Argonne sur une carte qui est
déployée devant eux : « Voilà, » ajoute-t-il, « les
« Thermopyles de la France ; si j'ai le bonheur
« d'y arriver avant les Prussiens, tout est sauvé. »
(28 Août.)

La forêt de l'Argonne, longue de treize lieues
sur une largeur qui varie d'une à trois lieues, sé-
pare les Évêchés de la Champagne Pouilleuse. Coupée par des montagnes, des rivières, des ruisseaux
et des marais, elle n'offre que cinq passages prati-
cables pour une Armée ; c'étaient ces cinq débouchés qu'il s'agissait d'occuper avant l'Ennemi qui,
marchant sur Verdun, en était plus rapproché que
les Troupes de Dumouriez.

Les mouvements pour l'exécution de ce hardi
projet commencent imédiatement, et Dumouriez

écrit à l'Assemblée Nationale qu'il va couvrir la Champagne. Par une suite de combinaisons stratégiques, de marches et de contre-marches dans lesquelles brillent à la fois l'audace et l'habileté à tromper l'Ennemi, les cinq passages de la forêt de l'Argonne sont successivement occupés dans les premiers jours de Septembre (1) ; les Troupes Françaises s'y retranchent immédiatement et y reçoivent le renfort de quelques Bataillons de Volontaires.

Dumouriez, placé au milieu de la ligne de défense, occupe avec quinze mille hommes le camp de Grand-Pré que la nature et l'art ont rendu inexpugnable. A sa droite, du côté de Sainte-Menehould, le lieutenant général Dillon occupe deux passages, les Islettes et la Chalade, avec huit mille hommes. A sa gauche, le général Dubouquet est placé au Chêne-Populeux avec six mille autres. Entre Dumouriez et Dubouquet, c'est-à-dire, entre les passages de Grand-Pré et du Chêne-Populeux, est le dernier défilé, la Croix-aux-Bois ; comme il a été jugé d'une importance

---

(1) « Si j'avais pour adversaire le grand Frédéric et non l'un de se « élèves, » écrivait Dumouriez, « je serais depuis longtemps rejeté « au delà de Châlons. »

très-secondaire, le Général en Chef n'y a envoyé qu'un Colonel avec quelques compagnies.

Dans cette position, Dumouriez compte arrêter la marche des Étrangers qui ne peuvent tourner d'aucun côté la forêt de l'Argonne, sans rencontrer une suite de places fortes qui les obligeraient à perdre un temps précieux, ce qui les forcerait à hiverner et leur ferait manquer le but de la campagne. D'ailleurs, Dumouriez attend plusieurs renforts. Il a prescrit à son ami le général Beurnonville, qui l'a remplacé à Maulde, de quitter le camp et de venir le retrouver avec les dix mille hommes qu'il a formés lui-même. En outre, à son instigation, le Ministre de la Guerre Servan a enjoint au général Kellermann, successeur du maréchal Luckner (1), de réunir à l'Armée du Centre les troupes que pourrait lui fournir l'Armée du Rhin, et de se porter immédiatement au secours de l'Armée du Nord. En exécution de cet ordre, Kellermann est en route avec vingt mille hommes environ (2).

---

(1) Le maréchal Luckner, dont on était peu satisfait, mais qu'on n'avait pas voulu destituer, avait été chargé d'organiser l'Armée de réserve à Châlons. On lui avait donné en même temps le titre de Généralissime qui impliquait une sorte de surveillance honorifique sur les Généraux d'Armée.

(2) Kellermann partit de Metz le 4 Septembre avec l'Armée du

Ainsi, en conservant quelques jours les défilés de l'Argonne, Dumouriez espère se trouver à la tête de soixante mille soldats ou volontaires, indépendamment des nombreux contingents qui partent chaque jour de Paris et des localités environnantes pour se rassembler à Châlons où on les organise en Bataillons.

La confiance du Général en Chef s'était communiquée à ses troupes, et lorsque les Prussiens qui avaient pris Verdun (2 Septembre) s'étendirent dans les plaines qui précèdent la forêt de l'Argonne (8 Septembre), l'Armée Française montra une joie de favorable augure.

Le lendemain et les jours suivants, l'Ennemi procède à des attaques sur divers points; mais Dumouriez a fait pratiquer dans l'intérieur de la forêt des trouées qui lui permettent d'envoyer, à l'insu des assaillants, des Bataillons et de l'Artillerie pour renforcer successivement les postes engagés. Par suite de ces manœuvres, les Généraux Étrangers qui, en raison de la configuration du

---

Centre, c'est-à-dire quinze à seize mille hommes. A Pont-à-Mousson, il fut rejoint par dix mille hommes de l'Armée du Rhin; mais il n'en retint que quatre à cinq mille qui avaient des fusils; les autres étaient armés de piques.

terrain, ne peuvent guère déployer que cinq ou six mille hommes, trouvent toujours devant eux un nombre égal d'adversaires pour défendre les retranchements qu'ils menacent; aussi refusent-ils d'ajouter foi aux rapports de leurs espions qui leur certifient que la forêt de l'Argonne n'est occupée que par vingt et quelques mille hommes.

Ces combats heureux amusaient et encourageaient les soldats de Dumouriez. Le Général leur répétait gaiement que, lorsqu'il aurait délivré le territoire, il les guiderait à leur tour chez les Étrangers pour y propager les principes de la Liberté. Cette perspective concourait à leur faire supporter courageusement les incommodités qui résultaient des pluies, de la fréquence des bivouacs, du manque fréquent des subsistances et de la mauvaise qualité des eaux.

Il n'en était pas de même des Généraux. Ils avaient été obligés d'applaudir au talent avec lequel Dumouriez avait tiré, des environs de Sédan, l'Armée qui y eût été facilement battue, coupée ou enlevée par les Prussiens; mais une fois installés dans l'Argonne, la lenteur des secours attendus qui n'arrivaient pas, les maladies qui se manifestaient déjà, et les difficultés qu'éprouvaient les convois de subsistances pour parvenir, les faisaient douter de la réussite entière du plan du Général en Chef, auquel ils crurent devoir faire leurs représentations.

Dumouriez les renvoya chacun à leur poste, en leur disant qu'il connaissait sa responsabilité, et qu'ils eussent seulement à le bien seconder. Mais cette ferme réponse n'empêchait pas les critiques de s'étendre jusqu'à Paris, et Dumouriez recevait à la fois de l'Assemblée Nationale, du Ministre et du maréchal Luckner, des sollicitations, des conseils et même des ordres de se retirer en arrière de la Marne. Néanmoins il suivait le plan de temporisation qu'il avait adopté. On était déjà parvenu au 11 septembre; Beurnonville devait arriver, le 13, à Rethel avec les dix mille hommes aguerris du camp de Maulde, et Kellermann, parti de Metz le 4, se rapprochait de jour en jour.

Dans ces circonstances, une déplorable négligence (1) détruisit l'effet des combinaisons si ingénieusement conçues et si habilement exécutées jusque-là. La multiplicité des détails dont Dumouriez était obligé de s'occuper l'avait empêché

---

(1) Dumouriez s'en accuse lui-même dans ses mémoires et la qualifie d'impardonnable.

de visiter lui-même le passage de la Croix-aux-Bois qu'il avait jugé presque insignifiant. Dans son erreur sur l'importance de ce défilé, il s'en était entièrement rapporté au vieux Colonel qu'il y avait placé avec deux Bataillons et deux Escadrons. Cet Officier contribuait à entretenir à ce sujet l'illusion du Général en Chef : « Les retranche-
« ments et les abatis qu'il a établis, » écrivait-il au Général, « sont d'autant plus inexpugnables qu'il
« a rendu la route pour y arriver complétement
« impraticable au moyen de puits et de tranchées.
« Un simple Bataillon de Volontaires serait plus
« que suffisant pour garder le passage ; il y en a
« actuellement un animé d'un excellent esprit, à
« Vouziers ; il suffirait de lui donner des armes et
« de lui confier la défense de ce défilé. Le Géné-
« ral en chef pourrait alors disposer des troupes qui
« sont actuellement employées sans utilité à garder
« une trouée dont il est impossible à l'Ennemi
« d'approcher. »

Dumouriez, trop confiant dans le rapport de cet ancien Officier qui avait fait la guerre en Amérique, voit une ressource précieuse à utiliser dans les Troupes jugées inutiles à la Croix-au-Bois. Il enjoint au Commandant de l'Artillerie de délivrer six cents fusils, avec cent cartouches par arme, aux

CHAPITRE XV. — SEPTEMBRE 1792.

Volontaires qui sont à Vouziers; il donne ordre à leur Bataillon d'aller occuper la Croix-au-Bois, et il rappelle à lui les Troupes qui ont jusque-là gardé le défilé (11 Septembre).

Mais ces diverses injonctions sont mal exécutées; la remise des fusils subit des retards, et les Volontaires restent à Vouziers en attendant les armes qui leur ont été promises. Pendant ce temps, le Colonel obéit à l'ordre de rappel qu'il a reçu, et il évacue la Croix-au-Bois, en n'y laissant qu'une centaine d'hommes (12 Septembre). Le Feld-Maréchal autrichien Clerfayt en est immédiatement averti par ses espions, et il envoie, dès la pointe du jour, le prince Charles de Ligne pour s'emparer du passage resté presque sans défenseurs (13 Septembre).

Les abatis, les retranchements, les puits et les tranchées dont il a été tant parlé à Dumouriez, ont été établis d'une manière tellement insuffisante que les Impériaux parviennent facilement à pratiquer un passage pour leur Cavalerie et pour leur Artillerie; ils envahissent la Croix-au-Bois; les cent hommes laissés seuls à la garde du défilé s'enfuient à travers la forêt et viennent annoncer cette nouvelle à Dumouriez. Celui-ci, qui s'attend à une attaque générale pour le lendemain, ne peut quitter son camp de Grand-Pré; mais il envoie le général Chazot, avec des Troupes et du canon, pour attaquer l'Ennemi avant qu'il ait eu le temps de se retrancher dans le poste dont il s'est emparé.

Dans la matinée du 14 Septembre, le passage est repris par le général Chazot après un combat long et meurtrier dans lequel le Prince de Ligne est tué; mais les vainqueurs, dans leur sécurité, ne se hâtent pas d'assurer leur succès en fortifiant immédiatement le défilé. Deux heures après, ils sont attaqués avec vigueur par une nouvelle colonne d'Impériaux, qui s'empare des hauteurs et force le général Chazot à se retirer sur Vouziers, c'est-à-dire du côté opposé au camp de Dumouriez. Pendant le combat de la Croix-aux-Bois, le poste du Chêne-Populeux, placé à l'extrême gauche, est attaqué par le Corps des Émigrés. En apprenant que le passage qui l'avoisine est forcé, le général Dubouquet, qui résiste encore au Chêne-Populeux, et qui se voit au moment d'être assailli par devant ainsi que par derrière, effectue à son tour sa retraite.

Ainsi, dans la journée du 15 Septembre, les généraux Chazot et Dubouquet étaient, avec leurs Troupes, séparés de l'Armée de Dumouriez, réduite par ce fait à quinze mille hommes; deux des cinq passages de la forêt de l'Argonne se trouvaient au pouvoir de l'Ennemi et lui ouvraient la route de Paris.

Dumouriez prévoit que les vingt mille Autrichiens du général Clairfayt vont déboucher en masse par les deux défilés pour l'attaquer par derrière, tandis qu'il sera assailli en avant par quarante mille Prussiens. Malgré l'imminence et la grandeur du danger, il ne perd pas un instant son apparence habituelle de sécurité et son parti est pris sur-le-champ.

Il enjoint au général Dillon, qui occupe toujours les défilés des Islettes et de la Chalade, de continuer à tenir bon vis-à-vis de l'Ennemi qui est en avant, sans s'inquiéter de ce qui pourra se passer en arrière de ses lignes. Quant à lui, abandonnant le Camp de Grand-Pré dans lequel il serait tourné incessamment, il ira établir à Sainte-Menehould un camp adossé aux Troupes de Dillon. Il fera ainsi face aux Ennemis qui auront pénétré dans la Champagne, et il poursuivra, dans cette nouvelle position, le plan de temporisation sur lequel il a toujours compté pour triompher.

Il écrit en même temps à Beurnonville et à Kellermann, en leur indiquant les routes qu'ils doivent suivre pour le rejoindre à Sainte-Menehould.

Il mande aux Généraux qui commandent à Châlons, d'établir à Notre-Dame de l'Épine, petite hauteur à une lieue en avant de cette ville, le plus grand nombre possible des Bataillons Volontaires fraîchement organisés. Il envoie au général Dubouquet l'ordre de se joindre à ce nouveau Camp pour lui donner plus de consistance, et il expédie au général Chazot l'indication des manœuvres à effectuer pour venir le retrouver à Sainte-Menehould.

Ces dispositions prises, la première difficulté était d'abandonner le Camp de Grand-Pré et de traverser la rivière de l'Aisne qui est en arrière. Heureusement, l'Ennemi, craignant une attaque pour le lendemain, n'avait pas osé déboucher en masse par les deux défilés qu'il occupait. Dumouriez était donc encore maître du cours de la rivière qu'il lui fallait franchir, et le temps, qui était détestable, favorisait ses projets.

Tant qu'il fait jour, aucun préparatif, aucun mouvement n'indique l'idée du départ. Le Prince de Hohenlohe, qui a fait demander un rendez-vous, est accueilli dans le camp français avec courtoisie, et l'entrevue se passe en politesses réciproques. Le Général étranger ne cache pas sa surprise de voir tant d'ordre dans les postes et d'apercevoir un grand nombre d'Officiers décorés : les Émigrés avaient assuré aux Prussiens que l'Armée Française n'était plus commandée que par des bijoutiers, des tailleurs ou des cordonniers. Dans sa visite investigatoire, le Prince ne voit rien qui puisse lui faire croire à une retraite; on lui apprend, au contraire, que Beurnonville doit arriver le lendemain avec dix-huit mille hommes, et que Kellermann, avec trente mille autres, n'est plus qu'à deux jours de marche (1).

Mais, dès que la nuit est venue, l'Armée reçoit l'ordre d'abattre ses tentes sans diminuer en rien le nombre de ses feux de bivouac. L'opération se fait lentement en raison de la profondeur de l'obscurité ; cependant, les Troupes ignorant la cause de leur départ, il ne se manifeste aucune alarme. Le lendemain, à huit heures du matin, les derniers Corps passaient l'Aisne, et la petite Armée, rangée en bataille au delà de la rivière, était à l'abri d'une attaque sérieuse de l'Ennemi (16 Septembre).

Dumouriez, certain que ses troupes ne sont pas suivies, continue sa marche en avant afin de dé-

---

(1) Parlant à un ennemi, on exagérait naturellement la force des secours attendus.

terminer le campement de la journée, lorsque tout à coup il est rejoint par des fuyards qui crient que tout est perdu et que l'Armée est en déroute. Il retourne alors à l'arrière-garde; les généraux Miranda et Duval y rétablissaient l'ordre momentanément troublé par une panique qu'avaient causée quelques centaines de Hussards Prussiens accompagnés de quatre pièces d'Artillerie Légère.

Le soir, on installe le bivouac à Dammartin; mais à six heures, au moment où Dumouriez descend de cheval pour la première fois depuis vingt heures, l'alarme se renouvelle. Tout le monde commence à crier et à fuir; l'Artillerie attelle ses pièces pour se réfugier sur une hauteur; une confusion inexprimable se met dans les Troupes. Le Général en Chef, sûr que cette nouvelle panique n'est pas occasionnée par l'Ennemi, puisqu'il sait que son arrière-garde est tranquille à une lieue en arrière, monte à cheval avec son état-major, ses aides-de-camp et son escorte, et tombe à coups de plat de sabre sur les fuyards qui lui soutiennent à lui-même qu'il a passé à l'ennemi. Peu à peu la terreur générale se calme; mais les troupes de tous les Corps sont mêlées les unes aux autres. Dumouriez ordonne d'allumer de grands feux et de passer la nuit dans l'état où l'on se trouve. Le lendemain tout était réparé, et cette seconde scène de désordre, évidemment due à des malintentionnés, n'eut pas de suites funestes.

Il n'en avait pas été de même de la première. Plus de deux mille hommes de toutes armes avaient couru avec une vitesse incroyable jusqu'à trente ou quarante lieues, par Rethel, Rheims, Châlons et Vitry, publiant partout que l'Armée trahie était anéantie, et que tous les généraux avaient passé à l'ennemi. Cependant Dumouriez s'installait, le 17 Septembre, dans le camp de Sainte-Menehould, ainsi qu'il l'avait projeté, tournant le dos aux troupes de Dillon et faisant face à l'intérieur du Pays. Le 18, il donna un exemple salutaire à son Armée en faisant raser les cheveux et les sourcils à vingt-huit fuyards qu'on avait arrêtés; on leur ôta leurs uniformes et on les chassa comme des lâches. Le même jour, Dumouriez écrivait au Président de l'Assemblée Nationale : « J'ai été obligé d'aban-
« donner le Camp de Grand-Pré. La retraite était
« faite lorsqu'une terreur panique s'est mise dans
« l'Armée; dix mille hommes ont fui devant
« quinze cents Hussards Prussiens. La perte ne
« monte pas à plus de cinquante hommes et quel-
« ques bagages. Tout est réparé, et je réponds de
« tout. »

La marche des trois généraux Chazot, Beurnonville et Kellermann qui manœuvraient pour rejoindre Dumouriez, fut soumise aux hésitations résultant des bruits de défaite qui s'étaient propagés; les deux derniers crurent même d'abord devoir rétrograder; mais enfin Chazot rejoignit avec les troupes qui avaient eu à disputer la Croix-aux-Bois à l'Ennemi. Le 19 Septembre, Beurnonville arriva avec les dix mille hommes du camp de Maulde; Dumouriez se retrouvait ainsi avec trente-cinq mille hommes sous ses ordres, et l'on attendait encore les vingt mille hommes qu'amenait Kellermann.

Les Étrangers, maîtres des passages du Chêne-Populeux, de la Croix-aux-Bois et de Grand-Pré, eussent pu se porter rapidement sur Châlons, en laissant en arrière les troupes de Dumouriez ainsi que celles de Dillon, et il est probable qu'ils eussent triomphé de la division Dubouquet et des Bataillons, à peine organisés, rassemblés au camp de Notre-Dame de l'Épine; mais les Généraux ennemis n'avançaient qu'avec la plus grande circonspection. D'après le dire des Émigrés, ils avaient d'abord compté que leur marche sur Paris constituerait une sorte de course militaire au milieu de populations disposées à favoriser la contre-révolution. Dans cette persuasion, ils avaient négligé de s'assurer les approvisionnements nécessaires à une armée en pays ennemi (1).

Mais au lieu des denrées sur lesquelles ils comptaient, ils avaient vu de tous côtés des paysans exaspérés par les exigences de la guerre sortir des villages et tirer sur leurs soldats; ils eussent eu à combattre, avant d'arriver à Châlons, des rassemblements enthousiasmés au nom de la Liberté, et dont la renommée exagérait l'importance ainsi que la valeur réelle au point de vue militaire ; ils avaient déjà appris d'ailleurs à connaître l'habileté de Dumouriez. Dans ces circonstances, se porter immédiatement sur Châlons en laissant en arrière un tel ad-

---

(1) On avait trouvé sur le Prince de Ligne, tué dans l'affaire de la Croix-aux-Bois, une lettre non terminée où l'on remarquait les passages suivants :

« Nous commençons à être assez las de cette guerre, où MM. les
« Émigrés nous promettaient plus de beurre que de pain ; mais nous
« avons à combattre des troupes de ligne dont aucun ne déserte, des
« troupes nationales qui restent ; tous les paysans qui sont armés
« tirent contre nous, ou nous assassinent quand ils trouvent un
« homme seul ou endormi dans une maison. »

« Le temps, depuis que nous sommes en France, est si détestable
« que tous les jours il pleut à verse, et les chemins sont si impraticables
« que, dans ce moment, nous ne pouvons tirer nos canons; de
« plus, la famine. Nous avons tout le mal imaginable pour que le
« soldat ait du pain, et la viande manque souvent. Bien des officiers
« sont cinq, six jours sans trouver à manger chaud. Nos souliers et
« capotes sont pourris, et nos gens commencent à être malades. Les
« villages sont déserts et ne fournissent ni légumes, ni eau-de-vie,
« ni farines. Je ne sais comment nous ferons et ce que nous deviendrons. »

versaire à la tête de troupes établies dans une bonne position et dont l'effectif devait s'accroître de jour en jour, constituait une imprudence qui eût pu devenir gravement préjudiciable. En conséquence, le plan de l'Ennemi fut de couper l'Armée, en occupant d'abord la route de Sainte-Menehould à Châlons, de forcer ensuite Dillon aux Islettes et d'entourer alors le camp de Sainte-Menehould de toutes parts pour forcer Dumouriez à mettre bas les armes.

A cet effet, les Prussiens débouchant par Grand-Pré, le 19 Septembre, s'étendent sur les montagnes de la Lune, d'où ils peuvent découvrir le terrain occupé par les troupes de Dumouriez. Le même jour, ce dernier reçoit avis que Kellermann n'est plus qu'à deux lieues ; il lui envoie en conséquence l'invitation de s'installer sur lés hauteurs de Gizaucourt, qui forment la gauche de son camp et qui dominent celles de la Lune occupées par les Prussiens. Il le prévient aussi que, dans cette position, il aura pour champ de bataille, en cas d'attaque, le plateau du moulin de Valmy, qui est en avant du campement indiqué.

Mais Kellermann ne connaissait qu'imparfaitement le terrain sur lequel il arrivait. Les quatre Adjudants Généraux de Dumouriez étant occupés à installer la Division de Beurnonville, le Général en Chef ne put envoyer aucun officier d'État-major pour conduire directement le nouveau venu à l'emplacement qui lui était destiné. D'ailleurs, Dumouriez considérait Kellermann comme un collègue très-pointilleux ; il le savait peu satisfait de venir se ranger sous ses ordres, et il crut en conséquence devoir se borner à lui donner des indications générales, et non des ordres positifs. Ces différentes causes eurent pour résultat une erreur de Kellermann qui, se trompant sur les positions désignées, négligea les hauteurs de Gizaucourt et commença à tendre son camp sur le plateau de Valmy (20 Septembre).

Par suite du double mouvement de l'Armée de Kellermann et de celle des Prussiens, les deux avant-gardes se rencontrent à sept heures du matin, et procèdent à un premier engagement qui donne le signal de l'Action. Des hauteurs de la Lune, le canon des Prussiens foudroie le plateau de Valmy ; mais Kellermann, bien qu'embarrassé de troupes et d'équipages sur un terrain restreint où il ne peut suffisamment s'étendre pour manœuvrer, met en position ses bouches à feu qui répondent vivement à l'Artillerie Prussienne.

De son côté, Dumouriez a reconnu la situation

fâcheuse de son collègue, dont l'Armée est compromise si elle ne parvient pas à se maintenir sur le plateau de Valmy; il prend immédiatement ses dispositions pour le soutenir à droite et à gauche, en envoyant à son secours les troupes des généraux Stengel, Beurnonville, Chazot et Leveneur (1).

La canonnade continue toujours. A neuf heures, une nouvelle batterie démasquée au centre de l'Ennemi l'augmente encore. Kellermann a son cheval tué; deux obus prussiens font sauter deux caissons auprès du moulin de Valmy, et cet accident met du désordre dans la première ligne de l'Infanterie Française qui commence à plier; mais Kellermann accourt, rallie les troupes, fait avancer les bouches à feu de la réserve, et le feu de l'Artillerie redouble d'intensité de part et d'autre.

Vers onze heures, le soleil éclaire les deux Armées qui ont été jusque-là à moitié perdues dans le brouillard et la fumée. Les Prussiens ont formé trois colonnes d'attaque, dont deux se dirigent vers le plateau de Valmy pour l'enlever à la baïonnette. Les troupes françaises les aperçoivent marchant

---

(1) Il est sans doute inutile de prévenir que cette relation sommaire de la journée du 20 juin, ainsi que les mouvements militaires qui précèdent, sont dégagés de tous les détails qui pourraient distraire l'attention du fait principal.

en avant avec l'assurance de soldats aguerris, et elles se voient, pour la première fois, au moment de combattre en bataille rangée. Kellermann dispose son Infanterie en colonnes par bataillon ; il encourage ses soldats, il leur enjoint d'attendre l'Ennemi sans tirer et de le charger à la baïonnette dès qu'il commencera à gravir la hauteur pour arriver au plateau. Lui-même, se plaçant en avant du front, s'écrie : « *Vive la Nation !* » et ce cri est répété par tous les soldats qui agitent leurs chapeaux au bout de leurs baïonnettes. Ces bruyantes acclamations, signe de confiance et d'allégresse, étonnent l'Ennemi qui s'arrête indécis, en même temps que l'Artillerie Française redouble son feu sur les têtes de colonne. Le Duc de Brunswick, auquel n'avaient pas échappé les dispositions prises par Dumouriez à droite et à gauche des troupes de Kellermann, ne tentait l'attaque qu'avec une grande répugnance et beaucoup d'appréhension sur le résultat ; la résistance qu'il prévoit alors lui fait donner le signal de la retraite, et ses troupes rétrogradent en bon ordre au bruit de l'Artillerie des deux Armées.

Vers quatre heures, une tentative analogue d'attaque fut faite par les Troupes Autrichiennes, et amena le même résultat. Le feu de l'Artillerie, qui avait été soutenu d'une manière très-vive des deux côtés depuis sept heures du matin, cessa seulement à six heures du soir (1). Plus de huit mille coups de canon avaient été tirés, et huit ou neuf cents hommes étaient hors de combat dans chacune des deux Armées; mais le succès des Troupes Françaises

---

(1) Il est à remarquer que les rapports de Dumouriez et de Kellermann sur la journée de Valmy ne lui impliquent nullement le caractère d'une bataille qui lui a été donné par la plupart des historiens, en raison, sans doute, de ses importants résultats.

Rapport de Dumouriez au Ministre de la guerre Servan: « Hier, 20,
« après une attaque de huit heures sur le corps du général Keller-
« mann, campé sur les hauteurs de Valmy, les Prussiens, après avoir
« beaucoup perdu, ont continué leur marche par ma gauche; ils sont
« suivis de la colonne des Hessois et des Émigrés qui passeront de-
« vant moi aujourd'hui; je vais les serrer de près et suivre leurs
« mouvements avec l'armée entière, qui est très-animée, etc., etc. »

Rapport de Kellermann au Ministre de la guerre : « Je m'empresse,
« Monsieur, de vous instruire de la journée d'hier. Les ennemis ont
« attaqué dès la pointe du jour M. Desprez de Crassier, qui comman-
« dait mon avant-garde ; il s'est replié sur moi, en se défendant avec
« valeur et intelligence. Les ennemis en très-grand nombre ont
« marché sur plusieurs colonnes. M. de Valence, à la tête des grena-
« diers et des carabiniers, les a contenus longtemps sur une hauteur
« en avant de celle où je formai mes troupes. Ne pouvant que diffi-
« cilement pénétrer, ils ont prolongé leurs troupes par ma droite sous
« la protection d'une immense artillerie. Je me suis alors rangé en
« bataille; et quelque désagréable que fût la position que j'avais prise,
« étant bien loin de croire qu'une aussi grande partie de leur armée
« eût passé par la ferme de Grand-Pré, je leur ai présenté le combat
« depuis sept heures du matin jusqu'à sept heures du soir. Ils n'ont
« jamais osé m'attaquer, malgré la différence du nombre, et la
« journée s'est passée en une canonnade de quatorze heures, de très-
« près, et qui nous a coûté beaucoup de braves gens. On dit que les
« ennemis ont prodigieusement perdu, surtout de leur artillerie et de
« leur cavalerie, etc. »

leur donnait une assurance et une énergie inconnues jusque-là; aussi la gaieté la plus parfaite régnait-elle dans leur camp. Dans celui des alliés, au contraire, le Roi de Prusse et le Duc de Brunswick reprochaient amèrement aux Émigrés de les avoir trompés en leur assurant qu'ils marcheraient sans obstacle jusqu'à Paris.

Dans la nuit du 20 au 21 Septembre, Kellermann quitta la dangereuse position qu'il avait occupée la veille par erreur, et il vint camper sur l'emplacement qui lui avait été indiqué dès l'origine par Dumouriez; les Prussiens gardèrent les hauteurs du Camp de la Lune. Dans cette position, ils ne s'en considéraient pas moins comme ayant coupé les communications entre l'intérieur du Pays et l'Armée de Dumouriez, à laquelle ils semblaient fermer la route de territoire. Mais les Troupes Françaises, fières de la journée de Valmy, confiantes dans leur Général et recevant des vivres assez régulièrement, pouvaient supporter patiemment le plan de temporisation dans lequel persistait Dumouriez. Il en était tout autrement des Ennemis qui manquaient de subsistances. Les privations de toutes sortes, jointes au temps humide et pluvieux, déterminèrent bientôt parmi eux des dyssenteries et d'autres maladies qui, décimant les hommes et les chevaux, justifiaient chaque jour davantage les prévisions de Dumouriez.

A Paris, où l'on ne pouvait se rendre suffisamment compte de la situation respective des deux partis, on se sentait séparé de l'Armée principale par l'Ennemi dont les fourrageurs allaient battre l'estrade jusqu'à quinze lieues de la Capitale ; aussi l'Assemblée Nationale et le Conseil des Ministres continuaient-ils à presser Dumouriez d'abandonner sa position pour se replier derrière la Marne : « Si les Hulans vous harcèlent, » répondait celui-ci, « tuez-les. Cela ne me regarde pas ; je ne « changerai pas mon plan pour des housardailles. »

Cependant l'état dans lequel se trouvaient les Armées coalisées empirait chaque jour. Sortir de cette triste position en marchant hardiment sur Paris, leur était impossible ; elles eussent rencontré sur leur route tous les contingents que l'enthousiasme, la terreur et la nécessité avaient réunis en avant de Châlons ; elles eussent été attaquées sur les flancs par d'autres rassemblements formés à Reims et à Soissons ; enfin elles eussent été suivies par les soixante mille hommes de Dumouriez.

Livrer une bataille pour se tirer d'embarras n'était pas moins hasardeux ; il fallait attaquer dans un camp retranché soixante mille hommes devant lesquels on avait deux fois hésité, et braver le génie militaire de deux généraux qui venaient de soutenir une glorieuse épreuve. En cas de défaite, il fallait repasser les défilés de l'Argonne et se retirer, harcelé par un ennemi victorieux, au milieu de campagnes dont les habitants, naturellement hostiles, avaient été exaspérés par des réquisitions, ainsi que par des vexations de tous genres.

Les Étrangers aspiraient donc à se retirer avec une envie égale à celle qu'on avait de les voir s'éloigner. Un cartel relatif à l'échange des prisonniers fut le prétexte des premières négociations; on convint d'abord de suspendre les hostilités, mais seulement sur le front des deux camps. Dumouriez envoya alors les troupes, dont il put dégarnir ses lignes, occuper les chemins par lesquels les convois arrivaient du pays de Luxembourg au Camp de la Lune, et la disette s'accrut encore parmi les Alliés.

Le Roi de Prusse ayant alors fait faire quelques ouvertures de négociations, le Pouvoir Exécutif répondit fièrement qu'aucune proposition ne serait admise de la part de l'Ennemi tant qu'il occuperait le Territoire National, et, dans les premiers jours d'Octobre, les Armées combinées commençaient leur mouvement de retraite vers la frontière.

On sait avec quelle mollesse furent poursuivies les Troupes coalisées. Diverses explications ont été données à ce sujet (1); celle qui semble la plus plausible, la plus digne de généraux tels que Dumouriez et Kellermann, est que l'Ennemi, se retirant en bon ordre, était encore redoutable; en voulant lui couper la retraite ou le harceler trop vivement, on l'eût réduit à livrer une bataille dans laquelle l'enthousiasme des Troupes et des Volontaires n'eût peut-être pas obtenu un succès analogue à celui de la journée de Valmy. Il était sage et politique de ne pas exposer les armes françaises à un revers au moment où, pour la première fois, le Drapeau Tricolore venait de briller sur un champ de Victoire.

---

(1) Jomini, Toulongeon, Rocquancourt prétendent qu'en dépit de la fausse position où se trouvaient les quatre-vingt mille ennemis qui avaient pénétré sur le territoire, ils parurent encore assez formidables pour qu'on se trouvât heureux de faciliter leur retraite en les indemnisant secrètement des frais de la guerre. D'autres ajoutent que le vol des diamants du garde-meuble fournit les fonds nécessaires.

Quelques historiens prétendent que trois députés, Pétion, Manuel et Kersaint, obtinrent de l'auguste captif du Temple en lui promettant la vie sauve, une lettre dans laquelle il engageait le Roi de Prusse à abandonner son entreprise.

M. Thiers ne voit dans la retraite des alliés que la conséquence forcée de la situation militaire et politique des puissances engagées dans la lutte.

FIN DU PREMIER VOLUME.

TABLE DES MATIÈRES.

CHAPITRE PRÉLIMINAIRE.

COUP D'ŒIL SUR LA COMPOSITION DE L'ARMÉE EN 1789.

	Pages.
Effectif de l'armée	1
Maison militaire du Roi. — Gardes du corps du Roi et des princes. — Gardes de la Prévôté de l'hôtel du Roi. — Gardes Françaises. — Gardes Suisses.	2
Infanterie de ligne. — Régiments français. — Régiments étrangers. — Troupes Provinciales. — Corps royal de l'Artillerie.	4
Génie	8
Infanterie légère	8
Troupes à cheval. — Cavalerie. — Dragons. — Hussards. — Chasseurs.	8
Maréchaussée. — Gardes des villes	9
Recrutement de l'armée. — Avenir des soldats	10
Conditions pour l'admission au grade d'Officier depuis la Régence jusqu'au règne de Louis XVI. — Restrictions apportées en 1781. — Multiplicité des grades élevés.	11

CHAPITRE PREMIER.

LICENCIEMENT DU RÉGIMENT DES GARDES FRANÇAISES.

Composition et esprit du Régiment des Gardes Françaises	15
Désordres dans les marchés réprimés par les troupes des environs de Paris. — Emploi des Gardes Françaises contre les brigands qui dévastent la maison Réveillon. — Arrivée à Paris	

TABLE DES MATIÈRES.

Pages.

de troupes à cheval.—Tentatives d'embauchage. — Délivrance par le peuple de neuf soldats aux Gardes détenus à l'Abbaye .. **18**

Armée de trente mille hommes réunie à Paris. — Proposition faite par Mirabeau de lui substituer une Garde Bourgeoise... **27**

Journée du 12 juillet. — Emplacement occupé par les troupes. — Charge exécutée par le régiment Royal-Allemand. — Les Gardes Françaises se rangent du côté du peuple. — Les troupes évacuent la Capitale................................. **29**

Journée du 13 juillet. — Recherches d'armes et de munitions.— Distribution de poudre. — Les Gardes Françaises préservent leur colonel de la fureur populaire. — Création de la Milice Bourgeoise Parisienne. — Préparatifs de défense........... **33**

Journée du 14 juillet. — Pillage des armes de l'hôtel des Invalides. — Description du château de la Bastille. — Force de sa garnison. — Ses approvisionnements en armes, munitions et subsistances. — Attaque par le peuple. — Arrivée des Gardes Françaises. — Reddition du château. — Massacre des Officiers et d'une partie de la garnison. — Dévastation de la forteresse. **38**

Licenciement du régiment des Gardes Françaises............ **54**

CHAPITRE II.

ORGANISATION DE LA GARDE NATIONALE PARISIENNE.

Le Roi donne l'ordre aux Troupes de s'éloigner de Paris, et il autorise la formation de la Garde Bourgeoise. — Le marquis de Lafayette est nommé Commandant Général, et le marquis de la Salle, Commandant en second de la Milice Parisienne. — Visite du Roi aux habitants de sa Capitale................ **57**

Émigration forcée du Maréchal duc de Broglie. — Massacre de Foulon et de Berthier de Sauvigny. — Lafayette est dissuadé de se démettre de ses fonctions............................ **65**

Aspect militaire de la ville de Paris......................... **69**

Necker demande la liberté du Lieutenant Général baron de Besenval. — Les Électeurs et les Représentants de la Commune l'accordent. — Troubles dans les Districts à cette occasion. — Le baron de Besenval est maintenu en prison à Brie-Comte-Robert.. **72**

Danger couru par le marquis de la Salle. — Faux bruits. — Agitations... **75**

TABLE DES MATIÈRES.

Pages.

Organisation de la Garde Nationale d'après le projet proposé par Lafayette.— Mécontentement des Gardes Françaises. — Moyens employés pour l'apaiser. — Formation des Compagnies soldées et des Compagnies non soldées. — Division de Cavalerie. — Uniforme. — Armement. — Artillerie. — Bénédiction des drapeaux 78

CHAPITRE III.

CRÉATION DES MILICES BOURGEOISES DANS LES PROVINCES. — SERMENT CIVIQUE DE L'ARMÉE ET DES GARDES NATIONALES.

Création spontanée de Milices Bourgeoises dans les villes des Provinces. — Elles s'établissent dans des conditions pacifiques à Bordeaux, à Rennes et dans d'autres villes........... 85
Désordres à Strasbourg réprimés par la garnison et les bourgeois armés — Troubles causés par l'ivresse des soldats. — Le régiment de Darmstadt arbore la cocarde nationale......... 87
Formation de la Garde Bourgeoise à Caen.— Mort du major de Belsunce... 90
Institution de plusieurs Gardes Nationales dans une même ville ; Vernon, Rouen, Fontainebleau, Nevers, etc............... 92
Les brigandages commis à Saint-Germain et à Saint-Denis y font créer des Milices Bourgeoises. — Disette des grains ; conduite des Gardes Nationales de Rouen, d'Elbeuf et de Louviers. 93
Faux bruits. — Leur effets dans les Provinces et à Paris........ 95
Événement de Quincey. — Abolition du droit de chasse, de colombier et de garenne. — Brigandages qui en résultent immédiatement. — Leur répression dans plusieurs provinces. — Décision de l'Assemblée Nationale relativement à l'emploi de la force militaire pour réprimer les actes de violence qui désolent le territoire. — Serment civique de l'Armée et des Gardes Nationales.................................... 96

CHAPITRE IV.

DISPERSION DES GARDES DU CORPS DU ROI.

Dissemblance des Milices Bourgeoises dans les différentes villes. — Garde Nationale de Versailles ; sa composition. — Elle est

TABLE DES MATIÈRES.

Pages.

admise à concourir au service d'honneur fait auprès de l'Assemblée et elle prend spontanément possession d'une partie des corps de garde du Château........................ 105

Emploi de la Garde Nationale Parisienne contre les agitateurs. 109

Corps des Volontaires de la Bastille...................... 110

Projet des ex-Gardes Françaises de reprendre de force leur service auprès du Roi. — Inquiétude de l'État-Major de la Garde Nationale de Versailles. — On mande le régiment de Flandre. — Moyens employés pour en débaucher les soldats......... 113

Arrivée à Versailles d'une seconde compagnie de Gardes du Corps. — Repas du 1er octobre. — Agitation qu'il cause à Paris. — Irritation de la Garde Nationale contre ceux qui portent des cocardes noires ou blanches............................ 117

Journée du 5 octobre. — Envahissement de l'Hôtel de Ville par des femmes. — Pillage du magasin d'armes. — Départ des femmes et des Volontaires de la Bastille pour Versailles. — Réunion de l'Armée Parisienne sur la place de Grève. — Son départ... 123

Arrivée des femmes à Versailles. — Prise d'armes des Troupes et de la Garde Nationale. — Attaque des émeutiers contre les Gardes du Corps. — Défection du régiment de Flandre et des Chasseurs des Évêchés. — Acharnement contre les Gardes du Corps.. 120

Arrivée de l'Armée Parisienne à Versailles. — Négligences dans la garde des portes du Château.......................

Journée du 6 octobre. — Résistance passive des Gardes du Corps 136 contre les brigands venus pour assassiner la Reine. — Dévouement sublime du chevalier Miomandre de Sainte-Marie. — Les assassins sont repoussés du Château par la Garde Nationale. — Assassinat de deux Gardes du Corps au Château. — Ceux qui sont prisonniers des bandits sont délivrés par les Gardes Françaises..................................... 138

Réconciliation des Gardes du Corps et de la Garde Nationale. — Départ du Roi pour la Capitale. — Son cortége. — Revirement de l'opinion publique à l'égard des Gardes du Corps. — Leur service cesse auprès du Roi. — Leur dévouement pour la Famille royale......... 143

CHAPITRE V.

LA LOI MARTIALE.

	Pages.
Agitations à Paris.—Appréhensions générales.— Accroissement de la Garde Nationale soldée. — Solde accordée aux Volontaires de la Bastille..	149
Situation des provinces...	153
Assassinat du boulanger François.— Décret de la Loi Martiale.— Sa promulgation. — Indignation de plusieurs Districts de la Capitale..	154
Troubles à Vernon.— Envoi de Troupes Parisiennes pour les faire cesser. — Première application de la Loi Martiale. — Réussite de l'expédition. — Reproches adressés à la Commune de Paris par certains Districts. — Expédition dirigée par la ville de Brest contre celle de Lannion. — Désordres dans la généralité des villes..	157
Effets de la proclamation de la Loi Martiale à Saumur et à Saint-Étienne..	163
Pusillanimité des Officiers Municipaux dans la plupart des localités. — Recrudescence des actes de brigandage dans un grand nombre de Provinces. — Assassinats commis à Béziers. — Loi additionnelle à la Loi Martiale.....................................	164

CHAPITRE VI.

PROGRÈS DE L'ESPRIT D'ORDRE DANS LES GARDES NATIONALES. — GERMES D'INDISCIPLINE DANS L'ARMÉE. — BASES DE LA CONSTITUTION MILITAIRE.

Multiplicité des obligations de la Garde Nationale de Paris. — Procès du baron de Besenval. — Son acquittement. — Condamnation à mort du marquis de Favras. — Discipline de la Garde Nationale Parisienne...	167
La Commune échoue dans le projet de créer une Artillerie bourgeoise régulière. — Composition et esprit des Canonniers parisiens...	173
Commencements d'ordre et de discipline dans les Milices Bourgeoises des Provinces...	175
Esprit de l'Armée.—Mécontentement et désir de régénération sociale. — Effets des ovations décernées aux Gardes Françai-	

ses. — Projets de constitution militaire élaborés dans les Corps de troupes. — Comités de Bas-Officiers et de soldats. — Germes d'indiscipline. — Dons patriotiques des Régiments. 176
Rapports des Troupes avec les Gardes Nationales.— Événements d'Alençon 181
Comité militaire de l'Assemblée Constituante. —Ses travaux. — Discussions sur le recrutement par *conscription* et le recrutement volontaire à prix d'argent. — Le dernier mode est maintenu 184
Émotion et réclamations des Corps de troupes à propos des paroles prononcées à la tribune de l'Assemblée Nationale..... 189
Base de la Constitution militaire. —Décret du 28 Février 1790. —Égalité de solde établie entre les Régiments de même Arme. 191
Droit de faire la paix et la guerre......................... 194

CHAPITRE VII.

SUPPRESSION DES JURIDICTIONS PRÉVÔTALES. — INDISCIPLINE DANS L'ARMÉE. — FÉDÉRATION DE 1790.

Réclamations contre les Grands Prévôts des Provinces........ 200
Désordres à Marseille antérieurs à la Révolution. — Formation de la Garde Nationale. — Ses conséquences.—Effets de la prise de la Bastille. — Conflit sanglant entre la Garde Nationale et la Population marseillaise.—Procédure intentée par le Grand Prévôt de la Provence. — Mirabeau la dénonce à l'Assemblée Nationale en attaquant l'institution des Juridictions Prévôtales. 202
Exécutions prévôtales dans le Limousin. — Appui donné par la Commune de Paris aux réclamations de la ville de Brives. — Suppression des Prévôtés. —Maintien des Prévôtés de la Marine et de la Prévôté de l'Hôtel du Roi..................... 207
Désordres à Marseille. —Départ de la plupart des troupes qui y séjournaient. — La Garde Nationale s'empare des forts par surprise. —Défection d'une partie du Régiment de Vexin. — Mort du Chevalier de Beausset 208
Désordres analogues à Toulon, Grenoble, Montpellier et Nismes. 211
Intervention des Municipalités dans l'administration disciplinaire des régiments. — Assassinat, à Valence, du colonel d'Artillerie de Voisins. — Indiscipline du régiment de Vivarais, à Béthune et à Verdun. —Singulière réclamation adressée au Ministre de la Guerre par la Municipalité de Lyon.......... 213

Pages.

Faute et repentir des Régiments Royal-des-Vaisseaux et la Couronne, à la fin de 1789. — Changement dans l'esprit et les sentiments des soldats qui prennent l'Assemblée Nationale pour arbitre entre eux et leurs chefs. — Exemple choisi dans les désordres commis à Lille. Influence de l'Assemblée Nationale sur les Corps militaires. — Réintégration des officiers gentilshommes des Dragons de Lorraine par les soldats qui les avaient chassés 215

Inertie de l'Assemblée Constituante à l'égard des désordres militaires. — Généreuse proposition d'anciens soldats du régiment d'Auvergne 219

Impuissance du Pouvoir à défendre les Corps armés contre les excès de la Presse. — Régiment de Conti 220

Dons d'argent faits aux soldats pour les exciter au désordre. — Régiment d'Artillerie à Strasbourg 220

Fédérations et *affiliations* entre les Gardes Nationales. — Les Corps militaires s'associent d'abord aux fédérations des Milices Bourgeoises et tendent ensuite à former entre eux des pactes fédératifs. — Désordres qui en résultent 221

Le Ministre de la Guerre, La Tour-du-Pin, demande à l'Assemblée Nationale d'unir ses efforts à ceux du Roi pour arrêter les progrès de l'indiscipline. — Un décret à ce sujet, rédigé par le Comité Militaire, est écarté par la faction la plus révolutionnaire de l'Assemblée Constituante. — Redoublement de désordres. — Insurrection du Régiment de Touraine. — Conduite courageuse du Colonel de ce régiment, le vicomte de Mirabeau. — Il en est réduit à se défendre à la barre de l'Assemblée contre les accusations de ses propres soldats 224

Proposition d'une Fédération générale qui est fixée au 14 Juillet 1790, anniversaire de la prise de la Bastille 230

Demande, à cette occasion, de récompenses exceptionnelles en faveur des Volontaires de la Bastille. — Honneurs que leur accorde l'Assemblée Constituante. — Jalousie des anciens Gardes Françaises et de la Garde Nationale. — Dissolution du Corps des Volontaires de la Bastille 232

Renonciation patriotique des Volontaires de la Basoche à toute distinction entre eux et la Garde Nationale 235

Arrivée à Paris des députations des Gardes Nationales pour la fête de la Fédération. — Cérémonie du 14 juillet 1790 235

CHAPITRE VIII.

INSURRECTION DES TROUPES DE NANCY.

	Pages
Adoption, à la suite de la Fédération, d'un uniforme commun à toutes les Gardes Nationales....................	241
Conséquences de la Fédération pour l'Armée..............	242
Sage conduite du Lieutenant Général marquis de Bouillé, commandant de la ville de Metz et des Trois-Évêchés. — Son impopularité.—Revirement de l'opinion publique à son égard. — Répression du désordre dans le régiment de Picardie. — Insurrection du régiment de Salm-Salm (Allemand).......	242
Troubles dans des Régiments et des Garnisons..............	247
Nouvelle tentative du Ministre de la Guerre auprès de l'Assemblée Nationale pour obtenir des lois contre l'indiscipline. — Décret rendu à ce sujet.—Inutilité de cette mesure trop tardive.	247
Insurrection à Nancy du régiment du Roi (infanterie), du régiment de Châteauvieux (suisse) et du régiment Mestre-de-Camp (cavalerie). — Le Maréchal de camp de Malseigne est envoyé à Nancy. — Les soldats de Châteauvieux veulent l'arrêter. — Sa fuite à Lunéville. — Il est poursuivi par des Cavaliers de Mestre-de-Camp dont la plupart sont faits prisonniers par les Carabiniers de Monsieur qui forment la garnison de Lunéville. — Irritation des trois Régiments et d'une partie de la Garde Nationale à Nancy. — Soulèvement général.........	249
Arrivée à Lunéville de trois mille insurgés qui viennent chercher le Général de Malseigne. — Il leur est livré par la Municipalité. — Il s'échappe, retourne à Lunéville, est livré de nouveau par les Carabiniers et incarcéré à Nancy. — Le Maréchal de camp de Noue subit le même sort..............	253
Le Marquis de Bouillé reçoit l'ordre de réprimer l'insurrection par la force. — Insuffisance des moyens à sa disposition Malgré les nombreuses troupes qu'il commande.—Son départ. — Effectif de son armée et de celle des insurgés. — Bouillé dicte impérieusement ses conditions à ces derniers qui les acceptent. — Le Général et son armée croient leur mission terminée....	255
Trahison d'une partie des insurgés. — Dévouement héroïque de Désilles, Sous-Lieutenant au régiment du Roi. — Bouillé force l'entrée de la ville. — Combat dans les rues. — Pertes considérables des deux partis................................	257

TABLE DES MATIÈRES.

                                                                                      Pages.

Les Régiments insurgés font acte de soumission et quittent la ville. — Rétablissement du calme. — Justice nationale du Régiment Suisse de Châteauvieux........................ 260

Remercîments votés à Bouillé et à ses troupes par l'Assemblée Nationale. — Fêtes funèbres en l'honneur des victimes tombées pour le maintien de l'ordre et l'exécution des lois. — Popularité momentanée de Bouillé. — Calomnies propagées par les Jacobins contre ce Général et contre ses troupes. — Leurs conséquences. — Désordres militaires à Belfort............ 261

Le général Duportail remplace au département de la Guerre le Général La Tour-du-Pin................................. 266

Rapport à l'Assemblée Nationale des Commissaires envoyés à Nancy. — Changement survenu dans l'opinion générale des Députés. — Amnistie des insurgés dépendant de la Justice Nationale... 267

CHAPITRE IX.

ARMEMENT DES HABITANTS DES FRONTIÈRES. — ÉMIGRATION MILITAIRE. — APPLICATION DE LA LOI MARTIALE A PARIS.

Formation du camp de Jallez......................... 270

Appréhensions sur les frontières du Nord. — Délivrances d'armes faites aux habitants. — Mise en activité des Gardes Nationales de différentes localités....................... 271

Émigrations militaires. — Départs successifs du Maréchal duc de Broglie, de Généraux et de Chefs de Corps. — Tentative des Émigrés sur Lyon, Antibes et Entrevaux. — Armement des habitants des frontières de l'Est et du Midi............ 273

Pénurie d'armes dans les arsenaux. — Moyens employés par les Municipalités pour s'en procurer. — Continuation de leurs empiétements sur les attributions de l'autorité militaire. — Enthousiasme des Milices Bourgeoises pour marcher à la frontière. 277

Les Émigrés sont expulsés de la Savoie. — Leurs efforts pour composer une armée sur les bords du Rhin. — Irritation de la population et des Gardes Nationales contre les émigrants. 280

Agitations permanentes à Paris. — Commencement de désunion dans la Garde Nationale. Insurrection du faubourg Saint-Antoine et dissidence du Bataillon commandé par Santerre. — Réaction en faveur de la discipline. — Nouveau serment d'obéissance prêté par la majorité des Bataillons. — Licencie-

ment de la Compagnie de l'Oratoire 284
Autorisation donnée aux soldats des Régiments de faire partie des sociétés *patriotiques*. — Ses effets et son influence sur l'émigration des Officiers........................ 289
Soupçons sur le projet de fuite du Roi concerté avec le Marquis de Bouillé. — Modifications successives pour diminuer le pouvoir de ce général. — La Famille royale quitte Paris. — Son arrestation à Varennes. — Plan de Bouillé pour enlever le Roi. — Son impossibilité. — Émigration de Bouillé et d'un grand nombre de Généraux et d'Officiers............... 291
Mesures militaires prises par l'Assemblée Nationale à la nouvelle du départ du Roi. — Mobilisation des Gardes Nationales. — Organisation des Bataillons mobiles. — Nouveau serment décrété pour les Troupes de ligne ainsi que pour les Gardes Nationales.. 299
Retour du Roi. — Licenciement des quatre compagnies de Gardes du Corps. — Émigrations de ceux qui les composaient, ainsi que d'un grand nombre d'Officiers et de quelques soldats. — Émigration du Régiment de Berwick (Irlandais) 302
Dissolution à Paris des ateliers nationaux. — Le mécontentement des ouvriers est exploité par les Révolutionnaires. — Pétition pour la déchéance du Roi, déposée sur l'Autel de la Patrie. — Attaques au Champ de Mars contre la Milice Bourgeoise. — Dispersion par la Garde Nationale d'un rassemblement insurrectionnel sur la Place de la Bastille. — Proclamation et exécution de la Loi Martiale au Champ de la Fédération. 307

CHAPITRE X.

CONSTITUTION DE L'ARMÉE ET DES GARDES NATIONALES. — FORMATION ET DÉPART DES PREMIERS BATAILLONS DE VOLONTAIRES NATIONAUX.

Constitution militaire de 1791. — Garde Constitutionnelle du Roi. 314
Effectif de l'armée en temps de paix. — Auxiliaires.......... 315
Suppression des noms des Régiments..................... 316
Infanterie de ligne. — Les régiments Allemands, Irlandais, et Liégeois sont déclarés Corps Français. — Composition de l'Infanterie de ligne....................................... 317
Infanterie légère....................................... 320
Troupes à cheval. — Carabiniers. — Cavalerie. — Dragons. — Chasseurs. — Hussards.................................. 320
Génie. — Artillerie. — Gendarmerie....................... 321

TABLE DES MATIÈRES.

Pages

Remplacement du titre de bas-officier par celui de sous-officier.
—Règles de l'avancement pour les soldats, les sous-officiers
et les officiers. — Réductions considérables dans l'État-Major
de l'Armée et dans le nombre des officiers supérieurs des régiments. — Droits à la décoration, à la retraite, aux pensions
et à l'Hôtel des Invalides..................................... 326
Mise sur le pied de guerre de tous les régiments............... 324
Mise en activité des Gardes Nationales.— Patriotisme belliqueux.
— Faux bruits de guerre. — Enthousiasme général. — Formation de cent soixante-neuf bataillons de Volontaires Nationaux (97,000 hommes). — Drapeaux tricolores offerts par les
Milices Bourgeoises aux régiments. — Départ des premiers
Volontaires Parisiens.. 327
Organisation uniforme de toutes les Gardes Nationales sédentaires du Royaume... 331
Règles d'organisation des bataillons de Volontaires nationaux.
—Empressement de la population à former ces bataillons.
— Escadrons de Volontaires Nationaux. — Fièvre du départ.
— Les Volontaires sont dispensés des conditions de taille exigées pour les Troupes de ligne............................. 334
Licenciement de la Garde Nationale soldée. — Réintégration
dans l'armée des divers éléments qui la composaient. — Mécontentement des anciens Gardes Françaises et des *Patriotes*. 337
Amnistie militaire.—Dissolution de l'Assemblée Constituante... 339

CHAPITRE XI.

PROGRÈS DE LA DÉSORGANISATION DANS L'ARMÉE. — SES EFFETS.

Assemblée Législative. — Accusations incessantes contre le Ministre de la Guerre Duportail. — Il est remplacé par le général
Narbonne... 342
Lafayette se démet du commandement de la Garde Nationale
qui est dévolu alternativement aux six Commandants de Division... 345
Formation de trois armées commandées par Luckner, Rochambeau et Lafayette. — Tournée de Narbonne sur les frontières.
— Il rend compte à l'Assemblée de l'enthousiasme militaire
qu'il a partout constaté. — Proposition d'assimiler les Volontaires aux Troupes de ligne. — Elle est rejetée............ 347
L'ardeur pour la formation des Bataillons de Volontaires sus-

TABLE DES MATIÈRES.

Pages.

pend le recrutement de l'Armée........................ 349
Effets de la dépréciation des assignats sur le bien-être des Troupes et des Volontaires.—Réclamations de Luckner, de Rochambeau et de Lafayette. — Luckner se rend à l'Assemblée. — Denrées fournies aux troupes moyennant des retenues sur leur solde... 350
Formation de l'armée des Émigrés. — Défiance des dispositions du Roi à leur égard. — Accusations contre les généraux. — Facilité des dénonciations......................... 352
Les Corps formés des anciens Gardes Françaises sont maintenus à Paris — Mécontentement de ceux qui les composent..... 355
Organisation de la Garde Constitutionnelle du Roi. — Son impopularité.. 356
Adoption de la pique par le peuple de Paris. — Députations armées. — Aberrations de l'esprit public.............. 358
Égarements de l'esprit de l'Armée. — Refus d'obéir aux règles les plus simples de la discipline. — Réclamations des Corps à l'Assemblée Législative................................ 362
Amnistie accordée aux soldats galériens du régiment Suisse de Châteauvieux. — Honneurs que leur accorde l'Assemblée. — Ils sont fêtés par le peuple de Paris. — Adoption définitive du bonnet rouge... 366
Anéantissement de l'Armée comme force publique intérieure. — Troubles à Noyon. — Assassinat du maire d'Étampes....... 372
Tenue et conduite exceptionnelles des Régiments Suisses. — Désarmement du régiment d'Ernest par la population Marseillaise. 374
Bruits de guerre. — Inaptitude des trois armées pour entrer en campagne. — Défiance des soldats à l'égard des officiers et des généraux. — Position pénible des officiers ex-nobles. — Leurs duels avec leurs camarades révolutionnaires. — Accusation contre les Officiers constitutionnels. — Marat excite les soldats à massacrer les généraux........................ 380
Commencement d'hostilités. — Tentative sur la Belgique. — Fuite honteuse des armées. — Massacre, à Lille, du colonel Berthois et du général Théobald Dillon. — Réaction momentanée en faveur de l'ordre et de la discipline militaire dans l'Assemblée Législative. — Repentir des troupes coupables.... 383
Influence des événements de Lille dans l'Armée en général. — Les régiments des Hussards de Berchiny, des Hussards de Saxe et Royal-Allemand passent à l'ennemi. — Désorganisation croissante dans les cadres des Officiers.............. 389

CHAPITRE XII.

LICENCIEMENT DE LA GARDE CONSTITUTIONNELLE DU ROI. — LICENCIEMENT DES ÉTATS-MAJORS DES GARDES NATIONALES.

Pages.

Narbonne, de Grave et Servan se succèdent au Ministère de la Guerre.. 394

Vaine tentative des agitateurs pour éloigner de Paris le Régiment des Gardes Suisses.. 396

Attaques et calomnies contre la Garde Constitutionnelle du Roi. — Conduite maladroite de ce Corps. — Son licenciement. — Refus du Roi de créer une nouvelle Garde............... 397

Causes de désunion dans la Milice Bourgeoise de la Capitale.... 400

Projet d'annihiler la partie de la Garde Nationale qui professe des opinions constitutionnelles. — Proposition, faite par le Ministre girondin Servan, d'établir sous Paris un camp de vingt mille Fédérés. — Réclamations qu'elle excite dans l'Enceinte Législative et dans les rangs de la Garde Nationale. — L'Assemblée décrète la formation du camp. — Le Roi refuse de sanctionner ce décret. — Dumouriez, Ministre de la Guerre. — Sa démission. — Lajard, Ministre de la Guerre.......... 402

Journée du 20 Juin. — Indignation d'une partie de la Garde Nationale Parisienne. — Redoublement d'accusations contre elle et multiplicité des demandes tendant à ce qu'elle soit réorganisée conformément aux vues des agitateurs................ 408

Proposition faite par le Ministre Lajard d'établir à Soissons le camp des Fédérés. — Empressement de certains *Patriotes* pour se rendre à Paris. — Décret de l'Assemblée pour les faire assister à la fête de la Fédération. — Il est sanctionné par le Roi. 413

Opinions constitutionnelles de l'Armée de Lafayette. — Mort volontaire du Maréchal de camp de Gouvion. — Regrets de l'Armée. — Son ressentiment contre le parti agitateur est redoublé par la nouvelle des attentats du 20 juin. — Adresses envoyées par tous les Corps à Lafayette. — Le Général accourt à Paris. — Son discours à l'Assemblée Législative. — Reproches, accusations et calomnies qui lui sont prodigués. — Inutilité de ses tentatives. — Marques de l'animosité populaire contre lui. — La sympathie manifestée par une partie de la Milice Bourgeoise à son ancien Général redouble contre elle l'acharnement des agitateurs.. 415

Licenciement de l'État-Major des Gardes Nationales dans les

villes au-dessus de cinquante mille âmes.................... 420
Démission collective des Ministres. — Fédération de 1792...... 422

CHAPITRE XIII.

INSUFFISANCE ET DÉNUMENT DES ARMÉES. — DÉCLARATION DU DANGER DE LA PATRIE.

Hostilités sans but et sans utilité sur la frontière du Nord. — Création de l'Armée du Midi.................................... 423
Manque d'Officiers et de Soldats dans les quatre Armées. — Difficultés pour y remédier. — Augmentation du nombre et de l'effectif des Bataillons de Volontaires. — Elle ne constitue qu'une ressource illusoire.... 424
Pénurie des matières employées à la confection des effets militaires. — Disette d'armes............................... 428
Approche du péril de l'invasion. — Motifs et but de la Déclaration du Danger de la Patrie. — Sa proclamation à Paris. — Mesures décrétées pour porter l'Armée à quatre cent cinquante mille hommes. — Mobilisation d'une partie des Compagnies de Grenadiers et de Chasseurs des Gardes Nationales Sédentaires. — Recours aux Compagnies de Vétérans et d'Invalides. — Appel fait aux anciens militaires. — Cavalerie improvisée. 430
Réveil de l'enthousiasme national. — Formation spontanée de Bataillons, de Compagnies de Francs Tireurs et de Compagnies Franches. — Création d'une Légion Étrangère et des Légions Belge, Liégeoise, Allobroge, Batave, Vandale. — Création des Légions du Nord, du Centre, du Rhin et du Midi..... 437
Proposition d'employer des piques à la guerre pour remédier à l'insuffisance des fusils. — Discussions à ce sujet dans l'Enceinte Législative. — Décret en exécution duquel tout soldat ou volontaire doit avoir un fusil et tout citoyen doit être armé d'une pique. — Fabrication générale de piques par les soins de toutes les Municipalités.............................. 441

CHAPITRE XIV.

DESTRUCTION DU RÉGIMENT DES GARDES SUISSES. — LICENCIEMENT DES TROUPES HELVÉTIQUES.

Départ des dernières Troupes de Ligne qui restaient dans la Capitale, à l'exception des anciens Gardes Françaises, qui

TABLE DES MATIÈRES.

Pages.

sont organisés en Compagnies de Gendarmerie Parisienne.— Nouvelles tentatives, faites sans succès, pour éloigner le Régiment des Gardes Suisses.................................. 446

Les Fédérés à Paris. — Leur conduite. — Arrivée des Fédérés Marseillais. — Rixe entre eux et des Grenadiers de la Garde Nationale. — Demande de leur renvoi au Camp de Soissons. — Elle est écartée par l'influence des Girondins........... 450

Réclamations des Sections Parisiennes contre l'institution *aristocratique* des Compagnies de Grenadiers de la Garde Nationale. 454

Manifeste du Duc de Brunswick. — Son effet. — Les Sections demandent la déchéance du Roi. — Décret qui enjoint d'éloigner de Paris le Régiment des Gardes Suisses. — Il n'est pas exécuté. — Exaltation des esprits. — Projets d'attaque et de défense des Tuileries. — Ordre de repousser la force par la force... 454

Journée du 9 Août. — Arrivée des Gardes Suisses aux Tuileries. — Plan de la résistance. — Énumération des défenseurs du Château. — Leurs dissidences........................... 457

Préparatifs de l'insurrection............................. 461

Journée du 10 Août. — Assassinat de Mandat, Commandant provisoire de la Garde Nationale. — Santerre est nommé, par la Commune, général en chef de la Milice Bourgeoise. — Dispositions hostiles d'une partie de la garnison des Tuileries. — La Famille Royale se rend à l'Assemblée............... 462

Provocations adressées par les Marseillais aux Gardes Suisses.— Massacre des sentinelles. — Feu des Suisses. — Fuite des Insurgés. — Sorties des Suisses qui s'emparent d'une partie des canons des émeutiers. — Consternation dans l'Assemblée. — Injonction envoyée aux Suisses par le Roi de cesser le feu et de venir le rejoindre à l'Assemblée.— Exécution de cet ordre. — Désarmement des Suisses effectué par la volonté du Roi. 465

Envahissement du Château par les insurgés. — Défense et massacre des Suisses qui y sont encore. — Pertes des deux partis. 469

Conséquences du triomphe de l'insurrection. — Déchéance du Roi. — Nomination d'un Pouvoir Exécutif provisoire. — Commissaires envoyés aux Armées pour faire prêter un nouveau serment aux Troupes et aux Gardes Nationales............. 472

Proposition de licencier tous les Officiers de l'Armée. — Destitution de tous les Officiers de Gendarmerie du Royaume...... 473

Adhésion donnée par les Armées et par les Généraux à la Ré-

TABLE DES MATIÈRES.

Pages.

volution du 10 Août. — Émigration de Lafayette..........

Demande d'un tribunal exceptionnel pour juger les *criminels* du 10 Août. — Fureurs de la populace contre les Officiers et les Sous-Officiers aux Gardes Suisses. — Institution du tribunal révolutionnaire du 17 Août. — Acquittement du Lieutenant Général d'Affry, colonel des Gardes Suisses. — Condamnation du Général baron de Bachmann, major des Gardes Suisses... 474

Prise de Longwy par les Prussiens. — Incarcération des Royalistes et des Constitutionnels. — Massacre des Officiers Suisses à la Conciergerie et des Sous-Officiers Suisses à l'Abbaye. — Assassinat du capitaine Reding................... 478

Licenciement des dix Régiments Helvétiques........ 483

CHAPITRE XV.

DÉLIVRANCE DU TERRITOIRE.

Conséquences de la journée du 10 Août — Organisation de la Garde Nationale Parisienne en *Sections Armées*. — Établissement d'un camp sous Paris. — Garde provisoire et Garde permanente du Camp. — Cavalerie Nationale de Paris......... 488

Nouvelle de la prise de Longwy. — Mesures prises pour résister à l'Ennemi. — Décret pour empêcher la reddition des places assiégées ou bombardées. — Instructions envoyées aux Départements — Proclamations adresseés aux habitants de la Capitale... 490

Enthousiasme guerrier à Paris. — Formation de Corps francs. — Création d'un camp à Châlons...... 492

Nouvelle de la prise de Verdun — Honneurs du Panthéon accordés au commandant Beaurepaire. — Tout citoyen est autorisé à lever des Corps armés. — Offres patriotiques..........,... 494

Départ de toute la Gendarmerie du Royaume pour la frontière. — On lui substitue dans chaque localité des pères de famille. 495

Moyens employés pour accélérer les travaux du Camp de Paris. 496

Mesures prises pour suppléer à la disette d'armes et au manque de chevaux.. 497

Massacre à Versailles des prisonniers amenés d'Orléans....... 498

Habile conduite du Dumouriez au Camp de Maulde. — Il est nommé Général en chef de l'Armée du Nord. — Il rejoint Sédan où il relève le moral de l'Armée de Lafayette.......... 500

Projets du Dumouriez. — Occupation des cinq défilés de la forêt

TABLE DES MATIÈRES.

Pages.

de l'Argonne. — Vaines attaques des Prussiens et des Autrichiens pour s'emparer de ces passages. — Dumouriez persiste dans son attitude de temporisation malgré les sollicitations et les ordres de l'Assemblée Nationale et des Ministres qui le rappellent en arrière de la Marne.................................. 505

Prise du défilé de la Croix-au-Bois par les Autrichiens. — Évacuation du passage du Chêne-Populeux par les Français. — Le plan de Dumouriez est renversé........................... 513

Nouvelles dispositions prises par Dumouriez pour continuer son plan de temporisation. — Abandon du camp de Grand-Pré. — L'Armée de Dumouriez est sauvée. — Marche sur Dammartin. — Terreurs paniques. — Dumouriez les dissipe et rassure l'Assemblée Nationale.................................... 517

Installation de Camp de Sainte-Menehould adossé aux Troupes du général Dillon. — Les généraux Chazot et Beurnonville, avec leurs Troupes, rejoignent Dumouriez................. 521

Difficultés de la position des Armées étrangères. — Plan des ennemis... 523

Arrivée de Kellermann au Camp de Sainte-Menehould. — Il commence à camper, par erreur, sur le plateau de Valmy. — Journée du 20 Septembre. — Canonnade réciproque. — Dispositions de Dumouriez pour soutenir Kellermann. — Ce dernier rétablit l'ordre dans ses Troupes qui commencent à plier. Tentative des Prussiens pour enlever de vive force le plateau de Valmy. — Elle échoue devant l'enthousiasme national des Troupes Françaises et des Volontaires. — Deuxième tentative aussi inutile que la première. — Fin de la canonnade....... 524

Situation des deux Armées après la journée de Valmy. — Disette et maladies dans le Camp des coalisés. — Inquiétudes à Paris. — Persistance invincible de Dumouriez à ne pas se départir de son plan de temporisation........................... 529

Impossibilité pour l'ennemi de rester en cette position et de marcher en avant. — Retraite des Armées étrangères....... 530

FIN DE LA TABLE.

Corbeil. — Typographie de Crété.

www.ingramcontent.com/pod-product-compliance
Lightning Source LLC
Chambersburg PA
CBHW070834230426
43667CB00011B/1796